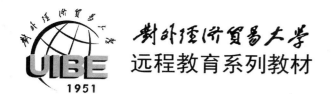

对外经济贸易大学
远程教育系列教材

U0635737

世界贸易组织概论

World Trade Organization

主编 薛荣久　　副主编 陈泰锋

清华大学出版社
北　京

内 容 简 介

　　本书旨在全面介绍世界贸易组织规则、协定和协议,客观反映世界贸易组织和中国加入 WTO 后的最新发展动态、重大进展,使高等院校学生更系统全面地了解和掌握世界贸易组织的相关知识。本书的体系是:世界贸易组织确立和发展的基础——世界贸易组织的建立——世界贸易组织的使命——世界贸易组织的运作——世界贸易组织的原则与规则——世界贸易组织的业绩与作用——多哈回合多边贸易谈判——中国与世界贸易组织。按此体系安排的主要内容包括:世界贸易组织的历史背景;多边贸易谈判的概况;框架协议的主要内容、组织机构;世界贸易组织的基本原则和各项规则;多哈回合的进展情况;中国加入世界贸易组织的历程;加入 WTO 后中国面临的机遇与挑战。

　　本教材属概论性的课程,是世界贸易组织其他课程的基础课和先行课,因此,教材虽以本科生作为对象,但不局限于本科生的使用,对有志于研究世界贸易组织和多边贸易体制的其他人士可作为入门的读物。

图书在版编目(CIP)数据

世界贸易组织概论/薛荣久主编 . —北京:清华大学出版社,2007.7 (2015.6 重印)
(对外经济贸易大学远程教育系列教材)
ISBN 978-7-302-15402-0

Ⅰ. 世…　Ⅱ. 薛…　Ⅲ. 世界贸易组织—概论—高等教育:远距离教育—教材　Ⅳ.F743

中国版本图书馆 CIP 数据核字(2007)第 084834 号

责任编辑:周　菁
责任校对:王凤芝
责任印制:李红英

出版发行:清华大学出版社
　　　　　网　　　址:http://www.tup.com.cn, http://www.wqbook.com
　　　　　地　　　址:北京清华大学学研大厦 A 座　　　邮　　　编:100084
　　　　　社 总 机:010-62770175　　　　　　　　　　邮　　　购:010-62786544
　　　　　投稿与读者服务:010-62776969, c-service@tup.tsinghua.edu.cn
　　　　　质 量 反 馈:010-62772015, zhiliang@tup.tsinghua.edu.cn
印　刷　者:北京密云胶印厂
装　订　者:北京市密云县京文制本装订厂
经　　销:全国新华书店
开　　本:185mm×230mm　印　张:24.25　插　页:1　字　　数:511 千字
版　　次:2007 年 7 月第 1 版　　　　　　　　　　印　　次:2015 年 6 月第 15 次印刷
印　　数:34501~36000
定　　价:38.00 元

产品编号:025468-02

总 序

中国远程教育的发展经历了三代：第一代是函授教育；第二代是广播电视教育；20世纪90年代，随着现代信息技术的发展，以网络为基础的第三代现代远程教育应运而生。到目前为止，教育部批准开展现代远程教育试点的高校共67所。对外经济贸易大学远程教育学院（简称"贸大远程"）是在中国加入WTO后的第一年，2002年3月正式成立的。

现代远程教育作为新生事物，对传统的教学模式、学习习惯、获取新知的途径等产生了巨大的冲击。如何在网络时代打造学习型社会，构筑终身教育体系，是当今时代的重大课题，现代远程教育试点高校为此进行了许多卓有成效的探索。在网络教育的具体实践中，贸大远程始终坚持依托学校的整体优势和特色，坚持知识的内在逻辑性与职业、行业的市场需求的统一，坚持开展面向广大在职人员的现代远程教育，逐步形成了独具我校特色的"7＋1"学习模式（即网络课堂、网上答疑、课程光盘、教材资料、适量面授、网上串讲、成绩检测，以及第二课堂活动），为学生个性化学习提供了广阔的空间。自2003年起，贸大远程连续3年蝉联新浪网、择校网、搜狐网和《中国电脑教育报》联合评出的全国"十佳网络教育学院（机构）"称号。值得一提的是，"国际贸易实务"课程荣获国家级奖项，"商务英语"等7门课程荣获北京市优秀教材一等奖和精品课程称号，另有10余门课程在全国性的远程教育课程展示会上获得大奖。

几年来丰富的现代远程教育实践和教学经验积累，为我们出版成龙配套的贸大远程系列教材奠定了坚实的基础。目前，普通高等学校的现有教材并不完全适合远程教学，市面上真正用于现代远程教育的成规模的网络教材还不多见，与网络课件相配套的系列教材更是寥寥

无几,因此为接受远程教育的莘莘学子专门设计符合他们需要的教材已成为现代远程教育发展的迫切需求。

基于以上原因,贸大远程按照学校一级教学管理体制,本着为社会、为学生服务的宗旨,致力于教学质量的保证和提高,特聘请了国际经济与贸易学院、金融学院、国际商学院、英语学院、公共管理学院等学院的优秀教师,以目前开设的两个学历层次的 7 个专业为依据,以现有的导学课件为基础,编写了这套远程教育系列教材。本套教材共分为外语、经济贸易、工商管理、法律、金融与会计、行政管理、综合 7 大系列,全面覆盖两个学历层次 7 个专业的上百门课程。为了打造贸大远程优质教材品牌,我们与清华大学出版社和对外经济贸易大学出版社达成协议,计划 3 年之内全部出齐。

本套教材在策划编写过程中,严格遵循现代远程教育人才培养的模式与教学客观规律,充分考虑到远程学生在职和成人继续教育业余学习的实际情况,专门为远程学生量身定制而成,具有较强的针对性、实用性和可操作性。本套教材的编写具有如下特点。

一、在教材体系和章节的安排上,严格遵循循序渐进、由浅入深的教学规律;在对内容深度的把握上,考虑远程教育教学对象的培养要求和接受基础,其专业深度比本科有所降低,基础面相对拓宽,不是盲目将内容加深、加多,而是做到深浅适中、难易适度。

二、在每章开篇给出明确的学习目标与重点难点提示,涵盖了教学大纲的重点或主要内容。相对于传统的学校教育,远程教育更倚重于学生的自学能力和自控能力。明确的教学目标有利于学生带着任务有目的地学习。同时,教材中充分考虑到了学生学习时可能遇到的问题,给他们以提示和建议。由于本套教材的作者都是经过挑选的具有长期教学经验的优秀教师,且大多数作者都来自远程教学的第一线,是远程网络课件的主讲老师,能够为学生提供比较丰富的、切中要害的问题解答,从而使远程学生在学习时少走弯路。

三、在章后和书后分别设置"同步测练与解析"和"综合测练与解析"栏目,涵盖了本章及本书的重要知识点,并给出了详尽的参考答案,对难题还进行分析点评,列出解题思路与要点,更加方便学生自学。测验是检验教学目标是否达到的有效手段。由于远程学生是在虚拟的网络课堂上课,远离教师,处于相对独立的学习环境;教师不能通过直接交流了解学生对学习内容的掌握情况;学生也由于与教师、同学之间的分离,无法判断自己的学习状况。针对这种情况,我们在教材中设置了大量自测自练题目。旨在通过这种自测自练方式,积极引导学生及时消化和吸收所学知识,不断加深对教材内容的理解,阶段性检查学习效果,全面复习和掌握所学知识,综合评判自己对知识的掌握程度,巩固最终学习成果。

四、考虑到有些专业课程具有较强的社会实践性,在教材的编写上也力争做到理论联系实际,注重案例的引入。尽可能安排一个或多个案例,并进行详细的分析讲解。旨在通过案例教学,对课程重点难点进行深化分析和实操训练,加强学生对知识点的理解和记忆,强化学生分析问题、解决问题的能力以及动手操作能力。

在本套教材的编写与出版过程中,我们得到了众多业界专家学者的真诚理解与支持,得

到了清华大学出版社与对外经济贸易大学出版社的通力合作,在此向他们一并致以衷心的感谢。在前所未有的战略机遇期和"十一五"期间,相信本套教材的出版,必将是全国远程教育界一件很有意义的事情。衷心祝愿现代远程教育在建立学习型社会、构筑终身教育体系的进程中,在推动中国教育事业向现代化大教育形态的历史转变中,迈出更大更坚实的脚步。

对外经济贸易大学远程教育学院院长

谢殿斌

2006 年 7 月于北京

前　言

　　在邓小平理论指导下,在党和国家第三代领导人的领导下,经过15年漫长而艰苦的谈判,2001年,我国终于加入世界贸易组织。加入世界贸易组织使我国改革开放进入到一个新的历史阶段,它对中国,对世界贸易组织和世界经济贸易的发展将产生深远的无法估量的影响。

　　高等院校,尤其是财经类高校学生了解、掌握世界贸易组织的知识已成为现代经贸人才知识结构的重要的不可或缺的部分。有鉴于此,本人于2001年在对外经济贸易大学创建世界贸易组织概论课程,并编著教材《世界贸易组织(WTO)教程》,于2003年由对外经济贸易大学出版社出版。2004年我开始为对外经济贸易大学远程教育讲授此课。2006年又应邀为高等教育出版社主编《世界贸易组织概论》。我主编的《世界贸易组织(WTO)教程》已列入"十一五"国家规划教材。

　　2006年,对外经济贸易大学远程教育学院邀我主编《世界贸易组织概论》(下称概论)教材,并由清华大学出版社出版。根据他们对前言的要求,从以下几个方面介绍这本教材的编著。

　　一、《概论》教材的编著具有深厚的研究与教学基础

　　20世纪70年代初期,我有幸借调到外贸部国际小组(后为国际司),为邓小平参加第六届特别联合国大会准备发言稿,进一步接触世界贸易组织前身——1947年关税与贸易总协定,进而激发起研究的兴趣,并开始跟踪研究。1986年,中国提出"复关"后,我对它的研究从个人兴趣转向中国"复关"的大计。1991年,经外经贸部批准,在对外经贸大学领导支持下,我组织成立了关贸总协定研究会,并担任会长。1993年起,我开始培养国内第一批关贸总协定/世界贸

易组织方向博士生。1996 年,关贸总协定研究会更名为世界贸易组织研究会,我担任会长。2000 年 1 月,对外经贸大学世界贸易组织研究中心建立,我担任研究中心主任。2000 年 8 月,对外经贸大学世界贸易组织研究中心被教育部批准为全国高校人文社会科学百所重点研究基地之一,我先后担任主任和学术主任。通过学术研究,完成两项国家重大课题,分别出版了《世界贸易组织与中国大经贸发展》和《WTO 多哈回合与中国》两本书,同时出版的专著还有《关贸总协定概说》、《中国加入 WTO 纵论》等。与此同时,我为本科生(包括远程教育)、研究生相继开出了世界贸易组织方面的课程,如"世界贸易组织概论"、"世界贸易组织专题"、"世界贸易组织与中国",并编著相应的教材。可以说,《世界贸易组织概论》是我多年从事世界贸易组织研究与世界贸易组织教学结合的结果。

二、《概论》教材体系和内容具有独到之处

第一,《概论》教材体系系统完整。本教材覆盖了世界贸易组织的基本内容,概括了世界贸易组织的整体结构。本教材的体系是:世界贸易组织确立和发展的基础—世界贸易组织的建立—世界贸易组织的使命—世界贸易组织的运作—世界贸易组织的原则与规则—世界贸易组织的业绩与作用—多哈回合多边贸易谈判—中国与世界贸易组织。并按此体系安排了 15 章内容,分别是:世界贸易组织确立与发展的基础、世界贸易组织的建立、世界贸易组织的宗旨、地位与职能、世界贸易组织成员、世界贸易组织的运作、世界贸易组织的原则与规则、《1994 年关税与贸易总协定》与关税减让谈判、《农业协议》和《纺织品与服装协议》、非关税措施协议、公平竞争与补救措施协议、《服务贸易总协定》、《与贸易有关的知识产权协定》、诸边和展边协议、世界贸易组织业绩、多哈回合与作用,中国与世界贸易组织。

第二,在忠实世界贸易组织内容的基础上,有所创新。首先,从贸易理论、经济体制等 5 个方面阐述了世界贸易组织确立与发展的基础,为读者深入研究世界贸易组织提供了考量依据。其次,确立教材的几个基本点,合理有机地安排教材体系内容,把相关的内容做到有机地结合,如把世界贸易组织与 1947 年关贸总协定继承与发展结合;把世界贸易组织建立背景、机体、业绩与发展结合;把世界贸易组织机构与运作结合;把世界贸易组织的原则、规则,协定与协议相结合;把世界贸易组织中发达国家成员与发展中国家成员有机结合;把世界贸易组织与中国加入相结合。再次,突破世界贸易组织原有内容框架,进一步组织和深化了一些内容和概念,如世界贸易组织中发达国家成员与发展中国家成员地位与作用,世界贸易组织规则的分类,世界贸易组织规则的特点,世界贸易组织协定与协议的构成,关税减让谈判的类型与方式等。

三、《概论》教材符合远程教育学习的特点

第一,教材基点放在三个基本上,即基本理论、基本知识和基本技能。

第二,名词概念释义清楚。世界贸易组织名词概念众多,初学者不易掌握,故在名词概念释义上力求清楚。

第三,便于课下自学。为此,在编著中各章顺序为:学习目标、重点难点提示、正文、本章小结、重要概念、案例分析、同步测练与解析。

　　在编著《概论》教材中，得到博士研究生陈泰锋的大力协助。陈泰锋是我所带的世界贸易组织方向的博士研究生，从 20 世纪 90 年代开始，他就从事多边贸易体制方面的研究，发表了众多的著述与文章，成为研究世界贸易组织的后起之秀。因我教学和研究任务繁忙，他代我为对外经济贸易大学远程教育学院讲授"世界贸易组织概论"一课，并协助我为高等教育出版社编著《世界贸易组织概论》一书，担任副主编，在这本《概论》教材编著中，他又担任副主编。此外，在《概论》教材编著中，还得到薛艳女士的帮助。

　　《世界贸易组织概论》教材以本科生为使用对象，但对于有志于深入研究世界贸易组织和多边贸易体制的其他人士可作为研究入门的读物。

　　最后，热忱欢迎使用本书的教师和读者提出宝贵的意见，以进一步修订。

　　　　　　　　　　　　　　　　对外经贸大学教授　博士生导师
　　　　　　　　　　　　　　　　中国 WTO 研究会副会长
　　　　　　　　　　　　　　　　薛荣久
　　　　　　　　　　　　　　　　2007 年 3 月 22 日于耕斋

目　录

CONTENTS

第一章

C

HAPTER ONE

世界贸易组织确立与发展的基础

学 习 目 标

通过本章学习，掌握世贸组织存在和发展的五个方面的基础与原因：有节制的自由贸易理论、市场经济体制、经济全球化、可持续发展和国际贸易利益协调。

重 点 难 点 提 示

- 自由贸易理论的产生与发展
- 有节制的自由贸易理论与政策
- 市场经济的基本特征与体制框架
- 世贸组织对市场经济体制的确认与促进
- 经济全球化需要更有作为的多边贸易体制的建立
- 可持续发展纳入多边贸易体制
- 世贸组织对国际贸易利益协调的加强

第一节　有节制的自由贸易理论

世贸组织理论与政策的基础是有节制的自由贸易理论与政策。

一、自由贸易理论的产生与发展

(一) 自由贸易理论的产生

随着西欧,尤其是英国资本主义的发展,重商主义学说已不再能适应工业资产阶级的经济发展和对外贸易扩张的需要,于是一些资产阶级思想家开始探寻对外贸易与经济发展的内在联系,试图从理论上说明自由贸易对经济发展的好处,由此产生了自由贸易理论。

自由贸易理论(Free Trade Theory)起始于法国的重农主义,成论于古典派政治经济学,后来又不断加以丰富和发展。在古典派政治经济学前,法国的重农主义(Physiocracy)与英国学者休谟 (D. Humo)已经提出自由贸易的主张。重农主义提倡商业的自由竞争,反对重商主义的贸易差额论,反对课征高额的进出口关税。休谟主张自由贸易,提出"物价与现金流出入机能"的理论,批驳重商主义的贸易差额论。

古典政治经济学派代表亚当·斯密(A. Smith)在其名著《国民财富的性质和原因的研究》中首先提出为获取国际分工利益,实行自由贸易的理论,后由大卫·李嘉图(D. Ricardo)加以继承和发展,后来一些经济学家如穆勒、马歇尔等人进一步对自由贸易理论加以阐述和演绎。

(二) 自由贸易理论的要点

1. 自由贸易政策可以形成互相有利的国际分工

在自由贸易下,各国可以按照自然条件(亚当·斯密)、比较利益(大卫·李嘉图)和要素丰缺(俄林)的状况,专心生产其最有利和有利较大或不利较小的产品,进行各国的专业化,这种国际分工可以带来下列利益:(1)通过分工与专业化,提高各国各专业的特殊生产技能;(2)通过分工使生产要素(土地、劳动与资本等)得到最优化的配合;(3)通过分工可以节省社会劳动时间;(4)通过分工可以促进发明和市场的发育。故各国参与分工的范围越广,市场就越大,生产要素配置就越合理,获取的利益就越多。

2. 扩大国民真实收入

自由贸易理论认为,在自由贸易环境下,每个国家都根据自己的条件发展最擅长的生产部门,劳动和资本就会得到合理的分配和运用,再通过贸易以较少的花费换回较多的东西,就能增加国民财富。

3. 在自由贸易条件下,可进口廉价商品,减少国民消费开支

4. 自由贸易可以阻止垄断,加强竞争,提高经济效益

独占或垄断对国民经济发展不利,其原因是:独占或垄断可以抬高物价,使被保护的企业不求改进,生产效率降低,长期独占或垄断会造成产业或企业的停滞和落后,削弱竞争力。

5. 自由贸易有利于提高利润率,促进资本积累

李嘉图认为,随着社会的发展,工人的名义工资会不断上涨,从而引起利润率的降低,要避免这种情况,维持资本积累和工业扩张的可能性,惟一的办法就是自由贸易。他写道:"如果由于对外贸易的扩张,或由于机器的改良,劳动者的食物和必需品能按降低的价格送上市场,利润就会提高。"[①]

(三) 第二次世界大战后的贸易自由化

贸易自由化是指国家之间通过多边或双边的贸易条约与协定,削减关税壁垒,抑制非关税壁垒,取消国际贸易中的障碍与歧视,促进世界货物和服务的交换与生产。

1. 贸易自由化存在与发展的基础

(1)战后美国对外经济扩张的需要。(2)世界经济的恢复与发展。(3)生产的国际化与资本的国际化。(4)国际分工向广度与深度的发展。(5)各国经济相互联系、相互依靠的加强。

2. 贸易自由化的主要表现

(1)"1947年关贸总协定"缔约方通过多边贸易谈判,大幅度地降低进口关税税率。通过多边贸易谈判,发达和发展中缔约方进口平均税率已分别降到5%和15%以下。(2)经济贸易集团内部逐步取消贸易壁垒,推行贸易与投资自由化。(3)一些经济集团给予周边国家和发展中国家以优惠关税待遇,如欧洲联盟与非、加、太地区发展中国家通过《洛美协定》给予优惠待遇。(4)在1968年第2届联合国贸易与发展会议上,通过了普惠制决议,发达国家答应给予发展中国家普遍的、非歧视和非互惠的优惠待遇。(5)发达国家主动放宽进口数量限制,放宽或取消外汇管制。

3. 贸易自由化的特点

(1)贸易自由化的基础雄厚。与历史上的自由贸易政策相比,第二次世界大战后的贸易自由化具有如下的特点:①美国是战后贸易自由化的倡导者与推动者;②经济与贸易的大发展,推动贸易自由化的力量,除去美国对外扩张,还有更重要的原因:诸如生产的国际化,资本的国际化,国际分工在深度与广度上的发展,西欧和日本经济的迅速恢复和发展,这些因素反映了世界经济和生产力发展的内在要求,而历史上的自由贸易反映了英国工业资产阶级资本自由扩张的利益与要求;③跨国公司的要求,战后贸易自由化是在跨国公司巨大发

---

① 李嘉图:《政治经济学及赋税原理》,北京,商务印书馆,1983年,第112～113页。

展的背景下发展起来的,它反映了大企业的利益,而历史上的自由贸易则代表了资本主义自由竞争时期英国工业资产阶级的利益与要求;④关贸总协定等的推动。战后贸易自由化主要是通过多边贸易条约与协定,即关税与贸易总协定在世界范围内进行的。此外,区域性关税同盟、自由贸易区、共同市场等地区性经济合作,也均以促进国际商品的自由流通,以扩展自由贸易为宗旨。而历史上自由贸易政策是由英国为主推动的。

(2)贸易自由化发展很不平衡。在经济发展不平衡规律作用下,加上社会主义国家和发展中国家的兴起,以发达国家为主的贸易自由化发展很不平衡。①发达国家之间贸易自由化超过它们对发展中国家和社会主义国家的贸易自由化,发达国家根据关税与贸易总协定等国际多边协议的规定,较大幅度地降低彼此之间关税和放宽相互之间的数量限制,但对于发展中国家的一些商品,特别是劳动密集型产品却征收较高的关税,并实行其他的进口限制,而且发达国家在对社会主义国家的关税壁垒、非关税壁垒都高于和多于对发展中国家的关税壁垒和非关税壁垒;发达国家对社会主义国家还实行出口管制;②区域性经济集团内部的贸易自由化超过集团对外的贸易自由化;③货物上的贸易自由化程度也不一致,工业制成品上的贸易自由化超过农产品上的贸易自由化,机器设备的贸易自由化超过了工业消费品的贸易自由化。

4. 贸易自由化的深化

为了推动贸易自由化,1983年11月关贸总协定总干事邓克尔邀请了7名国际知名专家、学者,组成7人小组对国际贸易制度及其面临的问题进行了研究。他们用了近两年的时间,对世界现行的贸易制度和政策进行深入研究,写出了名为《争取较好未来的贸易政策》的报告,报告从正反两方面审查了自由贸易政策和贸易保护主义。该报告指出保护主义只顾眼前利益,其代价是长期的、昂贵的,而"开放性的国际贸易是经济持续延长的关键",其理由是:"贸易可以使各国集中从事效益最佳的生产……贸易将许多国家的个别优势变为所有国家的最高生产率";"贸易对工人和资本进行最有成效的使用不断地给予指导,因为贸易是作为传递新技术和其他形式革新的媒介(从而促进储蓄和投资)";"开放和扩大贸易意味着缓和国家间的摩擦,并有助于其他领域的国际合作";"贸易可以帮助世界经济进行变革",7人小组认为"贸易限制再也不能继续下去了"。①

二、世贸组织贸易理论与贸易政策的取向:有节制的自由贸易理论与政策

(一)世贸组织的定位

世贸组织秘书处在其编著的《贸易走向未来》中指出:"世贸组织有时被称为'自由贸易'组织,但这并不完全准确,更确切地说,这是一个致力于公开、公平和无扭曲竞争的规则

---

① 《争取较好未来的贸易政策》,英文版,日内瓦,1985年3月。

体制。"①所谓公开是指世贸组织成员按照世贸组织协定与议定书履行义务,相互进行货物贸易、服务贸易逐步自由化,扩大市场准入度;所谓公平是指贸易对象在市场经济下,通过供求形成的实际成本进行贸易,对知识产权加强保护;所谓无扭曲是指贸易企业不借助垄断和特权等行为进行业务经营活动。为达到这些目标,必须对以1947年为基础的旧贸易体制下出现的不公平的竞争行为和背离现象,进行改革和赋予新的内容。

(二)世贸组织下有节制自由贸易的特点

1. 把贸易自由化作为世贸组织的基本目标

(1)在世贸组织有关的文件中反复表明,世贸组织接受"1947年关贸总协定"所实现的贸易自由化的成果。(2)把贸易自由化作为实现世贸组织目标的重要途径。世贸组织追求的目标是"以提高生活水平、保证充分就业、保证实际收入和有效需求的大幅度增长以及扩大货物和服务贸易为目的"。(3)有关世贸组织建立和负责实施管理的贸易协定与协议中的基本原则体现了自由贸易的思想。非歧视原则保证了贸易自由化成果在所有世贸组织成员间适用与一致;互惠性是进行贸易的基本前提,体现了贸易应具有的本性;关税保护和关税减让,非关税壁垒取消、抑制与规范使贸易自由化趋势加强;不断扩大市场准入原则使贸易自由化从货物延伸到投资和服务贸易;促进公平和无扭曲竞争原则使各成员的企业有平等的贸易环境等。

2. 贸易自由化范围受到局限,即与贸易有关的知识产权被排除在世贸组织贸易自由化的范围

世贸组织贸易自由化的范围局限在货物与服务领域,而与贸易有关的知识产权,因为是私权,不列入贸易自由化范围。国际货物和服务贸易基本上是指跨越国界而形成的交易,而知识产权的保护受到一定的地域限制,这是因为知识产权是一种必须经过申请而获得有关国家批准方能成立的具有独占性质的私人财产权利,它只是在特定国家或区域内、特定期限内有效。世贸组织负责实施管理的《与贸易有关的知识产权协定》指出,其目的是"期望减少对国际贸易的扭曲和阻碍,并考虑到需要促进对知识产权的有效和充分保护,并保证实施知识产权的措施和程序本身不成为合法贸易的障碍"。当然,货物与服务贸易自由化的程度关系到能否抓住利用国外知识的机会,这些知识包含于货物贸易和服务贸易之中。

3. 世贸组织贸易自由化政策实施兼顾的两大因素

(1)贸易自由化与可持续发展有机结合,即"依照可持续发展的目标,考虑对世界资源的最佳利用,寻求既保护和维护环境,又以与它们各自在不同经济发展水平的需要和关注相一致的方式,加强为此采取的措施"。(2)防止发展中国家边缘化,在自由化过程中,还要"保证发展中国家,特别是其中的最不发达国家,在国际贸易增长中获得与其经济发展需要相当

---

① 世贸组织秘书处:《贸易走向未来》,北京,法律出版社,1999年,第7页。

的份额"。

4. 世贸组织允许自由贸易与正当保护贸易并存

（1）与贸易有关的知识产权排除在贸易自由化之外。（2）发展中国家成员的保护程度高于发达国家成员。（3）允许世贸组织成员根据产业发展情况和竞争能力的水平,对产业作出不同程度的保护。（4）允许世贸组织为做到可持续发展和保护国民身体健康等原因,实施保护措施。（5）世贸组织允许世贸组织成员以关税作为保护措施。（6）在世贸组织负责实施管理的贸易协定与协议中,保留了许多例外,这些例外涉及非歧视、最惠国待遇、国民待遇等,对诸边贸易协议可自愿接受等。（7）在因履行义务,导致进口激增,使国内产业受到严重伤害时,可采取保障措施等。

5. 贸易自由化政策的确定与途径

（1）政策要做到互惠互利,即通过对外贸易求得双赢局面。（2）贸易政策的手段是削减关税和其他贸易壁垒,消除国际贸易关系中的歧视待遇。

（三）世贸组织贸易自由化理论基础:李嘉图的比较优势学说（Theory of Comparative Advantage）

大卫·李嘉图（David Ricardo 1772—1823）,是英国工业革命深入发展时期的经济学家和政治活动家,也是古典学派的代表人物,其代表著作是 1817 年出版的《政治经济学及赋税原理》,该书第七章中提出比较优势学说。

1. 比较优势学说的产生

1815 年,英国政府为维护土地贵族阶级利益而修订实行了《谷物法》。《谷物法》颁布后,英国粮价上涨,地租猛增,它对地主贵族有利,而严重地损害了产业资产阶级的利益。昂贵的谷物,使工人货币工资被迫提高,成本增加,利润减少,削弱了工业品的竞争能力;同时,昂贵的谷物,也扩大了英国各阶层生活必需品的开支,减少了对工业品的消费。《谷物法》还招致外国以高关税阻止英国工业品对它们的出口。总之,《谷物法》大大伤害了英国产业资产阶级的利益,出于发展资本、提高利润率的需要,英国产业资产阶级迫切要求废除《谷物法》,从而与土地贵族阶级展开了激烈的斗争。

为了废除《谷物法》,工业资产阶级在全国各地组织"反谷物法同盟",广泛宣传《谷物法》的危害性,鼓吹谷物自由贸易的好处,而地主贵族阶级则千方百计维护《谷物法》,他们认为,既然英国能够自己生产粮食,根本不需要从国外进口,反对在谷物上自由贸易。这时,工业资产阶级迫切需要找到谷物自由贸易的理论依据,李嘉图的理论应时而生,他认为,英国不仅要从外国进口粮食,而且要大量进口,因为英国在纺织品生产上所占的优势比在粮食生产上优势还大,因此,英国应专门发展纺织品生产,以其出口换取粮食,取得比较利益,提高商品生产数量。为此,李嘉图在进行废除《谷物法》的论战中,提出了比较优势理论（Theory of Comparative Advantage）。

2. 比较优势理论的主要内容

李嘉图认为每个国家不一定要生产各种商品,而应集中力量生产那些利益最大或不利较小的商品,然后通过国际交换,在资本和劳动力不变的情况下,生产总量将增加,如此形成的国际分工和贸易对贸易双方都有利。

他以英国和葡萄牙各生产酒和毛呢的比较优势形成的分工,表明国际分工和自由贸易的好处。他指出:"英国的情形可能是,生产毛呢需要100人一年的劳动;而如果要酿制葡萄酒,则需要120人劳动同样长的时间,因此英国发现对自己有利的办法是输出毛呢、输入葡萄酒。""葡萄牙生产葡萄酒可能只需要80人劳动一年,而生产毛呢却需要90人劳动一年,因此,对葡萄牙来说,输出葡萄酒以交换毛呢是有利的,即使葡萄牙进口的商品在该国制造时所需要的劳动少于英国,这种交换仍然会发生。虽然葡萄牙能够以90人的劳动生产毛呢,但它宁可从一个需要100人劳动生产毛呢的国家输入,因为对葡萄牙来说,与其挪用种葡萄的一部分资本去制造毛呢,还不如用这些资本来生产葡萄酒,因为由此可以从英国换得更多的毛呢。"[①]

李嘉图认为,在资本与劳动力在国际间不能自由流动的情况下,按照比较优势理论进行国际分工和国际贸易,可使劳动力资源配置更合理,可增加生产总额,对贸易各国均有利,但这种贸易利益实现的多寡与自由贸易程度密切相关。他说:"在商业完全自由的制度下,各国都必然把它的资本和劳动用在最有利于本国的用途上,这种个体利益的追求很好地和整体的普遍幸福结合在一起。由于鼓励勤勉,奖励智巧,并最有效地利用自然所赋予的各种特殊力量,它使劳动得到最有效和最经济的分配;同时,由于增加生产总额,它使人们都得到好处,并以利害关系和互相交往的共同纽带把文明世界各民族结合成一个统一的社会。""但最能保障整体利益的莫过于把总资本做最有利的分配,也就是实行普遍的自由贸易。"[②]

按照李嘉图所举例证,可知葡萄牙生产葡萄酒和毛呢都比英国有优势,即生产成本都比英国低,葡萄牙放弃优势比较小的毛呢的生产,而专门去生产葡萄酒,形成的优势最大,获取了成本最低的利益;英国在两种商品的生产上都不如葡萄牙,均处于劣势,而自我比较,生产葡萄酒的劣势较生产毛呢更大,则抛弃葡萄酒的生产,专门生产毛呢。这样,两国产业专业化水平会提高,资源得到更有效率的使用。李嘉图的比较优势理论被称为"2与2"模式,其核心"两优取最优,两劣取次劣"。

李嘉图的比较优势学说对国际贸易的发展起了如下的作用:

(1) 它揭示了世界各国获取最大贸易利益的途径,反映了价值规律这只"无形的手"在国际贸易中的作用。它成为在国家存在的前提下,各国发展对外贸易,求得最大效益的规律性理论。数学家斯坦尼斯劳·乌拉母曾向诺贝尔经济学奖获得者保罗·萨谬尔森提出挑

---

① 彼罗·斯拉发:《李嘉图著作和通信集》(第一卷),北京,商务印书馆,1992年,第114页。

② 彼罗·斯拉发:《李嘉图著作和通信集》(第一卷),北京,商务印书馆,1992年,第113,294页。

战,要他"在所有社会科学中找出一个既能成立而又有意义的命题"。萨缪尔森花了几年时间终于找到答案,即比较优势学说,他指出,该理论"在逻辑上是成立的,不需在数学家面前争论;但它有意义这一点,成千上万的重要和指挥人士都进行过验证"。①

(2)随着世界经济和各国经济的发展,比较优势应用的范围在扩大,即从两个国家、两种商品(2与2)模式向外延伸,出现了国家整体的比较优势,地区间的比较优势,产业间的比较优势,产业内产品的比较优势和人们行为的比较优势。

(3)就产业而言,比较优势是通过产品的成本、价格及非价格因素的比较来体现的。

(4)产品成本的构成基础在变化,开始是自然条件,后来是生产要素的禀赋,进而是科学技术等。因此,随着成本构成的变化,比较优势不是固定不变的,而是在不断变化,在动态中发展。为此,世界银行在《世界发展报告1998/1999》中特别指出:"今天一个国家在一定的生产和贸易中对他国的优势不能再看作是静止的,以为拥有那些相对不变的,有形的要素,如劳动力、土地和自然资源就行了,一旦把知识和发掘人的知识潜力考虑进去,则动态比较优势(即一国可以自己创造出的相对优势)就是紧要的"。② 因此,世界各国为在对外贸易中取得最大效益,要积极利用已有的比较优势;同时,要努力创造新的比较优势。

(5)比较优势成为世界各国贸易政策确立的基础;也成为世贸组织贸易协定与协议在某个时期达成,而又要不断修正的原因;也是达成新协议的推动力量。

(6)多边贸易体制的建立、发展与完善取决于世界各国对比较优势学说的承认、妥协和抗拒,成为世贸组织成员矛盾产生与解决的基础;它决定着贸易自由化深入和广泛的程度。

第二节　市场经济体制

世贸组织追求贸易自由化的目标,根源于市场经济的要求与发展,建立世贸组织协定,世贸组织负责实施管理贸易协定与协议,反映了市场经济体制的基本要求。而这些贸易协定与协议的实施,又促进世贸组织成员市场经济的发展和完善,世贸组织成员市场经济的发展与完善程度直接关系到世贸组织贸易自由化推进的情况。

一、市场经济体制的含义

市场经济体制(Market-based Economy System)是指一个国家在管理社会经济活动过程中,利用市场机制来配置资源,从而促进社会经济目标实现的管理体制、制度和措施,是对市场客体和主体所反映出来的规律的运用,具有主观性和可变性的特点。在世界各国建立

① 世贸组织秘书处:《贸易走向未来》,北京,法律出版社,1999年,第8页。
② 世界银行:《1998/1999世界发展报告　知识与发展》,北京,财经出版社,2000年,第24页。

市场经济体制过程中,由于各国的国情以及对市场机制作用的认识不同,从而形成了不同的市场经济模式。目前市场经济体制主要模式有:美国的竞争型市场经济模式,德国的社会市场经济模式,法国的有计划市场经济模式和日本的政府主导型市场经济模式。

二、市场经济的基本特征

(一)市场主体的自主性

市场经济的主体必须是参与市场活动的当事人,即商品生产者、经营者和购买者,他们都有独立的物质利益,并在此基础上形成自己独立的意志,对自己行为具有独立的决策权,并承担赢亏的后果。

(二)市场过程的趋利性

追求尽可能多的增值,获得最大化利润,这是市场经济产生和发展的内在动力,市场过程的所有活动都是围绕这一目的进行的。生产是为了获利,为此就要不断提高生产率,降低成本,生产出既符合市场需求又有竞争力的商品和服务;交换是为了实现利润,为此,企业必须不断开拓市场,争取现实和潜在的顾客,扩大市场份额,与其他市场主体展开激烈的竞争;分配则是利益的分割;消费是享受利益。因此,在市场经济中,利润的大小,决定了生产要素和社会经济资源的流向,决定了劳动量投入的大小。追求利益,实现价值,像一只无形的手,指挥着市场经济的全部活动。

(三)市场经济关系的平等性

市场经济关系的平等性表现在:一是参加市场活动的任何经济主体,没有高低贵贱之分,没有社会地位的差别,在市场上的地位是平等的。二是在市场交易活动中,实行等价交换原则,任何人不能通过非经济手段和方式占有其他当事人的利益。三是市场交换活动遵循自愿交换原则,买卖双方在自愿的基础上讨价还价,不能强买强卖,欺行霸市。四是市场主体具有平等的宏观环境,具有平等的竞争条件和发展机会。

(四)市场环境的开放性

市场经济应是一种开放性的经济,要求市场向所有的商品和服务生产者、经营者和购买者开放。开放是社会分工和协作的要求;是扩大商品和服务交换范围、进行信息和技术交流、提高劳动生产率的要求;是在更大范围内配置、合理开发和利用资源的要求;是扬长避短、优势互补,获取比较利益的要求。只有对外开放,才能摆脱地区经济和民族经济闭关自守的孤立状态,利用各种有利的因素来发展自己的经济。开放不仅要开放和开拓国内市场,而且要开放和扩展国外市场。

（五）市场行为的规范性

市场经济的运行，必须有科学而规范的市场规则和市场秩序，并以此来调节和规范市场主体和市场活动，约束和管理各类市场主体的行为，引导市场健康发展。市场的交易和经济活动，还必须遵循国家的法律和政策，遵循国际的规则和惯例。

（六）市场活动的竞争性

竞争是市场经济的突出特点。在市场经济中，市场主体必然为争夺有利的生产、经营、交换条件及最大的经济利益而展开竞争。市场竞争迫使每个企业必须不断了解和跟踪市场需求和变化，研究市场状态，提高商品和服务质量，降低产品成本。

（七）市场结果的分化性

市场竞争严酷无情，适者生存、优胜劣汰是不以人们意志为转移的客观必然。商品、服务的生产者之间不仅存在着由于生产条件不同而导致的商品和服务个别价值与社会价值、国际价值的差别，而且还存在着由于市场发展程度的不同而导致的商品和服务价值实现程度的差异。因而，有些企业在竞争中利用优势发展起来，而另外一些企业在竞争中遭受破产被淘汰的厄运，这是市场经济的正常现象，这种分化性能激励企业和经营管理者素质的提高，使整个社会经济机体充满活力。

三、世贸组织对市场经济体制的确认与促进

世贸组织规则和运行机制来源于市场经济体制，通过世贸组织规则加强和完善了世贸组织成员的市场经济体制。

（一）世贸组织规则根源于市场经济

世贸组织在实施管理的贸易协定与协议中，贯穿了一些基本原则，这些原则体现了市场经济的基本要求，这些原则如下。

1. 非歧视原则

非歧视原则（Trade without discrimination）要求世贸组织成员不应在其贸易伙伴之间造成歧视，他们都被平等地给予"最惠国待遇"；一个成员也不应在本国和外国的产品、服务或人员之间造成歧视，要给予他们一样的"国民待遇"。在世贸组织负责实施管理的贸易协定与协议中都包括了非歧视原则，非歧视原则是市场经济平等性的表现。

2. 扩大贸易自由化的原则

在世贸组织负责实施管理的货物贸易与服务贸易协定与协议中，均体现了扩大贸易自由化的原则，其特点是：贸易自由化扩及所有的货物贸易领域；进一步降低关税，减少非关税

措施对国际贸易的不利影响,如取消一部分非关税措施,规范一部分非关税措施,不许重新设置非关税措施;服务贸易采取逐步扩大市场准入的办法,总之,使贸易壁垒不断减少,体现了市场经济开放性、国际化的规则。

3. 可预见的和不断增长的市场准入程度原则

世贸组织建立起来的多边贸易体制是各成员政府想要给投资者、雇主、雇员以及消费者提供某种商业环境的一种机会,这种商业环境在鼓励市场上的可选择性和低价格的同时,也鼓励贸易、投资和工作机会的创造,这样的一种环境需要稳定和可预见性,尤其是在企业准备投资和发展时,更是如此。

为此,世贸组织负责实施管理的贸易协定与协议要求世贸组织成员如实履行承诺的义务,对承诺的义务(包括关税、非关税措施及其他措施)不随意增加;要"约束"关税税率;采取通告制度,对紧急措施或自设的规则要及时通告所有世贸组织成员;定期审议世贸组织成员贸易政策等。

可预见的贸易条件的关键往往在于国内法律、规章与措施的透明度。许多世贸组织协议包括有透明度条款,要求在国家层次上进行信息披露,例如,通过官方杂志的出版或通过查询要点的方式,或在多边层次上通过向世贸组织进行正式通知的方式进行披露。世贸组织各机构的许多工作与审查这些通知有关。通过贸易政策评审机制对各国贸易政策所进行的日常监督为同时在国内以及在多边层次上鼓励透明度提供了进一步的方式,它体现了市场经济下市场行为规范的要求。

4. 促进公平竞争

世贸组织负责实施管理的贸易协定与协议要求世贸组织在竞争中受到公平待遇。非歧视规则是用来谋求公平的贸易条件的,那些关于倾销和补贴的规则也是如此。世贸组织农产品协议旨在给农业贸易提供更高的公平程度;知识产权的协议将改善涉及智力成果和发明的竞争条件;服务贸易总协定则将改善服务贸易竞争的条件;有关政府采购的诸边协议将针对在许多国家中数以千计的政府机构的采购活动扩展竞争规则,还有许多其他世贸组织条款的例子,它们旨在促进公平的和非扭曲的竞争。此项原则体现了市场经济下平等竞争的要求。

5. 鼓励发展和经济改革

在世贸组织负责实施管理的贸易协定与协议中,对市场经济发展不足和经济转型的国家都作出了鼓励发展和经济改革的一些措施,其内容包括:对发展中国家成员给予更多的时间进行调整,具有更多的灵活性和特殊权利;对经济转型国家一方面给予高于发达国家成员而低于发展中国家成员的一些待遇,鼓励继续改革,扩大市场化率;与此同时,对申请加入世贸组织的经济转型国家按市场经济条件提出承诺的义务,它们都体现市场经济下的自由企业制度和完善的市场体系的要求。

（二）世贸组织通过运行机制体现市场经济体制要求

在世贸组织运行机制中，都程度不同地体现了市场经济体制的一些要求。

1. 世贸组织负责实施管理的协定与协议都是通过谈判达成的

作为世贸组织成员在享受权利的同时，要履行相应的义务，如果不履行义务，将对别的世贸组织成员构成歧视、不公平和伤害，该世贸组织成员必须以各种方式补偿；否则，另一方可通过贸易争端解决，在争端解决授权下，可进行报复等措施，它体现市场经济下的契约关系。

2. 世贸组织成员的资格、加入与退出的方式体现了市场经济下的平等性、自由性和开放性

第一，世贸组织成员可以自由申请加入，也可自由退出。第二，世贸组织是个开放性的国际组织，任何主权国家都可以申请加入世贸组织；同时，任何单独的关税区也可以申请加入世贸组织，只要能证明其在对外商业关系上和世贸组织规则规定的其他事项上享有充分的自主权。第三，世贸组织成员可以提出退出的要求，有自动退出的权利。

3. 世贸组织决策程序体现了市场经济下的自主性和平等性

世贸组织在进行决策时，主要遵循"协商一致"的原则，只有在无法协商一致时才通过投票表决决定。在部长级会议和总理事会上，每个世贸组织成员均有一票投票权，这是世贸组织同联合国、国际货币基金组织和世界银行决策机制的不同之处。联合国尽管实行一国一票制，但美国、中国、法国、英国和俄罗斯五大国具有否决权，而国际货币基金组织和世界银行的决策是实行股份公司式的投票制度，即各成员的投票权数量取决于其缴纳的基金的数量。以此而言，世贸组织决策权只体现了市场经济下的自主权和平等性，但未体现出市场经济下公司决策的股权性。

（三）世贸组织促进世贸组织成员市场经济体制的发展与完善

建立世贸组织协定和世贸组织负责实施管理的贸易协定与协议，促进世贸组织成员市场经济的发展与完善。第一，根据《建立世贸组织协定》，世贸组织成员必须一揽子接受"乌拉圭回合"达成的所有贸易协定与协议。第二，世贸组织每一成员"应保证其法律、法规和行政程序"与世贸组织各种协定与协议的规定义务一致。第三，世贸组织成员对建立世贸组织协定的任何条款不得提出保留，对多边贸易协定与协议任何条款的保留应仅以这些协定与协议规定的程度为限，对某个诸边贸易协议条款的保留应按该协议的规定执行。第四，在新成员加入谈判中，要作出承诺，不断改革不符合世贸组织规则的国内贸易法规，以促进这些成员的市场化率不断提高，如中国在加入世贸组织议定书中，对有违于世贸组织规则的贸易法规、进出口管理措施、司法程度、国营贸易和市场价格等都作出改革的承诺。

第三节　经济全球化

推动世贸组织建立的动力来源于经济全球化,世贸组织反过来,促进和发展经济全球化,而经济全球化中的矛盾和问题又困扰着世贸组织并影响到它的进程和作用,成为世贸组织存在和发展的制约因素。

一、经济全球化的概念

1996 年联合国贸易和发展会议秘书长鲁本斯·里库佩鲁在第九届贸发大会上指出,经济全球化(Economic Globalization)是指:"生产者和投资者的行为日益国际化,世界经济是由一个单一市场和生产区域组成,而不是由各国经济通过贸易和投资流动连接而成,区域或国家只是分支单位而已。"目前,国际比较通用的经济全球化概念是 1997 年国际货币基金组织提出的概念:"全球化是指跨国商品与服务交易及国际资本流动规模和形式的增加,以及技术的广泛迅速传播使世界各国基金的相互依赖性增强。"[①]本书作者认为:经济全球化是指以市场经济为基础,以先进科技和生产力为手段,以发达国家为主导,以最大利润和经济效益为目标,通过贸易、分工、投资和跨国公司,实现世界各国市场和经济相互融合的过程,它是全球化的基础和重要组成部分。这个概念重在说明,市场经济体制的普遍实行是经济全球化的体制条件,追求资本利润最大化是经济全球化的驱动力,科学技术革命是经济全球化的利器,分工、贸易、投资和跨国公司是经济全球化的途径和载体,各国市场和世界经济的融合是经济全球化的结果。它本身是一个历史过程,是全球化的初级阶段。

二、经济全球化的表现

经济全球化主要表现为:贸易活动全球化,生产活动全球化,金融活动全球化,投资活动全球化,企业活动全球化,消费活动全球化和经贸文化全球化。

(一)贸易活动全球化

贸易活动全球化主要表现在以下几个方面。

(1) 世界贸易额快速增长;

(2) 国际贸易结构向高科技,服务业发展;

(3) 世界贸易发展速度高于国内生产年均增长率,对外贸易依存度在不断提高;

---

①　国际货币基金组织:《世界经济展望》,北京,财经出版社,1998 年,第 45 页。

（4）电子商务流行；

（5）出现国际物流"革命"。

（二）生产活动全球化

生产活动全球化主要表现为传统的国际分工正在演变成为世界性的分工。

1. 国际分工的基础在变化

国际分工从传统的以自然资源为基础的分工逐步发展成为以现代工艺、技术为基础的分工；从产业各部门间的分工发展到各个产业部门内部的分工，发展到以产品专业化为基础的分工；从沿着产品界限所进行的分工发展到沿着生产要素界限所进行的分工；从生产领域分工向服务部门分工发展。

2. 国际分工的形成机制在变化

即由市场自发力量所决定的分工，向由企业，主要是由跨国公司所经营的分工和由地区经贸集团成员内所组织的分工发展，出现了协议性分工。

3. 水平型分工成为国际分工的主要形式

其内容为产品型号的分工；产品零、部件的分工和产品工艺流程的分工。

4. 形成了世界性的生产网络

5. 世界性的国际分工使世界各国成为世界生产环节的一部分，成为世界商品价值链中的一个环扣

（三）金融活动全球化

1. 金融国际化进程加快

20世纪90年代以来，西方国家的大银行根据《巴塞尔协议》的要求，开始了大规模合并、收购活动，以提高效益。

2. 地区性经贸集团的金融业出现一体化

欧盟统一大市场建立后，银行、证券公司和投资基金等金融机构可在欧盟内经营不受国界限制的保险和投资业务；美国和日本的银行则可通过收购、兼并等形式加紧渗透欧洲市场，欧洲的金融市场将演变为真正的国际金融市场。20世纪90年代以来，韩国及东盟一些国家也加快了金融国际化步伐，不仅解除了对银行利率的限制，还放宽了对外国银行在本国的限制。

3. 金融市场迅猛扩大

据统计，全球外汇交易额已经上升到世界贸易额的60多倍，1995年全球日外汇交易量达到1.2万亿美元，20世纪90年代末全球外汇交易量每天达到1.5万亿美元。随着科学技术进步，特别是国际信息的网络化，外汇市场的资金交易正以"光的速度"从一个市场转移到另一个市场。

（四）投资活动全球化

1. 投资成为经济发展和增长新支点

国际直接投资额年均额与年均国际贸易额的比例在缩小，国际直接投资额年均增长率高于国际贸易年均增长率。

2. 国际对外直接投资与吸收外国直接投资主体多元化

20世纪80年代以后，发展中国家的对外投资也迅速扩大，改变了发达国家是国际直接投资的唯一承担者的局面。

3. 对外直接投资与吸收外国直接投资并行

一些发达国家和发展中国家与地区成为吸收外国直接投资的主要对象，发达国家中，主要对外直接投资的国家同时也是吸收外国直接投资的主要国家。

4. 国际借贷资金流动量增长很快，证券股权投资在迅速发展

5. 投资自由化成为各国国际直接投资政策的目标，国际直接投资规范安排提上日程

（五）企业活动全球化

企业活动全球化表现为跨国公司的运作进一步加强。

1. 跨国公司数量剧增

全球跨国公司数量从1986年的12 000家增至2001年的6.5万家，其销售总额高达19万亿美元，2001年全球商品和服务出口总额仅为74 420亿美元，与跨国公司销售总额相比，要小得多。

2. 跨国公司在世界生产、贸易和投资中居于主要地位

跨国公司子公司生产总值2001年达到34 950亿美元，占当年世界国内生产总值的十分之一。国外子公司的销售额为185 170亿美元，相当于当年世界出口贸易额的两倍。2001年跨国公司子公司出口额26 000亿美元，相当于当年世界出口贸易额的1/3。跨国公司对外直接投资从1990年的17 000亿美元增加到2001年的65 820亿美元。

3. 跨国公司开始结成新型的"战略联盟"，以提高竞争力

首先，跨国公司通过兼并与收购在国外建立自己的生产网络，以保护、巩固和增加自己的竞争能力。跨国兼并与收购活动最为活跃的行业为能源、经销、电信、医药和金融服务。其次，一些跨国公司以协定（股份和非股份）方式加强联合。从1990年以来，跨国公司之间在核心技术（信息和生物）上也加强了战略性研究与开发的合作。

4. 跨国公司在一些国家出口中占有重要地位

跨国公司在所有产业出口中的比重，加拿大1995年达到44％，法国1998年为21％，美国1999年为15％，阿根廷2000年为20％，智利2000年为28％，马来西亚1995年为45％，墨西哥2000年为31％，匈牙利1999年为80％，波兰2000年为56％。

5. 跨国公司有助于发展中国家提高出口竞争力

跨国公司在上述国家的食品加工业和园艺等部门基于资源出口的发展中作出了贡献,在制造业,通过使这些国家的产品进入跨国公司的生产和营销网络扩大了市场。

6. 出现了无国界经济

在企业逐渐全球化的背景下,跨国公司的业务早已跨出本国的国界,而国家和公司之间的所谓利益一致的纽带在削弱。

(六) 消费活动全球化

消费全球化意味着货物和服务市场上国界的逐渐消失。在现代社会里,没有一个国家能够生产本国消费的全部产品,也没有一个国家愿意只消费本国的产品。表 1-1 显示了1980 年到 2001 年部分国家和全世界进口产品占国内生产总值的比重,由此可以间接反映消费全球化的水平。

表 1-1　部分国家消费全球化水平(以进口商品占国内生产总值比重表示)　　　　%

发达国家	1980	2001	发展中国家	1980	2001
美国	9	12	中国	7	21
日本	13	8	马来西亚	44	85
德国	23	26	泰国	28	54
英国	21	24	韩国	36	52
法国	20	25	菲律宾	26	44
意大利	22	21	墨西哥	10	29
加拿大	24	34			
南非	25	25			
世界	12	20			

资料来源:1980 年数据:国际货币基金组织《国际金融统计年鉴》(1985 年);2001 年数据:http://www.wto.org, http://www.worldbank.org/data/。

(七) 经贸文化全球化

1. 世界各国在经济贸易文化上出现趋同的现象

英语、世界语、汉语越来越成为全球通用的语言;西服、牛仔服、时装越来越成为全球共同的"包装";可口可乐和茶日益成为全球共同的饮料;中国菜、美国快餐日益成为全球共同的食品;迪斯科、摇滚音乐、华尔兹、卡拉 OK 日益成为全球年轻人的共同娱乐。此外,IBM 和 Internet 正在努力试图将全球一"网"打尽,而美国通用汽车、日本丰田汽车、德国奔驰汽车也正在努力试图掌握全球的方向盘,波音和麦道则已经开始了垄断全球天空的尝试,迪斯尼和好莱坞则准备教全球人如何娱乐。

2. 国际人开始走俏

为了在经济竞争中取胜,国际人正在成为各个国家、各大公司的首选目标,培养国际人、寻找国际人已成为世界性的人才战略潮流。日本公司率先提出国际人战略,他们认为,国际人应具备以下 10 个基本条件:积极肯干,但是不蛮干;人际关系融洽,不以自我为中心;兴趣广泛,知识丰富;外语出色,乐意结交外国人;行动迅速,快食、快眠、快便;能迅速适应并爱上异国他乡,思乡意识不很强;意志刚强,富有忍耐性;深谋远虑,但不优柔寡断;能够安排、处理好家庭生活关系;身体健康,精神焕发。

3. 国际经贸观念在趋同化

首先,出现了大国际贸易概念。在经济全球化下,一国对外经济交往合作中,不能只考虑货物贸易,还要把货物贸易与直接投资、金融、服务、技术统一综合考虑。其次,将大国际贸易概念与本国经济的调整与优化、改革与开放密切地结合起来;变"贸易立国""贸易为本"为"经济接轨"和"市场融合"。再次,经贸单边制裁变为求得"双赢"。

三、经济全球化需要更有作为的多边贸易体制的建立

(一)经济全球化要求世界范围内经济运行规则的规范化、趋同化

当今世界各国,虽然都不同程度地进入经济全球化的行列,但都有各国本身的特色,市场经济体制与模式并不完全相同。在经济全球化的作用下,世界各国的经贸法规不断向国际标准靠拢,出现趋同化。经贸集团成员间相互遵守的经贸法规也在不断制定,但在国家存在的前提下,各国本身仍然有意地保留了各自具有特色的经贸政策与措施。为了使世界各国的经济活动走向国际化和规范化,需要加速已有经贸政策的趋同化和规范化,扩大全球性的经贸政策的制定来引导和规范各国的经贸行为,而 1947 年的关贸总协定管辖的贸易协议不是一揽子接受,协议中存在"灰区措施",对缔约方内部的经贸政策缺乏约束力。

(二)经济全球化是全球利益结构重新调整的过程

以市场经济为基础的经济全球化,首先促进了世界经济的发展。

1. 在经济全球化条件下,生产资源得以在全球范围内有效配置

作为全球经济组成部分的各个国家有可能在全球经济密切交往中实现优势互补,从而促进各国和全世界经济的发展与经济效益的提高。

2. 世界市场进一步统一

在全球化条件下,世界市场不断扩大和趋于统一,各国与全球市场的联系更紧密、更直接,这就使各国及其企业在更大程度上摆脱本国市场狭小的限制,更充分发挥本身的优势,根据全球市场的需求,扩大生产规模,增大生产能力,实行规模经营,收到规模经济的实效。

与此同时,各国和各种企业都参与世界市场竞争。这种强有力的市场机制,迫使企业改进经营管理,提高生产率,降低成本,积极开发新产品,从而促进生产的更大发展。

3. 带动科学技术的国际传播

现代科学技术的研究和开发需要大量资金,许多高科技项目的完成,需要多种专业人才的共同参与,科技研究与开发已不是个别企业或个别国家的事,它越来越需要广泛的国际参与和多国合作,因而,科技研究与开发也将随着经济的全球化而实现全球化,这必将促进科技更快的发展,科技成果在全球更快的传播,从而促进全球生产力的更快发展。

4. 催化国际服务贸易的发展

在经济全球化推动下,各国普遍在产业结构调整中大力发展服务业,使服务业在国民经济中的份额和就业人员的比重也大幅度提高。服务业在国内生产总值中的比重,发达市场经济国家从1980年的59%提高到1999年的71%,同期,发展中国家和地区服务业在国内生产总值中的比重从41%提高到51%。在跨国公司全球经营和发展的过程中,许多跨国公司深感服务业对其获取竞争优势的重要性,这就加速了服务国际化的速度。跨国公司在金融、信息和专业服务上都是重要的供应者,其中许多跨国公司迅速扩大,向全球出售服务。在经济全球化推动下,国际经济合作方式多样化,也为国际服务合作的扩大创造了条件。

5. 经济全球化为世界各国提供了加快经济发展的历史机遇

特别是当今世界为数众多的发展中国家,生产力水平低下,经济落后,在全球化条件下,它们有可能通过对外开放,加强与他国的合作,扩大对外贸易,引进外国资本和先进技术,学习和借鉴他国的先进管理经验,从而有可能实现其"后发优势",加快其经济发展和现代化进程。然而,经济全球化也给世界各国带来一些不利影响,这是因为,经济全球化根源于资本主义生产方式的新的发展。因此,资本主义生产方式的内在规律,首先获取最大利润的规律,必会有更充分的表现;资本主义发展不平衡规律的作用必将更为突出;资本主义的固有矛盾以及由此引发的摩擦、冲突、震荡和危机,也必然更为广泛和深刻。

上述经济全球化的两重性,给世界经贸发展带来两大矛盾需要解决:(1)如何推进与处理全球化的风险机制之间的矛盾;(2)发达国家加速经济全球化的需要与发展中国家快速融入经济全球化可能性之间的矛盾。从贸易层次上,经济发达国家与发展中国家存在的差距与矛盾,"1947年关贸总协定"逐渐予以关注,但面不宽,内容不具体,需要更有所作为的国际贸易组织解决经济全球化中的矛盾。世贸组织各种协定与协议中对发展中国家均给予了各种特殊待遇,在一定程度上可以缓解经济全球化的这些矛盾。

在经济全球化等的推动下,更有作为的世贸组织于1995年建立,在缓解经济全球化矛盾的同时,也受到经济全球化过程中出现问题的困扰。

第四节　可持续发展

一、可持续发展的含义

对可持续发展(Sustainable Development)的定义,有许多不同的看法。世界环境与发展委员会认为:"需要一种新的发展途径,这种发展途径使人类进步不局限于区区几处,寥寥几年,而是要将整个星球持续到遥远的未来。"它把可持续发展定义为:"满足当代人类的需求,又不损害子孙后代满足其自身需求的能力。"[1]1991 年,世界环境保护联盟等机构在《保护地球》一书中把可持续发展进一步定义为:"在支持生态系统的负担能力范围内,提高人类生活的质量",是必须在经济、人类、环境和技术等许多方面取得全球进展的一个过程。[2] 环境与发展之间是一种相互依存、相互促进而又相互制约的辩证关系,实现持续发展就是促使两者协调和谐,并共同取得进步。

二、实现可持续发展的途径与措施

由于历史、经济和文化等差异性的存在,各国达到可持续发展的具体方法有所不同,但共同之处都是在转变观念,打破旧的增长模式,实施可持续发展战略,其途径如下。

(一) 建立国家可持续发展能力

能力建设意味着发展一国的国民的、科学的、技术的、组织的、机构的和资源的能力,包括积极开发环境无害技术。

(二) 把发展人而非改造人作为发展的中心

"人类处于普遍受关注的可持续发展问题中心,他们应享有与自然相和谐的方式过上健康而富有生产成果的生活的权利"[3]。通过满足人类的基本需要来摆脱贫困,同时保护和促进人类的健康。

(三) 改变现有的经济发展和增长战略

不再盲目追求经济发展的高速度,而是追求考虑协调生态环境的适度增长,寻求适当的

---

① 世界环境与发展委员会:《我们共同的未来》,牛津大学出版社,1987 年英文版,第 4 页、第 8 页。
② 世界环境保护联盟,联合国环境规划署:《保护地球》,1991 年英文版,第 10 页。
③ 中国环境报社:《迈向 21 世纪——联合国环境与发展大会文件汇编》,北京,中国环境科学出版社,1992 年,第 29 页。

生产和消费模式。

（四）实行为可持续发展服务的环境和资源管理

各国注意把环境管理重点由放在环境后果上转到放在产生这些后果的根源上；由排污口管理转向生产过程管理、产品生命周期管理；向绿色企业管理转变；由治理环境污染转变到减少环境污染，直至杜绝环境污染；注意改变导致生态环境保护与经济社会发展相分离的组织机构体系，把环境政策放到国家机构的关键部位中；建立促进可持续发展的综合决策机构和协调管理机制，建立可持续发展委员会。

（五）建立与可持续发展相适应的环境与发展方面的法规体系

国家应逐步建立起可持续发展的政策体系。

（六）建立新的、公正的全球伙伴关系[①]

为此，国际社会应做好以下几点。

（1）应树立全球环境意识，克服片面追求本民族和国家利益，不顾他国和全球环境利益的行为。

（2）应妥善处理资金与环境技术转让问题。为了可持续发展，所有的国家需要获得保护资源和保护环境的技术及其使用这些技术的能力。考虑"污染者付费"的原则，发达国家帮助发展中国家实现可持续发展的能力，既是对人类共同利益的贡献，同时也是对自身利益的一种投资。发达国家与发展中国家都应增加对环境保护的投入。

（3）应妥善处理好环境保护与经济发展的关系，两者应该是辩证统一的，而不是对立的。

（4）只有在整个国际社会都积极、有效的参与下才有意义。因此，必须充分考虑发展中国家的特殊情况，特别是在经济发展方面的特殊需要，并且对主要危害发展中国家的环境问题予以足够的重视。

（5）联合国等国际组织必须发挥其在环境与发展方面应有的作用，如达成国际多边协议，以推动国际可持续发展的实现。

（6）要考虑世界各国之间政策的协调，建立和实施国与国之间实施可持续发展的行动准则，加强并建立有关可持续发展方面的国际协议，共同合作维护全球共有的财富。

（七）各国应执行的政策内容与含义

（1）在经济政策上，要赋予适当的资源定价，确定资源的享有权。

---

① 中国环境报社：《迈向21世纪——联合国环境与发展大会文件汇编》，北京：中国环境科学出版社，1992年，第9~10页。

（2）在有关国民政策的制定上，要明确优先关注的领域，加大对人类发展的投资，如提供更多、更好的教育、卫生保健和有关的社会服务，提高人类素质是实现可持续发展的根本。

（3）在环境政策的制定上，要稳定和改良气候，使农业发展有可持续能力，保护生物的多样性。

（4）创造可持续发展的系统，鼓励减少污染和废物利用的做法，积极进行技术开放与合作。

三、可持续发展纳入多边贸易体制

（一）环境保护逐渐为"1947 年关贸总协定"重视

1. "1947 年关贸总协定"对生态保护有了逐步认识

在"1947 年关贸总协定"创立时，环境问题还未提上国际社会的议事日程。1971 年联合国为准备第一次人类环境大会，要求关贸总协定秘书处提交一份书面报告，秘书处准备了一份题目为"工业污染控制和国际贸易"的报告，开始关注生态环境问题。

2. 成立组织，进行专门研究

1971 年，关贸总协定设立了"环境措施与国际贸易小组"，但没有真正开展活动。随着环境保护主义者不断批评关贸总协定的规则没有把环境保护问题考虑进去，特别是为做好1992 年环境与发展大会准备工作的需要，关贸总协定缔约方全体在1991 年底开始考虑贸易与环境同关贸总协定体系的内在联系，从 1991 年 11 月起，该小组开始工作，研究三个议题：同关贸总协定原则和条款相对的多边环境协定中的贸易条款；对贸易可能产生影响的国家环保法规的透明度问题；旨在保护环境的新包装、标签要求对贸易的影响。此后，该小组已召开了十几次环境与贸易方面的研究会。

（二）可持续发展正式纳入世贸组织下的多边贸易体制

1. 世贸组织协议序言承认保护环境和可持续发展的必要性

在《建立世贸组织马拉喀什协定》的时候，世贸组织规定了其宗旨，其内容为：

"本协定各成员，承认其贸易和经济关系的发展，应旨在提高生活水平，保证充分就业和大幅度稳步提高实际收入和有效需求，扩大货物与服务的生产和贸易，为可持续发展之目的最合理地利用世界资源，保护和维护环境，并以符合不同经济发展水平下各自需要的方式，加强采取相应的措施。"

2. 世贸组织实施管理的协议中体现出可持续发展的要求

3. 世贸组织正式成立贸易与环境委员会

1995 年初，世贸组织总理事会正式成立了一个贸易与环境委员会，该委员会广泛的职责范围包括多边贸易体系的所有领域——货物、服务和知识产权。它的目标是：为促进持续

发展而明确贸易措施和环境措施之间的关系,为多边贸易体系的规定是否应该修改提供适当的建议。两个重要前提指导着委员会的工作:第一,世贸组织在该领域的政策协调职权仅限于贸易;第二,如果政策协调中出现的问题是通过世贸组织的工作认定的话,他们必须在支持和保障多边贸易体系的基础上加以解决。委员会在1996年底向世贸组织部长级会议的第一次会议提交了一个工作报告。

该委员会在工作计划中首先考虑如下7个主要问题。

(1)多边贸易体系条款与为达到环境目标的贸易措施(包括那些依据多边环境协定制定的措施)之间的关系。

(2)与贸易有关的环境政策和产生重大贸易影响的环境措施与多边贸易体系条款的关系。

(3)多边贸易体系条款与下列问题的关系:为达到环境目的的收费和税收;为达到环境目的而对产品的有关要求,包括标准与技术规定、包装、标签和循环使用。

(4)多边贸易体系条款与那些用于环境目的和对贸易产生重大影响的环境措施和要求的透明度的关系。

(5)多边贸易体系中的争端解决机制与多边环境协定中的争端解决机制的关系。

(6)环境措施对市场准入,特别是对发展中国家,尤其是对其中的最不发达国家的影响,以及消除贸易限制和扭曲所带来的环境利益。

(7)国内禁止产品的出口问题。

该委员会认为,服务贸易和环境决议制订出的工作计划同与贸易有关的条款是其工作中不可分割的一部分。

第五节 国际贸易利益协调

一、国际贸易利益协调的含义

国际贸易利益协调(Harmonization of International trade Interests)是指世界经济主体之间互相协调其贸易政策,共同对国际贸易的运行和国际贸易关系的发展进行干预和调节,以便解决其中存在的问题,克服面临的困难,促进国际贸易关系和国际贸易正常发展的行为。

二、国际贸易利益协调的必要性

(一) 贸易给国家带来众多的利益

这些利益主要体现在以下几个方面。

（1）贸易在解决整个社会的再生产中成为媒介；

（2）贸易有利于社会产品的实现；

（3）贸易带来巨大的成本效益；

（4）贸易是接受国际经济"传递"的基础；

（5）对外贸易是维护和改善国际环境的重要手段；

（6）对外贸易是获取经济全球化利益的枢纽。

（二）国际贸易利益协调机制的滞后

第二次世界大战后，国际贸易利益协调是在贸易政策协调基础上，在不同层次、不同范围内进行，有的是两国或几国之间的协调，有的是在区域经济组织内部进行的地区协调，最重要的是在全球范围内由关税及贸易总协定进行的国际贸易的协调。

《关税与贸易总协定》（简称"关贸总协定"）是 1948 年 1 月 1 日临时生效的多边贸易协定，最初，关贸总协定的签字国有 23 个，到 1990 年 12 月，其正式成员有 100 个，这个"准国际贸易组织"，一方面，在国际贸易的长期实践和各国协商一致的基础上，制定了多边贸易的规则，引导国际贸易走向规范化和有序化；另一方面，又通过多边贸易谈判，削减关税，排除贸易障碍，使世界贸易朝着自由化方向前进。这一切适应了第二次世界大战后生产力的飞跃发展和国际分工深化的要求，对世界资源的有效分配，世界经济的增长，就业的增加，起了积极促进作用，但随着经济全球化时代的来临，在国际贸易利益协调方面，关贸总协定存在以下不足，出现了已有贸易规则滞后的现象。

（1）在拆除非关税壁垒方面，关贸总协定的成果显然远不如关税减让。

（2）关贸总协定在解决国际贸易争端方面也起了一定的作用，但也远远不能适应客观要求。

（3）关贸总协定只是协调货物贸易领域，而且农产品和纺织品贸易还被排除。

（4）关贸总协定下的贸易规则未包括新兴的服务贸易、直接投资、知识产权和技术壁垒等。

（5）关贸总协定只不过是根据政府间的议定书而临时实施的行政性协议，只是"事实上"而非"法律上"的国际组织，与其他国际组织协调能力不足。

（6）关贸总协定对发展中国家关注不够，利益有所忽视。

（7）关贸总协定对缔约方国内的贸易政策法规没有约束力，处于隔绝状态。

（8）关贸总协定对可持续发展关注不足，未把贸易利益与可持续发展有机结合起来。

（三）国际贸易重大变化要求加大贸易利益的协调

20 世纪 80 年代以后，国际贸易发生了以下重大变化。

（1）国际分工向纵深发展，形成了世界分工，世界各国都成为世界分工的一个环节。

（2）产业内部贸易成为国际贸易的主要形式。

（3）国际贸易主体多元化。

（4）市场经济体制成为国际贸易的基础。

（5）技术进步、运输革命和电子商务使交易成本减少。

（6）国际贸易与环境和可持续发展密切结合。

（7）形成大经贸的观念，贸易与经济发展模式和结构调整密切相关，世界各国相互依靠空前加强。

（8）传统的贸易理论与政策受到挑战。传统的自由贸易理论和政策是建立在一系列假设条件基础上的，这些条件与国际经贸竞争的现实不相符合，这使得世界各国都不能实行纯粹意义上的自由贸易，不可能无任何限制地允许货物和服务贸易自由进出口，也不可能从贸易中"公平合理"地获得贸易利益。在国家存在的前提下，自由贸易只能成为人们的理想愿望。与此相反，传统的贸易保护主义所推行"奖励出口，限制进口"以邻为壑的措施，在短期内可以获取暂时的贸易利益，但会加剧国家之间的贸易矛盾和摩擦，结果会两败俱伤。

因此，协调管理国际贸易成为一种可能和必然，历史要求世界各国以多边贸易谈判为平台，对世界各国对外经贸和国际贸易以权利和义务平衡为手段，协调贸易利益，求得双赢和共同发展，要求对已有的以"1947年关贸总协定"为基础的多边贸易体制进一步发展和完善。

（四）经济全球化对"1947年关贸总协定"提出了更高的要求

在经济全球化的大潮下，要求国际贸易关系，在已有的基础上，进行更为深入的调整，在以下方面要有所突破。

（1）要求成立一个国际贸易组织，取代临时性生效的关贸总协定。

（2）把已背离关贸总协定贸易自由化的作法予以纠正。

（3）把国际贸易规则从货物延伸到服务、投资和知识产权等方面。

（4）增加贸易规则接受的普遍性，减少谈判成果与规则接受的任意性。

（5）达成的贸易规则要对国际贸易组织成员的内部经贸政策有约束力。

（6）对发展中国家尤其是最不发达国家给予更多的、切实的帮助。

（7）把贸易规则的制定与世界可持续发展密切结合。

（8）加强贸易争端和政策审议机制，提高处理贸易问题的能力。

（9）加强与其他国际组织的合作，发挥更大的作用。

经济全球化对国际贸易关系的深入调整的要求，推动了关贸总协定乌拉圭回合的举行，并最后通过了《建立世贸组织的协定》，取代关贸总协定，成为多边贸易体制的组织和法律基础。世贸组织负责实施管理的贸易协定与协议在一定程度上体现了经济全球化的希望和要求。

三、世贸组织对国际贸易利益协调的加强

其一，世贸组织成员国国内与世贸组织贸易协定与协议经贸法规要适应世贸组织的规范。《建立世贸组织协定》指明：各成员方对建立世贸组织的协定的任何规定不可不可保留，并须保证其国内有关的立法和政策措施与世贸组织协定及其附件的义务相一致。

其二，世贸组织负责实施管理的贸易协定与协议从《1947 年关贸总协定》的货物领域扩及投资、服务和知识产权领域，使国际贸易利益协调面扩展到整个世界经贸领域。

其三，提高基本原则的统一性。最惠国待遇（MFN）是保证无歧视的基本原则，它是无条件的。"1947 年关贸总协定"存在过的"条件性守则"和选择性协议已逐步取消，从而提高了最惠国待遇在世贸组织法律框架中的统一性。

其四，世贸组织体系中的权利、义务规范趋于"量化"，更加便于衡量判断，也便于监督检查。其做法概括起来有以下三种：用经济指标来表示权利和义务；明确实施权利和履行义务的时限性；履行义务的标准"货币化"、"价格化"。

其五，对世贸组织中发达国家与发展中国家的贸易利益加强协调。①在建立世贸组织协定的前言中，把促进发展中国家贸易发展提高到重要地位；②在世贸组织负责实施管理的贸易协定与协议中，对发展中国家均给予各种特殊待遇；③世贸组织通过各种方式援助发展中国家。

其六，世贸组织重视与其他国际组织和非政府组织的合作与联系，为世贸组织本身贸易利益协调创造良好的外部环境。

其七，监督、约束机制的加强。世贸组织并未规定对违反条款、背离义务的缔约方可直接给予制裁。为此，对案件应成立专家小组，在规定时限内进行处理；建立上诉复审机制；加强对"报复"措施的威慑性。

本章小结

1. 世贸组织缘何出现在 20 世纪 90 年代中期，并成为与国际货币基金组织和世界银行并列的世界三大经济组织。其存在和发展的基础来自有节制的自由贸易理论、市场经济体制、经济全球化、可持续发展和国际贸易利益的协调。

2. 世贸组织下有节制自由贸易的特点是把贸易自由化作为世贸组织的基本目标；与贸易有关的知识产权排除在世贸组织贸易自由化的范围之外；世贸组织贸易自由化政策实施中要结合可持续发展和防止发展中国家边缘化两大因素；世贸组织允许自由贸易与正当保护贸易并存；贸易自由化政策要做到互惠互利，即通过对外贸易求得双赢局面。

3. 世贸组织追求贸易自由化的目标，根源于市场经济的要求与发展，建立世贸组织协定与世贸组织负责实施管理的贸易协定与协议基本上反映市场经济体制的基本要求，而这

些贸易协定与协议的实施，又促进世贸组织成员市场经济的发展和完善。世贸组织成员市场经济的发展与完善程度直接关系到世贸组织贸易自由化推进的情况。

4. 推动世贸组织建立的动力来源于经济全球化，世贸组织反过来，促进和发展经济全球化，而经济全球化中的矛盾和问题又困扰着世贸组织，并影响到它的进程和作用，成为世贸组织存在和发展的制约因素。

5. 可持续发展正式纳入世贸组织下的多边贸易体制，主要表现为环境保护逐渐为"1947年关贸总协定"重视；世贸组织协议序言承认保护环境和持续发展的必要性；世贸组织实施管理的协议中体现出可持续发展的要求；世贸组织正式成立贸易与环境委员会。

6. 世贸组织对国际贸易利益协调的加强，主要体现在世贸组织成员方国内与世贸组织贸易协定与协议经贸法规要适应世贸组织的规范；世贸组织负责实施管理的贸易协定与协议使国际贸易利益协调面扩展到整个世界经贸领域；世贸组织提高基本原则的统一性；世贸组织体系中的权利、义务规范趋于"量化"；对世贸组织中发达国家与发展中国家的贸易利益加强协调；世贸组织重视与其他国际组织和非政府组织的合作与联系；监督、约束机制的加强。

重要概念

自由贸易理论(Free Trade Theory)

贸易自由化(Trade Liberalization)

比较优势学说(Theory of Comparative Advantage)

市场经济体制(Market-based Economy System)

经济全球化(Economic Globalization)

可持续发展(Sustainable Development)

国际贸易利益协调(Harmonization of International trade Interests)

案例分析

世贸组织秘书处在编著的《贸易走向未来》中指出"世贸组织有时被称为'自由贸易'组织，但这并不完全准确——更确切地说，这是一个致力于开放、公平和无扭曲竞争的规则体制"。这就是对世贸组织的定位。WTO开宗明义提出自由贸易宗旨，把贸易自由化作为世贸组织的基本目标，有关世贸组织建立和负责实施管理的贸易协定与协议中的基本原则都体现了自由贸易的思想。然而，这里的自由贸易是"有节制的自由贸易"。从GATT到WTO的历史进程中，我们看到贸易自由与贸易保护在矛盾斗争与协调中谈判了近半个世纪，不断清除与解决贸易壁垒，又不断产生出新的贸易壁垒，不断推进贸易自由的原则又不断规定有关的例外条款和保障措施。在WTO的思维逻辑、谈判过程、具体规则的实际运用中,体现了自由贸易与保护贸易这对矛盾的有效统一和共存,体现了市场开放与适度保护相统一的基本理念,WTO框架内的贸易自由和贸易保护是二元博弈、相互制衡与相互兼容的关系,世贸组织正是在这种博弈中向前发展推动贸易自由化,各成员国也是在此中探寻必要对策,维护国家利益。

资料来源:世界贸易组织秘书处:《贸易走向未来》(中译本),张江波等译.北京:法律出版社.1999年。

请讨论:

1. WTO为什么要允许正当贸易保护的存在?

解析:WTO以推进贸易自由化为己任,然而,由于世界经济,特别是各成员国的经济发展不平衡,贸易自由化只能是一个渐进的过程。不论是GATT还是1995年以来的WTO,都没有也不可能对纳入框架的所有贸易产品和服务实现完全的自由贸易,从GATT条款分析看,很多地方体现了贸易保护的思想。世贸组织尽管没有明确指出允许适当贸易保护的理论依据,然而实质上,它含有这样的理论根据:

(1)国家利益有差别,国家保护有其正当性。早在亚当·斯密提倡自由贸易时,就提出了国家保护的合理性问题。为什么国家有时会偏离自由贸易的原则?原因是自由贸易理论的假设存在缺陷,国家政策从来没有,今后也不会仅从稀缺资源的有效配置的角度出发。国家政策是建立在对政治、社会、经济、军事等综合考虑的基础上,与经济效益最大化相比,国家的安全、国内秩序的维护等依然是政府优先考虑的问题。WTO是主要以国家为成员的组织,各成员国之间在政治、经济文化等多方面存在着巨大的差异性,参加WTO的活动必然考虑本国的利弊得失,着眼于国家的长远利益。WTO要能有效运转,就必须承认和尊重国家主权,体现一国的基本政治意图,WTO中的磋商、再磋商和透明度原则等就表现了允许成员体现政治意图的要求。

(2)国家间贸易利益分配不均,贸易保护有其必要性。一般来说,一个国家越是能够以比较高的价格出口本国的产品而以比较低的价格进口产品,按照经济学术语就是贸易条件越是有利,就越能够从贸易中获得较多的利益,这就是贸易利益在不同国家之间的分配,这是产生贸易保护的主要渊源。有学者用扩展后的李嘉图模型对发展中国家的贸易条件恶化现象和南北收入差距的扩大做模型分析,指出国家之间的自由贸易虽然确实对贸易双方都有好处,但贸易双方因自由贸易得到的好处却是不均等的,一般来说,发达国家在与发展中国家的自由贸易中,发达国家得到的好处比发展中国家得到的好处要多,这样发展中国家很难追赶发达国家,实现本国复兴,于是国家之间在对贸易利益的争夺过程中,必然会出现保护贸易政策的实行。GATT对发展中国家的优惠和例外条款等保护性措施正是起到了纠正贸易利益分配不公的作用。

(3)保护幼稚工业论。GATT 1994对幼稚工业虽无明确定义,但在GATT 1994第18条A节和C节中规定允许发展中成员为建立尚不具备竞争能力的工业,实施关税保护和数量限制措施,这就是保障条款之一的幼稚产业保护条款。其经济学上的依据就是由来已久

的"幼稚产业说",该学说的代表人物为美国的亚历山大·汉密尔顿和德国的费里德里希·李斯特,他们的主要观点是:一个处于发展早期的国家,应该通过保护性关税和配额,来保护其有关产业,尤其是制造业,直到相关产业发展到一定的规模和先进程度,能与进口产品竞争或能出口;当本国的新生工业发展到足够强壮可以与外国同类产业进行竞争时就撤销贸易保护。

2. WTO框架下的贸易保护与贸易自由化的辩证关系是什么?

解析:贸易保护和贸易自由化是一国国际贸易政策对立的两个方面,存在着此消彼长的关系,但在更深层次上两者又是统一的,两者统一于国家利益之中。任何一国的国家贸易政策都是基于本国利益制定的,其贸易保护程度和自由化程度完全取决于这两种程度对本国利益的影响。就长期的动态利益而言,贸易自由化符合各国的利益,因而成为各国经济发展的主流趋势。

3. 从WTO协议的条款来分析,很多地方体现了贸易保护的思想,并规定了具体的保护措施,这些措施有哪些?

解析:(1)与贸易有关的知识产权被排除在贸易自由化之外。(2)发展中国家成员的保护程度高于发达国家成员。(3)允许世贸组织成员根据产业发展情况和竞争能力的水平,对产业作出不同程度的保护。(4)允许世贸组织为做到可持续发展和保护国民身体健康等原因,实施保护措施。(5)世贸组织允许世贸组织成员以关税作为保护措施。(6)在世贸组织负责实施管理的贸易协定与协议中,保留了许多例外,这些例外涉及非歧视,最惠国待遇、国民待遇等,对诸边贸易协议可自愿接受等。(7)在因履行义务,导致进口激增,使国内产业受到严重伤害时,可采取保障措施等。

 同步测练与解析

1. 世贸组织确立与发展的基础有哪几个?

解析:世贸组织确立与发展的基础来自:有节制的自由贸易理论、市场经济体制、经济全球化、可持续发展和国际贸易利益的协调。

2. 世贸组织确立的理论基础是什么?

解析:有节制的自由贸易理论和政策。

3. 世贸组织确立的经济体制是什么？

解析：市场经济体制。

4. 经济全球化对世贸组织的建立起了什么作用？

解析：世贸组织建立的动力来源于经济全球化，反过来世贸组织进一步促进和发展了经济全球化。

5. 世贸组织为何要考虑可持续发展？

解析：可持续发展之目的有利于最合理地利用世界资源，保护和维护环境。

6. 世贸组织在国际贸易利益协调中起了何种作用？

解析：世贸组织对国际贸易利益协调作用表现在：(1)世贸组织成员国内与世贸组织贸易协定与协议经贸法规要适应世贸组织的规范。建立世贸组织协定指明：各成员方对建立世贸组织的协定的任何规定不可有保留，并须保证其国内有关的立法和政策措施与世贸组织协定及其附件的义务相一致。(2)世贸组织负责实施管理的贸易协定与协议从"1947年关贸总协定"的货物领域扩及投资、服务和知识产权领域，使国际贸易利益协调面扩展到整个世界经贸领域。(3)提高基本原则的统一性。最惠国待遇(MFN)是保证无歧视的基本原则，它是无条件的。(4)世贸组织体系中的权利、义务规范趋于"量化"，更加便于衡量判断，也便于监督检查。(5)对世贸组织中发达国家与发展中国家的贸易利益加强协调。(6)世贸组织重视与其他国际组织和非政府组织的合作与联系，为世贸组织本身贸易利益协调创造良好的外部环境。(7)监督、约束机制的加强。

C 第二章

世界贸易组织的建立

学 习 目 标

　　通过本章学习，了解"1947 年关贸总协定"的产生背景和前七轮多边贸易谈判简况；明确"乌拉圭回合"启动的背景、目标和主要议题；掌握世界贸易组织的建立背景、《建立世界贸易组织协定》的构成以及世界贸易组织和"1947 年关贸总协定"的关系；掌握以世贸组织为基础的多边贸易体制的特点。

重 点 难 点 提 示

- 关贸总协定前七轮多边贸易谈判
- "乌拉圭回合"的主要成果
- 《建立世界贸易组织协定》的构成
- 世界贸易组织和"1947 年关贸总协定"的关系
- 以世贸组织为基础的多边贸易体制的特点

第一节　《1947 年关税与贸易总协定》

一、《1947 年关税与贸易总协定》的产生

世贸组织正式运行之前,《1947 年关税与贸易总协定》(General Agreement on Tariff and Trade,GATT　1947)是协调、处理缔约方间关税与贸易政策的主要多边协定,其宗旨是,通过彼此削减关税及其他贸易壁垒,消除国际贸易上的歧视待遇,以充分利用世界资源,扩大商品生产和交换,保证充分就业,增加实际收入和有效需求,提高生活水平。

(一)产生背景

20 世纪 30 年代,随着世界经济陷入危机,资本主义国家间爆发了关税战。美国国会通过《1930 年霍利—斯穆特关税法》,将关税提高到历史最高水平,其他国家也纷纷效仿,高关税阻碍了商品的国际流通,造成国际贸易额大幅度萎缩。

为扭转困境,扩大国际市场,1934 年美国国会通过了授权总统签署互惠贸易协定的法案。随后,美国与 21 个国家签订了一系列双边贸易协定,将关税水平降低 30%～50%,并根据最惠国待遇原则,把这些协定扩展到其他国家,这一举措对于缓解当时的经济危机起到了重要作用。

第二次世界大战期间,许多国家面临经济衰退、黄金和外汇储备短缺等问题。美国为在战后扩大世界市场份额,试图从金融、投资、贸易三个方面重建国际经济秩序。1944 年 7 月,在美国提议下召开了联合国货币与金融会议,分别成立了国际货币基金组织和国际复兴开发银行(又称世界银行);同时,倡导组建国际贸易组织,以便在多边基础上,通过相互减让关税等手段,逐步消除贸易壁垒,促进国际贸易的自由发展。

1946 年 2 月,联合国经济及社会理事会成立了筹备委员会,着手筹建国际贸易组织。同年 10 月,在伦敦召开了第一次筹委会会议,讨论美国提出的《国际贸易组织宪章》草案,并决定成立宪章起草委员会对草案进行修改。1947 年 1 月至 2 月,该宪章起草委员会在纽约召开专门会议,根据《国际贸易组织宪章》草案中的贸易规则部分,完成了关税与贸易总协定条款的起草工作。

1947 年 4 月至 8 月,美国、英国、法国、中国等 23 个国家在日内瓦召开了第二次筹委会会议,会议期间,参加方就具体产品的关税减让进行了谈判,并达成了协议,这次谈判后来被称为关税与贸易总协定第一轮多边贸易谈判。

1947 年 11 月至 1948 年 3 月,在哈瓦那举行的联合国贸易和就业会议,审议并通过了《国际贸易组织宪章》,又称《哈瓦那宪章》(Havana Charter)。

《哈瓦那宪章》的目标是,建立一个全面处理国际贸易和经济合作事宜的国际组织,该宪章共 9 章和 1 个附件,主要内容有:宗旨与目标,就业和经济活动,经济发展与重建,一般商业政策,限制性贸易措施,政府间商品协定,国际贸易组织的建立,争端解决,一般规定等。

由于美国国会认为《哈瓦那宪章》中的一些规定,限制了美国的立法主权,不符合美国的利益,因而美国国会没有批准《哈瓦那宪章》,受其影响,56 个《哈瓦那宪章》签字国,只有个别国家批准了《哈瓦那宪章》,建立国际贸易组织的计划因此夭折。

(二)近半个世纪"临时适用"的协议

第二次世界大战给世界经济造成了很多困难,大多数国家希望尽快排除战争时期产生的贸易障碍,早一点实施 1947 年关税谈判的成果。因此,在联合国贸易与就业会议期间,美国联合英国、法国、比利时、荷兰、卢森堡、澳大利亚和加拿大,于 1947 年 11 月 15 日签署了关税与贸易总协定《临时适用议定书》,同意从 1948 年 1 月 1 日起实施关税与贸易总协定的条款。1948 年,又有 15 个国家签署该议定书,签署国达到 23 个。这 23 个国家成为关税与贸易总协定创始缔约方,它们是:澳大利亚、比利时、巴西、缅甸、加拿大、锡兰(现斯里兰卡)、智利、中国、古巴、捷克斯洛伐克、法国、印度、黎巴嫩、卢森堡、荷兰、新西兰、挪威、巴基斯坦、南罗得西亚(现津巴布韦)、叙利亚、南非、英国、美国。各缔约方还同意,《哈瓦那宪章》生效后,以宪章的贸易规则部分取代关税与贸易总协定的有关条款。

由于绝大多数国家最终没有批准《哈瓦那宪章》,关税与贸易总协定一直以临时适用的多边协定形式存在。关税与贸易总协定从 1948 年 1 月 1 日开始实施,到 1995 年 1 月 1 日世贸组织正式运行,共存在和延续了 47 年。从 1947—1994 年,关税与贸易总协定共进行了八轮多边贸易谈判,缔约方之间的关税水平大幅度下降,非关税措施受到约束。在第八轮多边贸易谈判("乌拉圭回合")基础上,建立了世贸组织。截至 1994 年底,关税与贸易总协定共有 128 个缔约方。

二、关税与贸易总协定前七轮多边贸易谈判

1947—1994 年,关贸总协定共举行了八轮回合多边贸易谈判,前七轮多边贸易谈判的简况如下。

(一)第一轮多边贸易谈判

1947 年 4 月至 10 月,关税与贸易总协定第一轮多边贸易谈判在瑞士日内瓦举行。下调关税的承诺是第一轮多边贸易谈判的主要成果,23 个缔约方在 7 个月的谈判中,就 123 项双边关税减让达成协议,关税水平平均降低 35%。在双边基础上达成的关税减让,无条件地、自动地适用于全体缔约方。

这轮谈判依照关税与贸易总协定的规则,就众多商品达成较大幅度的关税减让协议,促

进了战后资本主义国家经济贸易的恢复和发展。这轮谈判虽然在关税与贸易总协定草签和生效之前举行,但人们仍习惯视其为关税与贸易总协定第一轮多边贸易谈判。

(二)第二轮多边贸易谈判

1949 年 4 月至 10 月,关税与贸易总协定第二轮多边贸易谈判在法国安纳西举行。这轮谈判的目的是,给处于创始阶段的欧洲经济合作组织成员提供进入多边贸易体制的机会,促使这些国家为承担各成员之间的关税减让作出努力。这轮谈判除在原 23 个缔约方之间进行外,又与丹麦、多米尼加、芬兰、希腊、海地、意大利、利比里亚、尼加拉瓜、瑞典和乌拉圭等 10 个国家进行了加入谈判。这轮谈判总计达成 147 项关税减让协议,关税水平平均降低 35%。

(三)第三轮多边贸易谈判

1950 年 9 月至 1951 年 4 月,关税与贸易总协定第三轮多边贸易谈判在英国托奎举行。这轮谈判的一个重要议题是,讨论奥地利、联邦德国、韩国、秘鲁、菲律宾和土耳其的加入问题。由于缔约方增加,关税与贸易总协定缔约方之间的贸易额已超过当时世界贸易总额的 80%。在关税减让方面,美国与英联邦国家(主要指英国、澳大利亚和新西兰)谈判进展缓慢。英联邦国家不愿在美国未作出对等减让条件下,放弃彼此间的贸易优惠,使美国与英国、澳大利亚和新西兰未能达成关税减让协议。这轮谈判共达成 150 项关税减让协议,关税水平平均降低 26%。

(四)第四轮多边贸易谈判

1956 年 1 月至 5 月,关税与贸易总协定第四轮多边贸易谈判在瑞士日内瓦举行。美国国会认为,前几轮谈判,美国的关税减让幅度明显大于其他缔约方,因此,对美国政府代表团的谈判权限进行了限制。在这轮谈判中,美国对进口只给予了 9 亿美元的关税减让,而其所享受的关税减让约 4 亿美元。英国的关税减让幅度较大。这轮谈判使关税水平平均降低 15%。

(五)第五轮多边贸易谈判

1960 年 9 月至 1962 年 7 月,关税与贸易总协定第五轮多边贸易谈判("狄龙回合")在日内瓦举行,共有 45 个参加方。这轮谈判由美国副国务卿道格拉斯·狄龙倡议,后称为"狄龙回合"。谈判分两个阶段:前一阶段从 1960 年 9 月至 12 月,着重就欧洲共同体建立所引出的关税同盟等问题,与有关缔约方进行谈判。后一阶段于 1961 年 1 月开始,就缔约方进一步减让关税进行谈判。这轮谈判使关税水平平均降低 20%,但农产品和一些敏感性商品被排除在协议之外。欧洲共同体六国统一对外关税也达成减让,关税水平平均降低 6.5%。

（六）第六轮多边贸易谈判

1964年5月至1967年6月,关税与贸易总协定第六轮多边贸易谈判("肯尼迪回合")在日内瓦举行,共有54个缔约方参加。这轮谈判又称"肯尼迪回合"。美国提出缔约方各自减让关税50%的建议,而欧洲共同体则提出"削平"方案,即高关税缔约方多减,低关税缔约方少减,以缩小关税水平差距。这轮谈判使关税水平平均降低35%。从1968年起的五年内,美国工业品关税水平平均降低了37%,欧洲共同体关税水平平均降低了35%。

这轮谈判首次涉及非关税壁垒。《关税与贸易总协定》第六条规定了倾销的定义、征收反倾销税的条件和幅度,但各国为保护本国产业,滥用反倾销措施的情况时有发生。这轮谈判中,美国、英国、日本等21个缔约方签署了第一个实施《关税与贸易总协定》第六条有关反倾销的协议,该协议于1968年7月1日生效。

为使发展中国家承担与其经济发展水平相适应的义务,在这轮谈判期间,《关税与贸易总协定》中新增"贸易与发展"条款,规定了对发展中缔约方的特殊优惠待遇,明确发达缔约方不应期望发展中缔约方作出对等的减让承诺。这轮谈判还吸收波兰参加,开创了"中央计划经济国家"参加关税与贸易总协定的先例。

（七）第七轮多边贸易谈判

1973年9月至1979年4月,关税与贸易总协定第七轮多边贸易谈判在日内瓦举行。因发动这轮谈判的贸易部长会议在日本东京举行,故称"东京回合";又因该轮谈判由美国总统尼克松与欧盟和日本协商后提出,也称"尼克松回合"。共有73个缔约方和29个非缔约方参加了谈判。

1. 启动这轮谈判的背景

启动这轮谈判的背景是,"肯尼迪回合"结束后,总体关税水平大幅度下降,但非关税贸易壁垒彰显,其主要表现在以下方面。

（1）发达缔约方对从发展中缔约方进口的一些重要工业品,仍维持高关税。

（2）产品加工程度越深,关税税率越高,深加工产品的有效保护率大大高于名义关税税率。

（3）农产品贸易中非关税壁垒增多,进一步提高了贸易保护程度。而在以往的多轮谈判中,农产品一直被排除在一般降税商品范围之外。

（4）非关税措施不断增加,发展中国家纺织品出口受到更严的歧视性配额限制,对多边贸易体系构成威胁。

2. 谈判成果

这轮谈判历时5年多,取得的主要成果有:

（1）开始实行按既定公式削减关税,关税越高减让幅度越大。从1980年起的8年内,关税削减幅度为33%,减税范围除工业品外,还包括部分农产品。这轮谈判最终关税减让和约束涉及 3 000 多亿美元贸易额。

（2）产生了只对签字方生效的一系列非关税措施协议（通常称为《东京回合守则》），包括补贴与反补贴措施、技术性贸易壁垒、进口许可程序、政府采购、海关估价、反倾销、牛肉、国际奶制品、民用航空器贸易等。

（3）通过了对发展中缔约方的授权条款，允许发达缔约方给予发展中缔约方普遍优惠制待遇，发展中缔约方可以在实施非关税措施协议方面享有差别和优惠待遇，发展中缔约方之间可以签订区域性或全球性贸易协议，相互减免关税，减少或取消非关税措施，而不必给予非协议参加方这种待遇。

关税与贸易总协定前七轮谈判的有关情况，如表 2-1 所示。

表 2-1　关税与贸易总协定前七轮关税谈判情况

谈判回合	谈判时间	谈判地点	参加方（个）	关税减让幅度（%）	影响贸易额（亿美元）
第一轮	1947 年 4 月—10 月	瑞士日内瓦	23	35	100
第二轮	1949 年 4 月—10 月	法国安纳西	33	35	—
第三轮	1950 年 9 月—1951 年 4 月	英国托奎	39	26	—
第四轮	1956 年 1 月—5 月	瑞士日内瓦	28	15	25
第五轮	1960 年 9 月—1962 年 7 月	瑞士日内瓦	45	20	45
第六轮	1964 年 5 月—1967 年 6 月	瑞士日内瓦	54	35	400
第七轮	1973 年 9 月—1979 年 4 月	瑞士日内瓦	102	33	3 000

资料来源：世贸组织秘书处。

第二节　"乌拉圭回合"与世贸组织的建立

一、"乌拉圭回合"

关税与贸易总协定第八轮多边贸易谈判，从 1986 年 9 月开始启动，到 1994 年 4 月签署最终协议，共历时 8 年，这是关税与贸易总协定的最后一轮谈判。因发动这轮谈判的贸易部长会议在乌拉圭埃斯特角城举行，故称"乌拉圭回合"（Uruguay Round）。参加这轮谈判的国家，最初为 103 个，到 1993 年底谈判结束时有 117 个。

（一）"乌拉圭回合"启动的背景、目标和主要议题

进入 20 世纪 80 年代，以政府补贴、双边数量限制、市场瓜分等非关税措施为特征的贸易保护主义重新抬头，80 年代初曾出现世界贸易额下降现象，为了遏制贸易保护主义，避免全面的贸易战发生，力争建立一个更加开放、持久的多边贸易体制，美国、欧洲共同体、日本等共同倡导发起了这轮多边贸易谈判。1986 年 9 月，各缔约方和一些观察员的贸易部长们

在乌拉圭埃斯特角城,经过激烈争论,最终同意启动这轮谈判。

在启动"乌拉圭回合"的部长宣言中,明确了这轮谈判的主要目标:一是通过减少或取消关税、数量限制和其他非关税措施,改善市场准入条件,进一步扩大世界贸易;二是完善多边贸易体制,将更大范围的世界贸易置于统一的、有效的多边规则之下;三是强化多边贸易体制对国际经济环境变化的适应能力;四是促进国际合作,增强关税与贸易总协定同有关国际组织的联系,加强贸易政策和其他经济政策之间的协调。

"乌拉圭回合"的谈判内容包括传统议题和新议题。传统议题涉及关税、非关税措施、热带产品、自然资源产品、纺织品服装、农产品、保障条款、补贴和反补贴措施、争端解决等。新议题涉及与贸易有关的投资措施、服务贸易、与贸易有关的知识产权等。

(二)"乌拉圭回合"主要成果

"乌拉圭回合"经过 8 年谈判,取得了一系列重大成果:多边贸易体制的法律框架更加明确,争端解决机制更加有效与可靠;进一步降低关税,达成内容更广泛的货物贸易市场开放协议,改善了市场准入条件;就服务贸易和与贸易有关的知识产权达成协议;在农产品和纺织品服装贸易方面,加强了多边纪律约束;成立世贸组织,取代临时性的关税与贸易总协定。

1. 在货物贸易方面

"乌拉圭回合"有关货物贸易谈判的内容,包括关税减让谈判和规则制定谈判。

(1) 关税减让。发达成员承诺总体关税削减幅度在 37% 左右,对工业品的关税削减幅度达 40%,加权平均税率从 6.3% 降至 3.8%。发达成员承诺关税减让的税号占其全部税号的 93%,涉及约 84% 的贸易额,其中,承诺减让到零关税的税号占全部关税税号的比例,由"乌拉圭回合"前的 21% 提高到 32%,涉及的贸易额从 20% 上升至 44%;税率在 15% 以上的高峰税率占全部关税税号的比例,由 23% 下降为 12%,涉及贸易额约 5%,主要是纺织品和鞋类等。从关税约束范围看,发达成员承诺关税约束的税号占其全部税号的比例,由 78% 提升到 99%,涉及的贸易额由 94% 增加为 99%。

发展中成员承诺总体关税削减幅度在 24% 左右。工业品的关税削减水平低于发达成员,加权平均税率由 20.5% 降至 14.4%;约束关税税号比例由 21% 上升为 73%,涉及的贸易额由 13% 提高到 61%。"乌拉圭回合"后,大部分发展中成员扩大了约束关税的范围,如印度、韩国、印度尼西亚、马来西亚、泰国等约束关税的比例在 90% 左右。

关于削减关税的实施期,工业品从 1995 年 1 月 1 日起 5 年内结束,减让表中另有规定的除外。无论发达成员还是发展中成员,均全面约束了农产品关税,并承诺进一步减让。农产品关税削减从 1995 年 1 月 1 日开始,发达成员的实施期为 6 年,发展中成员的实施期一般为 10 年,也有部分发展中成员承诺 6 年的实施期。

(2) 规则制定。"乌拉圭回合"制定的规则体现在以下四组协议中。

第一组是《1994 年关税与贸易总协定》,它包括《1947 年关税与贸易总协定》的各项实体条款,1995 年 1 月 1 日以前根据《1947 年关税与贸易总协定》作出的有关豁免、加入等决定、"乌拉圭回合"中就有关条款达成的 6 个谅解,以及《1994 年关税与贸易总协定马拉喀什议定书》。

第二组是两项具体部门协议,即《农业协议》和《纺织品与服装协议》。

第三组包括《技术性贸易壁垒协议》、《海关估价协议》、《装运前检验协议》、《原产地规则协议》、《进口许可程序协议》、《实施卫生与植物卫生措施协议》、《与贸易有关的投资措施协议》7 项协议。

第四组包括《保障措施协议》、《反倾销协议》、《补贴与反补贴措施协议》3 项贸易救济措施协议。

2. 在服务贸易方面

"乌拉圭回合"之前,关税与贸易总协定谈判只涉及货物贸易领域,随着服务贸易不断扩大,服务贸易在国际贸易中的重要性日益增强,但许多国家在服务贸易领域采取了不少保护措施,明显制约了国际服务贸易的发展。为推动服务贸易的自由化,在"乌拉圭回合"中,发达国家提出,将服务业市场准入问题作为谈判的重点,经过 8 年的讨价还价,最后达成了《服务贸易总协定》,并于 1995 年 1 月 1 日正式生效。

《服务贸易总协定》将服务贸易分为跨境交付、境外消费、商业存在(跨境设立商业或专业机构)、自然人流动等四种形式。《服务贸易总协定》包括最惠国待遇、透明度原则、发展中国家更多的参与、国际收支限制、一般例外、安全例外、市场准入、国民待遇、逐步自由化承诺等主要内容。《服务贸易总协定》还承认发达成员和发展中成员之间服务业发展水平的差距,允许发展中成员在开放服务业方面享有更多的灵活性。

3. 在与贸易有关的知识产权方面

知识产权是一种无形资产,包括专利权、商标权、版权和商业秘密等。随着世界经济的发展,国际贸易范围的不断扩大,以及技术开发的突飞猛进,知识产权与国际经济贸易的关系日益密切,但已有的国际知识产权保护制度缺乏强制性和争端解决机制,对知识产权未能实行有效保护。在发达国家强烈要求下,关税与贸易总协定将与贸易有关的知识产权纳入了"乌拉圭回合"的谈判之中。

"乌拉圭回合"达成了《与贸易有关的知识产权协定》,该协定明确了知识产权国际法律保护的目标;扩大知识产权保护范围,加强相关的保护措施,强化了对仿冒和盗版的防止与处罚;强调限制垄断和防止不正当竞争行为,减少对国际贸易的扭曲和阻碍;作出了对发展中国家提供特殊待遇的过渡期安排;规定了与贸易有关的知识产权机构的职责,以及与其他国际知识产权组织之间的合作事宜。《与贸易有关的知识产权协定》是"乌拉圭回合"一揽子结果的重要组成部分,所有世贸组织成员都受其规则的约束。

4. 完善和加强多边贸易体制

突破原有谈判议题,根据国际贸易发展需要,达成《建立世贸组织协定》,通过建立世贸

组织,取代"1947 年关贸总协定",完善和加强了多边贸易体制,为执行"乌拉圭回合"谈判成果,奠定了良好的基础,这是"乌拉圭回合"取得的最突出的成就。

二、世贸组织的建立

(一)建立世贸组织的背景

1986 年"乌拉圭回合"启动时,谈判议题没有涉及建立世贸组织(World Trade Organization,WTO)问题,只设立了一个关于完善关税与贸易总协定体制职能的谈判小组。在新议题的谈判中,涉及服务贸易和与贸易有关的知识产权等非货物贸易问题,这些重大议题的谈判成果,很难在关税与贸易总协定的框架内付诸实施,创立一个正式的国际贸易组织的必要性日益凸显。因此,欧洲共同体于 1990 年初首先提出建立一个多边贸易组织的倡议,这个倡议后来得到美国、加拿大等国的支持。

1990 年 12 月,布鲁塞尔贸易部长会议同意就建立多边贸易组织进行协商。经过一年的紧张谈判,1991 年 12 月形成了一份关于建立多边贸易组织协定的草案。时任关税与贸易总协定总干事阿瑟·邓克尔将该草案和其他议题的案文汇总,形成"邓克尔最后案文(草案)",这一案文成为进一步谈判的基础。1993 年 12 月,根据美国的动议,把"多边贸易组织"改为"世贸组织"。

1994 年 4 月 15 日,"乌拉圭回合"参加方在摩洛哥马拉喀什通过了《建立世贸组织马拉喀什协定》,简称《建立世贸组织协定》。

(二)《建立世贸组织协定》的构成

《建立世贸组织协定》由其本身案文 16 条和 4 个附件所组成。案文本身并未涉及规范和管理多边贸易关系的实质性原则,只是就世贸组织的结构、决策过程、成员资格、接受、加入和生效等程序性问题作了原则规定。事实上有关协调多边贸易关系和解决贸易争端以及规范国际贸易竞争规则的实质性规定均体现在 4 个附件中。附件 1 由 3 个次附件构成,即附件 1A:货物多边贸易协定,其中包括 13 个协定与协议,它们是:《1994 年关税与贸易总协定》、《农业协议》、《实施卫生与植物卫生措施协议》、《纺织品与服装协议》、《技术性贸易壁垒协议》、《与贸易有关的投资措施协议》、《关于实施 1994 年关税与贸易总协定第 6 条的协议》、《关于实施 1994 年关税与贸易总协定第 7 条的协议》、《装运前检验协议》、《原产地规则协议》、《进口许可程序协议》、《补贴与反补贴措施协议》、《保障措施协议》。附件 1B:《服务贸易总协定》。附件 1C:《与贸易有关的知识产权协定》。附件 2:《关于争端解决规则与程序的谅解》。附件 3:《贸易政策审议机制》。附件 4:诸边贸易协议,其中包括《民用航空器贸易协议》、《政府采购协议》、《国际奶制品协议》、《国际牛肉协议》[①]。此外,还有部长决定与宣言等。

---

① 1997 年底《国际奶制品协议》、《国际牛肉协议》并入《农业协议》。

（三）世贸组织和《1947 年关税与贸易总协定》的关系

1. 世贸组织和关税与贸易总协定的联系

世贸组织和关税与贸易总协定有着内在的历史继承性,世贸组织继承了关税与贸易总协定的合理内核,包括其宗旨、职能、基本原则及规则等。《1947 年关税与贸易总协定》有关条款,是世贸组织《1994 年关税与贸易总协定》的重要组成部分,仍然是规范各成员间货物贸易关系的准则。

2. 世贸组织和关税与贸易总协定的区别

（1）机构性质。关税与贸易总协定以"临时适用"的多边贸易协议形式存在,不具有法人地位;世贸组织是一个具有法人地位的国际组织。

（2）管辖范围。关税与贸易总协定只处理货物贸易问题;世贸组织不仅要处理货物贸易问题,还要处理服务贸易和与贸易有关的知识产权问题,其协调与监督的范围远大于关税与贸易总协定,世贸组织和国际货币基金组织、世界银行,成为维护世界经济运行的三大支柱。

（3）争端解决。关税与贸易总协定的争端解决机制,遵循协商一致的原则,对争端解决没有规定时间表;世贸组织的争端解决机制,采用反向协商一致的原则,裁决具有自动执行的效力,同时明确了争端解决和裁决实施的时间表。因此,世贸组织争端裁决的实施更容易得到保证,争端解决机制的效率更高。

3.《1947 年关贸总协定》转化为《1994 年关贸总协定》,成为世贸组织负责实施管理的多边货物贸易协定,不再具有"准国际贸易组织"的职能,不再是多边贸易体制的组织和法律基础。

第三节　以世贸组织为基础的多边贸易体制的特点

一、多边贸易体制的含义

多边贸易体制（Multilateral Trade System）是"为各国相互处理贸易关系时必须遵守的一系列国际规则的集合"[①]。世界多边贸易体系建立于 20 世纪 40 年代,其组织基础和法律基础是 1948 年起生效的关税与贸易总协定;1995 年 1 月 1 日世界贸易组织（下简称世贸组织）建立,取代原关税与贸易总协定（下简称关贸总协定）,成为新的世界多边贸易体系的组织基础

[①]　联合国贸易与发展会议/世界贸易组织国际贸易中心、英联邦秘书处:《WTO 企业指南》(Business Guide to the World Trading System),北京,企业管理出版社,2001 年,第 1 页。

和法律基础。

二、以世贸组织为基础的多边贸易体制的特点

以世贸组织为法律和组织基础的多边贸易体制与以"1947年关贸总协定"为基础的原多边贸易体制相比,具有如下的特点。

（一）以世贸组织为基础的多边贸易体制更为完整

1. 世贸组织的历史使命高于"1947年关贸总协定"

"1947年关贸总协定"未明确提出建立多边贸易体制的目标,而世贸组织则把建立新的多边贸易体制作为它的主要目标。《建立世贸组织协定》在序言中指出,世贸组织就是"决定建立一个完整的、更可行的和持久的多边贸易体制,以包含《关税与贸易总协定》,以往贸易自由化努力的结果以及乌拉圭回合谈判的全部成果"。[①]《1994年4月15日马拉喀什宣言》进一步指出:"世贸组织的建立开创了全球经济合作的新纪元,反映了各国为其人民的利益和幸福而在更加公平和开放的多边贸易体制中运作的普遍愿望。"

2. 世贸组织的法律地位高于"1947年关贸总协定"

"1947年关贸总协定"只是临时性生效的多边贸易协定,它从来没有经过缔约方立法机构法律批准,而且没有组织创立的规定,而世贸组织则与它有原则性的不同,世贸组织是国际法人,是个永久性的国际组织,可订立一个总部协定。

3. 世贸组织组织结构健全、职能明确

"1947年关贸总协定"只有一个缔约方会议和秘书处,而世贸组织机构相当健全,最高权力机构是部长级会议,就世贸组织决策作出决定,下有总理事会,在部长级会议休会期间,代表部长级会议行使职能;还有处理解决争端的机构和贸易政策评审机构,在下设立货物贸易理事会、服务贸易理事会和与贸易有关的知识产权理事会,履行各自协定和总理事会制定的职能,各理事会可设立附属机构。日常工作由总干事领导的秘书处负责,总干事由部长级会议任命。世贸组织的职能明确。《建立世贸组织协定》规定世贸组织有五大职能:应便利世贸组织建立协定和多边贸易协定的实施、管理和运用,并促进其目标的实现,还应为多边贸易协定提供实施、管理和运用的体制;为世贸组织成员就多边贸易关系进行的谈判和进一步的谈判提供场所,并提供实施此类谈判结果的体制;管理《争端解决谅解》;管理《贸易政策审议机制》;酌情与国际货币基金组织和国际复兴开发银行及其附属机构进行合作。

4. 世贸组织负责实施管理的贸易协定覆盖面大

由于历史原因,"1947年关贸总协定"只涉及货物贸易。前5个回合谈判均以关税减让

---

① 对外贸易经济合作部国际经贸关系司:《世界贸易组织乌拉圭回合多边贸易谈判结果 法律文本》,北京,法律出版社,2000年,第4页。

谈判为主,第6回合和第7回合在关税谈判的基础上,开始加入非关税壁垒,而世贸组织负责实施管理的贸易规则从货物的关税和非关税壁垒延伸到服务贸易、知识产权和投资领域。

5. 世贸组织对成员的约束力强

世贸组织成员,必须全部接受世贸组织负责实施管理的多边贸易协定与协议,而且,强调世贸组织成员各国内相关政策法规要与这些协定保持一致。建立世贸组织协定第16条规定,世贸组织"每一成员应保证其法律、法规和行政程序与所附各协定对其规定的义务相一致。""不得对本协定的任何条款提出保留。"[1]

6. 世贸组织成员广泛

世贸组织成员包括国家和单独关税区。参加世贸组织的成员资格既有国家,也包括单独关税区。《建立世贸组织协定》第12条明确规定:"任何国家或在处理对外贸易关系及在本协定和在多边贸易协定规定的其他事项方面拥有完全自主权的单独关税区,可按它与WTO议定的条件加入本协定。"[2]

(二) 以世贸组织为基础的多边贸易体制具有更强的可行性

1. 体制目标与实现目标途径全面深刻

《1947年关税与贸易总协定》的序言提出的目标是:"提高生活水平、保证充分就业、保证实际收入和有效需求的大幅度稳定增长、实现世界资源的充分利用以及扩大货物的生产和交换",实现目标的途径是"通过达成互惠互利安排,实质性削减关税和其他贸易壁垒,消除国际贸易中的歧视待遇。"[3]对发展中国家的关心与待遇只字未提,1965年后才把有关发展中国家的待遇通过第36条到第38条加进关贸总协定的条款。

而世贸组织所建立的新世界多边贸易体制的目标除包括"1947年关贸总协定"的目标,还进行了实质性的扩大。第一,把服务的生产和贸易加进多边贸易体制。第二,把可持续发展的目标纳入多边贸易体制。第三,强调关注发展中国家,特别是最不发达国家的贸易发展。第四,提出多边贸易体制的特点是:完整的、更可行的和持久的多边贸易体制。第五,明确提出世贸组织就是要维护多边贸易体制的基本原则的决心。

《建立世贸组织协定》序言指出:在处理……贸易和经济领域的关系时,应以提高生活水平、保证充分就业、保证实际收入和有效需求的大幅度增长以及扩大货物和服务的生产和贸易为目的,同时应依照可持续发展的目标,考虑对世界资源的最佳利用,寻求既保护和维护

---

[1]　对外贸易经济合作部国际经贸关系司:《世界贸易组织乌拉圭回合多边贸易谈判结果　法律文本》,北京,法律出版社,2000年,第14页。

[2]　对外贸易经济合作部国际经贸关系司:《世界贸易组织乌拉圭回合多边贸易谈判结果　法律文本》,北京,法律出版社,2000年,第12页。

[3]　对外贸易经济合作部国际经贸关系司:《世界贸易组织乌拉圭回合多边贸易谈判结果　法律文本》,北京,法律出版社,2000年,第424页。

环境,又以与它们各自在不同经济发展水平的需要和关注相一致的方式,加强为此采取的措施,进一步认识到需要作出积极努力,以保证发展中国家、特别是其中的最不发达国家,在国际贸易增长中获得与其积极发展需要相当的份额,期望通过达成互惠互利安排,实质性削减关税和其他贸易壁垒,消除国际贸易关系中的歧视待遇,从而为实现这些目标作出贡献,因此决定建立一个完整的、更可行的和持久的多边贸易体制,以包含《关税与贸易总协定》,以往贸易自由化努力的结果以及乌拉圭回合多边贸易体制的全部成果,决心维护多边贸易体制的基本原则,并促进该体制目标的实现。[①]

2. 使世贸组织成员各方利益兼顾、权利义务整体平衡

以世贸组织为基础的多边贸易体制兼顾各方面的利益,求得整体的平衡。第一,在世贸组织决策上,实行"协商一致"与投票决定相结合的办法。在世贸组织决策中,力求"协商一致",在世贸组织成员协商不能一致的情况下,诉诸表决,在表决时,世贸组织成员各拥有一票表决权。第二,贸易自由化与正当保护并存。世贸组织在鼓励世贸组织成员在货物、服务自由化的同时,强调要加强对知识产权的保护;允许世贸组织根据经济发展水平、产业竞争能力、人民身体健康和环保的需要对成员国本身市场实施正当的保护。第三,多边贸易体制与地区经济一体化并存。世贸组织一方面致力于建立"一个完整的、更可行的和持久的多边贸易体制",同时,也允许经贸集团成员参加世贸组织或世贸组织成员相互成立经贸集团,其前提是不违背非歧视原则。第四,履行义务与暂时中止义务相结合。世贸组织要求世贸组织成员如实履行承诺的义务,但在履行义务过程中,如出现大量贸易逆差、国际收支赤字严重、产业受到严重伤害时,也可通过谈判,采取保障措施,暂时中止义务的履行。第五,允许世贸组织成员自愿加入与自愿退出。第六,允许世贸组织成员相互采取"互不适用"办法,保留本身的意见。

(三)以世贸组织为基础的多边贸易体制更能持久

1. 体制基础比较牢固

世贸组织有如下的地位。第一,世贸组织具有国际法人资格,世贸组织每个成员均应给予世贸组织履行其职能所必需的法定资格。第二,世贸组织每个成员均应给予世贸组织履行其职能所必需的特权和豁免。第三,世贸组织每个成员应同样给予世贸组织官员和各成员代表独立履行与世贸组织有关职能所必需的特权和豁免。第四,世贸组织每个成员给予世贸组织、其官员及其成员的代表的特权和豁免应与 1947 年 11 月 21 日联合国大会批准的《专门机构特权及豁免权公约》所规定的相似的特权和豁免。第五,世贸组织可订立总部

---

① 对外贸易经济合作部国际经贸关系司:《世界贸易组织乌拉圭回合多边贸易谈判结果 法律文本》,北京,法律出版社,2000 年,第 4 页。

协定。①

2. 争端解决能力强于原多边贸易体制

以"1947 年关贸总协定"为基础的旧贸易体制争端解决机制存在许多缺陷。第一,完成争端解决程序时间过长,一些案件久拖不决。第二,争端解决程序进行上障碍过多。由于采取"一致同意原则",败诉方可以阻止专家小组报告的通过,使争端解决程序不通畅。第三,争端解决适用的规则不统一。在"1947 年关贸总协定"的第七轮(东京回合)谈判中,达成了9 项新的协议和守则。后来,在争端解决中,是以关贸总协定条款,还是以新守则的规定为准,缔约方经常发生争执。第四,争端解决局限于货物贸易领域,而且把纺织品和农产品排除在外。第五,未设置强有力的争端裁决执行机构。专家组的报告通过后,没有强制执行的效力。争端解决能力的软弱,使"1947 年关贸总协定"缔约方之间的贸易争端久拖不决,大大降低了它的权威性。

世贸组织中的贸易争端解决机制对上述缺陷,进行了有力的改革。第一,设立了争端解决机构,隶属于世贸组织总理事会下,负责整个争端解决的事宜。第二,建立统一的争端解决程序,且覆盖到世贸组织负责实施管理的所有多边和诸边的贸易协定。第三,引入自动程序。世贸组织争端解决机制对争端解决的各个阶段都确定了具体的工作时间。第四,增设上诉机构和程序。任一当事方均有上诉权,上诉机构可维持、修改或推翻专家组的结论。第五,加大了裁决的执行力度。第六,引入交叉报复的作法。第七,设立对最不发达成员的争端解决的特别程序。

《关于争端解决的规则与程序的谅解》指出,"世贸组织的争端解决制度是保障多边贸易体制的可靠性和可预见性的核心因素"。

世贸组织成员承诺,不应采取单边行动以对抗其发现的违反贸易规则的事件,而应在多边争端解决制度下寻求救济,并遵守其规则与裁决。

世贸组织总理事会作为争端解决机构(DSB)召集会议,以处理根据乌拉圭回合最后文件中的任何协议提起的争端。这样,争端解决机构具有独断的权利以建立专家小组,通过专家小组作出上诉报告,保持对裁决和建议的执行的监督,在建议得不到执行时授权采取报复措施。

《谅解》强调,争端的迅速解决对于世贸组织有效的运作是基本的要求。因此,它非常详细地规定了解决争端所应遵循的程序和时间表。世贸组织争端解决机制的目的在于"为争端寻求积极的解决办法"。因此,对于成员之间的问题,它鼓励寻求与世贸组织规定相一致的、各方均可接受的解决办法,通过有关的政府之间的双边磋商,找到解决办法。因此,争端解决的第一阶段要求进行这样的磋商,如果磋商失败了,并经双方同意,在这个阶段的案件

---

① 对外贸易经济合作部国际经贸关系司:《世界贸易组织乌拉圭回合多边贸易谈判结果　法律文本》,北京,法律出版社,2000 年,第 8 页。

可以提交给世贸组织的争端解决机构。

3. 监督能力高于原多边贸易体制

除了提供争端解决机制之外,世贸组织还是对成员贸易政策进行定期审议的场所。这些审议具有双重目的。首先,了解成员在多大程度上遵守和实施多边协议(在可能的情况下,包括诸边协议)的纪律和承诺。通过定期审议,世贸组织作为监督者,要确保其规则的实施,以避免贸易摩擦。其次,提供更大的透明度,更好地了解成员的贸易政策和实践。

贸易政策审议的频率取决于各成员在世界贸易中所占的份额。最大的 4 方每 2 年审议一次,迄今为止,它们是欧盟、美国、日本和加拿大。接下来的 16 个成员每 4 年审议一次,其余成员每 6 年审议一次,最不发达国家审议间隔期限更长。

下列文件的提供成为审议的基础:由接受审议的成员准备的全面报告;由秘书处根据自己的职权准备的报告,报告中包括有关成员提供的情况及其他通过访问该成员得到的有关情况。

总理事会承担贸易政策审议机构工作。在审议结束后,公布成员报告和秘书处准备的报告,以及讨论的记录。

(四)以世贸组织为基础的多边贸易体制影响力更大

1. 世贸组织与有关成员的政府和国际组织合作,提高新世界贸易体制的决策力和影响力

(1)世贸组织总理事会"应就与职责上同世贸组织有关的政府间组织进行有效合作","可就与涉及世贸组织有关事项的非政府组织进行磋商和合作";

(2)世贸组织与国际货币基金组织和世界银行的合作,以实现全球决策的更大的一致性。

2. 世贸组织可以给成员带来 10 大利益

(1)有利于世贸组织成员之间的经贸合作;

(2)世贸组织运行是基于规则而非强权,有利于发展中国家免受歧视性待遇;

(3)比较客观公正地解决世贸组织成员间的贸易争端,减少贸易战;

(4)有利于世贸组织成员比较优势的发挥,使资源得到合理配置;

(5)有利于知识产权的保护和科技成果的传播;

(6)有利于世贸组织成员之间展开"开放、公平和无扭曲竞争",提高经济效益;

(7)有利于提高世贸组织成员实际收入的提高,使需求变成有效需求;

(8)使世贸组织成员的消费者成为真正的"上帝";

(9)有利于世贸组织成员参与经济全球化;

(10)有利于世贸组织成员政府管理水平的提高。

本章小结

1. 世贸组织正式运行之前,《1947 年关税与贸易总协定》是协调、处理缔约方间关税与贸易政策的主要多边协定,其宗旨是,通过彼此削减关税及其他贸易壁垒,消除国际贸易上的歧视待遇,以充分利用世界资源,扩大商品生产和交换,保证充分就业,增加实际收入和有效需求,提高生活水平。

2."乌拉圭回合"经过 8 年谈判,取得了一系列重大成果:多边贸易体制的法律框架更加明确,争端解决机制更加有效与可靠;进一步降低关税,达成内容更广泛的货物贸易市场开放协议,改善了市场准入条件;就服务贸易和与贸易有关的知识产权达成协议;在农产品和纺织品服装贸易方面,加强了多边纪律约束;成立世贸组织,取代临时性的关税与贸易总协定。

3. 世贸组织和关税与贸易总协定有着内在的历史继承性。世贸组织继承了关税与贸易总协定的合理内核,关税与贸易总协定有关条款是世贸组织《1994 年关税与贸易总协定》的重要组成部分。《1947 年关贸总协定》转化为《1994 年关贸总协定》,成为世贸组织负责实施管理的多边货物贸易协定,不再具有"准国际贸易组织"的职能,不再是多边贸易体制的组织和法律基础。

4. 多边贸易体制是"为各国相互处理贸易关系时必须遵守的一系列国际规则的集合"。以世贸组织为基础的多边贸易体制更为完整;以世贸组织为基础的多边贸易体制具有更强的可行性;以世贸组织为基础的多边贸易体制更能持久;以世贸组织为基础的多边贸易体制影响力大于原多边贸易体制。

重要概念

《关贸总协定》(General Agreement on Tariffs and Trade,GATT)

乌拉圭回合(Uruguay Round)

《马拉喀什建立世界贸易组织协定》(Marrakesh Agreement Establishing the World Trade Organization)

世界贸易组织(World Trade Organization,WTO)

多边贸易体制(Multilateral Trading System)

同步测练与解析

1. "1947年关贸总协定"成立的背景是什么?

解析:在联合国贸易与就业会议期间,美国联合英国、法国、比利时、荷兰、卢森堡、澳大利亚和加拿大,于1947年11月15日签署了关税与贸易总协定《临时适用议定书》,同意从1948年1月1日起实施关税与贸易总协定的条款。

2. "1947年关贸总协定"前七轮回合谈判取得了什么成果?

解析:1947年4月至10月,关税与贸易总协定第一轮多边贸易谈判在瑞士日内瓦举行,下调关税的承诺是第一轮多边贸易谈判的主要成果。

1949年4月至10月,关税与贸易总协定第二轮多边贸易谈判在法国安纳西举行,这轮谈判总计达成147项关税减让协议,关税水平平均降低35%。

1950年9月至1951年4月,关税与贸易总协定第三轮多边贸易谈判在英国托奎举行,这轮谈判共达成150项关税减让协议,关税水平平均降低26%。

1956年1月至5月,关税与贸易总协定第四轮多边贸易谈判在瑞士日内瓦举行。

1960年9月至1962年7月,关税与贸易总协定第五轮多边贸易谈判在日内瓦举行,共有45个参加方,这轮谈判使关税水平平均降低20%。

1964年5月至1967年6月,关税与贸易总协定第六轮多边贸易谈判在日内瓦举行,共有54个缔约方参加,又称"肯尼迪回合",这轮谈判使关税水平平均降低35%。这轮谈判首次涉及非关税壁垒。

1973年9月至1979年4月,关税与贸易总协定第七轮多边贸易谈判在日内瓦举行。第一,开始实行按既定公式削减关税,关税越高减让幅度越大。第二,产生了只对签字方生效的一系列非关税措施协议。第三,通过了对发展中缔约方的授权条款,允许发达缔约方给予发展中缔约方普遍优惠制待遇。

3. 乌拉圭回合举行的背景是什么?

解析:为了遏制贸易保护主义,避免全面的贸易战发生,力争建立一个更加开放、持久的多边贸易体制,美国、欧洲共同体、日本等国共同倡导了这轮多边贸易谈判。

4. "1947年关贸总协定"与世贸组织有何不同?

解析:世界贸易组织和关税与贸易总协定的区别:(1)机构性质。关税与贸易总协定以"临时适用"的多边贸易协议形式存在,不具有法人地位;世界贸易组织是一个具有法人地位的国际组织。(2)管辖范围。关税与贸易总协定只处理货物贸易问题;世界贸易组织不仅要处理货物贸易问题,还要处理服务贸易和与贸易有关的知识产权问题,其协调与监督的范围远大于关税与贸易总协定。世界贸易组织和国际货币基金组织、世界银行,成为维护世界经济运行的三大支柱。(3)争端解决。关税与贸易总协定的争端解决机制,遵循协商一致的原则,对争端解决没有规定时间表;世界贸易组织的争端解决机制,采用反向协商一致的原则,裁决具有自动执行的效力,同时,明确了争端解决和裁决实施的时间表。因此,世界贸易组织争端裁决的实施更容易得到保证,争端解决机制的效率更高。

5. 以世贸组织为基础的多边贸易体制有何特点?

解析:多边贸易体制是"为各国相互处理贸易关系时必须遵守的一系列国际规则的集合"。(1)以世贸组织为基础的多边贸易体制更为完整。(2)以世贸组织为基础的多边贸易体制具有更强的可行性。(3)以世贸组织为基础的多边贸易体制更能持久。(4)影响力大于原多边贸易体制。

第三章

世界贸易组织的宗旨、地位与职能

学 习 目 标

通过本章学习,系统掌握《建立世贸组织协定》所确立的世贸组织宗旨,国际法人地位以及具体的众多职能和比较健全的组织机构。

重 点 难 点 提 示

- 世界贸易组织的宗旨
- 世界贸易组织的法律地位
- 世界贸易组织的职能
- 世界贸易组织的组织结构

第一节　世贸组织的宗旨

在乌拉圭回合通过的《建立世贸组织协定》的前言部分,集中地表达了世贸组织的宗旨,这些宗旨一方面是秉承了《关贸总协定》在过去所遵循的准则,另一方面又依据国际经济贸易领域的新趋势作出了重要的创新和发展。世贸组织的宗旨可归纳为以下五个方面。

一、提高生活水平,保证充分就业

半个世纪之前,《关贸总协定》在其前言中强调:缔约方"在处理它们的贸易和经济事务的关系方面,应以提高生活水平、保证充分就业、保证实际收入和有效需求的巨大持续增长⋯⋯为目的"。在经济全球化飞速发展的今天,世贸组织继续将提高生活水平、保证充分就业作为重要的目标,是符合世贸组织的存在和发展基础的。世贸组织致力于推动国际经济贸易的发展,终极目的是为了提高人民的生活水平,符合各国经济发展所追求的利益,能为各成员所接受。

可以预见,在 21 世纪,世贸组织将在协调和管理世界经济的发展中,日益发挥重要的作用,进一步促进各国经济的发展和提高人民生活水平。

二、扩大货物、服务的生产和贸易

在 20 世纪,货物贸易是全球国际贸易最重要的内容,是带动全球经济发展的"引擎"。但在经济全球化进程迅速发展的今天,服务贸易已经逐渐发展成为国际贸易中举足轻重的组成部分。近年来,全球服务贸易的增长率平均每年为 11%,超过了同期货物贸易每年 8%的增长速度。有鉴于此,世贸组织成员方"认识到服务贸易对世界经济增长和发展具有日益增长的重要性",将服务贸易与货物贸易同等对待,从而极大地扩展了国际贸易的内涵,有利于服务贸易的进一步发展。

在《关贸总协定》乌拉圭回合中,服务贸易是各国代表讨论的焦点问题之一。经过认真、充分的讨论,达成了"服务贸易总协定"(GATS),对服务贸易的市场准入等一系列问题作出了明确的规范,其制定标志着多边贸易体制正逐步趋于完善,为全球服务贸易的发展提供了新的平台。

三、坚持走可持续发展之路

可持续发展(Sustainable development)是联合国近年提出的发展新观念,强调对世界资源必须合理利用(optimal use),而不是充分利用(full use),要切实保护自然环境,才能既避

免造成资源浪费,影响国际贸易的发展,又防止资源的过度利用,造成资源枯竭,以致危及人类的生存。从关贸总协定对世界资源的充分利用,演变为世贸组织对世界资源的合理利用,反映出世贸组织寻求的人类对资源利用能力的扩大,主要表现在对资源利用质的提高,而非对资源利用量的扩大①。

《建立世贸组织协定》旗帜鲜明地将可持续发展写入前言,作为一个重要的宗旨,这是对GATT宗旨的重大发展。在发展国际贸易的过程中,牢记可持续发展的重大目标,是着眼于全球的长远利益和子孙后代的幸福,防止片面追求眼前利益的倾向,防止由于一味地追求某一时期生产与贸易的发展,而造成对环境的污染和生态的破坏,以致从根本上动摇国际贸易的基础,降低人类的生活水平。这是具有战略意义的根本大计,对今后全球的稳定和繁荣具有重大而深远的意义。

四、保证发展中国家贸易和经济的发展

在关贸总协定过去一系列文件中,包括最不发达国家在内的发展中国家的经贸发展逐步受到重视,1965年后在《1947年关贸总协定》加入第四部分"贸易与发展",通过3个条款促进发展中缔约方的贸易发展,第36条明确指出:"发展中国家和其他国家之间的生活水平有一个很大的差距","单独和联合行动对促进发展中的各缔约国的经济发展,并使这些国家的生活水平得到迅速提高是必要的。"

上述第36条同时还明确地作出下列向发展中国家实行政策倾斜的规定:

"有必要作出积极努力,以保证发展中的缔约各国在国际贸易中能占有与它们经济发展需要相适应的份额";

"对与发展中的缔约各国目前或潜在的出口利益特别有关的某些加工品或制成品,要在有利条件下,尽最大可能增加其进入市场的机会";

"减轻发展中的缔约各国在发展经济中的负担";

"发达的缔约各国对它们在贸易谈判中对发展中的缔约各国的贸易所承诺的减少或撤除关税和其他壁垒的义务,不能希望得到互惠。"

上述措施和规定在世贸组织中得到加强,在《建立世贸组织协定》的前言中公然申明。世贸组织成员"进一步认识到需要作出积极努力,以保证发展中国家、特别是其中的最不发达国家,在国际贸易增长中获得与其经济发展需要相当的份额"。在世贸组织负责实施管理的贸易协定与协议中都对发展中国家给予特殊和差别待遇,确认了发达国家必须承担的义务,有助于发展中国家成员方经济和贸易的发展。

---

① 曹建明,贺小勇:《世界贸易组织》,北京,法律出版社,1999年,第318页。

五、建立更加完善的多边贸易体制

创始于 1947 年的《关贸总协定》,虽然初步构建了多边贸易体制,但它只是一个临时性的协定,其所依据的多边贸易体制相当不完善。农产品、纺织品贸易长期游离于《关贸总协定》的体制之外,就是典型的一例。《建立世贸组织协定》明确确立的一个宗旨,是要巩固和发展《关贸总协定》项下 48 年贸易自由化和"乌拉圭回合"多边谈判的所有成果,从而建立"完整的、更具有活力和永久性的多边贸易体系",这是具有战略眼光的定位,比《关贸总协定》前进了一大步。上述定位不仅解决了长期存在的农产品和纺织品贸易问题,而且还扩大了协定的管辖领域,将与贸易有关的投资措施、服务贸易、与贸易有关的知识产权等方面的内容都涵盖其中,有利于今后世贸组织的顺利运作。

世贸组织成立以来,努力保证上述宗旨的实现,使世贸组织影响力加大。

第二节　世贸组织的法律地位

一、"1947 年关贸总协定"不是"国际法人"

第二次世界大战后,以美国为首的各有关国家曾设计成立国际货币基金组织(International Monetary Fund,IMF)、世界银行(World Bank,WB)和国际贸易组织(International Trade Organization,ITO),并将这 3 个机构作为国际经济秩序的三大支柱。1946 年 2 月,联合国经济及社会理事会成立了筹委会,着手筹建国际贸易组织。同年 10 月,筹委会成立了宪章起草委员会,对美国提出的《国际贸易组织宪章》草案(以下简称《ITO 宪章》)进行讨论。1947 年初,根据《ITO 宪章》的贸易规则部分,宪章起草委员会完成了关税与贸易总协定条款的起草工作,并交同年 4 月在日内瓦召开的第 2 次筹委会讨论。会议期间,参加方就具体产品的关税减让进行了谈判,并于 1947 年 11 月 15 日签署了关税与贸易总协定《临时适用议定书》,同意从 1948 年 1 月 1 日起实施《关税与贸易总协定》(以下简称《关贸总协定》)的条款。后来由于美国的阻挠,国际贸易组织未能成立,但《关贸总协定》却以临时适用的多边协定的形式存续了 47 年。因此,《关贸总协定》算不上一个正式的国际组织,也谈不上独立的"法律人格"。

二、世贸组织具备国际法人资格

有独立国际法人资格的世贸组织,是根据《维也纳条约法公约》正式批准生效成立的,是一个常设性、永久性存在的国际组织。根据国际法院在关于"履行联合国职务中遭受损害之赔偿"的"咨询意见"中应用的客观方式,国际法院提出了国际组织具备法律人格的必要前提条件:

（1）为达到共同目标而设立的比协调各国行为的中心更高级的组织；

（2）建立本身的机构（infrastructure）；

（3）具有特定的任务；

（4）独立于其成员，能表达其本身的意志。

确定某国际组织具有法律人格的主要结果是，该国际组织成为国际法主体，能独立行使国际权利和承担国际义务。国际组织具有法律人格，一般具体表现为具有缔约、取得和处置财产以及进行法律诉讼的能力，并享有特权和豁免权[①]。

按照《建立世贸组织协定》第 8 条的规定，世贸组织明确规定了其法律人格，因此，世贸组织的法律地位可归纳为以下几点。

（1）世贸组织具有国际法人资格，其成员应当赋予世贸组织在行使职能时必要的法定能力。这是世贸组织依据国际法采取行动、享有国际法规定的特权和豁免权的基础，这意味着世贸组织在国际上可以缔结条约、可以提起国际损害赔偿诉讼，可以享受特权及豁免权，可以在成员范围内订立契约、取得财产、处置财产和提起诉讼等。

（2）世贸组织每个成员方向世贸组织提供其履行职责时所必需的特权与豁免权。

（3）世贸组织官员和各成员方的代表在其独立执行与世贸组织相关的职能时，也享有每个成员提供的必要的特权与豁免权。

（4）每个成员方给予世贸组织官员、成员方代表的特权与豁免权，等同于联合国大会于 1947 年 11 月 21 日通过的《专门机构的特权及豁免权公约》所规定的特权与豁免权。根据这一公约，与联合国一样，世贸组织可以享有如下特权和豁免：任何形式的法律程序豁免，财产、金融及货币管制豁免，所有的直接税、关税豁免及公务用品和出版物的进出口限制豁免等。

（5）世贸组织可以缔结总部协议，与其他国际组织进行较密切的协商和合作。世贸组织总理事会要作出适当安排，与那些其职责与世贸组织之职责相关的其他政府间组织如国际货币基金组织、海关合作理事会、世界知识产权组织等进行有效的合作。同时，世贸组织总理事会可以作出适当安排，与那些其所涉及的事项与世贸组织之事项相关的非政府间组织进行协商和合作。

第三节　世贸组织的职能

一、实施和管理世贸组织各项协定和协议

世贸组织首要的和最主要的职能是促进《建立世贸组织协定》及各项多边贸易协定的执

---

①　陈安主：《国际经济法学》，北京，北京大学出版社，2001 年，第 460～463 页。

行、管理、运作及目标的实现,同时对各诸边贸易协议的执行、管理和运作提供组织机制。即"便利本协定和多边贸易协定的履行、管理和运用,并促进其目标的实现",以及"为诸边贸易协议提供实施、管理和运用的体制"①。

二、提供多边贸易谈判场所

世贸组织为各成员方进行的多边贸易关系谈判提供了场所。世贸组织为谈判提供场所和为谈判提供一个场所是有区别的。

(1) 各成员方就世贸组织之附属协定的有关事项所进行的多边贸易关系谈判,即对《关贸总协定》和"乌拉圭回合"已涉及议题的谈判,这是专门为世贸组织设立的。

(2) 各成员方就其多边贸易关系所进行的进一步谈判,并且按部长级会议可能作出的决定为这些谈判结果的执行提供组织机制②。前一类谈判是指对现有协定事项的谈判,而后一类则不局限于此,是指对新的议题甚至是新一轮的谈判。

三、解决成员方之间的贸易争端

世贸组织根据《建立世贸组织协定》附件 2 所列的安排,负责管理实施"乌拉圭回合"达成的《关于争端解决的规则与程序的谅解》③,这是世贸组织关于争端解决的基本法律文件。今后各成员方之间如就《1994 年关税与贸易总协定》及其附属、《服务贸易总协定》以及《与贸易有关的知识产权协定》产生争端,经双方协商不能解决的,均应统一诉诸世贸组织提供的争端解决机制,世贸组织将按该谅解的规则与程序主持并处理各项争端。

例如,中美钢铁案。2002 年 3 月 20 日,美国实施进口钢铁保障措施调查案最终救济方案,即对钢坯、钢材等主要进口钢铁产品实施为期 3 年的关税配额限制或加征 30% 的关税,引起中国、日本、韩国和欧盟等成员的强烈反对。中国马上与美国在世贸组织保障措施项下进行磋商,未果。稍后,中国正式向美国提出要在世贸组织《关于争端解决的规则与程序的谅解》机制下进行磋商。这样,中美钢铁案便进入了世贸组织争端解决程序。

世贸组织争端解决机制对所有世贸组织成员来说,都提供了一种解决国际贸易争端的重要途径,争端解决机制的作用是双重的:它既是一种保护成员方权益的手段,又是督促其履行应尽义务的工具。

---

① 《建立世界贸易组织协定》第 3 条第 1 款。
② 《建立世界贸易组织协定》第 3 条第 2 款。
③ 《建立世界贸易组织协定》第 3 条第 3 款。

四、审议各国的贸易政策

世贸组织根据《建立世贸组织协定》附件 3 所列的安排,审议各成员的贸易政策[①]。在《建立世贸组织协定》附件 3 中,确认世界上前 4 个贸易实体(美国、欧盟、加拿大和日本)每 2 年审议一次,其后的 16 个贸易实体每 4 年审议一次,其他成员每 6 年审议一次,但可对最不发达国家成员确定更长的期限。

建立贸易政策审议机制的目的是使世贸组织成员的贸易政策和实际操作更加透明和更被了解,并使各成员更好地遵守多边贸易体制的原则和规则,以及它们对这一体制的承诺,从而使多边贸易体制能顺利运作。

五、与有关机构的合作

1994 年马拉喀什部长级会议所作出的部长宣言,承认自由化在实现全球经济决策更为一致性的方面所起的作用。为此,世贸组织负责与国际货币基金组织、世界银行、联合国贸易与发展委员会以及其他国际机构进行合作,以便进一步促进对全球统一的经济政策的规定。1996 年 12 月 9 日,国际货币基金组织总裁加德索斯与世贸组织时任总干事鲁杰罗签订了《IMF 与 WTO 合作协议》。协议规定,在制定全球经济政策时,为求得最大协调,世贸组织必须与 IMF 在货币储备、国际收支、外汇安排等方面进行全面的协调;世贸组织中涉及国际货币基金管辖范围的汇率事宜,必须与 IMF 协商;IMF 所提供的管辖范围事宜,应当载入世贸组织议事录。1997 年初,鲁杰罗在华盛顿与世界银行(WB)行长沃尔芬森签订了《WB 与 WTO 合作协议》。协议规定:促进 WTO 与 WB 和 IMF 之间的合作,使其在全球经济政策的制定上更趋协调;共享彼此的经济、社会数据,包括全球债务表,货物、服务市场准入承诺和减让表等;承担联合研究和技术合作,交换各自的报告及其他文件。

六、提供技术支持和培训

世贸组织对发展中国家成员,尤其是最不发达国家成员提供技术支持和培训,具体包括以下几方面。

1. 技术援助方面

与发展中国家的研究教育机构合作,开展有关世贸组织的教育培训,为发展中国家培养有关师资力量,通过互联网或电视开展远程教育等。

2. 培训方面

世贸组织在瑞士日内瓦历年均举办培训活动,包括定期举办的为期 3 个月的贸易政策

---

① 《建立世界贸易组织协定》第 3 条第 4 款。

培训班和其他短期培训课程,这些培训课程的对象主要是各国派驻世贸组织的外交官,以及发展中国家处理世贸组织事务的政府高级官员。

从上述规定中我们可以看出,世贸组织的目标是非常宏伟的,管辖范围是广泛的,其职责也相对具体和明确。

第四节 世贸组织的组织机构

根据《建立世贸组织协定》的规定,世贸组织对该组织内部的机构设置、职责范围以及议事规则等都作了十分明确的规定,其组织结构如图 3-1 所示[1]。

一、部长级会议

部长级会议是世贸组织的最顶级决策机构,由世贸组织的所有成员组成,也是各成员方最重要的谈判场所。截至 2005 年,如表 3-1 所示,世贸组织共召开过六届部长级会议,即新加坡第一届部长级会议(1996 年),日内瓦第二届部长级会议(1998 年),西雅图第三届部长级会议(1999 年)、多哈第四届部长级会议(2001 年)、坎昆第五届部长级会议(2003 年)和中国香港第六届部长级会议(2005 年)。根据《建立世贸组织协定》,部长级会议至少每两年举行一次,所有成员方的代表都有资格参加会议,"有权对多边贸易协定下的所有事项作出决定"。部长级会议应全权"履行世贸组织的职能,并为此采取必要的行动"[2]。在关贸总协定时期,虽然也召开部长级会议,但并不定期限,也无议事范围与规则。世贸组织成立后则更加制度化,职责明确,也提高了国际贸易在国际政治事务中的地位。

根据《建立世贸组织协定》,部长级会议具有下述具体职能。

(1) 部长级会议设立贸易与发展委员会、国际收支限制委员会以及预算、财务和管理委员会,在适当情况下,"可设立具有其认为适当的职能的其他委员会"[3]。

(2) 任命总干事并制定有关规则,确定总干事的权力、职责、任职条件和任期以及秘书处工作人员的职责及任职条件。

(3) 对《建立世贸组织协定》及其附件作出解释和修改。

(4) 豁免某成员方在特定情况下承担的义务,并对超过 1 年的豁免按规定进行审议,决定对豁免的延长、修改或终止。

---

[1] 石广生主编:《中国加入世界贸易组织知识读本(一):世界贸易组织基本知识》,北京,人民出版社,2001 年,第 45 页。

[2] 《建立世界贸易组织协定》第 4 条第 1 款。

[3] 《建立世界贸易组织协定》第 4 条第 7 款。

（5）审议成员方提出的对《建立世贸组织协定》或多边贸易协定进行修改的建议。

（6）决定将某一贸易协定补充进诸边贸易协定或将其从该协定之中删除。

（7）决定加入世贸组织的国家或具有单独关税区地位的地区。

（8）审议互不适用多边贸易协定的执行情况并提出适当建议。

（9）决定《建立世贸组织协定》、多边贸易协定生效的日期以及这些协定在经过生效后两年可继续开放接受的决定。

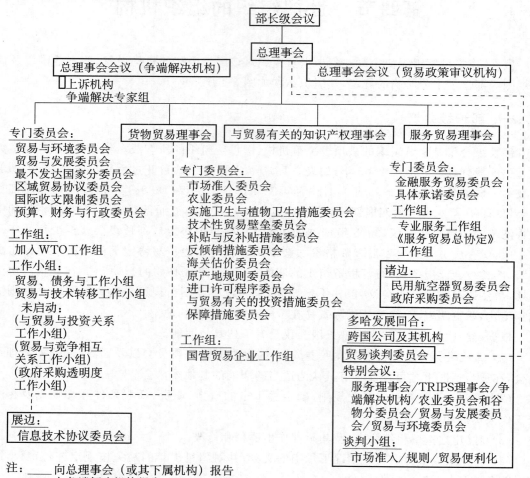

图 3-1　WTO 结构图

资料来源：WTO 官方网站。见 http://www.wto.org/english/thewto_e/whatis_e/tif_e/org2_e.htm。

浏览日期：2008-09-21。

表 3-1　WTO 历届部长级大会

	时　间	地点	中心议题	代表性成果
第一届	1996 年 12 月 9 日—13 日	新加坡	乌拉圭回合协定与协议执行情况、世界贸易的最新发展、讨论 WTO 的未来	《新加坡部长宣言》、《信息技术协议》
第二届	1998 年 5 月 18 日—20 日	日内瓦	全球多边贸易体制 50 周年庆典、发动新一轮多边贸易谈判	《日内瓦部长宣言》、《全球电子商务的决定》
第三届	1999 年 11 月 30 日—12 月 3 日	西雅图	启动"千年回合"	无果而终
第四届	2001 年 11 月 9 日—13 日	多哈	批准中国和中国台北加入 WTO、启动新一轮全球多边贸易谈判	《多哈部长宣言》、《与执行有关的问题与若干考虑》、《TRIPs 协定与公共健康宣言》
第五届	2003 年 9 月 10 日—14 日	坎昆	中期评审	《坎昆部长宣言》
第六届	2005 年 12 月 13 日—18 日	中国香港	推动多哈发展回合谈判	《香港部长宣言》

二、总理事会

总理事会(General Council)由世贸组织全体成员的代表组成,主要是在部长级会议休会期间履行部长理事会的职责。总理事会为除部长级会议之外的世贸组织的最高权力机构,负责日常对世贸组织的领导与管理,会议可根据需要适时召开,通常每年召开 6 次左右,同时履行《建立世贸组织协定》所赋予的各项职能,包括以下职能:

(1)制定规则、审批下述第 5 项职能中各委员会的程序规则。

(2)促使世贸组织的争端解决机构按有关协定规定履行职责。

(3)促使贸易政策审议机构能按有关协定履行职责。

(4)总理事会下设货物贸易理事会、服务贸易理事会和与贸易有关的知识产权理事会。总理事会指导 3 个分理事会的工作,并为其安排有关工作,批准上述 3 个分理事会的程序规则。

(5)为贸易与发展委员会、国际收支限制委员会和预算、财务与行政委员会安排工作,听取贸易与发展委员会关于执行多边贸易协定中对最不发达国家优惠条款的执行情况的报告,并决定采取必要的行动。

(6)了解诸边贸易协议执行机构的活动情况。

(7)同与世贸组织工作有关的政府间组织和非政府间组织进行有效的协商与合作。

(8)批准世贸组织的年度预算和财务报告,批准有关成员方应缴纳之会费的财务规则。

(9)对《建立世贸组织协定》和多边贸易协定进行解释。

三、理事会及下属委员会

世贸组织为使各项制度及协定得到圆满执行,成员方之间发生的争端得到迅速有效解决,在部长级会议或总理事会之下又设立了一系列常设理事会、委员会。其中负责世贸组织

主要职能的货物贸易理事会、服务贸易理事会和知识产权理事会为最重要的理事会,由所有成员方代表组成,每一理事会每年至少举行8次会议,简述如下。

（1）货物贸易理事会（Council for Trade in Goods），涵盖了《建立世贸组织协定》附件1A所列的全部协定，主要负责监督《1994年关税与贸易总协定》及其附属的12个协议的执行。在该理事会之下，又分设12个委员会，主要有市场准入、农产品、动植物检疫、与贸易有关的投资措施、原产地、补贴与反补贴措施、海关估价、贸易技术壁垒、反倾销、进口许可、保障措施、纺织品监督等委员会，具体负责各专项协议的执行。

（2）服务贸易理事会（Council for Trade in Services），主要负责管理监督《服务贸易总协定》的实施。目前，在该理事会下已设立3个谈判小组、一个委员会和一个工作小组，分别为：基础电讯谈判小组、自然人移动谈判小组、海上运输服务谈判小组和金融服务委员会以及专业服务工作小组。

（3）与贸易有关的知识产权理事会（Council on Trade-related Aspects of Intellectual Property Rights），主要负责管理、监督世贸组织《与贸易有关的知识产权协定》的执行。该协定中，最关键的是规定了所有成员都必须达到的最低标准，明确了实施该标准的法律义务，把知识产权问题列入世贸组织争端解决机制的调整范畴。

四、各专门委员会

根据《建立世贸组织协定》，部长级会议设立各专门委员会，负责处理3个理事会的共性事务以及3个理事会管辖范围以外的事务，各专门委员会向总理事会直接负责。

（1）贸易与发展委员会（Committee on Trade and Development）由《1947年关税与贸易总协定》转来，其主要职责是定期审议多边贸易协定中有利于最不发达国家的特殊条款[①]，还设立了"最不发达国家分委员会"，并定期向总理事会报告，以便采取进一步行动。

（2）贸易与环境委员会（Committee on Trade and Environment），该委员会是根据1994年4月15日马拉喀什部长级会议决定成立的，其主要职责是协调贸易与环境措施之间的矛盾，制定必要的规范，以促进贸易的持久发展。

（3）国际收支限制委员会（Committee on Balance of Payments Restrictions），该委员会是由《1947年关税与贸易总协定》转入世贸组织的机构，负责监督审查有关协定中涉及国际收支平衡条款以及依据这些条款而采取限制进口措施的执行情况。

（4）预算、财务与行政委员会（Committee on Budget, Finance and Administration），主要负责接受总干事提交的世贸组织的年度概算和决算，提出建议供总理事会通过。该委员会还负责起草财务条例，这些条例"应尽可能依据GATT 1947的条例和做法"，负责提出世贸组织年度财务报告及预算，负责世贸组织的财产及内部行政事务。其中，财务条例中最重

---

① 《建立世界贸易组织协定》附件1C:《与贸易有关的知识产权协定》第64条。

要的内容是"根据世贸组织费用确定的各成员会费分摊比例,及时对拖欠会费成员所采取的措施"①。这一比例确定了每一成员政府应交纳的在世贸组织费用中分摊的份额,基本原则是,交纳的会费按每一国进出口量在成员总贸易量中所占的比例分摊。在《关贸总协定》中,这一份额只按货物的出口量计算,而世贸组织是按货物和服务的总出口量计算,最少的分摊比例为0.03%,这一比例对贸易量在世贸组织成员总贸易量所占份额不足0.03%的成员适用②。

(5)区域贸易协议委员会(Committee on Regional Trade Agreements),该委员会于1996年2月,根据总领事会的决定设立③,其职能为审查所有双边、区域和诸边优惠贸易协定,并审议此类协定和区域性倡议对多边贸易体制的影响。

根据《建立世贸组织协定》第4条第7款的规定,部长级会议尚可根据需要建立新的委员会,目前酝酿中的有"投资"、"竞争规则"、"劳动标准或贸易与劳工"等委员会。

五、争端解决机构和贸易政策审议机构

这两个机构都直接隶属于部长级会议或总理事会。

(1)争端解决机构(Dispute Settlement Body)下设专家小组和上诉机构,负责处理成员方之间基于各有关协定、协议所产生的贸易争端。

(2)贸易政策审议机构(Trade Policy Review Body),定期审议各成员方的贸易政策、法律与实践,并就此作出指导。

六、秘书处及总干事

根据《建立世贸组织协定》,世贸组织设立了由总干事领导的秘书处,秘书处的工作人员以及他们的职责、任职条件由总干事决定。秘书处及总干事为世贸组织的常设机构。总干事及秘书处工作人员必须具有国际性质,在履行职责时不得寻求或接受任何政府或世贸组织之外机构的指示,而且作为国际职员,他们不得做可能会对其职务产生任何不利影响的事情。各成员方亦应尊重总干事和秘书处工作的国际性质,不得影响他们履行职责。过去关贸总协定秘书处由于缺乏法律上的明确地位,其工作通常处于被动地位,主要从事国际贸易问题的研究,为关贸总协定各项活动提供服务,培训缔约方政府官员,监督各委员会的工作以及争端解决程序的执行,促进缔约方之间的贸易谈判等。由于达成了《建立世贸组织协定》,秘书处正式取得了合法资格,其地位得到提高、职责得到拓宽、作用得到扩大,姿态也变得积极主动,从而起着不断促进国际贸易发展的作用。尤其是在贸易政策审议机制(TPRM)方面,秘书处将负责定期审议各国的贸易政策,如写出被审议成员的贸易报告,要

---

① 《建立世界贸易组织协定》第4条第7款。
② WTO文件WT/BF/A/13,1995年11月3日。
③ 1996年2月6日决定,文件WT/L/127。

求有关成员"澄清其贸易政策和实践"。秘书处甚至可指出成员方应予纠正或改进的贸易实践,敦促其做出必要的改革。目前,秘书处位于瑞士日内瓦,其官方网站网址为 http://www.wto.org,秘书处有 500 多名职员。

世贸组织的第一任总干事为皮特·萨瑟兰(北爱尔兰人)。自 1995 年 5 月 1 日起经所有成员方协商一致,任命瑞那托·鲁杰罗(意大利前贸易部长)为世贸组织的第二任总干事。第三任总干事是迈克·穆尔(新西兰前总理)。第四任总干事是素帕猜·巴尼巴滴(泰国前副总理)。现任总干事是帕斯卡尔·拉米(欧盟前贸易委员)。值得一提的是,迈克·穆尔和素帕猜·巴尼巴滴于 1999 年上半年竞选世贸组织总干事一职,两人分别得到发达国家和发展中国家的支持,最后相持不下,世贸组织各成员只能做出史无前例的妥协,同意迈克·穆尔和素帕猜·巴尼巴滴先后出任总干事,各自任期为 3 年,不得连任,而世贸组织总干事的正常任期是 4 年,可以连任(见表 3-2)。

表 3-2　世贸组织历任总干事

姓　名	国　籍	任职年限	
皮特·萨瑟兰	北爱尔兰	1994—1995	
瑞那托·鲁杰罗	意大利	1995—1999	
迈克·穆尔	新西兰	1999—2002	
素帕猜·巴尼巴滴	泰国	2002—2005	
帕斯卡尔·拉米	法国	2005—2009	

总干事为世贸组织的最高行政长官,其具体权力、义务、职责、任职条件及日期由部长级会议决定。目前,总干事主要是建立秘书处,确定组织机构的设置以及世贸组织的近期工作。

本章小结

1. 世贸组织的宗旨可归纳为:提高生活水平,保证充分就业;扩大货物、服务的生产和贸易;坚持走可持续发展之路;保证发展中国家贸易和经济的发展;建立更加完善的多边贸易体制。

2. 世贸组织的法律地位可归纳为:世贸组织具有国际法人资格,其成员应当赋予世贸组织在行使职能时必要的法定能力;世贸组织每个成员方向世贸组织提供其履行职责时所必需的特权与豁免权;世贸组织官员和各成员方的代表在其独立执行与世贸组织相关的职能时,也享有每个成员提供的必要的特权与豁免权;每个成员方给予世贸组织官员、成员方代表的特权与豁免权,等同于联合国大会于 1947 年 11 月 21 日通过的特殊机构的特权与豁免公约所规定的特权与豁免权;世贸组织可以缔结总部协议,与其他国际组织进行较密切的协商和合作。

3. 世贸组织的主要职能有:实施和管理协议;提供多边贸易谈判场所;解决成员方之间的贸易争端;审议各成员的贸易政策;与有关机构进行合作;提供技术支持和培训。

4. 世贸组织的组织机构有:部长级会议、总理事会、理事会及下属委员会、各专门委员会、争端解决机构和贸易政策审议机构、秘书处及总干事。

重要概念

部长级会议(Ministerial Conference)

总理事会(General Council)

争端解决机构(Dispute Settlement Body)

贸易政策审议机构(Trade Policy Review Body)

多边贸易谈判(Multilateral Trade Negotiations,MTNs)

同步测练与解析

1. 世贸组织有哪些宗旨?

解析:世贸组织的宗旨:提高生活水平,保证充分就业;扩大货物、服务的生产和贸易;坚持走可持续发展之路;保证发展中国家贸易和经济的发展;建立更加完善的多边贸易体制。

2. 与关贸总协定相比,世贸组织的法律地位有些什么特点?

解析:世界贸易组织的法律地位可归纳为以下几点:(1)世界贸易组织具有国际法人资格,其成员应当赋予世界贸易组织在行使职能时必要的法定能力。(2)世界贸易组织每个成员方向世界贸易组织提供其履行职责时所必需的特权与豁免权。(3)世界贸易组织官员和各成员方的代表在其独立执行与世界贸易组织相关的职能时,也享有每个成员提供的必要的特权与豁免权。(4)每个成员方给予世界贸易组织官员、成员方代表的特权与豁免权,等同于联合国大会于1947年11月21日通过的《专门机构的特权及豁免权公约》所规定的特权与豁免权。(5)世界贸易组织可以缔结总部协议,与其他国际组织进行较密切的协商和合作。

3. 世贸组织的主要职能是什么?

解析:实施和管理世贸组织各项协定与协议;提供多边贸易谈判场所;解决成员方之间的贸易争端;审议各成员的贸易政策;与有关机构的合作;提供技术支持和培训。

4. 世贸组织的组织机构有哪几个？

解析：部长级会议、总理事会、理事会及下属委员会、各专门委员会、争端解决机构和贸易政策审议机构、秘书处及总干事。

5. 世贸组织的常设机构是什么？

解析：秘书处及总干事。

第四章

世界贸易组织成员

学 习 目 标

通过本章学习,了解世贸组织成员的来源构成,掌握世贸组织成员加入、退出程序与互不适用条件;了解发达国家成员的经济状况,掌握发达国家成员对外贸易的特点;了解发展中国家成员的经济状况和贸易特点,掌握发展中国家成员在世贸组织中的作用,掌握发展中国家在世贸组织中的特殊与差别待遇。

重 点 难 点 提 示

- 世贸组织成员的来源
- 世贸组织成员的加入、退出程序
- 世贸组织成员的互不适用条件
- 发达国家成员对外贸易的特点
- 发展中国家成员在世界贸易组织中的作用
- 发展中国家在世贸组织中的特殊与差别待遇

第一节　世贸组织成员的来源、加入、退出与互不适用

一、世贸组织成员的来源

世贸组织成员有两个来源：一个是原始成员，一个是加入成员。

（一）原始成员

根据《建立世贸组织协定》，世贸组织原始成员（Original Members）必须具备两个条件。第一，在 1995 年 1 月 1 日《建立世贸组织协定》生效之日前，已经成为关税与贸易总协定缔约方，并在《建立世贸组织协定》生效后两年内接受该协定及其多边贸易协定。第二，在货物贸易和服务贸易领域作出关税减让和承诺，有关关税减让和承诺表已分别附在《1994 年关税与贸易总协定》和《服务贸易总协定》之后。最不发达国家成为世贸组织原始成员，也须具备相同的基本条件，但只需作出与其发展水平和管理能力相符的关税减让和承诺。

几乎所有符合条件的缔约方，都在 1996 年底前成为世贸组织的创始成员，唯一的例外是刚果（布）到 1997 年 3 月才成为原始成员。

我国香港和澳门都是"1947 年关贸总协定"缔约方，按世贸组织上述规定，1995 年 1 月 1 日，它们都成为世贸组织原始成员。

（二）加入成员（Acceding Member）

世贸组织规定国家或单独关税区均可申请加入世贸组织。《马拉喀什建立世贸组织协定》第 12 条规定："任何国家或在处理对外贸易关系及本协定和多边贸易协定规定的其他事项方面拥有完全自主权的单独关税区，可按它与世贸组织协议的条件加入本协定。"①依照该项条款，中国作为主权国家可以申请加入世贸组织，中国台湾作为单独关税区也有资格申请加入世贸组织，在世贸组织第四次部长级会议上，均先后成为世贸组织成员。

截至 2007 年 3 月，世贸组织成员已从 1995 年 1 月 1 日成立初的 112 个增加到 150 个（参见表 4-1）。2001 年 12 月 11 日，中国这个全球最大的转型经济体经过近 15 年的谈判成为第 143 个成员。2004 年 4 月 23 日，尼泊尔成为第 147 个正式成员。2004 年 10 月 13 日，柬埔寨成为第 148 个正式成员。2005 年 12 月 11 日，沙特成为第 149 个正式成员，2007 年 1

---

①　对外贸易经济合作部国际经贸关系司：《世界贸易组织乌拉圭回合多边贸易谈判结果　法律文本》，北京，法律出版社，2000 年，第 12 页。

月 11 日,越南成为第 150 个成员。尼泊尔和柬埔寨还是世贸组织成立以来首批成为正式成员的最不发达国家,使得多边贸易体制更具有完整性和代表性。

表 4-1 WTO 成立以来新加入成员(1996—2007)

位次	国家(地区)	入世时间	位次	国家(地区)	入世时间
1	卡塔尔	1996 年 1 月 13 日	20	巴拿马	1997 年 9 月 6 日
2	斐济	1996 年 1 月 14 日	21	吉尔吉斯斯坦	1998 年 12 月 20 日
3	厄瓜多尔	1996 年 1 月 21 日	22	爱沙尼亚	1999 年 11 月 13 日
4	海地	1996 年 1 月 30 日	23	拉脱维亚	1999 年 2 月 10 日
5	圣基茨和尼维斯	1996 年 2 月 21 日	24	约旦	2000 年 4 月 11 日
6	格林纳达	1996 年 2 月 22 日	25	格鲁吉亚	2000 年 6 月 14 日
7	贝南	1996 年 2 月 26 日	26	阿尔巴尼亚	2000 年 9 月 8 日
8	阿联酋	1996 年 4 月 10 日	27	阿曼	2000 年 11 月 9 日
9	卢旺达	1996 年 5 月 22 日	28	克罗地亚	2000 年 11 月 30 日
10	巴布亚新几内亚	1996 年 6 月 9 日	29	立陶宛	2001 年 5 月 31 日
11	所罗门群岛	1996 年 7 月 26 日	30	摩尔多瓦	2001 年 7 月 26 日
12	乍得	1996 年 10 月 19 日	31	中国	2001 年 12 月 11 日
13	冈比亚	1996 年 10 月 23 日	32	中国台北	2002 年 1 月 1 日
14	安哥拉	1996 年 11 月 23 日	33	亚美尼亚	2003 年 2 月 5 日
15	保加利亚	1996 年 12 月 1 日	34	马其顿	2003 年 4 月 4 日
16	尼日尔	1996 年 12 月 13 日	35	尼泊尔	2004 年 4 月 23 日
17	刚果(金)	1997 年 1 月 1 日	36	柬埔寨	2004 年 10 月 13 日
18	蒙古	1997 年 1 月 29 日	37	沙特	2005 年 12 月 11 日
19	刚果(布)	1997 年 3 月 27 日	38	越南	2007 年 1 月 11 日

资料来源:WTO 官方网站。

二、世贸组织成员的加入

(一)加入世贸组织的程序

加入世贸组织的程序,大体可分为四个阶段。

第一阶段:提出申请与受理

申请加入方首先要向世贸组织总干事递交正式信函,表明加入世贸组织的愿望。

世贸组织秘书处负责将申请函散发给全体成员,并把审议加入申请列入总理事会会议议程。

总理事会审议加入申请并设立相应工作组,所有对申请加入方感兴趣的世贸组织成员都可以参加工作组,总理事会经与申请加入方和工作组成员磋商后,任命工作组主席。

第二阶段:对外贸易制度的审议和双边市场准入谈判

申请加入方应向工作组提交对外贸易制度备忘录、现行关税税则及有关法律、法规,由工作组进行审议。工作组成员通常会以书面形式,要求申请加入方进一步说明和澄清对外

贸易制度的运作情况,申请加入方需作出书面答复。

工作组将根据需要召开若干次会议,审议申请加入方的对外贸易制度及有关答复。

在对外贸易制度审议后期,申请加入方同有关成员开始双边货物贸易和服务贸易的市场准入谈判,凡是提出双边市场准入谈判要求的成员,申请加入方都要与其进行谈判。一般情况下,谈判双方需要在申请加入方加入前达成双边市场准入协议。

第三阶段:多边谈判和起草加入文件

在双边谈判的后期,多边谈判开始,工作组着手起草"加入议定书"和"工作组报告书"。加入议定书包括申请加入方与工作组成员议定的加入条件,并附有货物贸易和服务贸易减让表。工作组报告书包括工作组讨论情况总结。

在工作组举行的最后一次正式会议上,工作组成员协商一致通过上述文件,达成关于同意申请加入方加入世贸组织的决定,提交部长级会议审议。

第四阶段:表决和生效

世贸组织部长级会议对加入议定书、工作组报告书和决定草案进行表决,需经 2/3 的多数成员同意方可通过。

申请加入方以签署或其他方式向世贸组织表示接受加入议定书。

在世贸组织接到申请加入方表示接受的文件之日起第 30 天,有关加入文件开始生效,申请加入方成为世贸组织正式成员。

（二）影响加入过程的因素

第一,经济体制因素。世贸组织是以市场经济体制为基础的国际组织,因此,申请者市场经济体制确立的程度对加入时享有的权利与承诺的义务带来深远的影响。一般来讲,计划经济类型的国家或从计划经济体制转向市场经济体制的申请者较市场经济的申请者所承诺的义务要多。第二,经济发展阶段与经济发展水平。申请者的经济发展阶段和经济发展水平对加入条件的谈判有重大影响。在加入谈判中,对发展中国家的加入条件的要价一般低于较发达国,而对最不发达国家的谈判要价更优于一般的发展中国家。第三,申请者谈判人员的谈判水平。诸如谈判成员对世贸组织规则的掌握程度,对本身经贸竞争力和比较优势的确切了解,谈判技巧和人际关系等。上述因素决定了加入谈判时间的长短、谈判义务承诺的多少和加入议定书和减让表内容的多寡。比如,中国从 1986 年申请"复关",到 2001 年 12 月才成为世贸组织成员,长达 15 年的马拉松式的谈判就是上述因素导致的结果。

三、世贸组织成员的退出

任何成员都可以退出世贸组织。在世贸组织总干事收到书面退出通知之日的 6 个月期满后,退出生效。退出应同时适用于《建立世贸组织协定》和其他多边贸易协定。退出以后,与其他世贸组织的经贸关系从多边回到双边,不再享受世贸组织成员的权利,同时也解除了作为世贸组织成员应尽的义务。

四、世贸组织成员的互不适用

由于政治或其他原因，一些成员不同意相互之间适用世贸组织协定，即互不适用。《建立世贸组织协定》规定："任何成员，如在自己成为成员时或在另一成员成为成员时，不同意在彼此之间适用本协定及附件 1 和附件 2 所列多边贸易协定，则这些协定在该两成员之间不适用。"采取互不适用的条件：第一，是在成为世贸组织成员时，双方均可作出互不适用的决定。第二，原关贸总协定缔约方转变成世贸组织原始成员已采取的互不适用可以沿用。第三，对新加入成员，在部长级会议批准前已通知部长级会议的前提下，可以使用。第四，诸边贸易协议参加方的互不适用，按该协议的规定执行。此外，互不适用可以撤销，但不得重新启用。尽管世贸组织允许这种做法，但并不鼓励。

第二节　世贸组织中的发达国家成员

一、发达国家成员的经济状况

发达市场经济国家一共有 28 个。美洲有美国和加拿大。欧洲有：奥地利、比利时、丹麦、法罗群岛、芬兰、法国、德国、直布罗陀、希腊、冰岛、爱尔兰、意大利、卢森堡、马耳他、荷兰、挪威、葡萄牙、西班牙、瑞典、瑞士和英国。非洲有南非。亚洲有以色列和日本。大洋洲有澳大利亚和新西兰。

这些国家拥有人口 9.02 亿，占当年世界人口的 14.9%，其国土面积总和为 3 268 万平方公里，占世界面积的 24.1%。

这些国家的国内生产总值，2000 年为 24.2 万亿美元，占当年世界国内生产总值的 77.3%，人均国内生产总值为 26 838 美元，高出世界人均国内生产总值（5 176 美元）5.0 倍，高出发展中国家和地区人均国内生产总值（1 342 美元）20.0 倍，高出东欧国家人均国内生产总值（2 045 美元）13.1 倍。

二、发达国家成员对外贸易的特点

（一）对外贸易发展速度较高，但不稳定

从 20 世纪 80 年代以来，发达市场经济国家对外贸易年均增长率起伏较大。它们出口年均增长速度一直接近或超过世界贸易年均增长率。1980—1985 年增长率为 0.2%，（世界为 −0.8%），1985—1990 年为 13.5%（世界为 12.3%），1990—1995 年为 7.2%（世界为

7.5％），1995—2000 年为 2.4％（世界为 3.5％），2000—2001 年为－3.4％（世界－3.6％），2001—2002 年为 4.7％（世界 3.5％），2002—2003 年为 14.6％（世界 15.9％），2003—2004 年为 16.6％（世界 19.8％）；在上述时间段内，发达国家和世界进口年均增长速度分别为－0.4％和－0.5％，13.3％和 12.4％，5.1％和 7.0％，4.2％和 3.8％，－4.1％和－3.3％，3.7％和 2.9％，16.1％和 15.5％，20.3％和 17.4％。

（二）在世界贸易占据绝大比重，且服务贸易比重高于货物贸易

20 世纪 80 年代以来，发达市场经济国家在世界贸易中一直占绝大比重。出口贸易额在世界贸易中的比重 1980 年为 63.8％，1990 年为 71.4％，1995 年为 68.6％，2000 年为 63.9％，2001 年为 64.1％，2004 年为 63.7％；同期，发达国家进口贸易额占世界进口贸易额的比重分别为 69.1％，72.5％，67.2％，67.3％，66.7％和 66.8％。在商业服务贸易中，发达市场经济国家不但居于主要地位，而且所占比重高于货物贸易。2004 年，发达市场经济国家占世界商业服务出口贸易额的 73.0％；占世界商业服务进口贸易额的 71.2％。

（三）对外贸易差额货物与服务呈反向变化

20 世纪 80 年代以来，发达市场经济国家货物贸易逆差年份多于贸易顺差年份，贸易逆差且有加大趋势。发达市场经济国家 1980 年贸易逆差为 1 337 亿美元，90 年代中期转为少量顺差，1995 年出现贸易顺差 228 亿美元，但从 1997 年后，贸易又从顺差变成逆差且有加重趋势。货物贸易逆差从 1998 年的 633 亿美元跃升为 2004 年的 5140 亿美元。与货物贸易差额相反，20 世纪 80 年代以来，发达市场经济国家在商业服务贸易上一直处于顺差，且呈上升趋势。1980 年商业服务贸易顺差为 169 亿美元，1993 年上升到 245 亿美元，1999 年达到 351 亿美元，2004 年为 936 亿美元。

（四）制成品占货物贸易的绝大比重

20 世纪 80 年代以来，在发达市场经济国家出口中，制成品一直占绝大比重，且呈上升趋势。制成品所占比重从 1980 年的 70.9％上升到 2003 年的 76.4％；初级产品出口中，食品所占比重超过农业原料，矿产品和燃料。2003 年，在发达市场经济国家出口中的比重，食品为 7.5％，农业原料为 1.7％，矿产品为 2.5％，燃料为 9.3％。同年，发达市场经济国家进口货物贸易结构与出口货物贸易结构趋势相同，但制成品在进口中的比重高于出口，1980 年为 51.3％，2003 年为 80.2％。初级产品进口中，食品所占比重也高于其他类别。2003 年，在发达市场经济国家进口中的比重，食品为 7.5％，农业原料为 1.8％，矿产品为 2.5％，燃料为 4.7％。

（五）对外贸易对象国一直以发达国家本身为主

20 世纪 80 年代以来，发达市场经济国家出口贸易对象国一直以发达市场经济国家本身

为主,第二位是发展中国家和地区,东欧国家为第三位。2003 年,发达市场经济国家对本身的出口贸易额占其整个出口贸易额的比重为 74.6%,发展中国家和地区相应比重为 21.6%。发达市场经济国家进口来源与出口方向趋势类似,以本身为主,占绝大比重,占第二位的是发展中国家和地位,占第三位的是东欧国家。

(六)对外贸易集中在极少数发达国家

发达市场经济国家的对外贸易集中在少数发达国家身上。在世界货物贸易上,美国、德国、日本、法国和英国 5 国约占 1/3 以上,以 2004 年为例,5 国共占世界货物贸易出口的比重为 33.3%,占进口的 38.3%。在发达国家本身货物贸易上,5 国约占到 1/2 以上,以 2004 年为例,5 国占发达国家货物贸易出口的比重为 54.6%,占进口的比重为 86.3%。在世界商业服务中,上述 5 国所占比重均在 40% 以上,以 2004 年为例,5 国占世界商业服务出口的比重为 38.4%,占进口的比重为 39.1%;与此同时,5 国占发达国家商业服务出口和进口的比重在 50% 左右,以 2004 年为例,5 国占发达国家商业服务出口的比重为 50.4%,占进口的比重为 46.7%,具体情况见表 4-2 和表 4-3。

表 4-2　2004 年 5 个发达国家在世界货物贸易中的地位

国　家　　出　口	价值（10 亿美元）	比重（%）	国　家　　进　口	价值（10 亿美元）	比重（%）
美国	818.8	8.9	美国	1 525.5	16.1
德国	912.2	10.0	德国	716.9	7.6
日本	565.8	6.2	日本	454.5	4.8
法国	448.7	4.9	英国	463.5	4.9
英国	346.9	3.8	法国	465.5	4.9
合计	3 092.4	33.3	合计	3 625.9	38.3
发达国家	5 660.9		发达国家	4 202.9	
世界	9 153	100.0	世界	64 388.0	100.0

资料来源:根据世界贸易组织:《2004 年度报告》;联合国贸易与发展会议:《2004 统计手册》。

表 4-3　2004 年 5 个发达国家在世界商业服务贸易中的地位

国　家　　出　口	价值（10 亿美元）	份额（%）	国　家　　进　口	价值（10 亿美元）	份额（%）
美国	318.3	15	美国	260	14
英国	171.8	8.1	德国	193	13
德国	133.9	6.3	英国	136.1	14
法国	109.5	5.1	日本	134	22
日本	94.9	4.0	法国	96.4	18
合计	828.4	38.4	合计	723.1	39.1
发达国家	1 641.5		发达国家	1547.9	
世界	2 125.0	100.0	世界	2 095.0	100.0

资料来源:根据世界贸易组织:《2004 年度报告》;联合国贸易发展会议:《2004 统计手册》。

（七）在世界贸易体制中处于主导地位

1. 发达市场经济国家在世界贸易体制中处于主导地位

（1）发达市场经济国家成员数目少，但经贸实力强大，决定它们在"1947年关贸总协定"和1995年建立的世贸组织中一直是决策和谈判的主体。

（2）发达市场经济国家一直是世界分工和贸易中心，对世界经贸影响重大的跨国公司中的90%来自发达国家。

（3）有巨大影响的经贸集团也是以发达市场经济国家为主组成的，如欧盟和北美自由贸易区。

（4）发达市场经济国家的货币，如美元和欧元均是主要国际货币。

（5）发达市场经济国家的对外贸易政策决定了世界贸易政策发展的趋势。

（6）发达市场经济国家的经济周期决定着整个世界贸易格局的发展。

（7）在28个发达国家成员中，对世贸组织谈判和决策有掣肘作用的是所谓"四方"，即美国、欧盟、日本和加拿大。

（8）在世贸组织秘书处职员来源、摊付的预算中的比例和赞助的技术和培训的费用中，发达国家成员均占绝大比重。2002年世贸组织秘书处预算开支为1.4亿瑞士法郎，发达国家成员摊付的预算开支为0.99亿瑞士法郎，占整个预算摊付的71.1%；技术和培训的费用共为0.168亿瑞士法郎，其中发达国家赞助0.161亿瑞士法郎，占整个费用的95.5%；秘书处职员为555名，来自发达国家成员的职员为426个，占整个职员数的76.7%。[①]

2. 第二次世界大战以后至今，美国对多边贸易体制一直起着巨大的作用，决定着国际贸易组织的建立与发展

（1）美国是国际贸易组织的发起者，因美国国会对建立国际贸易组织的"哈瓦那宪章"不满，拖着不予批准，导致国际贸易组织夭折。

（2）美国是"1947年关贸总协定"发起者，是1947年多次多边贸易谈判的倡导者和发起者，一些回合谈判的名字是以美国人的名字命名的，如第五回合被称为"狄龙回合"，第六回合被称为"肯尼迪回合"，第七回合被称为"尼克松回合"。

（3）在乌拉圭回合谈判中，由于美国和欧盟在农业谈判上各不让步，导致此次回合从1990年的预期结束拖到1993年12月。

（4）在世贸组织中，美国是摊付预算开支最多的国家，2002年，美国支付的预算开支为0.223亿瑞士法郎，在整个预算中占15.9%。

（5）美国是世贸组织中与别的世贸组织成员发生贸易争端最多的成员。

（6）美国对多哈回合谈判进程有巨大影响，在谈判议题上和谈判方式上均是主要的谈判方，一些议题，尤其是新的谈判议题的协议条款也多是以美国的方案作为谈判基础的。

---

① 作者依据世贸组织《2002年年度报告》计算。

第三节 世贸组织中的发展中国家成员

一、发展中国家的概念

什么是发展中国家,这在"1947 年关贸总协定"建立时,并不是一个问题,当发展中国家的差别待遇逐渐明确后,这个问题出现了。"1947 年关贸总协定"第 18 条是专门为发展中国家设计的,谁有资格引用该条,谁就是发展中国家。第 18 条第 4 款(a)项规定:"经济只能维持低生活水平且经济处在发展初期阶段的缔约方,有权按本条 A 节、B 节和 C 节暂时偏离本协定其他条款的规定。"(b)项规定:"经济处于发展过程中、但不属于以上(a)项范围的缔约方,可根据本条 D 节向缔约方全体提出申请。"[①]关贸总协定对此还专门作了注释:"在考虑一缔约方的经济是否'只能维持低生活水平'时,缔约方全体应考虑这一缔约方经济的正常状态,而不应以这一缔约方的某几项主要出口产品暂时存在着特别有利条件的特殊情况作出判断的基础。"所以用"处在发展初级阶段"一词,不仅适用于经济刚开始发展的各缔约方,也适用于经济正在经历工业化的过程,已改正过分依靠初级产品的各缔约方。该注释只是提出要全面考虑缔约方的经济状况,并未明确"低生活水平"和"发展初级阶段"的标准。

世贸组织没有关于"发展中国家"和"发达国家"的定义。在世贸组织负责实施管理的《补贴与反补贴措施协议》附件 7 中提出的发展中国家包括:联合国指定为最不发达国家的世贸组织成员,未明确标明其他发展中国家的范围。根据联合国的清单,到 2007 年底有 50 个最不发达国家,其中 32 个是世贸组织成员。

联合国贸易与发展会议在 2002 年《统计手册》中把发达国家(28 个)和东欧国家(13 个)以外的国家和地区均包括在发展中国家和地区中。依据经济突出特点,把发展中国家分为主要石油出口国和其他发展中国家和地区,其他发展中国家又分为主要制成品出口国家和非制成品出口国家;依据 1995 年人均国内生产总值,把发展中国家和地区分为三组,人均在4 000 美元以上的为高收入国家,有 48 个,人均在 800 美元到 4 000 美元之间的国家为中等收入国家,有 72 个,人均低于 800 美元的为低收入国家,有 66 个。

联合国的上述划分,世贸组织未表示明确接受,因此,在世贸组织中,发展中国家的身份是在自我选择基础上确定的,不会被所有世贸组织成员自动接受。这种情况给世贸组织成员谈判和接纳新成员都带来一些不确定的因素。

---

① 对外贸易经济合作部国际经贸关系司:《世界贸易组织乌拉圭回合多边贸易谈判结果 法律文本》,北京,法律出版社,2000 年,第 446~448 页。

二、发展中国家成员的经济状况和贸易特点

（一）发展中国家和地区的经济状况

2000 年，整个发展中国家和地区拥有人口 48.4 亿，占世界人口的 79.9%，土地面积为 8 389 万平方公里，占世界土地面积的 61.9%，国内生产总值为 64 900 亿美元，人均国内生产总值为 1 342 美元，不仅低于发达国家人均国内生产总值（26 838 美元），而且低于世界人均国内生产总值（5 178 美元）和东欧国家人均国内生产总值（2 945 美元）。

随着工业化和经济发展，发展中国家经济结构在变化，从 1980 年到 2000 年，在国内生产总值中的比重，农业从 17% 下降到 12%，工业从 42% 下降到 36%，服务业从 41% 上升到 52%，但仍劣于发达国家的经济构成。货物和服务出口贸易的依存度从 1980 年的 26% 提高到 2000 年的 37%。

（二）发展中国家和地区的对外货物贸易状况

1. 发展中国家在世界贸易中的地位

发展中国家和地区在世界贸易中的地位有所改善。发展中国家和地区在世界贸易中的比重从 1980 年的 28.64% 提高到 2004 年的 33.46%。但地区发展所占比重很不平衡，同期，美洲变化很小，所占比重分别为 5.50% 和 5.12%，非洲呈萎缩状态，所占比重同期从 5.91% 下降到 2.51%，而亚洲发展较快，同期所占比重从 17.94% 提高到 25.78%。

2. 制成品出口与石油出口的发展中国家贸易状况呈现反差

（1）石油输出主要国家由于石油提价，在世界出口贸易中的比重 1980 年达到 15.48%，后由于石油降价，出口石油的发展中国家所占比重一直下滑，1990 年下降到 6.21%，2004 年为 6.17%。

（2）出口制成品的发展中国家的贸易地位稳定上升。它们在世界出口中的比重 1980 年为 8.34%，1990 年上升到 14.4%，2004 年进一步提高到 23.65%。发展中国家制成品出口集中在少数国家和地区。中国香港、韩国、印度、巴西、新加坡、墨西哥、阿根廷、巴基斯坦、泰国和马来西亚约占发展中国家和地区制成品出口的 70% 以上。

（3）在发展中国家和地区贸易差额中，石油出口的发展中国家贸易一直呈现顺差，顺差额从 1969—1971 年的 81.8 亿美元猛增到 1 442 亿美元，此后，由于油价下调，顺差开始减少，1992—1993 年只为 371 亿美元。后因石油提价，顺差增多，1999—2001 年，达到 1 415 亿美元，2002—2004 年，达到 1 895.6 亿美元；而出口制成品的发展中国家时有逆差，时有顺差，1995—1997 年逆差为 641 亿美元，而 2002—2004 年一变而为 484.9 亿美元的顺差。

3. 进出口货物贸易结构有所优化

随着发展中国家的工业发展和参与国际分工形式的变化，进出口货物结构有了改善，在发展中国家出口贸易中,工业制成品所占比重从 1980 年的 19.5％一跃变成 2003 年的77.9％;制成品在进口中的比重同期从 61.5％上升到 83.9％。但地区之间并不平衡,同期,制成品再出口中的比重,美洲从 14.7％提高到 56.4％,接近平均水平;非洲从 4.0％提高到16.5％,大大落后于平均水平;西亚地区的发展中国家同期从 3.0％提高到 26.5％,也大大落后于平均水平;而亚洲地区的其他发展中国家和地区,同期则有巨大的变化,该比重从50.4％跃升到 85.0％,大大高出平均水平。

4. 贸易对象以发达国家为主

发展中国家和地区的主要贸易对象是发达国家,但比重在下降。发展中国家的出口市场和进口来源都是发达国家。1980 年向发达国家的出口占发展中国家和地区总额的68.4％,2003 年下降到 68.2％;而从发达国家进口在整个进口中的比重从 62.7％下降到53.8％。同期,发展中国家相互的出口与进口均有增长,所占比重也在提高,同期,发展中国家对发展中国家出口比重从 26.5％提高到 37.7％,进口从 30.8％提高到 43.8％。这表明,发展中国家之间相互贸易与分工在发展。

5. 贸易条件优劣不一

发展中国家和地区的净贸易条件,除去个别年份外,都处于不利地位。如以 1990 年为 100,除去 1997 年和 2000 年,其余年份均低于 100;其中,石油出口组织的发展中国家除 1980 年和 2000年,其余年份,净贸易条件更差;相反,出口制成品的发展中国家较好,从 1997 年到 2000 年的 9 年中,有 4 年接近 100,其余均为 100 或高于 100,但近年来也出现下降趋势,2003 年仅为 93。

（三）发展中国家和地区服务贸易状况

发展中国家和地区的服务贸易有所发展。服务贸易出口额从 1990 年的 1 454.2 亿美元增加到 2004 年的 4 970.07 亿美元,在世界服务贸易出口额中的比重同期从 18.6％提高到22.7％。其中,美洲发展中国家和地区服务贸易出口额从 297.4 亿美元增加到 722.02 亿美元;非洲从 150.7 亿美元增加到 499.5 亿美元,亚洲从 935.4 亿美元增加到 3735.7 亿美元。

三、发展中国家成员在世贸组织中的作用

（一）在世贸组织中的整体地位

成员数目占绝大比重,到 2008 年底,世贸组织成员达到 153 个,发达国家成员为 28 个,其余均是发展中国家成员。但因整体经济发展比较落后,其货物和服务贸易世界货物和服务的比重不到 1/3。因此,在世贸组织参与权,决策权谈判能力上处于弱势地位,还不能左右世贸组织。

（二）对世贸组织重大问题的关注

发展中国家成员一般关注货物贸易上发达国家的市场准入,取消纺织品上的限制等问

题,而对发达国家居于绝对优势的服务贸易、知识产权等问题不热心,处于守势,希望发达国家成员给予更多的特殊待遇。同时,因发展中国家本身发展的不平衡,亚洲、拉丁美洲和非洲发展中国家对上述问题的态度也不完全一致。

(三)少数发展中国家成员影响较大

在发展中国家成员中,大的发展中国家成员和经济发展迅速的发展中国家成员在世贸组织中的影响在加大。亚洲的印度、中国、韩国、新加坡,拉丁美洲的墨西哥、巴西等在世贸组织中影响在逐步加大。

第四节　发展中国家在世贸组织中的特殊与差别待遇

第二次世界大战后,随着殖民体系的瓦解,发展中国家陆续取得政治独立,成为国际上的重要政治力量。发展中国家经济发展成为影响世界经济发展的关键问题,发展中国家贸易的发展受到国际社会的关注。帮助和促进发展中国家的贸易发展日益受到多边贸易体制的关注。世界贸易组织通过各种方式给予其特殊和差别待遇。

一、"1947年关贸总协定"对发展中国家的关注

在关贸总协定发展史上,在有关发展中国家的问题上,出现了以下大事。

1947年:10个发展中国家与其他发达国家创建了关贸总协定。关贸总协定第18条的幼稚产业保护条款和第12条的国际收支条款,体现了对这些发展中国家贸易发展的关注。

1954—1955年:在第18条中增加了B节,允许发展中国家在外汇储备低于经济发展需要时,为了国际收支目的,可以使用"数量限制"。

1964年:联合国贸发会议(UNCTAD)建立。在关贸总协定内建立贸易和发展委员会,负责与发展有关的事宜。国际贸易中心(ITC)负责帮助发展中国家促进出口。

1968年:联合国贸发会议通过了普惠制决议。在普惠制下,发达国家在非互惠的基础上向发展中国家提供关税优惠,这种优惠是普遍的、非歧视和非互惠的。

1971年:关贸总协定给予普惠制以"豁免"地位。

1973—1979年:70多个发展中国家参加了东京回合谈判。该回合通过了引进"特殊和差别待遇"概念的"授权条款",使得1971年的普惠制的豁免成为永久性的,同时也包含了有关"毕业"的内容。

1986年:发展中国家同意启动乌拉圭回合谈判,部长宣言包含了一些有关"特殊和差别待遇"的内容。

1994 年：所有"1947 年关贸总协定"的发展中国家缔约方都决定加入世贸组织，并一揽子接受了乌拉圭回合谈判的结果。乌拉圭回合谈判成果进一步扩大了对发展中国家成员的特殊和差别待遇。

二、发展中国家成员在世贸组织中的特殊和差别待遇

世贸组织协定与协议，对发展中国家尤其是对最不发达国家成员的贸易发展给予了密切的关注。关注表现为各种特殊和差别待遇，内容涉及对总体利益的承认，义务的减轻，实施期的延长和技术援助。[①]

（一）对发展中国家成员总体利益的确认

在《建立世贸组织协定》序言申明："需要作出积极努力，以保证发展中国家、特别是其中的最不发达国家，在国际贸易增长中获得与其经济发展需要相当的份额。"

（二）对最不发达国家成员给予更多的特殊待遇

1. 关注对最不发达国家成员特殊规定的实施情况

《建立世贸组织协定》第 4 条指出："贸易与发展委员会应定期审议多边贸易协定中有利于最不发达国家成员的特殊规定，并向总理事会报告，以采取适当行动。"最不发达国家成为原始成员方条件从宽，它们只要作出相符承诺和减让，就可以成为世贸组织原始成员。第 11 条指出："联合国承认的最不发达国家只需承担与其各自发展、财政和贸易需要或其管理和机构能力相符的承诺和减让。"

2. 通过《关于有利于最不发达国家措施的决定》

决定第 2 条款列出，世贸组织成员同意给予最不发达国家成员如下特殊待遇：

（1）特别通过审议以迅速实施有利于发展中国家的所有特殊和差别措施，包括在乌拉圭回合中采取的措施。

（2）在可能的限度内，乌拉圭回合中议定的与最不发达国家有出口利益产品的关税和非关税措施最惠国减让，可自主提前实施，且无过渡期。应考虑进一步改善有关与最不发达国家有特殊出口利益产品的普惠制及其他方案。

（3）乌拉圭回合各项协定和文件所列规则和过渡性条款应以灵活和有支持作用的方式适用于最不发达国家。为此，应积极考虑最不发达国家在有关的理事会和委员会中提出的特定和有根据的关注。

（4）在适用《1947 年关贸总协定》第 37 条第 3 款（c）项和 1994 年关贸总协定相应条款

---

① 各项内容引用的条款均来自对外贸易经济合作部国际经贸关系司译：《世界贸易组织乌拉圭回合多边贸易谈判结果　法律文本》，北京，法律出版社，2000 年。有的是直接引用，有的是意义引用。

所指的进口救济措施和其他措施时,应对最不发达国家的出口利益给予特殊考虑。

(5)在包括服务贸易在内的生产和出口基础的发展、加强和多样化以及贸易促进方面,应给予最不发达国家实质增加的技术援助,以使它们从市场准入开放中获得最大好处。

(三)《关于争端解决规则与程序的谅解》中的特殊和差别待遇

1.对总体利益的承认

《谅解》第24条第1款指出:在确定涉及一最不发达国家争端的起因和争端解决程序的所有阶段,应特别考虑最不发达国家的特殊情况。在此方面,各成员在根据这些程序提出涉及最不发达国家的事项时应表现适当的克制,如认定利益的丧失或减损归因于最不发达国家成员所采取的措施,则起诉方在依照这些程序请求补偿或寻求中止实施减让或其他义务的授权时,应表现适当的克制。

2.义务的减轻

《谅解》第3条第12款指出:如果发展中国家成员针对一个发达国家成员提出,则可简化程序;在磋商中,各成员应特别注意发展中国家成员的特殊问题和利益(第4条第10款);当争端发生在发展中国家成员与发达国家成员之间时,如果发展中国家成员提出要求,专家组应至少有一名来自发展中国家成员(第8条第10款);在涉及发展中国家成员所采取措施的磋商过程中,各方可同意延长《谅解》有关条款所确定的期限,如一个或多个争端方为发展中国家成员,则专家组报告应明确说明以何种形式考虑发展中国家成员在争端解决程序过程中提出的适用协定中有关发展中国家成员的差别和更优惠待遇规定(第12条第10、11款);如果涉及最不发达国家的磋商未能成功,那么该最不发达国家成员可以请总干事或争端解决机构主席进行斡旋、调节和调停,以期在设立专家组的请求提出前,协助各方解决争端(第24条第2款)。

(四)《贸易政策审议机制》中的特殊和差别待遇

1.义务的减轻,表现为接受政策审议的间隔时间长

按《贸易政策审议机制》规定,所有成员的贸易政策和做法均应接受定期审议,前4个贸易实体(欧盟为一个实体)每两年审议一次,其后的16个实体每4年审议一次。其他成员每6年审议一次,但可对最不发达国家成员确定更长的期限。

2.提供技术援助

为实现最大限度的透明度,所有成员应定期向贸易政策审议机构提交贸易政策和做法实施的报告。对于最不发达国家成员在编写其报告时所遇到的困难应给予特别考虑。应请求,秘书处应向发展中国家成员,特别是最不发达国家成员提供技术援助。

(五)在《关于1994年关税与贸易总协定国际收支条款的谅解》中的特殊待遇

1.对总体利益的承认

《谅解》第12款指出,在涉及发展中国家的有关国际收支磋商中,秘书处的文件应该包

括有关外部贸易环境对参与磋商成员的国际收支状况和前景影响范围的有关背景和分析材料。在发展中国家成员请求下,秘书处的技术援助部门应协助准备磋商文件。

2. 义务的减轻

《谅解》第8款指出,对于最不发达国家成员或对于按照在以往磋商中提交委员会的时间表推行自由化努力的发展中国家成员,磋商可根据1972年批准的简化程序进行,如对一发展中国家成员的贸易政策审议在与该磋商所定日期相同的日历年内进行,则也可使用简化磋商程序,但除最不发达国家成员外,不得连续两次以上根据简化程序进行磋商。

(六) 货物贸易领域各种特殊和差别待遇的具体化

世贸组织负责实施管理的货物贸易协定与各种贸易协议,对发展中国家成员尤其是对最不发达国家成员都从总体上和具体问题上给予了特殊和差别待遇。以《农业协议》为例说明。

1. 对总体利益的承认

在序言中明确指出:"同意在实施其市场准入承诺时,发达国家成员将充分考虑发展中国家成员的特殊需要和条件,对这些成员有特殊利益的农产品在更大程度上改进准入机会和条件,包括在中期审评时议定的给予热带农产品贸易的全面自由化,及鼓励对以生产多样化为途径停止种植非法麻醉作物有特别重要性的产品;……各方一致同意发展中国家的特殊和差别待遇是谈判的组成部分,同时考虑改革计划的实施可能对最不发达国家和粮食净进口发展中国家产生的消极影响。"

2. 义务的减轻

具体包括以下内容。

(1) 农业补贴方面。发展中国家不需要承诺取消某些作为其发展计划组成部分的国内支持,即普遍可获得的对农业的投资补贴和低收入或资源贫乏的生产者普遍可获得的农业投入补贴(第6条第2款);在扭曲贸易的国内支持微量(de minimis)水平方面,允许发展中国家的水平更高,达到相关生产总值的10%,而发达国家为5%(第6条第4款);在实施期内,发展中国家不需要对承诺削减出口农产品的销售成本和出口产品的境内运输补贴,但这些补贴不得用于规避削减承诺(第9条第4款);在对粮食实施出口禁止或限制时,发展中国家不需要考虑其他成员有关粮食安全的关注(第12条第2款);对于发展中国家,有关削减关税和扭曲贸易的支持的要求低于适用于发达国家的比例1/3(第15条第1款和《确定改革计划下具体约束承诺的模式》第15款);最不发达国家不需要在农产品市场准入、国内支持或出口补贴方面承诺进行削减(第15条第2款);发达国家成员应根据《关于改革计划对最不发达国家和粮食净进口发展中国家可能产生消极影响的措施的决定》采取适当的措施。农业委员会应视情况监督依本决定而采取的后续行动(第16条);有关农产品的继续谈判应

该考虑发展中国家的特殊和差别待遇(第20条);特殊和差别待遇包括为粮食安全目的而进行的公共储备和国内粮食援助(附件2,第3、4款);"特别处理"条款规定在严格的条件下允许4个特定成员在关税削减的过程中保留专门针对农产品的非关税措施,为发展中国家提供了更优惠的待遇(附件5)。

(2)实施期的延长。发展中国家可以用10年而不是6年时间实施有关削减保护水平和扭曲贸易的支持的具体承诺。

(七)《服务贸易总协定》中的特殊和差别待遇

1. 对总体利益的承认

《协定》序言中明确承诺:"希望建立一个服务贸易原则和规则的多边框架,以期在透明和逐步自由化的条件下扩大此类贸易,并以此为手段参加所有贸易伙伴的经济增长和发展中国家的发展;……认识到各成员为实现国家增长目标,有权对其领土内的服务提供进行管理和采用新的法规,同时认识到由于不同国家服务法规发展程度方面存在的不平衡,发展中国家特别需要行使此权利;期望便利发展中国家更多地参与服务贸易和扩大服务出口,特别是通过增强其国内服务能力、效率和竞争力;特别考虑最不发达国家由于特殊的经济状况及其在发展、贸易和财政方面的需要而存在的严重困难。"

第4条指出应优先考虑最不发达国家成员的需要,为此,各成员应谈判达成具体承诺,以促进发展中国家成员更多地参与世界贸易。应向最不发达国家成员提供优先,尽管这些国家在接受具体承诺方面存在严重困难。谈判应涉及:加强发展中国家国内服务的能力,特别是通过在事业基础上获得技术;改善它们进入分销渠道和信息网络的机会;以及在它们有出口利益的部门和服务提供方式上市场准入的自由化(劳动密集型服务)。

帮助发展中国家成员获得服务贸易的相关信息,第4条第2款指出,在世贸组织协定生效两年内,发达国家成员和其他成员应设立联络点,便利发展中国家成员获得有关服务贸易的信息。

在服务贸易补贴问题谈判时,对发展中国家成员要有灵活性,第15条第1款指出:考虑到补贴在发展中国家发展计划中的作用,在谈判有关服务部门有贸易扭曲作用的补贴的新的多边纪律时,其他成员应努力表现出灵活性。

在自然人流动谈判中,应牢记发展中国家的参与。《关于自然人流动问题的决定》特别指出:在未来就自然人流动自由化的谈判中部长们应牢记,《服务贸易总协定》的目标之一是增加发展中国家对服务贸易的参与,并扩大其服务的出口。

2. 义务的减轻

(1)可以开放较少的服务部门。《协定》第19条第2款指出,服务贸易自由化的进程应当尊重各成员的国家政策目标及其总体和各部门的发展水平。个别发展中国家成员应有适当的灵活性,以开放较少的部门,放开较少类型的交易。

（2）实施期的延长。《协定》第3条第4款指出，在两年内设立咨询点以提供法律、法规等信息方面，发展中国家成员有一定灵活性。

（3）提供技术援助。《协定》第25条第2款指出，世贸组织秘书处应向发展中国家提供技术援助。《关于电信服务的附件》第6款指出，各成员应考虑为最不发达国家提供机会，以鼓励外国电信服务提供者就技术转让、培训和其他活动向其提供帮助，以支持其电信设施的发展和电信服务贸易的扩大。

（八）《与贸易有关的知识产权协定》中的特殊和差别待遇

1. 对发展中国家成员总体利益的承认

《协定》序言申明："认识到最不发达国家成员在国内实施法律和法规方面特别需要最大的灵活性，以便它们能够创造一个良好和可行的技术基础。"

2. 实施期的延长

《协定》第65条第1、2款和第66条第1款指出，自《协定》生效之日起，发展中国家成员可以有5年的过渡期，最不发达国家有11年的过渡期，在过渡期内这些国家可以不实施本协定的规定，而发达国家的过渡期只有1年。对于最不发达国家，与贸易有关的知识产权理事会应其请求可以延长它们的过渡期。《协定》第65条第4款进一步指出，对于在5年过渡期结束后，对某些技术领域仍未在其领域内提供保护的发展中国家，可以再推迟5年对这些技术领域实施有关产品专利的规定。

3. 提供技术援助

《协定》第66条第2款指出，发达国家成员应采取鼓励措施，促进和鼓励其境内的企业和机构向最不发达国家转让技术。《协定》第67条指出，发达国家成员应请求并根据双方同意的条款和条件，应提供有利于发展中国家成员和最不发达国家成员的技术和资金合作，这种合作可以包括协助制定有关保护和执行知识产权以及防止滥用知识产权的国内立法，支持措施还可以集中在建立或加强相关的国内机关和机构方面，包括人员培训。

（九）通过优惠资金等措施帮助发展中国家

《关于世界贸易组织对实现请求经济决策更大一致性所作贡献的宣言》指出："还需要使优惠和非优惠财政资源和实际投资资源充足迅速地流向发展中国家，并需要进一步努力以处理债务问题，以便有助于保证经济增长和发展。"

三、世贸组织发展中成员发展问题日益受到关注

"发展"的呼声正在成为世贸组织的谈判原则，使发达成员不能不认真面对。2001年11月，《多哈部长宣言》重申给予发展中成员特殊和差别待遇的规定是构成世贸组织协议不可分割的一部分，并承诺新一轮谈判将使之更明确、更有效和更具有可操作性。由于发展中成

员集体谈判力量的显著优势,使得发达成员无法单边主导世贸组织的未来发展。在发展中成员的努力下,诸如小型经济体(第35段)、贸易、债务和金融(第36段)、贸易与技术转让(第37段)、技术合作与能力建设(第38~40段)等与"发展"有关的议题首次被正式纳入多边贸易体制谈判议程。在谈判的进程中,主要发达成员出于策略上的考虑,在相关议题上寻求与发展中成员的共同点,对发展中国家主要关心的诸如公共健康等问题给予了一定关注,并率先达成协议。

2003年9月,在坎昆第五届部长级大会上,广大发展中成员开始形成自己的利益集团(如21国集团,33国集团和跨大洲联盟),共同推动国际经济新秩序的建立。在2005年12月世贸组织香港部长级会议上,发展中成员团结奋战的精神得到进一步体现。旨在推动富国大幅削减农业补贴的发展中国家G20国集团已经打破了其将解散的预言而作为联合力量在农业谈判中出现,并在支持其他发展中国家联盟(如关注食品安全、生计和农村发展的G33国集团)方面也将起重要作用。在非农产品市场准入谈判中,一个由印度和南非领导的9个发展中国家的"核心集团",向部长级会议递交了一份关于目前的谈判基础不足以反映发展中国家关心问题的信件。此外,代表20国集团、33国集团、ACP集团、LDC集团、非洲集团和小型经济的部长主持了联合新闻发布会,宣示他们"在本回合发展问题上的共同利益和他们对一个全面的发展成果的期望"。

▨ 本章小结

1. 世贸组织成员有两个来源:一个是原始成员,一个是加入成员。加入世贸组织的程序,大体可分为四个阶段:提出申请与受理;对外贸易制度的审议和双边市场准入谈判;多边谈判和起草;加入文件表决和生效。任何成员都可以退出世贸组织。在世贸组织总干事收到书面退出通知之日的6个月期满后,退出生效。

2. 发达国家成员对外贸易的特点有:对外贸易发展速度较高,但不稳定;在世界贸易占据绝大比重,服务贸易高于货物贸易;对外贸易差额货物与服务呈反向变化;制成品占货物贸易的绝大比重;对外贸易主要在发达国家之间进行;对外贸易集中在少数发达国家;在世界贸易体制中处于主导地位。

3. 发展中国家成员在世贸组织参与权,决策权谈判能力上处于弱势地位,还不能左右世贸组织。发展中国家成员一般关注货物贸易上发达国家的市场准入,取消纺织品上的限制等问题,而对发达国家居于绝对优势的服务贸易、知识产权等问题不热心,处于守势,希望发达国家成员给予更多的特殊待遇。在发展中国家成员中,大的发展中国家和经济发展迅速的发展中国家成员在世贸组织中的影响在加大。

4. 在世贸组织协定与协议中,对发展中国家尤其是对最不发达国家成员的贸易发展给予密切的关注,表现为各种特殊和差别待遇,内容涉及对总体利益的承认,义务的减轻,实施期的延长和技术援助。

重要概念

原始成员(Original Member)

加入成员(Acceding Member)

发达成员(Developed Member)

发展中成员(Developing Member)

最不发达成员(Least Developed Countries)

特殊与差别待遇(Special and Differential Treatment)

案例分析

正如被誉为 GATT 之父的约翰·杰克逊所反复强调的,GATT 尽管是一个"事实上"的国际组织,但 GATT 不具有国际法实体地位的缺憾仍然使许多 GATT 的拥护者愤愤不平,相对于 GATT 仅仅是一个由成为合同方成员的各个政府签署的一个合同,世贸组织则正在向一个以宪法结构或法律为基础的管理体系转变(瓦因斯,1998),但这种演化仍处在早期阶段,实际上世贸组织与在原协定下的 GATT 相比并没有更多的真正的权力。(杰克逊,2000)

从 WTO 的组织特征可以看出,WTO 本质上是一个成员驱动的国际组织,WTO 属于其成员,尽管是一个具有国际法人地位的国际组织,但 WTO 仍然作为政府间合同而出现,因此,只拥有有限的领导权、研究和解释能力,并没有一种一般的由董事会通过对成员实施管理的组织程序。(瓦因斯,1998)

从根本上看,由于 WTO 所涉及的问题领域贸易政策仍然在很大程度上是各成员政府的主权,WTO 只能是一个政府间组织,其独立性受到其成员的极大牵制,而 IMF 和世界银行拥有自己的资源可以独立地处理其授权范围内的事务,是一个真正的国际性机构,在回答什么是世界银行或 IMF 的时候,答案是它的职员或执行董事会,而在回答什么是 WTO 的时候,一位 WTO 代表说:"WTO 就是一个由秘书处提供服务的各代表团拥有平等权利的社团组织。"(亨德森,1998)

资料来源:[美]安妮·克鲁格:《作为国际组织的 WTO》,黄理平等译,上海,上海人民出版社,2002 年。

[美]约翰·H. 杰克逊:《世界贸易体制——国际经济关系的法律与政策》,张乃根译,上海,复旦大学出版社,2001 年。

请讨论:

1. WTO 与 GATT 的区别和联系是什么?

解析:世贸组织和关税与贸易总协定有着内在的历史继承性。世贸组织继承了关税与贸易总协定的合理内核,包括其宗旨、职能、基本原则及规则等。关税与贸易总协定有关条

款,是世贸组织《1994年关税与贸易总协定》的重要组成部分,仍然是规范各成员间货物贸易关系的准则。

2. 世贸组织和关税与贸易总协定的区别是什么?

(1) 机构性质。关税与贸易总协定以"临时适用"的多边贸易协议形式存在,不具有法人地位;世贸组织是一个具有法人地位的国际组织。

(2) 管辖范围。关税与贸易总协定只处理货物贸易问题;世贸组织不仅要处理货物贸易问题,还要处理服务贸易和与贸易有关的知识产权问题,其协调与监督的范围远大于关税与贸易总协定。世贸组织和国际货币基金组织、世界银行,成为维护世界经济运行的三大支柱。

(3) 争端解决。关税与贸易总协定的争端解决机制,遵循协商一致的原则,对争端解决没有规定时间表;世贸组织的争端解决机制,采用反向协商一致的原则,裁决具有自动执行的效力,同时明确了争端解决和裁决实施的时间表。因此,世贸组织争端裁决的实施更容易得到保证,争端解决机制的效率更高。

(4)《1947年关贸总协定》转化为《1994年关贸总协定》,成为世贸组织负责实施管理的多边货物贸易协定,不再具有"准国际贸易组织"的职能,不再是多边贸易体制的组织和法律基础。

3. WTO是一个由成员驱动的国际组织,这一点在WTO组织机构、谈判和决策机制中是如何体现的?

解析:世界贸易组织不会告诉成员政府如何处理它们的贸易政策,相反,它是一个"受成员驱动"的组织。这意味着:(1)世贸组织体制内的规则都是所有成员政府通过谈判达成的协定,并且得到各成员议会的批准;(2)在世贸组织内,决定一般都是经过所有成员"协商一致"达成的。世贸组织能够对一个成员的政策产生直接影响的唯一情况是,由所有成员构成的争端解决机构(DSB)通过争端专家小组或上诉报告作出裁决。即便如此,这些裁决的范围仍是有限的:它们仅仅是就某政府是否破坏了某项自己已经接受的世贸组织协定作出的裁决或解释。如果某政府破坏了某项承诺,它就必须进行调整并给予遵守。除此之外,在其他任何方面,世贸组织都不会支配成员政府采取或废弃某项政策。至于世贸组织秘书处,它只是为世贸组织及其成员提供管理和技术上的支持而已。事实上,是成员政府支配着世贸组织。

4. WTO与IMF、WB的区别和联系是什么?

解析:与世界银行和国际货币基金组织这些联合国附属组织不同,WTO是一个独立于联合国的、基于规则、由成员驱动的国际组织——其全部决策由成员国政府决定,规则通过成员国之间的谈判达成。世界贸易组织和国际货币基金组织、世界银行,成为维护世界经济运行的三大支柱。

WTO是由成员国政府管理的。所有重大的决定都是由全体成员共同作出的,或是由各国部长在每两年召开一次的会议上,或是由各国官员在日内瓦定期召开的会议上,决定通常是经协商一致作出的。在这方面,WTO不同于世界银行和国际货币基金组织等其他国际组织。在WTO中,权利并没有授予董事会,秘书处对各国的政策没有影响,虽然在定期举行的贸易审议中,秘书处可以提出一些分析性的评论。

 同步测练与解析

1. 世贸组织成员是怎么来的?

解析:世贸组织成员有两个来源:一个是原始成员,一个是加入成员。

2. 新成员如何加入?

解析:加入世界贸易组织的程序:第一阶段:提出申请与受理。第二阶段:对外贸易制度的审议和双边市场准入谈判。第三阶段:多边谈判和起草加入文件。第四阶段:表决和生效。影响加入过程的因素有:第一,经济体制因素。第二,经济发展阶段与经济发展水平。第三,申请者谈判成员的谈判水平。

3. 在什么情况下,世贸组织成员可以互不适用?

解析:由于政治或其他原因,一些成员不同意相互之间适用世界贸易组织协定,即互不适用。采取互不适用的条件:第一,是在成为世界贸易组织成员时,双方均可作出互不适用的决定。第二,原关贸总协定缔约方转变成世界贸易组织原始成员已采取的互不适用可以沿用。第三,对新加入成员,在部长级会议批准前已通知部长级会议的前提下,可以适用。第四,诸边贸易协议参加方的互不适用,按该协议的规定执行。

4. 发达国家成员在世贸组织中为何起主导作用?

解析:发达市场经济国家在世界贸易体制中处于主导地位。第一,发达国家成员数目少,但经贸实力强大,决定它们在"1947年关贸总协定"和1995年建立的世界贸易组织中一直是决策和谈判的主体。第二,发达市场经济国家一直是世界分工和贸易中心,对世界经贸影响重大的跨国公司中的90%来自发达国家。第三,有巨大影响的经贸集团也是以发达国家为主组成的,如欧盟和北美自由贸易区。第四,发达市场经济国家的货币,如美元和欧元均是主要国际货币。第五,发达市场经济国家的对外贸易政策决定了世界贸易政策发展的趋势。第六,发达市场经济国家的经济周期决定着整个世界贸易格局的发展。第七,在28个发达国家成员中,对世界贸易组织谈判和决策有掣肘作用的是所谓"四方",即美国、欧盟、日本和加拿大。第八,在世界贸易组织秘书处职员来源、摊付的预算中的比例和赞助的技术和培训的

费用中,发达国家成员均占绝大比重。

5. 发展中国家成员众多,为何不能左右世贸组织?

解析:在世贸组织中的整体地位。成员数目占绝大比重,到 2003 年 9 月,世贸组织成员达到 146 个,发达国家成员为 28 个,其余均是发展中国家成员。但因整体经济发展比较落后,货物和服务贸易在世界货物和服务所占比重不到 1/3,因此,在世贸组织参与权,决策权谈判能力上处于弱势地位,还不能左右世贸组织。

6. 发展中国家成员在总体上享受何种特殊和差别待遇?

解析:在《马拉喀什建立世界贸易组织协定》序言中申明:"需要作出积极努力,以保证发展中国家、特别是其中的最不发达国家,在国际贸易增长中获得与其积极发展需要相当的份额。"

C 第五章
HAPTER FIVE

世界贸易组织的运作

学 习 目 标

通过本章学习,全面系统地掌握世界贸易组织的运作机制、决策机制、争端解决机制、贸易政策审议机制以及与其他组织的合作机制。掌握这些机制如何保证世界贸易组织健康和有效的运行。

重 点 难 点 提 示

- 世界贸易组织的决策机制
- 世界贸易组织争端解决机制的特点与管辖范围
- 世界贸易组织争端解决的基本程序
- 世界贸易组织的贸易政策审议机制
- 世界贸易组织与其他组织合作机制

第一节　世贸组织的决策机制

世贸组织在进行决策时,主要遵循"协商一致"原则,只有在无法协商一致时才通过投票表决决定。

一、协商一致

世贸组织以 1947 年关税与贸易总协定所遵循的决定、程序和惯例作为指导,在决策中继续沿用 1947 年关税与贸易总协定所遵循的"经协商一致作出决定"的习惯做法。

1947 年关税与贸易总协定的决策惯例是,讨论一项提议或拟议中的决定时,应首先寻求协商一致,所有缔约方都表示支持,或者没有缔约方反对,即为协商一致通过。1995 年 11 月,世贸组织总理事会议定了一项有关决策规则的重要说明,强调在讨论有关义务豁免或加入请求时,总理事会应寻求以协商一致达成协议,只有在无法协商一致的情况下才进行投票表决。

二、投票表决

在世贸组织部长级会议或总理事会表决时,每一成员拥有一票。总的原则是,部长级会议和总理事会依据成员所投票数的多数作出决定,除非《建立世贸组织协定》或有关多边贸易协定另有规定。

1. 关于条款解释的投票表决

世贸组织部长级会议或总理事会拥有解释《建立世贸组织协定》和多边贸易协定的专有权,对多边贸易协定和协议条款的解释,部长级会议或总理事会应根据监督实施协定的相应理事会的建议进行表决,并获得成员的 3/4 多数支持才能通过。

2. 关于义务豁免的投票表决

按照《建立世贸组织协定》和多边贸易协定和协议的规定,任何世贸组织成员既享受一定的权利,也要履行相应的义务。但在特殊情况下,对某一世贸组织成员应承担的某项义务,部长级会议可决定给予豁免。对世贸组织成员提出的义务豁免请求,部长级会议应确定一不超过 90 天的期限进行审议,首先应按照协商一致原则作出决定;如果在确定的期限内未能协商一致,则进行投票表决,需由世贸组织成员的 3/4 多数通过才能作出义务豁免决定。

世贸组织成员提出的义务豁免请求,若与货物贸易、服务贸易和与贸易有关的知识产权等任何一个多边贸易协定、协议及其附件有关,应首先分别提交给货物贸易理事会、服务贸易理事会和知识产权理事会审议,审议期限不超过90天,审议期限结束时,相应理事会应将审议结果向部长级会议报告。

世贸组织部长级会议作出的义务豁免决定有明确的适用期限。如义务豁免期限不超过1年,到期自动终止;如期限超过1年,部长级会议应在给予义务豁免后的1年内进行审议,并在此后每年审议一次,直至豁免终止。部长级会议根据年度审议情况,可延长、修改或终止该项义务豁免。

3. 关于修正案的投票表决

世贸组织的任何成员,均可向部长级会议提出修正《建立世贸组织协定》和多边贸易协定条款的提案。部长级会议应在90天或确定的更长期限内,首先按照协商一致原则,作出关于将修正案提请各成员接受的决定,若在确定的期限内未能协商一致,则进行投票表决,需由成员的2/3多数通过,才能作出关于将修正案提请各成员接受的决定。

世贸组织成员的接受书应在部长级会议指定的期限内,交存世贸组织总干事。

对某些关键条款的修正,必须经所有世贸组织成员接受方可生效。这些关键条款是:《建立世贸组织协定》第9条"决策"和第10条"修正",《1994年关税与贸易总协定》第1条"最惠国待遇"和第2条"减让表",《服务贸易总协定》第2条第1款"最惠国待遇",《与贸易有关的知识产权协定》第4条"最惠国待遇"。

除上述关键性条款的修正外,对《建立世贸组织协定》、《货物贸易多边协定》和《与贸易有关的知识产权协定》所列出的其他条款的修正,如果不改变各成员的权利和义务,在成员的2/3多数接受后,对所有成员生效;如果上述修正改变了各成员的权利和义务,在成员的2/3多数接受后,对接受修正的成员生效,此后接受修正的成员自接受之日起生效。

对《服务贸易总协定》第四部分"逐步自由化"、第五部分"机构条款"、第六部分"最后条款"及相应附件的修正,经成员的2/3多数接受后,对所有成员生效。

对第一部分"范围和定义"、第二部分"一般义务和纪律"、第三部分"具体承诺"及相应附件的修正,经成员的2/3多数接受后,对接受修正的成员生效,此后接受修正的成员自接受之日起生效。

对未在世贸组织部长级会议规定的期限内接受已生效修正的世贸组织成员,部长级会议经成员的3/4多数通过作出决定,任何未接受修正的成员可以退出世贸组织,或经部长级会议同意,仍为世贸组织成员。

对《与贸易有关的知识产权协定》第71条第2款关于"修正"的要求作出的修正,可由世贸组织部长级会议通过,无须进一步的正式接受程序。

对《建立世贸组织协定》附件二《关于争端解决规则与程序的谅解》的修正,应该经过协商一致作出,经世贸组织部长级会议批准后,对所有成员生效;对附件三《贸易政策审议机制》的修正,经部长级会议批准后,对所有成员生效;对附件四"诸边贸易协议"的修正,按诸边贸易协议中的有关规定执行。

第二节　世贸组织的争端解决机制

"1947 年关贸总协定""乌拉圭回合"达成的《关于争端解决规则与程序的谅解》,是世贸组织关于争端解决的基本法律文件,与 1947 年关税与贸易总协定相比,世贸组织的争端解决机制更具强制性和约束力。

一、形成背景

世贸组织争端解决机制,是从 1947 年关税与贸易总协定有关条款及其 40 多年争端解决的实践发展而来的。1947 年关税与贸易总协定关于争端解决的规定,主要体现在《1947 年关税与贸易总协定》的第 22 条和第 23 条。第 22 条规定了缔约方之间进行磋商的权利;第 23 条规定了提出磋商请求的条件、多边解决争端的主要程序及授权报复等。一般认为,这两条是 1947 年关税与贸易总协定争端解决机制的主要规则和法律基础。

据统计,从 1948 年至 1995 年 3 月,1947 年关税与贸易总协定受理的争端共计 195 起(不包括根据"东京回合"各守则争端解决程序所受理的 22 起争议)。其中,提交专家组调查的 98 起争议,有 81 起通过了专家组报告。

但是,1947 年关税与贸易总协定争端解决机制存在一些严重缺陷。例如,在时间上,由于没有明确的时限规定,争端解决往往久拖不决;在程序上,由于奉行"协商一致"的原则,被专家组裁定的败诉方可借此规则阻止专家组报告的通过,这些问题损害了缔约方对关税与贸易总协定争端解决机制的信心,影响了多边贸易体制的稳定性。

在此背景下,"乌拉圭回合"将争端解决纳入谈判,达成《关于争端解决规则与程序的谅解》,建立了世贸组织争端解决机制,该机制适用于多边贸易体制所管辖的各个领域,并克服了旧机制的缺陷,通过迅速有效地解决成员方之间的贸易争端,使多边贸易协定的遵守和执行得到更大的保障。

《关于争端解决规则与程序的谅解》包括 27 个条款、4 个附件。世贸组织总理事会同时作为负责争端解决的机构,履行成员方之间争端解决的职责。

二、世贸组织争端解决机制的特点与管辖范围

（一）世贸组织争端解决机制的特点

1. 鼓励成员通过双边磋商解决贸易争端

根据《关于争端解决规则与程序的谅解》的规定,争端当事方的双边磋商是世贸组织争端解决的第一步,也是必经的一步,即使是争端进入专家组程序后,当事方仍可通过双边磋

商解决争端。世贸组织鼓励争端当事方通过双边磋商达成相互满意的解决方案。当然,这种解决方案不得违反世贸组织的有关规定,也不得损害第三方的利益。

2. 以保证世贸组织规则的有效实施为优先目标

争端解决机制的目的是使争端得到积极有效的解决。争端各方可通过磋商,寻求均可接受并与世贸组织有关协定或协议相一致的解决办法,在未能达成各方满意的解决办法时,争端解决机制的首要目标是确保成员撤销被认定违反世贸组织有关协定或协议的措施。如该措施暂时未能撤销,应申诉方要求,被诉方应与之进行补偿谈判,但补偿只能作为一项临时性措施加以援用,如在规定时间内未能达成满意的补偿方案,经争端解决机构授权,申诉方可采取报复措施。

3. 严格规定争端解决的时限

迅速解决争端是世贸组织争端解决机制的一项重要原则,为此,争端解决程序的各个环节均被规定了严格、明确的时间表。这既有利于及时纠正成员违反世贸组织协定或协议的行为,使受害方得到及时的救济,也有助于增强各成员对多边争端解决机制的信心。

4. 实行"反向协商一致"的决策原则

世贸组织争端解决机制引入了"反向协商一致"的决策原则。在争端解决机构审议专家组报告或上诉机构报告时,只要不是所有的参加方都反对,则视为通过,从而排除了败诉方单方面阻挠报告通过的可能。

5. 禁止未经授权的单边报复

世贸组织要求,争端当事方应按照《关于争端解决规则与程序的谅解》的规定妥善解决争端,禁止采取任何单边的、未经授权的报复性措施。

6. 允许交叉报复

如果世贸组织成员在某一领域的措施被裁定违反世贸组织协定或协议,且该成员未在合理期限内纠正,经争端解决机构授权,利益受到损害的成员可以进行报复。报复应优先在被裁定违反世贸组织协定或协议的措施的相同领域进行,称为平行报复;如不可行,报复可以在同一协定或协议下跨领域进行,称为跨领域报复;如仍不可行,报复可以跨协定或协议进行,称为跨协议报复。

例如,某成员对农产品进口实施数量限制的措施,违反了《1994 年关税与贸易总协定》关于普遍取消数量限制的规定,经争端解决机构授权,利益受损害的成员应优先考虑针对从该成员进口农产品进行报复;如不可行,也可在其他产品的进口方面进行报复;如仍不可行,则可在其他任何协定或协议所管辖的领域进行报复。

（二）世贸组织争端解决机制的管辖范围

《关于争端解决规则与程序的谅解》第 1 条,对世贸组织争端解决机制的管辖范围作了详细规定。

（1）世贸组织争端解决机制，适用于各成员根据世贸组织各项协定、协议（包括《关于争端解决规则与程序的谅解》）所提起的争端。

（2）特别规则优先。《关于争端解决规则与程序的谅解》附录2，列出了所有含有特别规则和程序的协议，如《实施卫生与植物卫生措施协议》、《纺织品与服装协议》、《技术性贸易壁垒协议》、《反倾销协议》、《海关估价协议》、《补贴与反补贴措施协议》、《服务贸易总协定》及有关附件等。《关于争端解决规则与程序的谅解》，并不排斥上述协定或协议中特别规则和程序的适用，而且在特别规则与一般规则发生冲突时，特别规则具有优先适用的效力。

（3）对适用规则的协调。当某一争端的解决涉及多个协定或协议，且这些协定或协议的争端解决规则和程序存在相互冲突时，则争端各当事方应在专家组成立后的20天内，就适用的规则及程序达成一致，如不能达成一致，争端解决机构主席应与争端各方进行协商，在任一争端当事方提出请求后的10天内，决定应该遵循的规则及程序。争端解决机构主席在协调时应遵守"尽可能采用特别规则和程序"的指导原则。

三、世贸组织争端解决的基本程序

世贸组织争端解决的基本程序包括磋商、专家组审理、上诉机构审理、裁决的执行及监督等。除基本程序外，在当事方自愿的基础上，也可采用仲裁、斡旋、调解和调停等方式解决争端。

（一）磋商

《关于争端解决规则与程序的谅解》规定，一成员方向另一成员方提出磋商要求后，被要求方应在接到请求后的10天内作出答复。如同意举行磋商，则磋商应在接到请求后30天内开始。如果被要求方在接到请求后10天内没有作出反应，或在30天内或相互同意的其他时间内未进行磋商，则要求进行磋商的成员方可以直接向争端解决机构要求成立专家组。如果在接到磋商请求之日后60天内磋商未能解决争端，要求磋商方（申诉方）可以请求设立专家组。在紧急情况下（如涉及容易变质的货物），各成员方应在接到请求之日后10天内进行磋商。如果在接到请求之日后20天内磋商未能解决争端，则申诉方可以请求成立专家组。

要求磋商的成员方应向争端解决机构、有关理事会和委员会通知其磋商请求。磋商情况应当保密，而且不得损害任何一方在争端解决后续程序中的权利。

如果第三方认为与拟议举行的磋商有实质性的贸易利益关系，可在争端解决机构散发该磋商请求后10天内，将加入磋商的意愿通知各磋商成员方和争端解决机构。若磋商成员方认为该第三方要求参与磋商的理由充分，应允许其参加磋商。如加入磋商的请求被拒绝，则第三方可根据有关规定向磋商成员方另行提出直接磋商的请求。

（二）专家组审理争端

1. 专家组的成立和授权

（1）专家组的成立。在前述磋商未果，或经斡旋、调解和调停仍未解决争端的情况下，投诉方可以向争端解决机构提出成立专家组的请求。一旦此项请求被列入争端解决机构会议议程，专家组最迟应在这次会后的争端解决机构会议上予以设立，除非争端解决机构一致决定不成立专家组。由于世贸组织争端解决机制实行反向协商一致原则，争端解决机构有关会议一致反对成立专家组的可能性很小，因此专家组的设立几乎不会成为问题，这就使得1947年关税与贸易总协定机制下专家组设立经常被拖延的问题迎刃而解。

如果一个以上的成员就同一个事项请求成立专家组，则尽可能由一个专家组审查这些申诉。若成立一个以上专家组审查与同一事项有关的各种申诉，则各专家组应该尽可能由相同的人士组成，各专家组的审理进度也应该进行协调。

（2）专家组的组成。专家组通常由3人组成，除非争端当事方在专家组设立之日起10天内同意设立5人专家组。专家组的成员可以是政府官员，也可以是非政府人士，但这些成员均以个人身份工作，不代表任何政府或组织，世贸组织成员不得对他们作出指示或施加影响。为便于指定专家组成员，世贸组织秘书处备有一份符合资格要求的政府和非政府人士的名单。世贸组织成员可以定期推荐建议列入该名单的政府和非政府人士。

《关于争端解决规则与程序的谅解》第8条规定，除非争端当事方有令人信服的理由，否则不得反对秘书处向他们提出的专家组成员人选。如果自决定设立专家组之日起20天内，争端当事方仍未能就专家组的人员组成达成一致，应任何一个争端当事方的请求，世贸组织总干事在与争端解决机构主席、有关理事会或委员会主席及争端各方磋商以后，任命最合适的人选。这些规定避免了当事各方在专家组人员组成问题上，可能出现的无休止的争论。

《关于争端解决规则与程序的谅解》第8条第3款还规定，当事方和有利益关系的第三方公民不得担任与该争端有关的专家组成员（各争端当事成员方另有约定的除外）。

在专家组的组成方面，世贸组织也考虑到了发展中国家的特别利益。《关于争端解决规则与程序的谅解》规定，当争端发生在发展中成员与发达成员之间时，如发展中成员提出请求，相应的专家组至少应有一人来自发展中成员方。

（3）专家组的职权范围。《关于争端解决规则与程序的谅解》第7条第1款，用标准格式规定了专家组的职权范围，即根据争端各方所援引协定或协议的规定，对申诉方的请求予以审查，并提交调查报告，以协助争端解决机构提出建议或作出裁决。在专家组成立后20天内，若争端各当事方对专家组的职权有特别要求，争端解决机构也可以授权其主席与争端各方磋商，在遵守《关于争端解决规则与程序的谅解》第7条第1款规定的前提下，确定专家组的职权。

2. 专家组的审理程序

在案件的审理过程中,专家组要调查案件的相关事实,对引起争议的措施是否违反相关协定或协议作出客观评价,就争端的解决办法提出建议。

专家组一旦设立,一般应在 6 个月内(紧急情况下 3 个月内)完成全部工作,并提交最终报告。如专家组认为不能如期提交报告,则应书面通知争端解决机构,说明延误的原因和提交报告的预期时间,但最长不得超过 9 个月。应申诉方的请求,专家组可以暂停工作,但期限不得超过 12 个月。如超过 12 个月,设立专家组的授权即告终止。

通常情况下,专家组首先听取争端各方陈述和答辩意见。然后,专家组将报告初稿的叙述部分(事实和理由)散发给争端各方。

在专家组规定的时间内,争端各方应提交书面意见。待收到各方的书面意见后,专家组应在调查、取证的基础上完成一份中期报告,并向争端各方散发,再听取争端各方的意见和评议。中期报告的内容应包括叙述部分、调查结果和结论。争端各方可以书面要求专家组在提交最终报告前对中期报告进行审查。如有此要求,专家组应与争端各方举行进一步的会谈。如专家组在规定时间内未收到争端各方对中期报告的意见,则中期报告应视为专家组的最终报告,并迅速散发给各成员方。

为完成最终报告,专家组有权从他们认为适当的任何个人或机构获取资料和专门意见。专家组在向成员方管辖的个人或机构索取资料和意见前,应通知该成员方政府。对于争端中涉及的科学或技术方面的问题,专家组可以设立专家评审组,并要求他们提供书面咨询报告。

如争端当事方以外的成员认为该争端与自身有实质性的利益关系,则在向争端解决机构作出通知后,可以以第三方身份向专家组陈述意见,并有权获得争端各方提交专家组首次会议的陈述材料。

3. 专家组报告的通过

《关于争端解决规则与程序的谅解》第 16 条规定,为使各成员有足够时间审议专家组最终报告,只有在报告散发给各成员方 20 天后,争端解决机构方可考虑审议通过。对报告有反对意见的成员方,应至少在召开审议报告会议 10 天前,提交供散发的书面反对理由。在最终报告散发给各成员方的 60 天内,除非争端当事方正式通知争端解决机构他们的上诉决定,或争端解决机构经协商一致决定不通过该报告,否则该报告应在争端解决机构会议上予以通过。

(三)上诉机构审理

上诉机构的设立,是世贸组织较 1947 年关税与贸易总协定在争端解决机制方面的又一个创新,其目的是使当事方有进一步申诉案情的权利,并使世贸组织争端解决机制更具有准确性与公正性。

1. 上诉机构的组成及职权范围

《关于争端解决规则与程序的谅解》第 17 条规定,争端解决机构设立常设上诉机构,受理对专家组最终报告的上诉。常设上诉机构由 7 人组成,通常由其中的 3 人共同审理上诉案件。上诉机构成员由争端解决机构任命,任期 4 年,可连任一次。为保证上诉机构的权威性和公正性,他们的成员应是法律、国际贸易和世贸组织协定或协议方面的公认权威,并且具有广泛的代表性。上诉机构成员不得从属于任何政府,也不得参与审议可能对他们有直接或间接利益冲突的争端。1995 年 11 月 29 日,争端解决机构从 23 个国家所推荐的 32 位候选人中,任命了常设上诉机构的 7 名成员。

上诉机构只审理专家组报告所涉及的法律问题和专家组所作的法律解释。上诉机构可以维持、修改或推翻专家组的结论。

2. 上诉机构对案件的审理

上诉机构的审议,自争端一方提起上诉之日起到上诉机构散发其报告之日为止,一般不得超过 60 天。如遇有紧急情况,上诉机构应尽可能地缩短这一期限。上诉机构如果认为不能在 60 天内提交报告,则应该将延迟的原因及提交报告的预期时间书面通知争端解决机构,但最长不得超过 90 天。

3. 上诉机构报告的通过

争端解决机构应在上诉机构报告散发后的 30 天内通过该报告,除非争端解决机构经过协商一致决定不予通过。

（四）争端解决机构裁决的执行及其监督

专家组报告或上诉机构报告一经通过,其建议和裁决即对争端各当事方产生约束力,争端当事方应该无条件地接受。

1. 裁决的执行

《关于争端解决规则与程序的谅解》第 21 条规定,在专家组或上诉机构报告通过后 30 天内举行的争端解决机构会议上,有关成员应将执行争端解决机构建议和裁决的意愿通知该机构。有关建议和裁决应该迅速执行,如果不能迅速执行,则应该确定一个合理的执行期限。"合理期限"由有关成员提议,并需经过争端解决机构批准;如未能够获得批准,由争端各方在建议和裁决通过后 45 天内协商确定期限;如果经过协商也无法确定时,则由争端各方聘请仲裁员确定。

如果被诉方的措施被认定违反了世贸组织的有关规定,且它未能在合理的期限内执行争端解决机构的建议和裁决,则被诉方应申诉方的请求,必须在合理期限届满前与申诉方进行补偿谈判。补偿是指被诉方在贸易机会、市场准入等方面给予申诉方相当于它所受损失的减让。根据《关于争端解决规则与程序的谅解》第 22 条第 1 款的规定,补偿只是一种临时性的措施,即只有当被诉方未能在合理期限内执行争端解决机构的建议和裁决时,方可采

用。如果给予补偿,应该与世贸组织有关协定或协议一致。

2. 授权报复

如申诉方和被诉方在合理期限届满后 20 天内未能就补偿问题达成一致,申诉方可以要求争端解决机构授权对被诉方进行报复,即中止对被诉方承担的减让或其他义务。争端解决机构应该在合理期限届满后 30 天内给予相应的授权,除非争端解决机构经协商一致拒绝授权。根据所涉及的不同范围,报复可分为平行报复、跨领域报复和跨协议报复三种。被诉方可以就报复水平的适当性问题提请争端解决机构进行仲裁。

报复措施也是临时性的。只要出现以下任何一种情况,报复措施就应终止。

(1) 被认定违反世贸组织有关协定或协议的措施已被撤销;

(2) 被诉方对申诉方所受的利益损害提供了解决办法;

(3) 争端当事各方达成了相互满意的解决办法。

3. 监督执行

争端解决机构应该监督已通过的建议和裁决的执行情况。在建议和裁决通过后,任何成员都可随时向争端解决机构提出与执行有关的问题,以监督建议和裁决的执行,除非争端解决机构另有决定。在确定了执行的合理期限 6 个月后,争端解决机构应该将建议和裁决的执行问题列入会议议程,并进行审议,直至该问题得到解决。在争端解决机构每一次会议召开的 10 天前,有关成员应向争端解决机构提交一份关于执行建议和裁决的书面报告。

四、仲裁、斡旋、调解和调停

(一) 仲裁

《关于争端解决规则与程序的谅解》第 25 条规定,仲裁可以作为争端解决的另一种方式。如果争端当事方同意以仲裁方式解决,则可在共同指定仲裁员并议定相应的程序后,由仲裁员审理当事方提出的争端。

在世贸组织的争端解决机制中,仲裁可用于不同的目的和争端解决的不同阶段,如审理争端、裁定执行的合理期限、评估报复水平是否适当等。

(二) 斡旋、调解和调停

斡旋是指第三方促成争端当事方开始谈判或重开谈判的行为。在整个过程中,进行斡旋的一方可以提出建议或转达争端一方的建议,但不直接参加当事方的谈判。

调解是指争端当事方将争端提交一个由若干人组成的委员会,该委员会通过查明事实,提出解决争端的建议,促成当事方达成和解。

调停是指第三方以调停者的身份主持或参加谈判,提出谈判的基础方案,调和、折中争端当事方的分歧,促使争端当事方达成协议。

在世贸组织争端解决中,斡旋、调解或调停是争端当事方经协商自愿采用的方式。争端的任何一方均可随时请求进行斡旋、调解或调停。斡旋、调解或调停程序可以随时开始,随时终止。一旦终止,申诉方可以请求设立专家组。如果斡旋、调解或调停在被诉方收到磋商请求后的 60 天内已经开始,则申诉方只能在该 60 天届满后请求设立专家组。但是,如争端当事方均已认为已经开始的斡旋、调解或调停不能解决争端,则申诉方可以在该 60 天内请求设立专家组。在争端进入专家组程序后,如果争端当事方同意,斡旋、调解或调停程序也可同时继续进行。当事方在斡旋、调解或调停中所持的立场应予保密,而且任何一方在争端解决后续程序中的权利不得受到损害。

世贸组织总干事可以以他所任职务身份进行斡旋、调解或调停,以协助成员方解决争端。

五、世贸组织争端解决机制的作用日益增强

根据世贸组织成员的承诺,在发生贸易争端时,当事各方不应采取单边行动对抗,而应通过争端解决机制寻求救济并遵守其规则及所做出的裁决。世贸组织建立后,世贸组织争端解决机制不断就成员间的贸易争端进行调解和仲裁,所涉及的国家不仅有美国、欧盟、日本和加拿大等贸易大国,而且也有古巴、巴拿马、新西兰等诸多发展中的贸易小国,从中可以看到以下情况。

第一,世贸组织争端解决机制已初步显示出其效力并赢得了各成员的尊重。作为世界头号贸易大国,美国对争端解决机制也表现了非常积极的热情。例如,1996 年 12 月,美国和日本在富士胶卷市场上的争端发生以后,美国抛弃了传统的单方面宣布制裁的做法,而采取了到争端解决机构去控告日本的做法。1995 年 2 月,美国还是第一个利用争端解决机构裁决汽油污染标准诉讼案并同意执行对其不利裁决的国家。

第二,世贸组织争端解决机制作为贸易争端的准司法机构,其工作量正日益增加,有效性也在逐渐提高。该机构通常每月开会议 2 次,听取关于违反世贸组织规则和协议的投诉,近几年,世贸组织受理贸易纠纷范围十分广泛,涉及农业、纺织品、食品、卫生、知识产权和服务贸易等诸多领域。

第三,发展中成员利用世贸组织争端解决机制解决贸易纠纷的数量上升,而且其中也不乏发展中成员胜诉的案例,表明了世贸组织成员利用该机制维护自身合法经贸权益的主动性。虽然美国、欧盟、日本等仍是贸易争端的主角,但是,发展中成员却比以前更积极地利用世贸组织争端解决程序来维护自己的利益。

第三节 世贸组织的贸易政策审议机制

一、贸易政策审议机制的含义与目的

贸易政策审议机制是指,世贸组织成员集体对各成员的贸易政策及其对多边贸易体制的影响,定期进行全面审议。实施贸易政策审议机制的目的,是促使成员方提高贸易政策和措施的透明度,履行所作的承诺,更好地遵守世贸组织规则,从而有助于多边贸易体制平稳地运行。

二、贸易政策审议机制的产生及要点

贸易政策审议机制是 1988 年"乌拉圭回合"中期审评会议临时批准建立的,由 1947 年关税与贸易总协定理事会负责实施,1989 年开始运行。世贸组织正式成立后,贸易政策审议职责由世贸组织总理事会承担,即总理事会同时也是贸易政策审议机构。

贸易政策审议对象主要是世贸组织各成员的全部贸易政策和措施,审议范围从货物贸易扩大到服务贸易和知识产权领域。贸易政策审议机制还要求对世界贸易环境的发展变化情况进行年度评议。贸易政策审议的结果,不能作为启动争端解决程序的依据,也不能以此要求成员增加新的政策承诺。

贸易政策审议机构的审议有别于世贸组织各专门机构的审议。世贸组织专门机构,如纺织品监督机构、补贴与反补贴措施委员会等,只负责审议成员执行特定协议的情况,包括在成员提交通知的基础上,对通知涉及的具体贸易政策和措施进行审议。

三、成员审议的程序

成员方接受贸易政策审议机构审议的频率,取决于该成员对多边贸易体制的影响程度,确定这种影响程度的主要依据,是成员方在世界贸易中所占的份额。成员方占世界贸易的份额越大,接受审议的次数就越多。对目前在世界贸易额中排名前 4 位的成员每 2 年审议一次,对排在其后的 16 个成员每 4 年审议一次,对余下的成员每 6 年审议一次,对最不发达成员的审议可以间隔更长。

贸易政策审议机构的审议程序,是参照《1947 年关税与贸易总协定》1989 年以来的做法制定的,并根据 1996 年世贸组织成员达成的谅解作了修改。

贸易政策审议,是在世贸组织秘书处报告和接受审议成员方"政策声明"基础上进行的。世贸组织秘书处报告包括意见摘要、经济环境、贸易与投资政策制定机制、贸易政策与做法 4

个部分,该报告要经过有关成员核对,但报告内容最终要由秘书处负责。成员方政府的"政策声明",要全面阐述其实施的贸易政策和做法。

世贸组织秘书处在准备报告过程中,要派人与接受审议成员的相关政府部门和机构就有关问题进行讨论,也可以向制造商协会、商业协会等中介机构以及有关研究机构进行咨询。

正式审议工作由贸易政策审议机构进行,对所有世贸组织成员开放,接受审议的成员派出的代表团通常为部长级。为引导讨论,从参与审议的成员方中选取两位讨论人,以个人身份参加审议会议,不代表各自政府。

第一次审议会议通常由被审议成员首先发言,然后由讨论人发言,随后与会者发表意见。在第二次审议会议上,讨论主要围绕会前确定的主题进行,被审议成员就各成员方提出的问题进一步作出答复;如有必要,被审议成员也可在1个月内作出书面补充答复。审议会议在总理事会主席作出总结后结束。主席和秘书处随即向新闻界简要通报审议情况,公布秘书处报告的意见摘要及主席总结。接受审议的成员也可以举行新闻发布会。秘书处报告、"政策声明"以及会议记录随后也要发表。

四、对世界贸易环境的评议

贸易政策审议机制要求世贸组织总干事以年度报告的形式,对影响多边贸易体制的国际贸易环境变化情况进行综述,该报告要列出世贸组织的主要活动,并且指出可能影响多边贸易体制的重大政策问题。最初几次世界贸易环境评议的经验表明,这种评议提供了一个重要的机会,特别是在不举行部长级会议的年份里,使世贸组织成员可以对国际贸易政策和贸易环境发展趋势进行总体评估。

五、贸易政策审议机制的作用

贸易政策审议机制的作用主要体现在以下几个方面。

(1) 为世贸组织审议各成员的贸易政策,以及评估国际贸易环境的发展变化提供了场所和机会,有助于增加多边贸易体制的透明度。

(2) 接受审议的成员对其贸易及相关政策进行解释和说明,有助于增进成员方的相互了解,减少或避免贸易争端。

(3) 各成员参与审议和评估,可以为接受审议的成员在贸易政策制定和改进方面提供一些意见或建议,有助于督促其履行作为世贸组织成员的义务。

第四节　世贸组织与其他组织的合作机制

一、世贸组织与其他组织合作的必要性

世贸组织所管辖的范围涉及国际经济贸易的各个方面,从农业到工业,从货物运输到自然人流动,甚至基因产品也在其议事日程之内,但世贸组织毕竟主要处理的是贸易或与贸易有关的问题,其他问题如果确实影响到世界贸易的正常发展,就需要与其他组织密切配合,协调解决。作为第二次世界大战后世界经济的主要支柱,世界银行(World Bank,WB)和国际货币基金组织(International Monetary Fund,IMF)在国际经济领域发挥着重要作用。世贸组织与其他组织的合作,主要是与政府间国际组织的合作。近年来,随着市民社会(civil society)概念的兴起,与非政府组织(Non-Governmental Organization,NGO)的合作成为世贸组织工作日程中越来越重要的部分。

为了与其他组织进行有效的合作,在世贸组织有关的协定和文件中都作了一些规定,在《建立世贸组织协定》第5条中对此作出了原则规定。

《建立世贸组织协定》第5条对世贸组织与其他组织关系的总括性规定,共分两款:第1款规定"总理事会应就与职责上与世贸组织有关的政府间组织进行有效合作作出适当安排";第2款规定"总理事会可就与涉及世贸组织有关事项的非政府组织进行磋商和合作作出适当安排"。[①] 根据这些原则规定,世贸组织负责实施管理的贸易协定与协议又作出了一些具体规定。

世贸组织成立以来,根据其内部组织机构的工作需要,授予数百个国际政府间组织观察员地位(以总理事会为例,参见表5-1),以进一步加强与其他国际组织的交流和合作。

表 5-1　总理事会国际政府间组织观察员名单

序号	中文名称	英文名称
1	联合国	United Nations(UN)
2	联合国贸易与发展会议	United Nations Conference on Trade and Development(UNCTAD)
3	国际货币基金组织	International Monetary Fund(IMF)
4	世界银行	World Bank
5	联合国粮农组织	Food and Agricultural Organization(FAO)
6	世界知识产权组织	World Intellectual Property Organization(WIPO)
7	经济合作与发展组织	Organization for Economic Cooperation and Development(OECD)
8	国际贸易中心	International Trade Center (ITC)

资料来源:WTO官方网站。

---

① 对外贸易经济合作部国际经贸关系司:《世界贸易组织乌拉圭回合多边贸易谈判结果　法律文本》,北京,法律出版社,2000年,第7页。

二、与国际货币基金组织和世界银行的关系

世贸组织与国际货币基金组织和世界银行并称当今世界经济秩序的三大支柱,它们分别在国际贸易、国际金融、国际投资领域发挥着至关重要的作用。

(一)与国际货币基金组织的关系

1. 国际货币基金组织宗旨

国际货币基金组织是根据 1944 年布雷顿森林会议上通过的《国际货币基金协定》而建立起来的一个政府间的国际金融组织,于 1945 年 12 月 27 日正式成立,1947 年 3 月 1 日开始办理业务,同年 11 月 15 日成为联合国的专门机构,国际货币基金组织的宗旨是:

(1)通过设置一常设机构就国际货币问题进行磋商与协作,从而促进国际货币领域的合作。

(2)促进国际贸易的扩大和平衡发展,从而有助于提高和保持高水平的就业和实际收入以及各成员国生产性资源的开发,并以此作为经济政策的首要目标。

(3)促进汇率的稳定,保持成员国之间有秩序的汇兑安排,避免竞争性通货贬值。

(4)协助在成员国之间建立经常性交易的多边支付体系,取消阻碍国际贸易发展的外汇限制。

(5)在具有充分保障的前提下,向成员国提供暂时性普通资金,以增强其信心,使其能有机会在无须采取有损本国和国际繁荣的措施的情况下,纠正国际收支失调。

(6)缩短成员国国际收支失衡的时间,减轻失衡的程度。从其宗旨中可以看出,国际货币基金组织和世贸组织的宗旨有相似和一致之处,这决定了它们之间合作的必然性。

2. 关贸总协定与国际货币基金组织的历史关系

从历史上讲,国际货币基金组织与关贸总协定长期以来一直是有密切业务关系的两个机构。关贸总协定的历届多边贸易谈判在涉及非关税措施的有关各缔约方的货币金融、外汇汇率、对外收支平衡等问题时,主要依靠国际货币基金组织的配合。根据乌拉圭回合上通过的《关于世界贸易组织与国际货币基金组织关系的宣言》的规定:"除非在最后文本中另有规定,在世贸组织协定附件 1A 的多边贸易协定范围内的世贸组织与国际货币基金组织关系问题,应以缔约方全体和《关贸总协定 1947》与国际货币基金组织关系的已有规则为准。"关贸总协定与国际货币基金组织的合作,在《关贸总协定 1947》第 15 条"外汇安排"中有明确规定:"缔约方全体应谋求与国际货币基金组织合作,以便在基金所主管的外汇问题和缔约方全体所主管的数量限制或其他贸易措施方面,缔约方全体与基金可以执行一个协调的政策。""缔约方全体如果被请求考虑或处理有关货币储备、国际收支或外汇安排的问题,他们应与国际货币基金组织进行充分的协商。""缔约各方不得以外汇方面的行动,来妨碍本协定各项规定的意图的实现,也不得以贸易方面的行动妨碍国际货币基金组织各项规定的意图

的实现。""如缔约方全体认为,某缔约方现行的有关进口货物的支付和转账方面的外汇限制与本协定对数量限制的例外规定不符,则缔约方全体应将这一情况向基金组织报告。"

3. 国际货币基金组织与世贸组织合作的协议

根据《关于世界贸易组织与国际货币基金组织关系的宣言》所确立的原则和关贸总协定时期的实践,1996 年 12 月 9 日世贸组织与国际货币基金组织正式签订了两个组织之间的合作协议,即《国际货币基金组织与世界贸易组织合作的协议》,该协议就世贸组织与国际货币基金组织的合作事宜具体规定如下。

(1) 相互协商。有关国际货币基金组织和世贸组织之间协商的规定为:

① 根据协议履行各自的职责,这是保证机构合作的基础。

② 在制定全球经济政策时,力求最大限度的协商。

③ 相互通报国际货币基金组织和世贸组织的各项决定,例如,有关国际货币基金组织成员在国际贸易的经常项目中所制定支付和汇兑上的限制规定、歧视性的货币安排和多种货币使用以及资金外流等。

④ 规定国际货币基金组织可以在世贸组织的国际收支限制委员会对为保障世贸组织某一成员的收支地位而采取的审议措施进行协商。相互交流各自机构或各自下属组织的意见,包括争端解决专家小组以及关于相互感兴趣事宜的书面材料等。

(2) 相互出席对方的各种会议。国际货币基金组织召开讨论全球或区域贸易政策的会议时,世贸组织秘书处人员将被邀请参加。反之,世贸组织也邀请国际货币基金组织的工作人员作为观察员参加世贸组织及其下属机构的有关国际货币基金组织管辖范围内事宜的会议。

(3) 相互交换文件和信息资料。凡涉及同时是两个组织的成员,或某一组织的成员正在申请加入另一组织,经该成员同意,两组织可以按一定程序相互交换有关文件和信息、资料和观点。

(4) 共同协调。国际货币基金组织人员和世贸组织秘书处在讨论同时是两个组织的成员的事宜时,若发生该成员根据世贸组织协议和《国际货币基金协定》在应尽义务上有不一致时,应先在工作人员一级上进行协调。

《国际货币基金组织与世界贸易组织合作的协议》为国际货币基金组织与世贸组织的合作确定了法律框架,在该框架的指导下,国际货币基金组织与世贸组织的合作必将获得长足发展。

(二) 与世界银行的关系

世界银行是根据 1944 年布雷顿森林会议上通过的《国际复兴开发银行协定》建立的一个政府间国际经济组织,其宗旨是:

1. 对用于生产目的的投资提供便利,以协助会员国的复兴与开发;鼓励较不发达国家生产与资源的开发。

2. 利用担保或参加私人贷款及其他私人投资的方式,促进会员国的外国私人投资。当外国私人投资不能获得时,在条件合适的情况下,运用本身资本或筹集的资金及其他资金,为会员国生产提供资金,以补充外国私人投资的不足,促进会员国外国私人投资的增加。

3. 用鼓励国际投资以开发会员国生产资源的方法,促进国际贸易的长期平衡发展,并维持国际收支的平衡。

4. 在贷款、担保或组织其他渠道的资金中,保证重要项目或在时间上紧迫的项目,不管大小都能安排。

5. 业务中适当照顾各会员国国内工商业,使其免受国际投资的影响。

从世界银行的宗旨可以看出,它与世贸组织有重合和一致之处。虽然乌拉圭回合未像与国际货币基金组织一样通过一个《关于世界贸易组织与世界银行关系的宣言》,但在《关于世贸组织对实现全球经济决策更大一致性所做贡献的宣言》中,确实提到"世界银行和国际货币基金组织在支持贸易自由化调整过程中的作用,包括对面临农产品贸易改革所产生的短期成本的粮食净进口发展中国家的支持"。该宣言最后要求"世贸组织总干事与国际货币基金组织总裁和世界银行行长一起,审议世贸组织与布雷顿森林体系机构合作的职责所产生的含义,以及此种合作可能采取的形式,以期实现全球经济决策的更大一致性"。根据宣言的要求,1996 年世贸组织与世界银行签订了合作协议,由于其内容与《国际货币基金组织与世界贸易组织合作的协议》大同小异,在此不再赘述。

三、与联合国的关系

联合国是根据 1945 年 6 月 25 日旧金山会议通过的《联合国宪章》成立的一个普遍性国际组织,其宗旨是:

（1）维持国际和平与安全;

（2）发展各国间的友好关系;

（3）促进国际合作;

（4）协调各国行动。

联合国在当今国际社会发挥着独一无二的作用,其工作范围涉及政治、经济、文化、军事等各个方面,在整个国际组织体系中处于领导和核心地位,很多重要的专门性国际组织都是联合国的专门机构,例如世界银行、国际货币基金组织、世界卫生组织及国际劳工组织等。作为世贸组织的前身,关贸总协定虽然不是一个正式国际组织,但从它与联合国的关系及缔约国之间合作的实际程度来分析,其地位与联合国的专门机构相似。有趣的是,虽然世贸组织总干事于 1995 年 11 月与联合国秘书长通信,保证两组织在今后进行密切合作,但此前世贸组织已决定"世贸组织不宜寻求与联合国建立一种更为正式的专门机构的关系"。为什么世贸组织在与联合国的关系上会采取与其前身关贸总协定以及世界银行和国际货币基金组织大相径庭的做法呢? 这里有一个时代背景的问题。联合国、世界银行、国际货币基金组织

等都是第二次世界大战后不久成立的国际组织,战后的非殖民化运动使得大批新独立发展中国家加入这些国际组织,极大地改变了这些组织的性质。世贸组织是冷战后成立的第一个重要的国际经济组织,发达国家当然不希望它成为发展中国家的又一个舞台,更不希望联合国对它指手画脚,因此极力阻挠,世贸组织与联合国的关系也就仅限于普通的两个国际组织的合作而已。

四、与联合国贸易与发展会议的关系

联合国贸易与发展会议(UNCTAD)是根据联合国大会的批准于 1964 年成立的联合国常设机构,总部设在日内瓦。由于其在维护发展中国家的利益方面发挥着突出的作用,被誉为"发展中国家的良心"。其宗旨是:促进国际贸易,特别是促进发展中国家的经贸发展;制定国际贸易和有关经济发展问题的原则和政策;推动发展中国家与发达国家在国际经济、贸易领域的重大问题谈判的进展;检查和协调联合国系统其他机构在国际贸易和经济发展方面的各项活动;采取行动以通过多边贸易协定;协调各国政府和区域经济集团的贸易和发展战略。从其宗旨可以看出,贸易、发展、投资等问题是联合国贸易与发展会议和世贸组织共同关心的问题,可以开展有效的合作。根据世贸组织首任总干事鲁杰罗的工作总结,世贸组织与联合国贸易与发展会议的合作主要包括以下几方面。

(1) 1995 年 1 月开始,每 6 个月举行一次会议,由双方轮流主持;

(2) 在两个机构的各个层次上加强工作联系,如研究贸易与投资、贸易与竞争、贸易与环境及贸易与发展等领域;

(3) 为了改进跨境协调并合理利用资源,在技术合作方面努力促成更广泛的合作。

五、与区域贸易集团的关系

由于区域贸易集团的成员大多数同时又是世贸组织的成员,这就带来一个问题:如何处理世贸组织与区域贸易集团的关系?世贸组织并不反对区域贸易集团的存在,但要求其遵守世贸组织的相关规定。世贸组织的相关规定包括:《关贸总协定 1994》第 24 条及《关于解释关贸总协定 1994 第 24 条的谅解》,1979 年东京回合"授权条款"及《服务贸易总协定》的有关规定,核心是《关贸总协定 1994》第 24 条,该条允许世贸组织成员建立自由贸易区、关税同盟或者二者的过渡安排,并规定了建立自由贸易区、关税同盟或者二者的过渡安排应遵守的原则。

1. 建立自由贸易区和关税同盟的目的必须是促进参加成员之间更紧密的经济一体化,而且是为了增加自由贸易区或关税同盟的贸易自由提供便利,而不是增加参加成员与其他世贸组织成员之间的贸易壁垒(第 24 条第 4 款)。

2. 对于非自由贸易区或关税同盟的世贸组织成员实施的关税或其他贸易规章,不得高于或严于该自由贸易区或关税同盟建立以前的相应关税和其他贸易规章(第 24 条第 5 款);如果对非关税同盟成员实施的关税高于以前的水平,应给予补偿(第 24 条第 6 款)。

3．对于原产于自由贸易区或关税同盟的产品实质上的贸易,应取消关税或其他限制性贸易规章(第 24 条第 8 款)。

4．任何决定建立自由贸易区或关税同盟或其过渡安排的世贸组织成员应及时通知世贸组织(第 24 条第 7 款)。

1996 年 2 月 6 日,世贸组织总理事会决定成立区域贸易协议委员会(Committee on Regional Trade Agreements,CRTA),其目的是监督区域贸易集团,并对他们是否遵守世贸组织规则进行评估。区域贸易协议委员会的另一任务是研究区域贸易安排对多边贸易体制的影响以及区域贸易安排与多边贸易安排的关系。目前,有 110 项区域贸易协定处于该委员会的审查之下,审查如此大量的区域贸易协定,对区域贸易协议委员会无疑是一项极为繁重的工作。截至 2001 年底,该委员会已经完成了对 69 项区域贸易协定的事实审查,但迄今为止,还没有形成对任何一个区域贸易协定的最终审查报告。2001 年 7 月,区域贸易协议委员会在其向总理事会的报告中承认,区域贸易协议委员会的工作已陷入僵局。可见,尽管世贸组织对区域贸易集团的活动进行了规范,但要真正实现对区域贸易集团的有效监管,还有很长一段路要走。

六、与非政府组织的关系

(一) 关系确立的基础

根据《建立世贸组织协定》第 5 条的规定,总理事会可就与涉及世贸组织有关事项的非政府组织进行磋商和合作作出适当安排。1996 年 7 月 18 日,总理事会通过了《与非政府组织关系安排的指导方针》,这些指导方针对世贸组织成员和世贸组织秘书处在保持与市民社会的各个组成部分开展积极的、非正式的对话方面具有工具性作用。

(二) 合作的主要形式

1．部长级会议的出席

从 1996 年新加坡会议开始,世贸组织决定:

(1) 非政府组织可以参加部长级会议的全过程。

(2) 世贸组织秘书处应在《建立世贸组织协定》第 5 条第 2 款的基础上接受非政府组织的注册申请,只要它们能证明其活动与世贸组织的事务有关。

在第一届世贸组织部长级会议上,共有 159 个非政府组织登记出席,新加坡非政府组织中心为非政府组织提供了大量的会议室、计算机设备及官方活动的文件。多边贸易体制 50 周年庆典进一步燃起了非政府组织参与世贸组织事务的热情,也显示了市民社会对世贸组

织工作的日益增多的关注。西雅图会议的失败,使世贸组织从另一角度认识到:必须处理好与非政府组织的关系。

2. 座谈会

从 1996 年起,根据市民社会的兴趣,世贸组织秘书处就特定议题为非政府组织安排了一系列座谈会,3 次是关于贸易与环境问题,1 次是关于贸易与发展问题,1 次是关于贸易便利问题,这些座谈会以一种非正式的形式为非政府组织讨论特定议题提供了机会。

3. 日常联系

世贸组织秘书处每天收到大量来自世界各地的非政府组织的各种意见,世贸组织秘书处成员还定期与非政府组织会晤。

4. 加强信息沟通

1998 年 7 月 15 日,世贸组织总干事宣布采取一系列新步骤以增进与市民社会的对话,这些步骤包括给非政府组织定期提供简报和在世贸组织网站上开辟一个非政府组织专栏。

■■ 本章小结

1. 世贸组织在进行决策时,主要遵循"协商一致"原则,只有在无法协商一致时才通过投票表决决定。

2. "1947 年关贸总协定""乌拉圭回合"达成的《关于争端解决规则与程序的谅解》,是世贸组织关于争端解决的基本法律文件。与《1947 年关税与贸易总协定》相比,世贸组织的争端解决机制更具强制性和约束力。

3. 世贸组织成员集体对各成员的贸易政策及其对多边贸易体制的影响,定期进行全面审议。实施贸易政策审议机制的目的,是促使成员方提高贸易政策和措施的透明度,履行所作的承诺,更好地遵守世贸组织规则,从而有助于多边贸易体制平稳地运行。

4. 世贸组织所管辖的范围涉及国际经济贸易的各个方面,但世贸组织毕竟主要处理的是贸易或与贸易有关的问题,其他问题如果确实影响到世界贸易的正常发展,就需要与其他组织密切配合,在《建立世贸组织协定》第 5 条中对此作出了原则规定。

■ 重要概念

协商一致(Consensus)

争端解决机制(Dispute Settlement Mechanism,DSM)

交叉报复(Cross revenge)

贸易政策审议机制(Trade Policy Review Mechanism,TPRM)

联合国贸易与发展会议（United Nations Conference on Trade and Development, UNCTAD)

非政府组织(Non-Governmental Organization,NGO)

案例分析

　　1995 年 1 月 23 日,委内瑞拉书面请求美国磋商,具体理由是根据《GATT 1994》第 22 条、《技术性贸易壁垒协议》第 14 条第 1 款和《关于争端解决规则与程序谅解》(简称 DSU)第 1 条,就美国环境保护署(US Environmental Protection Agency,简称 EPA)1993 年 12 月 15 日颁布并于 1995 年初生效的精炼汽油和常规汽油新标准,对进口委内瑞拉产汽油的歧视待遇进行双边磋商。2 月 10 日,在 DSB 第一次会议上,委内瑞拉报告美国已经同意与委内瑞拉就此举行双边磋商,并宣布撤销此前委内瑞拉根据《GATT 1947》提出的设立专家组的正式申请。3 月 21 日委内瑞拉与美国进行双边磋商,由于未能获得双方满意的解决办法,3 月 25 日委内瑞拉致函 DSB,请求设立专家组审理该争端。

　　1995 年 4 月 10 日,DSB 召开特别会议,委内瑞拉代表指出,美国新汽油标准对委内瑞拉产汽油施加比美国国产汽油和美国从其他国家进口的汽油不利的条件,违反了《GATT 1994》第 3 条(国民待遇)和第 1 条(最惠国待遇),而且美国此种确立贸易壁垒的措施,也违反了《技术性贸易壁垒协议》第 2 条第 1、2 款和第 12 条。澳大利亚、加拿大、欧盟和挪威等国的代表支持设立专家组,并表示有兴趣作为第三方参与该专家组程序,最后,DSB 决定设立专家组审查该项投诉,这也是 DSB 根据世贸组织争端解决机制设立的第一个专家组。

　　1995 年 4 月 28 日,委内瑞拉与美国同意该专家组由 Mr. Joseph Wong(组长)、Mr. Crawford Falconer 和 Mr. Kim Luotonen 三人组成并拥有 DSU 第 7 条所规定的标准职权范围。

　　1995 年 4 月 10 日,巴西要求与美国就同样问题进行磋商。5 月双边协商失败,5 月 19 日巴西致函 DSB 要求设立专家组。美国对巴西的要求不表示反对。加拿大、挪威和欧盟作为第三方参与该专家组程序。5 月 31 日,DSB 决定由 1995 年 4 月 28 日组成的专家组同时审理巴西、委内瑞拉与美国的有关“汽油标准”的纠纷。专家组的职权范围作了相应调整。

　　1996 年 1 月 17 日,专家组向争端各方发布了最终报告,认为美国的行为不符合《GATT 1994》第 3 条第 4 款,就是根据第 20 条也没有充分的理由。1996 年 2 月 19 日,专家组报告由成员各方传阅。

　　1996 年 2 月 21 日,美国提起上诉,4 月 22 日,上诉机构发布报告,修改了专家组报告对《GATT 1994》第 20 条 G 款的解释,推断出《GATT 1994》第 20 条 G 款对本案不适用。1996 年 5 月 20 日,DSB 会议通过上诉机构报告及其所更改的专家组报告,并同意在 6 月 19 日召开会议,听取美国关于执行专家组和上诉机构建议的意见。

　　1996 年 6 月 19 日,在 DSB 会议上,美国表示将执行该争端解决决定,并将与巴西和委

内瑞拉就执行专家组和上诉机构建议进行磋商。12 月 3 日,在 DSB 会议上,美国报告了其执行情况,并称美国已与委内瑞拉就执行 DSB 建议的合理期限达成一致,并将于 1997 年 1 月向 DSB 提供进展状况报告,巴西对于执行期限的长短表示关注。1997 年 8 月 19 日,美国宣布在 15 个月的合理期限内实施专家组的建议。该案实施过程中,当事各方没有再发生什么争议。

委内瑞拉与巴西诉美国精炼汽油和常规汽油标准案是用尽世贸组织争端解决机制全部程序才完满解决的第一个争端案例,即第一次进入上诉程序的案例,也是 WTO 争端解决机制成功解决的发展中成员投诉发达成员的第一个案例,还是 WTO 成立后通过其争端解决机制处理的涉及贸易与环境保护问题的第一个法律争端。因而,受到全体成员和各种媒体的密切关注,尤其对于广大发展中成员来说,本案的胜利赋予了它们对 WTO 争端解决机制更多的思考和启发。

资料来源:陈泰锋:《中美贸易摩擦》,北京,社会科学文献出版社,2005。

请讨论:

1. WTO 争端解决机制的主要内容有哪些?

解析:根据乌拉圭回合达成的《关于争端解决规则与程序谅解》(简称 DSU)的规定,WTO 争端解决机制由适用范围、管理与运作、一般原则、基本程序、建议与裁决的实施和监督、补偿与减让的中止、涉及最不发达成员国的特殊程序、专家组的工作程序、专家组复审等环节构成。DSU 指出,争端解决机制是保障多边贸易体制的可靠性和可预见性的核心因素。WTO 成员承诺,不应采取单边行动以对抗其他成员违反 WTO 的事件,而应在多边争端解决机制下寻求救济方法,并遵守其规则和裁决。其中,DSU 详细规定了争端解决所应遵循的程序和时间表,这是 WTO 争端解决机制的核心部分,也直接体现了 WTO 争端解决机制具有特别显著的准司法性质。

2. WTO 争端解决机制的特色是什么?

解析:与 GATT 比较,WTO 争端解决机制已较为完备。在组织体制方面,GATT 最重要的机构是缔约方大会以及理事会,大会是 GATT 最高权力机构,由全体成员组成。大会在 GATT 争端解决程序中的角色,依 GATT 第 23 条第 2 项规定,大会须受理会员控诉案并予以调查,从而提出适当之建议或裁决。但 GATT 裁决执行力度有限,主要是靠"道德力量"来维系的,尤其对超级大国的约束力有限。事实上,GATT 大会的主要功能是提供商讨国际贸易问题之论坛,并选举大会主席、第一副主席及另外两位副主席。而 WTO 争端解决机制最大的特色,是成立了专门受理磋商及争端的解决机构,即 DSB,这是一个常设机构,经常召开会议,并按照《关于争端解决规则与程序谅解》所订的时间表执行其职务,DSB 也可以授权成员暂停减让义务或授权当事国提供补偿。所以,从总体上看,较之于 1947 年 GATT 体制,WTO 争端解决机制更加及时、自动和具有约束力,组织体制、决策功能、时间流程等方面已大幅改善。

3.WTO 发展中成员如何充分地运用争端解决机制以保护本国经贸权益？

解析：委内瑞拉与巴西诉美国精炼汽油和常规汽油标准案是用尽 WTO 争端解决机制全部程序才完满解决的第一个争端案例，即第一次进入上诉程序的案例，也是 WTO 争端解决机制成功解决的发展中成员投诉发达成员的第一个案例，还是 WTO 成立后通过其争端解决机制处理的涉及贸易与环境保护问题的第一个法律争端。因而，受到全体成员和各种媒体的密切关注，尤其对于广大发展中成员来说，本案的胜利赋予了他们对 WTO 争端解决机制更多的思考和启发。(1)发展中成员胜诉加强了 WTO 成员对争端解决机制的信心；(2)发展中成员应加强对发展中国家成员特殊规定的研究。WTO 协定中关于发展中国家的实体性及程序性的优惠条款是我国维护合法权益的重要保障。在实体权利上，应善于将 WTO 各项协议体现的对发展中国家的差别与优惠待遇运用于争端的解决中，如 GATT 第 18 条允许发展中缔约国在使用进口数量限制和其他限制措施以保护其幼稚工业和实际国际收支平衡方面有比发达缔约国更大的自由。

4. 中国如何充分地运用争端解决机制？

解析：对于中国来说，随着贸易摩擦的不断增多，我们应该高度重视 WTO 争端解决机制的作用。在后过渡期，我国可以借助 WTO 争端解决机制寻求外国对我国不公正做法的解决。因此，我国应该建立专门的解决中外贸易争端机构，一旦受到指控，立即组织最有效的应对方案与措施，或谈判或协商或反诉，直至争端的解决。(1)审时度势，认真对待，必要时诉诸争端解决机制；(2)加强对 WTO 争端解决机制已处理的典型个案的研究；(3)合理运用好非违约之诉；(4)尽快建立和完善贸易争端解决机制的国内政策程序。

同步测练与解析

1. 世贸组织如何决策？

解析：遵循"协商一致"的原则。关于条款解释的投票表决，须成员的 3/4 多数支持才能通过。关于义务豁免的投票表决，需要世贸组织成员的 3/4 多数支持才能通过。关于修正案的投票表决，由成员的 2/3 多数通过，才能作出关于将修正案提请各成员接受的决定。

2. 世贸组织通过何种机制解决争端？

解析："乌拉圭回合"将争端解决纳入谈判，达成《关于争端解决规则与程序的谅解》，建立了世界贸易组织争端解决机制。

3. 世贸组织成员报复的条件是什么？

解析：如申诉方和被诉方在合理期限届满后20天内未能就补偿问题达成一致，申诉方可以要求争端解决机构授权对被诉方进行报复，即中止对被诉方承担的减让或其他义务。根据所涉及的不同范围，报复可分为平行报复、跨领域报复和跨协议报复三种。

4. 世贸组织贸易政策审议机制的目的是什么？

解析：实施贸易政策审议机制的目的是促使成员方提高贸易政策和措施的透明度，履行所作的承诺，更好地遵守世界贸易组织规则，从而有助于多边贸易体制平稳地运行。

5. 世贸组织贸易政策审议？机制的内容是什么？

解析：贸易政策审议职责由世界贸易组织总理事会承担。贸易政策审议对象主要是世界贸易组织各成员的全部贸易政策和措施，审议范围从货物贸易扩大到服务贸易和知识产权领域。贸易政策审议机制还要求对世界贸易环境的发展变化情况进行年度评议。贸易政策审议机构的审议有别于世界贸易组织各专门机构的审议。世界贸易组织专门机构，如纺织品监督机构、补贴与反补贴措施委员会等，只负责审议成员执行特定协议的情况，包括在成员提交通知的基础上，对通知涉及的具体贸易政策和措施进行审议。成员方接受贸易政策审议机构审议的频率，取决于该成员对多边贸易体制的影响程度，确定这种影响程度的主要依据，是成员在世界贸易中所占的份额，成员方占世界贸易的份额越大，接受审议的次数就越多。对目前在世界贸易额中排名前4位的成员——欧洲联盟、美国、日本和加拿大每2年审议一次，对排在其后的16个成员每4年审议一次，对余下的成员每6年审议一次，对最不发达成员的审议可以间隔更长。

6. 世贸组织与哪些组织合作？

解析：世界贸易组织与其他组织的合作，主要是与政府间国际组织的合作。如世界银行(World Bank, WB)和国际货币基金组织(International Monetary Fund, IMF)。随着市民社会(civil society)概念的兴起，与非政府组织(Non-Governmental Organization, NGO)的合作成为世界贸易组织工作日程中越来越重要的部分。

世界贸易组织原则与规则

学 习 目 标

　　通过本章学习,掌握世贸组织成员在世贸组织范围内处理整个贸易关系所遵循的准则;掌握世贸组织贸易规则的分类和特点;掌握世贸组织贸易协定与协议的构成,为以后学习具体的贸易协议奠定基础。

重 点 难 点 提 示

- 世界贸易组织的基本原则
- 世界贸易组织规则分类
- 世界贸易组织规则的特点
- 世界贸易组织贸易协定构成
- 世界贸易组织贸易协议构成

第一节　世贸组织的基本原则

在世贸组织负责实施管理的贸易协定与协议中,贯穿了一些基本原则。这些基本原则是指世贸组织成员在世贸组织范围内处理整个贸易关系应遵循的准则。归纳起来包括:非歧视原则,贸易自由化原则,允许正当保护原则,稳定贸易发展原则,公平竞争原则,鼓励发展和经济改革原则,地区贸易原则,例外与免责原则,透明度原则。它们是世贸组织负责实施与管理的贸易协定与协议确立的基础,这些原则在操作中被转化为具体的贸易规则。

一、非歧视原则(Non-Discrimination)

非歧视待遇又称无差别待遇,是针对歧视待遇的一项缔约原则,它要求缔约双方在实施某种优惠和限制措施时,不要对缔约对方实施歧视待遇。根据非歧视待遇原则,世贸组织一成员方对另一成员不采用任何其他成员所同样不适用的优惠和限制措施。在世贸组织中,非歧视原则由最惠国待遇和国民待遇条款体现出来。

(一)最惠国待遇

1. 最惠国待遇的含义

最惠国待遇(Most-Favored-Nation treatment,MFN)是指,一成员方将在货物贸易、服务贸易和知识产权领域给予任何其他国家(无论是否世贸组织成员)的优惠待遇,立即和无条件地给予其他各成员方。

在国际贸易中,最惠国待遇的实质是保证市场竞争机会均等,它最初是双边协定中的一项规定,要求一方保证把给予任何其他国家的贸易优惠(如低关税或其他特权),同时给予对方。关税与贸易总协定将双边协定中的最惠国待遇作为基本原则纳入多边贸易体制,适用于缔约方之间的货物贸易,"乌拉圭回合"将该原则延伸至服务贸易领域和知识产权领域。

2. 最惠国待遇要点

(1)自动性。这是最惠国待遇的内在机制,体现在"立即和无条件"的要求上。当一成员给予其他国家的优惠超过其他成员享有的优惠时,这种机制就启动了,其他成员便自动地享有了这种优惠。例如,A国、B国和C国均为世贸组织成员,当A国把从B国进口的汽车关税从20%降至10%时,这个10%的税率同样要适用于从C国等其他成员方进口的汽车。又如,A国和B国均为世贸组织成员,X国为非世贸组织成员,当A国把从X国进口的汽车关税税率从30%降至20%时,这个20%的税率也应自动地适用于从B国等其他成员方进口的汽车。但当A国降低从B国等成员方进口的汽车关税税率时,降低后的关税税率并不能自动地适用于 X 国,X 国只能根据与 A 国签订的双边贸易协定中的无条件最惠国待遇条款,来享有这种关税优惠。

(2)同一性。当一成员给予其他国家的某种优惠,自动转给其他成员方时,受惠标的必须相同。仍以上述 A 国、B 国和 C 国为例,A 国给予从 B 国进口的汽车的关税优惠,只能自动适用于从 C 国等其他成员方进口的汽车,而不是其他产品。

(3)相互性。任何一成员既是给惠方,又是受惠方,即在承担最惠国待遇义务的同时,享受最惠国待遇权利。

(4)普遍性。指最惠国待遇适用于全部进出口产品、服务贸易的各个部门和所有种类的知识产权所有者和持有者。

(二)国民待遇

1. 国民待遇的含义

国民待遇(National Treatment,NT)是指,对其他成员方的产品、服务或服务提供者及知识产权所有者和持有者所提供的待遇,不低于本国同类产品、服务或服务提供者及知识产权所有者和持有者所享有的待遇。

2. 国民待遇要点

(1)国民待遇原则适用的对象是产品、服务或服务提供者及知识产权所有者和持有者,但因产品、服务和知识产权领域具体受惠对象不同,国民待遇条款的适用范围、具体规则和重要性有所不同。

(2)国民待遇原则只涉及其他成员方的产品、服务或服务提供者及知识产权所有者和持有者,在进口成员方境内所享有的待遇。

(3)国民待遇定义中“不低于”一词的含义是指,其他成员方的产品、服务或服务提供者及知识产权所有者和持有者,应与进口成员方同类产品、相同服务或服务提供者及知识产权所有者和持有者享有同等待遇,若进口成员方给予前者更高的待遇,并不违背国民待遇原则。

二、贸易自由化原则

世贸组织倡导并致力于推动贸易自由化,要求成员方尽可能地取消不必要的贸易障碍,开放市场,为货物和服务在国际间的流动提供便利。

(一)贸易自由化原则的含义

在世贸组织框架下,贸易自由化原则是指通过多边贸易谈判,实质性削减关税和减少其他贸易壁垒,扩大成员方之间的货物和服务贸易。

（二）贸易自由化原则的要点

1. 以共同规则为基础

成员方根据世贸组织的协议，有规则地实行贸易自由化。

2. 以多边谈判为手段

成员方通过参加多边贸易谈判，并根据在谈判中作出的承诺，逐步推进贸易自由化。货物贸易方面体现在逐步削减关税和减少非关税贸易壁垒，服务贸易方面则更多地体现在不断增加开放的服务部门，减少对服务提供方式的限制。

3. 以争端解决为保障

世贸组织的争端解决机制具有强制性，如某成员被诉违反承诺，并经争端解决机制裁决败诉，该成员方就应执行有关裁决，否则，世贸组织可以授权申诉方采取贸易报复措施。

4. 以贸易救济措施为"安全阀"

成员方可通过援用有关例外条款或采取保障措施等贸易救济措施，消除或减轻贸易自由化带来的负面影响。

5. 以过渡期方式体现差别待遇

世贸组织承认不同成员之间经济发展水平的差异，通常允许发展中成员履行义务有更长的过渡期。

（三）贸易自由化体现

1. 削减关税

关税透明度高，易衡量，但对进出口商品价格有直接影响，特别是高关税，是制约货物在国际间自由流动的重要壁垒。因此，世贸组织在允许成员方使用关税手段的同时，要求成员方逐渐下调关税水平并加以约束，以不断推动贸易自由化进程。"关税约束"是指成员方承诺把进口商品的关税限定在某个水平，不再提高，如一成员因实际困难需要提高关税约束水平，须同其他成员方再行谈判。

2. 减少非关税贸易壁垒

非关税贸易壁垒通常是指除关税以外各种限制贸易的措施。随着关税水平逐步下调，非关税贸易壁垒增多，且形式不断变化，隐蔽性强，越来越成为国际贸易发展的主要障碍。世贸组织就一些可能限制贸易的措施制定了专门协议，以规范成员方的相关行为，减少非关税贸易壁垒，不断推动全球贸易自由化进程。

3. 服务贸易的市场准入

国际服务贸易的迅速发展，客观上要求各国相互开放服务领域。但各国为了保护本国服务业，对服务业的对外开放采取了诸多限制措施。包括限制服务提供者数量，限制服务交易或资产总值，限制服务业务总数或服务产出总量，限制特定服务部门或服务提供者的雇用人数,要求通过特定类型的法律实体提供服务,限制外国资本投资总额或参与比例,以及国民待遇限制等。

这些限制影响服务业的公平竞争、服务质量的提高和服务领域的资源有效配置,不仅对服务贸易本身,而且对货物贸易乃至世界经济发展都构成了重大不利影响。

《服务贸易总协定》要求,成员方为其他成员方的服务产品和服务提供者提供更多的投资与经营机会,分阶段逐步开放商务、金融、电信、分销、旅游、教育、运输、医疗保健、建筑、环境、娱乐等服务领域。

三、允许正当保护的原则

世贸组织在鼓励世贸组织成员贸易自由化的同时,也允许世贸组织成员作出正当的保护。

(一) 正当保护的含义

世贸组织允许世贸组织成员根据经济发展阶段的不同,依据货物和服务产业竞争能力的差距,考虑可持续发展的需要,维护本国国民安全和健康的要求,可以通过谈判作出正当的保护,即非歧视原则的例外。

(二) 正当保护的表现

1. 发展中国家保护程度高于发达国家。表现在发展中国家关税总水平可以高于发达国家,1986 年乌拉圭回合开始,发展中国家平均进口关税水平为 14%～15%,发达国家平均为 5%左右;在关税减让谈判中,发展中国家减让程度可以低于发达国家,在乌拉圭回合谈判中,发达国家承诺总体关税削减在 37%左右,而发展中国家承诺总体关税削减在 4%左右;发展中国家服务业的开放度可以低于发达国家,此外发展中国家还享受特殊和差别待遇。

2. 世贸组织成员可以根据本身产业和服务业的竞争力的差距,设置不同的关税税率,对新兴产业(幼稚产业)的保护程度可以高于已经发展起来的产业;服务业没有作出承诺的服务部门,不适用国民待遇。

3. 知识产权要加强保护。与货物和服务贸易不同,根据《与贸易有关的知识产权协定》,世贸组织成员要求所有世贸组织成员都必须达到的知识产权保护最低标准。

4. 世贸组织成员为了做到可持续发展,可限制某些国内短缺的物资出口;为了保护本国国民的健康和安全,对进口产品设置技术、安全和质量标准,对达不到标准和规格的产品不许进口。

(三) 正当保护的措施

1. 在货物贸易上鼓励以关税作为主要的保护措施,一般取消数量限制。关税是由各国

海关对进出口货物所征收的一种税,是各国增加财政收入,保护国内市场,调整进出口商品结构的重要手段。"1947年关贸总协定"和世贸组织均承认以关税保护国内市场是合法的,其理由是关税透明度高,谈判比较容易;而且比较容易执行;使贸易厂商容易找到价格信号,有利市场经济的发展。而非关税贸易壁垒,尤其是数量限制的非关税壁垒实施的保护,对国际贸易危害大。

(1)数量限制缺乏透明度,保护效果难以估量;

(2)数量限制隐蔽,代价难以估量,使贸易容易发生扭曲;

(3)使企业缺乏正确的国际市场导向,不利于市场经济的发展;

(4)数量限制使贸易自由化的进程缓慢,谈判复杂化。

基于上述原因,世贸组织主张以关税作为各成员方的主要保护手段,提出一般地取消数量限制的原则;非关税壁垒关税化;取消的非关税壁垒不再实施;同时,规定在不得已需要实施数量限制时,要在非歧视、最惠国待遇原则基础上实施。

2. 在服务贸易上,允许世贸组织成员逐步开放;在承诺开放的部门实施国民待遇。

3. 在知识产权上通过多种方式保护,如果发现侵权盗版等行为,可以采取边境措施和刑事措施,并规定了不同的保护时间。

四、稳定贸易发展原则

(一)稳定贸易发展的含义

世贸组织所建立的多边贸易体系是要各成员方政府为各成员方的投资者,企业家,雇员和消费者提供一个良好的贸易环境。这种贸易环境有利于开拓市场,创造更多贸易与投资的机会;同时给各种消费者提供丰富的物美价廉的商品。因此,要求这种贸易环境可以预见,并稳定地发展,即要求世贸组织成员如实地履行承诺的义务。

(二)稳定贸易发展的表现

1. 按关税减让表减让关税

乌拉圭回合谈判结束,世贸组织成员都有自己的关税减让表。在关税减让表里列出税则号、水平名称、基础税率、最终税率和实施期,没有特殊原因,不能修改关税减让表和撤销关税减让表中的义务。

2. 按服务贸易具体承诺减让表履行服务市场开放义务

在服务贸易中,稳定服务贸易发展原则是通过具体承诺义务实现。各成员方通过谈判,逐一按不同的服务部分作出承诺,并明确列入各成员方的市场准入减让表。在减让表中列入对其他各成员服务提供者进入本国市场的限制条件和国民待遇限制的水平承诺和具体承诺。

3. 严格执行对知识产权的保护

根据《与贸易有关的知识产权协定》,世贸组织成员必须保证知识产权在各自的法律体系中能够得到加强,对侵权行为的处罚要足够严厉,当事人应能够请法院对行政决定进行复议。各国政府应保证这是产权所有者能够获得海关部门的帮助等。

五、公平竞争原则

世贸组织是建立在市场经济基础上的多边贸易体制。公平竞争是市场经济顺利运行的重要保障。

(一)公平竞争原则的含义

在世贸组织框架下,公平竞争原则是指成员方应避免采取扭曲市场竞争的措施,纠正不公平贸易行为,在货物贸易、服务贸易和与贸易有关的知识产权领域,创造和维护公开、公平、公正的市场环境。

(二)公平竞争原则的要点

(1)公平竞争原则体现在货物贸易领域、服务贸易领域和与贸易有关的知识产权领域。

(2)公平竞争原则既涉及成员方的政府行为,也涉及成员方的企业行为。

(3)公平竞争原则要求成员维护产品、服务或服务提供者在本国市场的公平竞争,不论他们来自本国或其他任何成员方。

(三)公平竞争原则的表现

1. 通过反倾销和反补贴等防止因倾销和出口补贴而形成的不公平竞争。出口倾销和出口补贴一直被认为是典型的不公平贸易行为。倾销是企业以低于正常价值的价格出口产品,对进口方相关产业造成损害。出口补贴是政府对本国特定出口产品提供资助,人为增加产品竞争优势,使进口方同类产品处于不平等地位,对其产业造成损害。《反倾销协议》、《补贴与反补贴措施协议》允许进口成员方征收反倾销税和反补贴税,抵消出口倾销和出口补贴对本国产业造成的实质损害。

同时,世贸组织也防止成员方出于保护本国产业的目的,滥用反倾销和反补贴措施,造成公平贸易的障碍。为此,《反倾销协议》、《补贴与反补贴措施协议》对成员实施反倾销和反补贴措施,规定了严格的条件和程序,包括如何认定进口产品正在倾销或享有补贴,如何认定倾销或享有补贴的进口产品正在对本国产业造成实质性损害,或构成实质性损害威胁,以及发起调查、收集信息、征收反倾销税或反补贴税等方面应遵循的程序。

2. 在服务贸易领域,世贸组织鼓励各成员通过相互开放服务贸易市场,逐步为外国的服务或服务提供者创造市场准入和公平竞争的机会。为使其他成员的服务或服务提供者在

本国市场上享有同等待遇,进行公平竞争,《服务贸易总协定》要求成员方实施最惠国待遇,无论有关服务部门是否列入服务贸易承诺表。

对于本国的垄断和专营服务提供者,《服务贸易总协定》要求成员方保证服务提供者的行为,符合最惠国待遇原则及该成员方在服务贸易承诺表中的具体承诺。

3. 在知识产权领域,公平竞争原则主要体现为对知识产权的有效保护和反不正当竞争。《与贸易有关的知识产权协定》要求成员方加强对知识产权的有效保护,防止含有知识产权的产品和品牌被仿造、假冒、盗版。无论是本国国民的知识产权,还是其他成员方国民的知识产权,都应得到有效保护。

反不正当竞争也是知识产权保护的一个重要方面。一些限制竞争的知识产权许可活动或条件,妨碍技术的转让和传播,并对贸易产生不利影响。《与贸易有关的知识产权协定》专门对知识产权许可协议中限制竞争的行为作出了规定,允许成员采取适当措施,防止或限制排他性返授条件、强制性一揽子许可等。

4. 约束政府采购金额,扩大公平竞争机会。在《政府采购协议》中,把采购范围从货物扩展到服务,包括建筑服务,地方一级和公用事业单位的采购,而且对采购金额都作了约束,加强了保证公平和无歧视的国际竞争条件的规则。

5. 为防止国营贸易企业的经营活动对贸易造成扭曲影响,世贸组织要求成员方的国营贸易企业按非歧视原则,以价格等商业因素作为经营活动的依据,并定期向世贸组织通报国营贸易企业情况,对国营贸易企业的贸易行为作了规范,防止出现与其他贸易企业竞争不公平的现象。

六、鼓励发展和经济改革的原则

针对世贸组织成员大多数是发展中国家的现实和经济转型国家已加入世贸组织和正在申请加入世贸组织的状况,为了鼓励这些国家发展和经济改革,世贸组织在负责实施管理的贸易协定与协议中对发展中国家和经济转型的国家都作出了一些鼓励措施。

世贸组织不但保留了"1947年关贸总协定"对发展中缔约方予以照顾的原则,而且充实和丰富了原则的内容。

(一)允许发展中成员用较长的时间履行义务,或有较长的过渡期

如在农产品关税削减上,发达国家在6年内使关税降低36%,而发展中成员方在10年内使关税降低24%,最不发达国家免除降税义务;在《与贸易有关的投资措施协定》中,对外资企业不可采用"当地成分"、"外汇平衡"措施,发达国家成员在2年内取消,发展中国家成员则可有5年过渡期,最不发达国家成员有7年过渡期。

（二）允许发展中成员在履行义务时有较大的灵活性

如《农产品协议》规定，原则上取消并禁止进口数量限制，但在特定的条件下，对发展中成员给予"特殊待遇"，即仍可采用进口限制措施，通常可长达10年之久。

（三）规定发达国家成员对发展中国家成员提供技术援助，以使后者得以更好地履行义务

例如，《服务贸易总协定》第4条规定发达国家成员要在技术获得，销售渠道、信息沟通等方面帮助发展中国家成员，并主动向发展中国家成员更多地开放自己的服务市场。又如，《与贸易有关的知识产权协定》第67条规定，发达国家成员向发展中国家成员提供财政和技术援助，帮助后者有效地履行知识产权协定。

七、地区贸易原则

地区性贸易安排是指一些国家通过协议组成经贸集团，成员内部相互废除或减少进口贸易壁垒。《1947年关贸总协定》第24条确认，通过更自由的贸易使成员国经济更趋一体化有其一定的价值。因此，如果符合特定的严格规定，允许这些经贸集团存在，并将其视为最惠国待遇一般的例外，其目的在于保证这些安排能便于集团内部的贸易，而又不提高对非成员方的贸易壁垒。据此，区域性一体化应当与多边贸易体系相吻合，而不是对它产生威胁或背离。

按照《1947年关贸总协定》第24条规定，区域经贸集团可以采取关税同盟或自由贸易区的形式。在两种形式下，集团内成员之间的关税和其他贸易壁垒要逐步取消。在自由贸易区内，每个成员可以保留各自的对外贸易政策；而关税同盟则对非成员实行统一的关税。但无论哪种形式，影响经贸集团成员与非成员之间的贸易上的关税和规章，都不能比经贸集团建立以前更高和更加苛刻。

在《关于解释1994年关税与贸易总协定第24条的谅解》中，继承并发展了"1947年关贸总协定"第24条的有关规定。首先，确认自由贸易区和关税同盟等经贸集团对成员间经贸发展和对世界经贸发展的贡献。其次，把经贸集团的成立基础从货物贸易延伸到货物以外的领域，如服务贸易。再次，重申成立自由贸易区和关税同盟的约束条件，并提出具体要求。第一，确定关税同盟或自由贸易区临时协定的"合理期间"一般为10年，如超过10年，则要向货物贸易理事会作出解释。第二，两者成立的所有通知要接受世贸组织工作组的检查。第三，两者要定期向世贸组织理事会作出活动报告。

八、例外与免责原则

（一）例外与免责原则含义

世贸组织要求成员方切实履行其所承担的各项义务，但也允许成员方在考虑历史传统、安全和确有困难的情况下有所例外，即不实施非歧视原则。

（二）例外的构成

包括一般例外、安全例外、发展中国家特殊待遇、地区经济一体化、知识产权、边境贸易等。

1. 一般例外

成员方如采取一般例外（General exceptions）措施，可不受世贸组织规则及该成员承诺的约束，但应遵守非歧视原则。成员方援引一般例外条款采取有关措施的依据，主要有国内法和国际公约。

（1）货物贸易领域的一般例外。《1994 年关税与贸易总协定》第 20 条，具体规定了可免除成员方义务的 10 种一般例外措施。

① 为维护公共道德所必需的措施。

② 为保护人类、动植物的生命或健康所必需的措施。

③ 与黄金或白银进出口有关的措施。

④ 为保证与《1994 年关税与贸易总协定》不相抵触的国内法律、法规得到遵守所必需的措施，包括与海关执法、实行有关垄断、保护专利权、商标、版权以及防止欺诈行为等措施。

⑤ 与监狱囚犯产品有关的措施。

⑥ 为保护具有艺术、历史或考古价值的国宝所采取的措施。

⑦ 保护可用竭的自然资源的措施，但此类措施应与限制国内生产或消费一同实施。

⑧ 为履行任何政府间商品协定项下义务而实施的措施，且其他成员方对该商品协定不持异议。

⑨ 在政府实施稳定计划，将国内原料价格控制在国际价格水平以下时期，为保证国内加工业获得基本的原料供应而采取的原料出口限制措施，但此类限制不得用于增加国内加工业的出口或保护，也不得违背非歧视原则。

⑩ 在供应短缺的情况下，为获取或分配产品所必须采取的措施，但其他成员方均有权在此类产品的供应中获得公平的份额，且实施条件不复存在时应停止此类措施。

（2）服务贸易领域的一般例外。《服务贸易总协定》第 14 条规定，成员方在不对其他成员构成歧视，或不对服务贸易变相限制的情况下，可以实施如下 6 种一般例外措施。

① 为维护公共道德所必需的措施。

② 为维护公共秩序所必需的措施,但只有在社会的某一根本利益受到真正和足够严重的威胁时方可采取。

③ 为保护人类、动植物的生命或健康所必需的措施。

④ 为保证与世贸组织规定不冲突的国内法的执行而采取的措施,包括防止欺骗、欺诈行为的措施,处理服务合同违约后果的措施,保护与个人信息处理和传播有关的个人隐私的措施,保护个人记录和账户机密性的措施,以及有关安全的措施。

⑤ 与国民待遇不一致的措施。成员方实施这种措施,是为了保证公平、有效地对其他成员的服务或服务提供者课征直接税。

⑥ 与最惠国待遇不一致的措施。成员方实施这种措施,是为了履行避免双重征税协定,或执行其他国际协定的相关规定。

2. 安全例外

世贸组织沿用了关税与贸易总协定的安全例外(Security exceptions),允许成员方在战争、外交关系恶化等紧急情况下,为保护国家安全利益采取必要的行动,对其他相关成员不履行世贸组织规定的义务。一般来说,采取安全例外措施的成员,是其安全利益需要的唯一判断者。换言之,国家安全利益是否要求采取贸易限制措施,如贸易禁运、限制进出口乃至解除与其他成员方的权利义务关系,只有成员方自己有决定权,其他成员方的干预能力有限,除非当事方所采取的措施明显地与国家安全无关。

3. 区域经济安排例外

区域经济安排可以分为双边形式和区域形式。双边形式,如美国和以色列签订的自由贸易协定;区域形式,如北美自由贸易区。世贸组织成员可参加此类区域经济一体化安排,对相互间的货物贸易或服务贸易实质上取消所有限制,而区域外的世贸组织成员则不能享受这些成果。当然,区域内部的成员,不能对区域外成员设立高于其参加一体化安排之前的贸易限制水平。

4. 发展中成员的特殊和差别待遇

为帮助发展中国家成员贸易得到发展,世贸组织继承并强化了对发展中国家成员的特殊和差别待遇,并把它们作为例外。

1979 年,关贸总协定"东京回合"通过了《关于有差别与更优惠待遇、对等与发展中国家充分参与的决定》,通称"授权条款"。

根据授权条款,发达国家可以通过制定"普遍优惠制方案",对发展中国家出口的制成品、半制成品和某些初级产品,提供普遍的、非互惠的、比最惠国待遇更为优惠的关税待遇;发展中国家之间可以订立区域性或全球性贸易协议,相互给予关税优惠,或取消非关税措施;发展中国家在履行多边达成的非关税措施协议方面,可享受差别和更为优惠的待遇。"东京回合"制定的非关税措施守则,对签署守则的发展中缔约方如何履行其义务作了特殊规定。

发展中成员享有的特殊和差别待遇,在"乌拉圭回合"各个协议中都得到了不同程度的体现。例如,在知识产权领域,发展中成员可享有更长的过渡期;在服务贸易领域,发展中成员可以根据本国服务业的发展情况,确定在多大范围和多大程度上开放其服务市场等。

5. 知识产权领域的例外

在知识产权领域,成员方给予任何其他国家的知识产权所有者和持有者的下述一些权利,可不适用最惠国待遇原则,即可不给予世贸组织其他成员方的知识产权所有者和持有者。

① 在一般司法协助的国际协定中享有的权利。

②《与贸易有关的知识产权协定》未作规定的有关表演者、录音制品制作者和广播组织的权利。

③ 在世贸组织正式运行前已生效的国际知识产权保护公约中规定的权利。

6. 诸边贸易协议的例外

世贸组织的基本原则只在签署诸边贸易协议的成员方之间实施,非签署成员不得享受其中的权利与义务。

7. 边境贸易例外

在世贸组织框架下,边境贸易是指毗邻两国边境地区的居民和企业,在距边境线两边各15公里以内地带从事的贸易活动,目的是方便边境线两边的居民互通有无。世贸组织允许成员方为便利边境贸易而只对毗邻国家给予优惠。

(三) 免责

世贸组织协定和协议中的免责规定,包括紧急限制进口措施、保护幼稚产业措施、国际收支限制措施、有关承诺修改或撤回、义务豁免。

1. 紧急限制进口措施

紧急限制进口措施也称保障措施。《1994年关税与贸易总协定》第19条规定,世贸组织成员方在符合规定的紧急情况下,可暂停实施对有关进口产品作出的关税减让和其他承诺。紧急情况是指,成员方实施关税减让和其他承诺的过程中,出现了作出减让和承诺时未能预料的情况,导致某产品进口大量增加,对本国相关产业造成严重损害或构成严重损害威胁。

服务贸易中的保障措施,在"乌拉圭回合"未达成协议。

2. 保护幼稚产业措施

《1994年关税与贸易总协定》第18条规定,允许成员为促进建立某一特定产业而背离承诺,实施关税保护和数量限制的措施,这就是所谓的"保护幼稚产业条款"。

建立某一特定产业的含义是指:建立一项新的产业;在现有产业中建立新的分支生产部门;现有产业的重大改建;只占国内供应相对较小份额的现有产业重大扩建;因战争或自然灾害而遭到破坏的产业重建。

为促进建立某一产业,成员方可修改或撤回业已承诺的某些关税减让项目。如果采取上述关税措施仍无法达到促进建立某一产业的目的,世贸组织允许成员方采取非歧视性的数量限制措施,但应与受影响的成员方进行磋商。

3. 国际收支限制措施

世贸组织允许成员方因国际收支困难而中止关税减让和其他承诺。成员方因国际收支困难而实施限制时,不得超出防止外汇储备严重下降所必需的程度。随着国际收支状况的改善,成员方应逐步放宽直至取消限制。对成员方国际收支状况,世贸组织依据国际货币基金组织的结论认定。所实施的限制措施,对其他成员方应一视同仁。

《服务贸易总协定》也允许成员方在国际收支恶化的情况下,对业已承诺开放的某服务贸易部门采取限制措施,或对与该服务贸易有关的支付或转移实施限制。

4. 有关承诺修改或撤回

《1994 年关税与贸易总协定》第 28 条规定,每隔 3 年,成员可就修改或撤回业已作出的进口产品关税减让承诺从而进行新的谈判。特殊情况下,经世贸组织批准,可随时进行此类谈判。拟修改或撤回关税减让的成员方,须与受影响的成员方协商达成协议。

《服务贸易总协定》对成员方修改或撤回承诺义务也有规定,其实体规则和程序要求与上述类似。

5. 义务豁免

成员方可根据豁免条款,申请免除某项或某些义务。申请豁免,须说明义务豁免要达到的目的,以及用尽了符合世贸组织规定的措施仍不能达到此目的。豁免申请须向世贸组织有关理事会提出,有关理事会在 90 天内进行讨论,并提交部长级会议作出决定。

九、透明度原则

(一)透明度原则的含义

透明度原则(Transparency)是指,成员方应公布所制定和实施的贸易措施及其变化情况(如修改、增补或废除等),不公布的不得实施,同时还应将这些贸易措施及其变化情况通知世贸组织。成员方所参加的有关影响国际贸易政策的国际协议,也在公布和通知之列。

(二)贸易措施的公布

公布有关贸易措施,是世贸组织成员最基本的义务之一。如果不公布有关贸易措施,成员方就很难保证提供稳定的、可预见的贸易环境,其他成员就难以监督其履行世贸组织义务的情况,世贸组织一系列协议也难以得到充分、有效的实施。世贸组织要求,成员方应承担公布和公开有关贸易措施及其变化情况的义务。

公布的具体内容包括以下方面:产品的海关分类和海关估价等海关事务;对产品征收的

关税税率、国内税税率和其他费用;对产品进出口所设立的禁止或限制等措施;对进出口支付转账所设立的禁止或限制等措施;影响进出口产品的销售、分销、运输、保险、仓储、检验、展览、加工、混合或其他用途的要求、限制或禁止;有关服务贸易的法律、法规、政策和措施;有关知识产权的法律、法规、司法判决和行政裁定,以及与世贸组织成员签署的其他影响国际贸易政策的协议等。

关于公布的时间,世贸组织规定,成员方应迅速公布和公开有关贸易的法律、法规、政策、措施、司法判决和行政裁定,最迟应在生效之时公布或公开,使世贸组织其他成员和贸易商及时得以知晓。在公布之前不得提前采取措施,如提高进口产品的关税税率或其他费用;对进口产品或进口产品的支付转账实施新的限制或禁止措施等。此外,应其他成员要求提供有关信息和咨询的义务。

(三) 贸易措施的通知

世贸组织对成员方需要通知的事项和程序都作了规定,以保证其他成员能够及时获得有关成员在贸易措施方面的信息。

世贸组织关于通知的规定是在实践中不断完善的。关税与贸易总协定建立时就明确,缔约方应公布有关贸易措施的所有信息,但当时并没有要求把这些信息都通知关税与贸易总协定,只是要求通知由国营贸易经营的进出口产品清单,或者缔约方决定参加某个关税同盟或自由贸易区的意向等少数事项。"东京回合"结束后,关税与贸易总协定的管辖范围扩展到了非关税领域,缔约方的义务变得更加广泛和具体。"东京回合"通过的《关于通知、磋商、争端解决和监督的谅解》,要求缔约方最大可能地通知所采取的贸易措施。关税与贸易总协定还建立了专门的委员会进行监督,要求"东京回合"守则的每个签署方,定期向关税与贸易总协定通知有关贸易措施的制定、实施和变化情况。

"乌拉圭回合"的谈判结果,进一步强化了世贸组织成员方承担的通知义务,通知的范围从货物贸易扩大到服务贸易和知识产权领域。《关于通知程序的部长决定》作为"乌拉圭回合"一揽子协议的一部分,重申了上述谅解中规定的一般性通知义务,成立了由世贸组织秘书处负责的通知登记中心,负责记录收到的所有通知,向成员方提供有关通知内容,并提醒成员方履行通知义务。

为了指导成员方履行通知义务,《关于通知程序的部长决定》附件列出了一份例示性清单,包含需要通知的 19 项具体措施和有关多边协议规定的其他措施,这 19 项主要是影响货物贸易的措施,基本上涵盖了所有货物贸易协议规定的通知内容,它们是:关税;关税配额和附加税;数量限制;许可程序和国产化要求等其他非关税措施,以及征收差价税的情况;海关估价;原产地规则;政府采购;技术性贸易壁垒;保障措施;反倾销措施;反补贴措施;出口税;出口补贴、免税和出口优惠融资;自由贸易区的情况,包括保税货物的生产情况;出口限制,包括农产品等产品的出口限制,世贸组织限期取消的自愿出口限制和有序销售安排等;其他政府援助(包括补贴和免税);国营贸易企业的作用;与进出口有关的外汇管制;政府授权进行的对销贸易。

为便于成员方履行通知义务,世贸组织相继制定了 100 多项有关通知的具体程序与规则,包括通知的项目、通知的内容、通知的期限、通知的格式等。

各项协议对通知的期限作出了不同的规定,有的要求不定期通知,有的要求定期通知。

不定期通知主要适用于法律、法规、政策、措施的更新,如《技术性贸易壁垒协议》要求,只要成员方国内通过了新的技术法规和合格评定程序,就要立即通知。

定期通知包括两种情况。一种是一次性通知,如《装运前检验协议》要求,在《建立世贸组织协定》对有关成员生效时,一次性通知其国内有关装运前检验的法律和法规;《海关估价协议》要求,发展中成员方如要推迟实施该协议,加入时就应通知其意向。另一种是多次通知,有的要求半年通知一次,大部分则要求每年通知一次,如《农业协议》要求,成员方应每年通知对国内生产者提供的补贴总量。

成员方还可进行"反向通知",监督有关成员履行其义务。反向通知是指,其他成员方可以将某成员理应通知而没有通知的措施,通知世贸组织。

世贸组织的通知要求比较复杂,成员方履行这些义务,工作量相当大,需要准确理解世贸组织的各项协议,并具备健全的信息统计系统。

世贸组织不要求成员方公布的信息,同样也不要求成员方通知世贸组织。

此外,为提高成员方贸易政策的透明度,世贸组织要求,所有成员的贸易政策都要定期接受审议,这已成为世贸组织的一种机制,即贸易政策审议机制。贸易政策审议的内容,一般为世贸组织成员最新的贸易政策,它可从一个侧面反映出被审议成员履行世贸组织义务的情况。

第二节　世贸组织贸易规则的分类

一、世贸组织规则的意义

世贸组织原则通过世贸组织负责实施管理的贸易协定与协议转化为具体的货物、服务贸易和与贸易有关的知识产权规则,使世贸组织原则更加具体化,以便于实施和操作。

二、世贸组织规则分类

(一) 按规则涉及领域划分

世贸组织规则包括三大领域,即货物贸易规则,服务贸易规则,与贸易有关的知识产权规则。

（二）按贸易规则层次划分

世贸组织贸易规则分为框架规则和具体规则。框架规则被称为协定，如《1994年关贸总协定》、《服务贸易总协定》、《与贸易有关的知识产权协定》，它们确定了各自领域中的能体现世贸组织基本原则的框架规则，作为具体协议确立的基础，带有指导性。具体规则体现在贸易协议上，是在贸易框架规则下就某个具体问题达成的具体协议，协议客体不同，协议内容也各有差异。如在《1994年关贸总协定》下达成的具体规则的协议就有：《农业协议》、《纺织品与服装协议》、《海关估价协议》、《装运前检验协议》、《技术性贸易壁垒协议》、《进口许可程序协议》、《原产地规则协议》、《与贸易有关的投资措施协议》、《反倾销协议》、《补贴与反补贴协议》、《保障措施协议》。

（三）按规则解决的贸易问题划分

第一类是贸易自由化的贸易协定与协议，如《1994年关贸总协定》，《服务贸易总协定》和《与贸易有关的投资措施协议》；第二类是"回归"到贸易自由化的贸易协议，如《农业协议》和《纺织品与服装协议》，因为两者都是在《1947年关贸总协定》时背离了贸易自由化原则，在世贸组织下，通过这两个协议，逐步取消数量限制，回到自由贸易体制；第三类是规范非关税措施的协议，如《海关估价协议》、《装运前检验协议》、《技术性贸易壁垒协议》、《进口许可程序协议》、《原产地规则协议》，这些协议不是取消这些要求，而是把这些要求规范化和合理化，不使它们构成国际贸易的障碍；第四类是公平竞争和补救的贸易协议，如《反倾销协议》，《补贴和反补贴协议》和《保障措施协议》；第五类是加强保护的贸易协定，如《与贸易有关的知识产权协定》。

（四）按规则接受的局限程度划分

世贸组织贸易规则分为多边、诸边和展边规则三种。多边的贸易规则是指世贸组织成员必须全部接受的贸易协定与协议所确立的规则，如《1994年关贸总协定》与下属的各种货物贸易协议；《服务贸易总协定》和具体的协议；《与贸易有关的知识产权协定》。诸边的贸易规则是指世贸组织成员自愿接受的贸易协议中确立的规则，该协议的接受者受到这些具体规则的约束，该协议不接受者则不受这些具体协议规则的约束，如《政府采购协议》、《民用航空器贸易协议》，对参加者这些协议的规则适用，非参加成员不受这些协议规则的约束。展边的贸易规则是指世贸组织和申请加入世贸组织尚未成为世贸组织成员的国家和地区均可自愿加入的贸易协议，该协议规则对参加者有约束力，对不参加者没有约束力。如世贸组织建立后达成的《信息技术协议》规定，任何世贸组织成员及申请加入世贸组织的国家或单独关税区均可参加该协议，但需要提交关税减让表、产品清单等文件，并获得该协议已有成员的审议通过。

三、世贸组织规则的特点

（一）转化性

这些贸易规则是从世贸组织的基本原则转化而来，其范围受制于基本原则本身的变化，贸易规则要体现基本原则的内涵。

（二）层次性

贸易协定属于框架式的规则，是本领域达成具体贸易协议的指导规则，而贸易协议的规则是具体的，它附属于贸易协定中的规则。

（三）结合性

贸易规则是世贸组织基本原则与世贸组织涉及的各种领域的具体情况结合的成果，领域不同，结合的表达方式有所不同。

（四）协调性

这些贸易规则是通过多边贸易谈判，在相互妥协的基础上达成的，随着世贸组织成员竞争能力的变化和谈判技巧的提高，这些规则也随之调整和变化。

（五）延伸性

1. 这些规则随着国际贸易交换内容的多样化，将进一步向新的领域延伸和细化，与货物贸易领域相比，服务贸易领域尚有很大的延伸和细化的余地。
2. 接受这些贸易规则从世贸组织成员向非世贸组织成员扩展。

（六）介入性

根据《建立世贸组织协定》的规定，世贸组织成员国内的相关贸易法规要与所接受的世贸组织贸易规则逐步接轨。因此，世贸组织的贸易规则成为世贸组织成员国内相关贸易立法和规则确立的重要依据，对世贸组织成员国内的相关立法和法规的影响日益加大。

第三节　贸易协定与协议的结构

一、贸易协定的构成

（一）贸易协定的整体构成

多由主体和附件两大部分构成。

（二）贸易协定主体构成的要件

一般包括：协定序言，协定组成部分与条款。

1. 贸易协议的序言

（1）协定序言的位置：贸易协定的开始

（2）贸易协定序言的内容。以序言表明贸易协定的宗旨，追求的目标和达到目标的途径。贸易规则领域不同，它们的表达方式不尽相同。

《1994年关贸总协定》序言为："认识到在处理他们在贸易和经济领域的关系时，应以提高生活水平、保证充分就业、保证实际收入和有效需求的大幅度稳定、实现世界资源的充分利用以及扩大货物的生产和交换为目的，期望通过达成互惠互利安排，实质性削减关税和其他贸易壁垒，消除国际贸易中的歧视性待遇，从而为实现这些目标作出贡献。"[①]

《服务贸易总协定》的序言为：

"认识到服务贸易对世界经济增长和发展日益增加的重要性；

希望建立一个服务贸易原则和规则的多边框架，以期在透明和逐步自由化的条件下扩大此类贸易，并以此为手段促进所有贸易伙伴的经济增长和发展中国家的发展；

期望在给予国家政策目标应有尊重的同时，通过连续回合的多边谈判，在互利基础上促进所有参加方的利益，并保证权利和义务的总体平衡，以便早日实现服务贸易的自由化水平的逐步提高；

认识到各成员为实现国家政策目标，有权对其领土内的服务提供进行管理并采用新的法规，同时认识到由于不同国家服务法规发展程度方面存在的不平衡，发展中国家特别需要行使此权利；

期望鼓励发展中国家更多地参与服务贸易和扩大服务出口，特别是增强其国内服务能力、效率和竞争力；

特别考虑到最不发达国家由于特殊的经济状况及其在发展、贸易和财政方面的需要而存在的严重困难。"[②]

《与贸易有关的知识产权协定》的序言为：

"期望减少对国际贸易的扭曲和阻碍，并考虑到需要促进对知识产权的有效和充分保护，并保证实施知识产权的措施和程序本身不成为合法贸易的障碍；

认识到为此目的，需要制定有关下列问题的新的规则和纪律。

① 关贸总协定1994的基本原则和有关国际知识产权协定或公约的适用性。

---

① 对外贸易经济合作部国际经贸关系司：《世界贸易组织乌拉圭回合多边贸易谈判成果　法律文件》，北京，法律出版社，2000年，第424页。

② 对外贸易经济合作部国际经贸关系司：《世界贸易组织乌拉圭回合多边贸易谈判成果　法律文件》，北京，法律出版社，2000年，第286页。

② 就与贸易有关的知识产权的权力、范围和使用,规定适当的标准和原则。

③ 就实施与贸易有关的知识产权规定有效和适当的手段,同时考虑各国法律制度的差异。

④ 就在多边一级防止和解决政府间争端规定有效和迅速的程序。

⑤ 旨在最充分地分享谈判结果的过渡安排。

认识到需要一个有关原则、规则和纪律的多边框架,以处理冒牌货的国际贸易问题;

认识到各国知识产权保护制度的基本公共政策目标,包括发展目标和技术目标;

还认识到最不发达国家成员在国内实施法律和法规方面特别需要最大的灵活性,以便它们能够创造一个良好和可行的技术基础;

强调通过多边程序达成加强的承诺以解决与贸易有关的知识产权争端从而减少紧张的重要性;

期望在世贸组织与世界知识产权组织以及其他有关国际组织之间建立一种相互支持的关系。"①

在世贸组织中,继续坚持以关税作为货物贸易主要保护手段外,在一般取消数量限制方面取得很大进展。第一,采取"逐步回退"办法逐步减少配额和许可证。通过"纺织品与服装协议",逐步取消纺织品和服装贸易中的数量限制,最后实现这类商品的贸易自由化,使背离以关税作为主要保护手段的"多种纤维协定"消亡。第二,从数量限制向其他非关税壁垒延伸。在世贸组织负责实施的货物贸易协定,诸如,原产地规则,装船前检验,反倾销、贸易技术壁垒,进口许可证秩序,补贴与反补贴,海关估价,政府采购,通过制订新规则和修订原规则,约束各种非关税壁垒实施的条件。对实施非关税壁垒的标准和手段予以更加严格,明确的详尽的规定,提高了透明度。第三,把一般取消数量限制原则扩大到其他有关协定,如《服务贸易总协定》,该协定在市场准入部分规定:不应限制服务提供者的数量,不应采用数量配额方式要求限制服务的总量等。

2. 贸易协定组成部分与条款

组成部分列出贸易协定大的要件,诸如:协定的内涵、一般规则、成员的权利与义务、协定的实施与组织机构等。组成部分再具体化为条款。组成部分有的列出名称,有的不列出名称。《1994 年关贸总协定》由四部分构成,前三部分未列出名称,第四部分列出名称。《与贸易有关的知识产权》由七个部分构成,《服务贸易总协定》由六部分构成,两个协定各部分都列出名称,如《服务贸易总协定》第二部分名称与条款为:

第二部分　一般义务与纪律

第 2 条　最惠国待遇

第 3 条　透明度

---

① 对外贸易经济合作部国际经贸关系司:《世界贸易组织乌拉圭回合多边贸易谈判成果　法律文件》,北京,法律出版社,2000 年,第 321 页。

第 3 条之二　机密信息的披露

第 4 条　发展中国家的更多参与

第 5 条　经济一体化

第 5 条之二　劳动力市场一体化协定

第 6 条　国内法规

第 7 条　承认

第 8 条　垄断和专营服务提供者

第 9 条　商业惯例

第 10 条　焦急保障措施

第 11 条　支付和转移

第 12 条　保障国际收支的限制

第 13 条　政府采购

第 14 条　一般例外

第 14 条之二　安全例外

第 15 条　补贴

（三）附件

1. 位置：贸易协定文本以后单列

2. 意义：对贸易协定文本的补充

3. 内容：对贸易协定文本的注释、条款的修订，后续工作的安排等

如《服务贸易总协定》文本后的附件包括：关于第 2 条豁免的附件，关于本协定项下提供服务的自然人流动的附件，关于空运服务的附件，关于金融服务的附件，关于金融服务的第二附件，关于海运服务谈判的附件，关于电信服务的附件，关于基础电信谈判的附件。

二、贸易协议的构成

（一）贸易协议的整体构成

由正文与附件构成。

（二）贸易协议正文构成的要件

通常包括：序言与构成部分和条款。

1. 序言

（1）位置：贸易协议开头

（2）意义：表明贸易协议的意义，宗旨和达到宗旨目标的途径

如《农业协议》的序言为:

"决定为发动符合《埃斯特角城宣言》所列谈判目标的农产品贸易改革进程而建立基础;

他们在乌拉圭回合中期审评时所议定的长期目标是'建立一个公平的、以市场为导向的农产品贸易体制,并应通过支持和保护承诺的谈判及建立增强的和更行之有效的关贸总协定规则和纪律发动改革进程';

'上述长期目标是在议定的期限内,持续对农业支持和保护逐步进行实质性的削减,从而纠正和防止世界农产品市场的限制和扭曲';

承诺在以下每一领域内达成具体约束承诺:市场准入;国内支持;出口竞争;并就卫生与植物卫生问题达成协议;

同意在实施其市场准入承诺时,发达国家成员将充分考虑发展中国家成员的特殊需要和条件,对这些成员有特殊利益的农产品在更大程度上改进准入机会和条件,包括在中期审评时议定的给予热带农产品贸易的全面自由化,及鼓励对以生产多样化为途径停止种植非法麻醉作物有特殊重要性的产品;

注意到应以公平的方式在所有成员之间作出改革计划下的承诺,并注意到非贸易关注,包括粮食安全和保护环境的需要,注意到各方一致同意发展中国家的特殊和差别待遇是谈判的组成部分,同时,考虑改革计划的实施可能对最不发达国家和粮食净进口发展中国家产生的消极影响。"

2. 贸易协议部分与条款的构成

(1)简单式。内容比较简单的贸易协议只列条款,不分部分,如《技术性贸易壁垒协议》、《纺织品与服装协议》、《保障措施协议》、《实施卫生与植物卫生措施协议》、《与贸易有关的投资措施协议》、《装运前检验协议》、《进口许可程序协议》、《政府采购协议》、《贸易航空器协议》等,这些协议通过条款顺次列出总则,成员权利与义务,发展中国家成员特殊待遇,争端解决和管理等,如《与贸易有关的投资措施协议》只有7个条款,即:第1条 范围,第2条 国民待遇和数量限制,第3条 例外,第4条 发展中国家成员,第5条 通知和过渡性安排,第6条 透明度,第7条 与贸易有关的投资措施委员会,第8条 磋商和争端解决,第9条 货物贸易理事会的审议。有的条款只有内容,没有冠名,如《纺织品与服装协议》只列出7个条款,没有冠名。

(2)复杂式。内容比较复杂的贸易协议,则分出部分,再纳入相关的条款机构等,有的协议条款前冠名,有的不写名称。一般顺次列出协议的定义和范围,成员的权利与义务,争端解决和组织机构,如《农业协议》只列出13个部分,分别纳入21个条款,如"第一部分 第1条 术语定义,第2条 产品范围;第二部分 第3条 减让和承诺的并入……"而有的贸易协议既有部分名称,又有条款名称,如《补贴与反补贴协议》由11个部分32个条款构成,分别列出部分和条款名称:第一部分:总则 第1条 补贴的定义,第2条 专向性;第二部分:禁止性补贴 第3条 禁止,第4条 补救……

（三）附件

1. 位置：文本后单独列出。
2. 意义：对贸易协议文本的补充。
3. 内容：对贸易协定文本的注释，清单，解释性说明，具体的组织机构等。附件多少不一，如《原产地规则协议》只有 2 个附件，而《补贴和反补贴协议》则有 7 个附件。

本章小结

1. 在世贸组织负责实施管理的贸易协定与协议中，贯穿了一些基本原则，这些基本原则包括：非歧视原则，贸易自由化原则，允许正当保护原则，稳定贸易发展原则，公平竞争原则，鼓励发展和经济改革原则，地区贸易原则，贸易补救原则，透明度原则，它们是世贸组织负责实施与管理的贸易协定与协议确立的基础，它们把这些原则在实际操作中转化为具体的贸易规则。

2. 世贸组织原则通过贸易协定与协议转化为具体的货物贸易、服务贸易和与贸易有关的知识产权规则，使世贸组织原则更加具体化，更便于实施和操作。世贸组织规则的特点可归纳为：转化性、层次性、结合性、协调性、延伸性和介入性。

3. 世贸组织贸易协定的整体多由主体和附件两大部分构成，其中主体一般包括协定序言、协定组成部分与条款 3 部分。世贸组织贸易协议的整体多由正文与附件构成，其中正文通常包括序言、构成部分和条款 3 部分。

重要概念

非歧视性原则（Non-Discrimination）

最惠国待遇（Most-Favored-Nation treatment，MFN）

国民待遇（National Treatment，NT）

透明度原则（Transparency）

一般例外（General exceptions）

案例分析

1999 年 4 月，在布鲁金斯研究所当年的"贸易论坛"年会上，国际经济学家马克斯·科登在评论奥斯齐关于 WTO 未来的一篇论文时提出了一个问题，即什么是互利的内在逻辑。科登指出，GATT、WTO 以及互惠贸易协定看来有点令人迷惑，如果各国希望自由贸易，它们就会致力于单边贸易自由化。现实中许多发展中国家也经历了明显的单边贸易自由化过程,并且这些单边自由化对实际结果的影响还大于 GATT 和 WTO。科登进一步指出,一国希冀另一国尽量开放市场而有利于本国出口,这并非意味着重商主义,因为各国可能并不是有意于得到出口盈余,而是希望改善其贸易条件。而另一位学者伯格斯坦则认为,WTO 式的互惠其内涵理论不是贸易条件,而是自由化的政治经济学。其实,就贸易条件的结果来看,其直接影响便是贸易利益的大小。贸易利益作为一个国家参与国际体系的度量指标时,它既是经济的,又是政治的。各国政府常常在贸易政策的选择中,处于自由贸易和贸易保护的"两难境地",并且常有实施贸易壁垒的"冲动"。此外,威廉姆斯在其研究国际经济组织的著作中指出,世界上三大国际经济组织 IMF、IBRD 和 GATT/WTO 都是建立在自由主义的原则基础上的。在谈及世界银行(IBRD)的理念时,作者使用了"新自由主义"的概念,指出:"新自由主义的经济理论坚持认为,经济增长的最基本的方式是通过市场机制,强调政府对经济放松管制是增加效率和促进经济增长的最好方法,通行的办法是一套旨在对国内经济自由化并增强与外部环境联系的政策,这些政策包括削减价格和取消进口控制,改善外商投资和国内投资的投资环境,保持经济稳定以及刺激出口。"

资料来源:黄静波:《国际贸易政策的两难问题与 GATT/WTO 体制——GATT/WTO 的政治经济学》,载《国际贸易问题》,2005。

请讨论:

1. 影响一国贸易利益的因素有哪些?

解析:国际贸易的发展利益,是指贸易带动和促进经济发展的利益,得自国际贸易的利益大致可分为两类:国际贸易的静态利益和国际贸易的动态利益。所谓静态利益,是指开展贸易后,贸易双方所获得的直接的经济利益,它表现为资源总量不增加、生产技术条件没有改进的前提下,通过贸易分工而实现的实际福利的增长。所谓动态利益,是指开展贸易后,对贸易双方的经济和社会发展所产生的间接的积极影响。静态利益偏重于一国通过贸易所获得的消费方面的好处(当然,这种好处与分工后生产力的提高有关),而动态利益则注重于开展贸易后对生产的刺激作用以及对社会生活的其他诸方面的积极影响。概括起来说,影响一国贸易利益的主要内在因素有地理位置、自然资源、经济发展水平和政治因素,此外,还有世界经济环境、科学技术进步和跨国公司等外在因素。

2. 请举例说明各国政府在贸易政策的选择中的"两难境地"。

解析:一国参与国际贸易的动机就是要获取最大限度的贸易利益,这就使得该国政府必定要通过一定贸易政策来影响贸易的结果,确保其贸易符合本国的利益。所以,在现实中形形色色的贸易干预,如关税和其他贸易限制盛行不衰,贸易政策的运用导致对自由贸易的偏离,降低了可能的经济福利。自由贸易理论与现实中的贸易政策存在较大差距,人们可以列出很多原因,然而从根源上看是各国现实经济由贸易利益分配所产生的对保护的需求。自由贸易的互利性强调的是贸易对各经济作为一个总体的有利影响,但实际上,贸易利益的

分配效果却是部门性的,无论有没有贸易政策,各个部门得到的贸易利益或蒙受的损失都会是不平衡的。

3.GATT/WTO体现出来的新自由主义思想理念有哪些?

解析:GATT/WTO面对现实的务实与折中与其最大限度的自由化目标并不矛盾。必须提及,GATT/WTO理念的实质是新自由主义。现存的以GATT/WTO为中心的多边贸易体制不是自由贸易体制,但它是以自由贸易理论、贸易自由化政策为导向的。自由贸易理论其科学、合理的内涵是,建立在市场机制基础上更自由的竞争和交换可以实现更有效的资源配置,提高世界生产的效率,增进世界福利。这种强调自由贸易的新自由主义理念主导着GATT/WTO的走向,目标是建立一个开放、完整、健全和持久的多边自由贸易体制,促进世界货物和服务贸易的发展,以及有效合理地利用世界资源来改善生活质量、扩大就业、确保实际收益和有效需要的稳定增长,而具体实施这一基本宗旨的原则是:多边主义(最惠国待遇和国民待遇)、非歧视(市场准入)、透明度以及对发展中国家的特殊和差别待遇等。可见,GATT/WTO体制反映了一种不同于自由放任自由主义传统的新自由主义精神,体现的是一种追求效率同时兼顾公平的原则。

 同步测练与解析

1. 世贸组织的基本原则有哪些?

解析:这些基本原则包括:非歧视原则,贸易自由化原则,允许正当保护原则,稳定贸易发展原则,公平竞争原则,鼓励发展和经济改革原则,地区贸易原则,例外与免责原则,透明度原则。

2. 非歧视原则是由什么待遇条款构成的?

解析:在世贸组织中,非歧视原则由最惠国待遇和国民待遇条款体现出来。

3. 世贸组织规则如何分类?

解析:(1)按规则涉及领域划分。世贸组织规则包括三大领域,即货物贸易领域规则,服务贸易领域规则,与贸易有关的知识产权领域规则。(2)按贸易规则层次划分。世贸组织贸易规则分为框架规则和具体规则。(3)按照解决问题方法,多边的贸易协议可以分为五类。第一类是贸易自由化的贸易协定与协议,如《1994年关贸总协定》,《服务贸易总协定》和《与贸易有关的投资措施协议》;第二类是"回归"到贸易自由化的贸易协议,如《农业协议》和《纺织品与服装协议》,因为两者都是在"1947年关贸总协定"时背离了贸易自由化原则,

在世贸组织下,通过这两个协议,逐步取消数量限制,回到自由贸易体制;第三类是规范非关税措施的协议,如《海关估价协议》、《装运前检验协议》、《技术性贸易壁垒协议》、《进口许可程序协议》、《原产地规则协议》,这些协议不是取消这些要求,而是把这些要求规范化和合理化,不使它们构成国际贸易的障碍;第四类是公平竞争和补救的贸易协议,如《反倾销协议》,《补贴和反补贴协议》和《保障措施协议》;第五类是加强保护的贸易协定,如《与贸易有关的知识产权协定》。(4)按规则接受的局限程度划分。世贸组织贸易规则分为多边、诸边和展边规则三种。

4. 世贸组织规则的特点是什么?

解析:转化性、层次性、结合性、协调性、延伸性、介入性。

5. 世贸组织负责实施管理的贸易协定与协议本身是如何构成的?

解析:贸易协定的整体构成:多由主体和附件两大部分构成;贸易协定主体构成的要件一般包括:协定序言,协定组成部分与条款。贸易协议的整体构成:由正文与附件构成;贸易协议正文构成的要件通常包括:序言与构成部分和条款。

C 第七章

HAPTER SEVEN

《1994年关贸总协定》与
关税减让谈判

学 习 目 标

　　通过本章学习,了解《1994年关贸总协定》的构成以及《1994年关贸总协定》对《1947年关贸总协定》的主要修正,掌握《1994年关贸总协定》的宗旨、基本原则和例外条款,掌握乌拉圭回合关税减让的主要成果,掌握关税减让谈判的基础、原则和方式。

重 点 难 点 提 示

- 《1994年关贸总协定》对《1947年关贸总协定》的主要修正
- 1994年关贸总协定的基本准则
- 1994年关贸总协定的主要例外条款
- 乌拉圭回合关税减让的成果
- 关税减让谈判的基础、原则和方式

第一节 《1994 年关贸总协定》与《1947 年关贸总协定》

一、《1994 年关贸总协定》(GATT 1994) 的地位

《1994 年关贸总协定》在法律上区别于 1947 年 10 月 30 日签订的《关税与贸易总协定》,成为《建立世贸组织协定》的组成部分,以多边货物贸易协议形式纳入附件一。它成为其余多边货物贸易协议的法律与原则基础。这些协议有:《农产品协议》、《实施动植物卫生检疫措施的协议》、《纺织品与服装协议》、《技术性贸易壁垒协议》、《与贸易有关的投资措施协议》、《关于履行 1994 年关税与贸易总协定第六条的协议》、《关于履行 1994 年关税与贸易总协定第七条的协议》、《装运前检验协议》、《原产地规则协议》、《补贴与反补贴措施协议》、《保障措施协议》,这些协议的法律基础与坚持的原则应与 1994 年关税与贸易协定的规定一致,但是,当其某一规定与上述协议的"某一规定发生冲突时,另一协议的规定应当在冲突涉及的范围内具有优先效力"。[①]

此外,《1994 年关贸总协定》中提出了一些基本原则,也延伸到《服务贸易总协定》和《与贸易有关的知识产权协定》中。

在乌拉圭回合多边贸易谈判中,《1947 年关贸总协定》缔约方达成了市场准入承诺,纳入《1994 年关贸总协定》。

二、《1994 年关贸总协定》的构成

《1994 年关贸总协定》由四部分构成。

(1) 1947 年 10 月 30 日的《关税与贸易总协定》的各项规定(不包括临时适用议定书),《建立世贸组织协定》生效前所实施的法律文件核准修正和修正的文本。

(2) 在《建立世贸组织协定》生效之前,根据《1947 年关贸总协定》生效的下列法律文件,计有:有关关税减让的议定书或证明书;加入议定书;在《建立世贸组织协定》生效之日仍在生效的根据《1947 年关贸总协定》第 25 条授予的豁免义务的决定;《1947 年关贸总协定》缔约方全体作出的其他规定。

(3)《1994 年关贸总协定》作出的谅解。其中包括:关于解释第 2 条第 1 款(b)项的谅解;关于解释第 17 条的谅解;关于国际收支条款的谅解;关于解释第 24 条的谅解;关于豁免义务的谅解;关于解释第 28 条的谅解。

---

① 对外贸易经济合作部国际经贸关系司:《世界贸易组织乌拉圭回合多边贸易谈判结果 法律文本》,北京,法律出版社,2000 年,第 16 页。

（4）《1994 年关贸总协定》马拉喀什议定书。

三、《1994 年关贸总协定》条款结构与《1947 年关贸总协定》的一致

《1947 年关贸总协定》由四部分，38 个条款组成。

（一）第一部分的条款

第一部分包括 2 个条款，即"第一条 一般最惠国待遇"、"第二条 减让表"。

（二）第二部分的条款，从第三条到第二十三条，各条列名如下。

第三条　国内税与国内规章的国民待遇

第四条　有关电影片的特殊规定

第五条　过境自由

第六条　反倾销税和反补贴税

第七条　海关估价

第八条　规费和输出入手续

第九条　原产国标记

第十条　贸易条例的公布和实施

第十一条　数量限制的一般取消

第十二条　为保障国际收支而实施的限制

第十三条　非歧视地实施数量限制

第十四条　非歧视原则的例外

第十五条　外汇安排

第十六条　补贴

第十七条　国营贸易企业

第十八条　政府对经济发展的援助

第十九条　对某种产品的进口的紧急措施

第二十条　一般例外

第二十一条　安全例外

第二十二条　协商

第二十三条　利益的丧失或损害

（三）第三部分的条款，从第二十四条到第三十五条，各条列名如下。

第二十四条　适用的领土范围、边境贸易、关税同盟和自由贸易区

第二十五条　缔约方的联合行动

第二十六条　本协定的接受、生效和登记

第二十七条　减让的停止或撤销

第二十八条　减让表的修改

第二十八条附加　关税谈判

第二十九条　本协定与哈瓦那宪章的关系

第三十条　　本协定的修正

第三十一条　本协定的退出

第三十二条　缔约方

第三十三条　本协定的加入

第三十四条　附件

第三十五条　在特定的缔约方之间不适用本协定

（四）第四部分　贸易和发展

从第三十六条到第三十八条,各条列名如下。

第三十六条　原则和目的

第三十七条　承诺的义务

第三十八条　联合行动

四、《1994 年关贸总协定》对《1947 年关贸总协定》的主要修正

（一）称谓的修正。《1994 年关贸总协定》对《1947 年关贸总协定》的名称作了修正,修正内容见表 7-1。

表 7-1　称谓的对应

《1947 年关贸总协定》	《1994 年关贸总协定》
缔约方	成员
欠发达缔约方	发展中国家成员
发达缔约方	发达国家成员
执行秘书	世贸组织总干事
缔约方全体联合行动	世贸组织

资料来源:作者据《乌拉圭回合多边贸易谈判结果最后文件》附件一(1)编制。

（二）条款内涵修正

《1994 年关贸总协定》通过解释的谅解方式对《1947 年关贸总协定》的一些条款内涵作了修正。

1. 对第 2 条（减让表）第 1 款（乙）项的补充

核心内容是将该条款中所指的"其他税费"载入减让表,以使其有稳定性和透明度。

2. 对第 17 条（国营贸易企业）内容的修正

主要是更加严格了对国营贸易企业及其活动情况的通报要求,若成员方发现他方有不实之通报,可自己反向通报。

对国营贸易企业,1994 年确定的定义为"被授予包括法定的和宪法规定的权力在内的

专营权或特殊的权利或特权的政府和非政府企业,其中包括销售局,这些企业行使这些权力时,通过其购买或销售影响进出口的水平或流向"。①

3. 对有关国际收支条款的谅解

谅解所指的国际收支条款系指第 12 条(为保障国际收支而实施的限制),第 18 条(政府对经济发展的援助)第 2 节和 1979 年关于国际收支措施的宣言。总的精神是加严使用国际收支条款的纪律和要求,它要求实施国际收支限制要尽快公布取消限制的时间表;实施国际收支限制要采取价格措施,例如,进口附加费和进口押金等,而不要采取新的数量限制措施。实施国际收支限制要负举证责任和说明理由,并明确进行限制的产品及这种限制的标准。对国际收支委员会主持的国际收支限制磋商,谅解也规定了一系列严格的要求。

4. 对第 24 条(适用的领土范围、边境贸易、关税同盟和自由贸易区)的修正

修正的主要内容是加严了建立关税同盟的纪律,包括重申第 24 条关于建立关税同盟引起约束关税变动,须履行第 28 条的谈判程序,以及建立关税同盟要有透明性。成立工作组对关税同盟和自由贸易区进行审议;关税同盟和自由贸易区组成成员应定期向世贸组织货物贸易理事会报告,报告有关协议的执行情况。

5. 关于第 28 条(减让表的修改)的谅解

谅解的主要内容是:在修改或撤销关税减让时,若在出口国中占第一位的出口产品受到影响,则该出口国被视同有主要供应者一样的关税谈判权。谈判新产品的关税修改或撤销时,对新产品前身所在的税目享有初谈权的国家仍被视为有初谈权。

第二节 《1994 年关贸总协定》的宗旨、基本原则与例外

一、《1994 年关贸总协定》的宗旨与实现途径

《1994 年关贸总协定》的序言指出,其宗旨是"提高生活水平,保证充分就业,保障实际收入和有效需求的巨大持续增长,扩大世界资源的充分利用以及发展商品的生产与交换"。实现上述宗旨的途径是,各成员方"达成互惠互利协议,导致大幅度地削减关税和其他贸易障碍,取消国际贸易中的歧视待遇"。

---

① 《1994 年关税与贸易总协定关于解释第 17 条的谅解》,载《世界贸易组织乌拉圭回合多边贸易谈判结果最后文件》,北京,法律出版社,2000 年,第 20 页。

二、《1994年关贸总协定》的基本准则

《1994年关贸总协定》的法律体系十分庞杂,但其核心主要由一些简单而基本的原则所组成,主要包括:

(一) 非歧视原则

该原则是《1994年关贸总协定》的基石,主要体现在最惠国待遇和国民待遇两个方面。所谓最惠国待遇,系指一个成员方给予任何另一个国家的贸易优惠,除在《1994年关贸总协定》允许的少数例外情况下,均应自动给予所有成员方。《1994年关贸总协定》所规定的最惠国待遇是多边的,无条件的,比双边最惠国待遇更为稳定。"无条件",是指这种最惠国待遇的实施不得以任何政治或经济要求为先决条件。

国民待遇条款,要求一旦某种商品经过海关进入一国的国内市场,其各种待遇不能低于国内生产的相应产品,也就是说,在缴纳海关关税之后,进口产品在销售、购买、运输和分配等所适用的法律、法规方面均应与本国产品一视同仁,如果对进口产品征收高于本国产品的国内税或对其采用其他限制措施,那么缔约方之间所进行的关税减让的好处就会被抵消。

(二) 以关税作为保护国内产业的手段

《1994年关贸总协定》并不禁止对国内工业实行保护,但要求这些保护应通过关税进行,而不要采取其他行政手段。关税保护透明度高,便于成员方之间进行减让谈判,从而减少保护对贸易形成的扭曲。

(三) 贸易壁垒递减原则

成员方之间通过谈判降低各自的关税水平,并将这些减让的税目列入各国的关税减让表,使其"约束"起来,从而为发展成员方之间的贸易打下一个稳定和可预见的基础,由于列入减让表的已约束税率在三年内不得提升,三年后如要提升也要同当初进行对等减让的成员国家协商,并为其造成的损失给予补偿,因此,约束后的关税难以发生回升现象。

(四) 公平竞争原则

《1994年关贸总协定》允许在一定情况下利用关税或其他行政措施对本国工业实行保护,从这一角度说,《1994年关贸总协定》实行的并非纯粹的自由贸易政策。但《1994年关贸总协定》强调开放和公平的竞争,反对不公平的贸易做法,主要指倾销和补贴措施。所谓倾销,是指企业以低于国内市场价或低于其成本的价格向国外出口产品。在这种情况下,《1994年关贸总协定》允许进口国在关税之外再加征反倾销税,以抵消倾销对国内产品造成的损害。另外一种不公平贸易做法是政府对出口给予补贴,无论出口补贴还是国内可申诉

的补贴均被视为对《1994 年关贸总协定》的违背。因此,《1994 年关贸总协定》对征收"反补贴税"也作了规定。

(五) 一般禁止数量限制原则

一般禁止数量限制是《1994 年关贸总协定》的一个基本条款。实行数量限制就是采用行政手段限制外国产品与本国工业进行竞争,因而被《1994 年关贸总协定》所禁止。在某些例外情况下,《1994 年关贸总协定》也允许采取数量限制,但根据《1994 年关贸总协定》第 13 条的规定,采取这种数量限制时,必须遵守非歧视原则,不得厚此薄彼具有国别针对性。

三、《1994 年关贸总协定》的主要例外条款

像所有贸易协定一样,《1994 年关贸总协定》也为其基本原则规定了一些例外,这些例外条款主要包括:

(一) 对禁止数量限制的例外

《1994 年关贸总协定》第 12 条允许成员方在其国际收支平衡发生困难时实行数量限制。同时规定,实行的这种限制不能超过保护国际收支平衡所必要的限度,随着国际收支状况的改善,这种限制应逐步减少直至取消。《1994 年关贸总协定》第 18 条对发展中成员做了更为灵活的规定,允许它们为避免外汇储备急剧下降而实施数量限制。此外,第 18 条还允许发展中成员采取数量限制对其幼稚工业实行保护。对于幼稚工业,《1994 年关贸总协定》并无明确定义,通常是指新建或扩建的尚不具备竞争能力的产业部门。

(二) 保障条款

《1994 年关贸总协定》第 19 条允许成员方在其某一产业受到进口骤增的冲击造成严重损害,如严重开工不足、工人失业、企业亏损等情况下实行临时性进口限制或提高关税。根据保障条款采取的进口限制措施必须限于在防止或纠正上述严重损害所必要的限度和时间之内,不应长久实施;受影响的产业有义务尽快进行结构调整;采取的限制不能针对产品来源和国别,即应非歧视性实施;采取行动前应向世贸组织发出书面通知,并与利益受到影响的成员方进行磋商。在实施中,保障行动一般有 3 至 4 年。

(三) 区域性贸易安排

《1994 年关贸总协定》第 24 条,允许成员方在满足一定的严格标准的情况下,以关税同盟或自由贸易区的形式建立区域贸易集团,这种集团内成员国家间的关税及其他大量的非关税措施都要取消。关税同盟和自由贸易区的差别在于,前者对集团外国家实行统一的关税,后者则允许集团内国家对外保留各自的对外贸易政策和关税。《1994 年关贸总协定》允

许上述区域贸易集团偏离最惠国待遇原则,对集团内成员间相互给予的贸易优惠可不给予集团外的国家,该条规则的目的在于通过区域性贸易安排,既促进集团内国家间的贸易,又不对集团外国家形成新的贸易壁垒。目前,世界上主要的区域性贸易集团有欧共体、欧洲自由贸易区和北美自由贸易区等。

(四)对发展中国家成员的特殊待遇

随着发展中国家数量的增加和力量的壮大,它们的利益在《1994 年关贸总协定》中也得到相应的反映。《1994 年关贸总协定》承认,发展中成员的产品进入世界市场应当享受更优惠条件;发达国家成员承诺,它们在谈判中对发展中成员做的贸易减让,不期望得到对等的回报;发展中成员可以享受发达国家成员提供的普惠制待遇;发展中成员在一定限度内可对其出口实行补贴;发展中国家成员相互进行关税减让时可以不把达成的减让给予发达国家。

(五)安全例外

允许成员方为了维护国家安全和社会公德而禁止火药、武器、毒品和淫秽出版物等的进口。

第三节　乌拉圭回合关税减让成果

一、《1994 年关贸总协定》纳入乌拉圭回合达成的市场准入承诺

《1947 年关贸总协定》缔约方在乌拉圭回合达成的市场准入承诺,随《1947 年关贸总协定》转变为《1994 年关贸总协定》,而随之纳入,这些承诺概要如下。

(一)工业制成品上的市场准入承诺概要

(1)关税减让:发达国家减让关税 40%,发展中国家和经济转型国家各为 30%。

(2)约束关税[①]并承诺不再提高,发达国家和转型经济国家 98% 的进口工业品纳入约束关税。在发展中国家的进口货物,纳入约束税率的比例在 73% 左右。

(3)根据《纺织品与服装协议》的规定,在 10 年内,取消原"多种纤维安排"项下对纺织品的限额和其他限制措施。

---

① 世贸组织任一成员都不能随意将其关税税率提高到超过其减让表所载明约束税率的水平。减让表中按产品逐项列明产品谈判的税率以及经过谈判成员同意约束的税率。在贸易谈判中,一个成员可以同意:约束其现行税率(如 10%)或零关税;或削减税率,例如从 10% 降到 5%,并约束削减后的税率;一个成员也可以用一个上限税率来约束其关税。

（4）原"多种纤维安排"下的配额水平在10年过渡期内大大提高，提供改善的市场准入条件。

（5）在4年内（在1999年1月1日以前），取消针对其他工业制成品实施的"自愿出口限制"。

（二）农产品上的市场准入承诺概要

（1）通过关税化取消全部的非关税措施。

（2）对于关税化形成的新关税和其他关税进行约束，使它们不再提高。

（3）发达国家削减约束关税的36％，发展中国家削减24％。

（4）在某些领域承担现行市场准入和最低市场准入承诺。

（5）按照协议百分比，承诺从价值上和数量上削减一定比例的出口补贴。

（6）在总量支持的基础上，承诺按照协议百分比，削减国内支持水平。

二、各种类型成员方的关税税率在乌拉圭回合前后的变化

经过乌拉圭回合多边贸易谈判，各类型成员方的工业品的加权平均关税，均呈下降趋势。发达国家整体的工业制成品的加权平均关税从乌拉圭回合之前的6.3％下降到乌拉圭回合后的3.8％，经济转型国家整体从8.6％下降到6.0％，发展中国家均有程度不同的下降，详细情况见表7-2，表7-3和表7-4。

表7-2　乌拉圭回合前后各发达国家成员工业品的加权平均关税　　　　　　　　　　　　%

发达国家成员	贸易加权平均关税	
	乌拉圭回合之前	乌拉圭回合之后
发达国家	6.3	3.8
澳大利亚	20.1	12.2
奥地利	10.5	7.1
加拿大	9.0	4.8
欧盟	5.7	3.6
芬兰	5.5	3.8
冰岛	18.2	11.5
日本	3.9	1.7
新西兰	23.9	11.3
挪威	3.6	2.0
南非	24.5	17.2
瑞典	4.6	3.1
瑞士	2.2	1.5
美国	5.4	3.5

资料来源：International Trade Centre UNCTAD/WTO，Business Guide To the Uruguay Round，p.245（不含石油）。

表7-3 乌拉圭回合前后各转型经济成员工业品的加权平均关税 %

转型经济成员	贸易加权平均关税	
	乌拉圭回合之前	乌拉圭回合之后
转型经济体	8.6	6.0
捷克共和国	4.9	3.8
匈牙利	9.6	6.9
波兰	16.0	9.9
斯洛伐克共和国	4.9	3.8

资料来源:同表7-2,p.247(不含石油)。

表7-4 乌拉圭回合前后各发展中国家成员工业品的加权平均关税 %

发展中成员	贸易加权平均关税	
	乌拉圭回合之前	乌拉圭回合之后
阿根廷	38.2	30.9
巴西	40.6	27.0
智利	34.9	24.9
哥伦比亚	44.3	35.1
哥斯达黎加	54.9	44.1
萨尔瓦多	34.5	30.6
印度	71.4	32.4
韩国	18.0	8.3
马来西亚	10.2	9.1
墨西哥	46.1	33.7
秘鲁	34.8	29.4
菲律宾	23.9	22.2
罗马尼亚	11.7	33.9
新加坡	12.4	5.1
斯里兰卡	28.6	28.1
泰国	37.3	28.0
土耳其	25.1	22.3
委内瑞拉	50.0	30.9
津巴布韦	4.8	4.6

资料来源:同表7-2,p.246(不含石油)。

三、发达国家在乌拉圭回合中达成了零关税与协调关税

在乌拉圭回合中,发达国家间在药品、医疗器械、建筑、矿山钻探机械、农用机械、部分酒、家具等部门达成了零关税协议;在纺织品、化学品方面达成了协调关税协议。这些发达国家包括美国、欧盟、日本、加拿大、澳大利亚、奥地利、捷克、芬兰、挪威、斯洛伐克、瑞典、瑞

士等。

（一）零关税部门

1. 药品

（1）产品范围：包括我国《海关进出口税则》（以下简称《税则》）第 30 章的全部产品，第 29 章的部分产品，以及国际卫生组织定义的"国际非专利商品名"（INN）的大部分产品。主要产品有：人体或动物制品、血液产品、疫苗、混合或非混合等抗生素、中成药、治疗用的纱布、绷带、试剂等，维生素、激素、生物碱、青霉素等抗菌素。

（2）实施期。在世贸组织生效之日，各参加方取消所有关税，并取消《1994 年关税与贸易总协定》所规定的其他税费。

2. 医疗设备

（1）产品范围：包括《税则》第 28 章、39 章、84 章、87 章、90 章及 94 章的部分产品。主要产品有：放射性物质、消毒器具、心电图仪、B 超、核磁共振成像装置等各种诊断仪；注射器、针头等治疗器具；血压计、内窥镜等测量仪器；输血设备；牙科、眼科、外科用仪器及器具；人造关节、假牙等以及残疾人用车等。

（2）实施期：世贸组织生效之日起 5 年内实施达到减让目标。

3. 建筑、矿山及钻探机械

（1）产品范围：包括《税则》第 84 章、87 章的部分商品。主要产品有：提升机、起重设备、输送设备；升降机包括电梯、推土机、压路机、装载机、挖掘机、掘进机，凿井、凿岩机械、钻缝机、采油机、混凝土混合机、搅拌机、非公路自卸车等。

（2）实施期。世贸组织生效之日起 5 年内实施达到减让目标。

4. 农业机械

（1）产品范围：包括《税则》第 84 章、87 章的部分产品。主要产品有：犁、耙、松土机等耕作机械；播种机、种植机、施肥机、液压机、割草机、翻晒机、打包机、收割机、脱粒机、分选分级机、挤奶机、乳品加工机、拖拉机等。

（2）实施期。协议实施起分 5 年取消所有的关税。

5. 钢材

（1）产品范围：包括《税则》第 72～73 章的大部分产品。主要产品有：铁及非金属钢的初级产品、半制成品、热轧钢板、冷轧钢板、涂镀、涂锡、锌等板材；铁及非金属合金条、杆、铁丝、钢丝、不锈钢初级产品、半制成品、不锈钢板材、合金钢的初级产品、轨材、条杆钢丝、型材及钨钢桥梁等；带制钢铁丝、钢铁丝制的布、网；铁钉、图钉等。

（2）实施期。要用 10 年逐步取消。

6. 家具

（1）产品范围：包括《税则》第 94 章的部分商品。主要产品包括：各种材料及功能的家具、床椅两用椅;各种材料做的办公家具、卧室家具。

(2)实施期。这些产品将在 5 年内取消所有的关税。

7. 酒

(1)酒包括两类:一类是啤酒;一类是葡萄酒制品、烈性酒、威士忌、水果白兰地、蒸馏酒。

(2)实施期。从协议生效后 8 年内取消啤酒的关税,其他酒的关税 10 年内取消。

8. 木浆、纸制品及印刷品

(1)产品范围:包括《税则》第 47、48、49 章的所有产品,主要产品有:机械木浆、化学木浆、半化学木浆、其他纤维状纤维浆等;新闻纸、面巾纸、牛皮纸、瓦楞纸、包装纸、纸板、复写纸、转印纸、壁纸、以纸或纸板为纸的铺地制品;信封、明信片、登记本、标签等纸及制品;书籍、小册子、板纸、杂志、期刊、乐谱、各类地图册、建筑、工程、工业图、邮票、发票等空白支票、钞票、贺卡、日历等印刷品。

(2)实施期为 10 年。

9. 玩具

(1)产品范围:包括《税则》中税号为 9501～9505 的产品。主要产品是儿童童车、玩偶、各种智力玩具、模型、玩具动物、台球、电子游戏机、扑克、节日用品、魔术道具等。

(2)实施期。10 年内减让到 0。

(二)协调关税

1. 化学品

发达国家对化学品达成了协调关税,所谓化学品的协调关税是将化工原料、中间体、制成品的关税分别减让到 0,5.5% 和 6.5%。

(1)化工原料。这部分包括:《税则》中税号为 2901—1902 的产品,主要产品有乙烯、丙烯等无环烃,苯、甲苯、二甲苯、精奈、十二烷基苯等有环烃等。

(2)中间体。这部分包括《税则》第 28 章的产品及税号 2903—2915 的产品,即所有无机物、烃类及其衍生物;醇类及其衍生物;酚、酚醇及其衍生物;醚、醛类化合物、酮基化合物及醌基化合物等有机物。

(3)制成品。产品范围为 2916—1942 及《税则》第 31～39 章,包括羧酸酐的化合物以及衍生物,无机酸酯及其盐以及衍生物,含氢基化合物、有机—无机化合物、杂环化合物、其他有机化合物、尿素等各类肥料;鞣料浸膏及染料膏、鞣酸及衍生物、染料、颜料、油漆胶粘剂、墨水、油墨、精油、香膏、芳香料制品以及化妆盥洗用品、肥皂、表面活性剂、洗涤剂、蜡、蛋白类物质、改性淀粉、酶、炸药、火柴、引火合金等;照相及电影制品(包括胶卷、X 光片、电影胶片);活性磷、杀虫剂、除草剂、防腐剂等杂项化学品;塑料及其制品。

(4)实施期。对于现行关税税率在 10% 及以下的 5 年达到减让税率;对于现行税率在

10.1％到25％（含25％）的用10年时间达到减让税率；对于现行税率在25％以上的用15年时间达到减让税率。

2. 纺织品

纺织品协调关税为把纺织品的关税分别减为纱线5％，织物10％，服装17.5％。

（1）纱线。纱线的协调关税为5％，包括棉、丝、合成、毛、混纺等各种原料的纱线及人造纤维。

（2）织物。纺织织物包括纯棉、麻、织物、化纤织物、混纺织物、纯毛织物等。

（3）服装。服装包括由各种纺织原料制成的格式服装，有针织、钩编服装，非针织、非钩编服装以及其他纺织制成品。涉及《税则》第61、62、63章的全部产品。

（4）实施期。实施期为10年。

第四节　关税减让谈判

一、关税减让的含义

关税与贸易总协定和世贸组织所指的关税"减让"，具有很广泛的含义。一是削减关税并约束减让后的税率，如承诺将某产品的关税从30％减为10％，并加以约束；二是约束现行的关税水平，如某一产品现行的实施关税为10％，谈判中承诺今后约束在10％；三是上限约束税率，即将关税约束在高于现行税率的某一特定水平，各方的实施税率不能超出这一水平；四是约束低关税或零关税。

二、关税减让谈判的基础

关税减让谈判必须有两个基础：一是商品基础，二是税率基础。

（一）商品基础

关税谈判的商品基础，是各国的海关进口税则，在谈判中常以协调税则税号确定商品范围，使谈判具有共同语言。

（二）税率基础

税率基础是关税减让的起点，每一次谈判的税率基础是不同的，一般是以上一次谈判确定的税率即约束税率，作为进一步谈判的基础。

对于没有约束税率的商品，谈判方要共同确定一个税率，如在"乌拉圭回合"中，对于没有约束力税率的工业品，以1986年9月关税与贸易总协定缔约方的实施税率，作为"乌拉圭回合"关税谈判的基础税率；对于农产品，发展中缔约方可以自己对部分产品提出一个上限约束水平作为基础税率。

加入世贸组织时关税谈判的基础税率，一般是申请方开始进行关税谈判时国内实际实施的关税税率。

三、关税减让谈判的原则

根据《1994年关税与贸易总协定》的规定，世贸组织成员应在互惠互利基础上进行谈判，实质性地削减关税和其他进口费用的总体水平，特别是应削减阻碍最低数量进口的高关税。在谈判中，坚持如下的原则。

（一）互惠互利

互惠互利是关税谈判的指导思想，各方只有在互惠互利的基础上才能达成协议。互惠互利应立足于整个国家的贸易发展，不能仅局限在具体的关税谈判上；互惠互利也并不意味着在所有的关税谈判中，谈判双方都要作出减让承诺，如在加入世贸组织谈判时，承诺减让的只有申请加入的一方，申请方加入世贸组织后，可以从成员方在多边谈判中已作的关税减让承诺中得到利益。

（二）应考虑对方的需要

关税谈判应充分考虑每个成员、每种产业的实际需要；充分考虑发展中国家使用关税保护本国产业，以及增加财政收入的特殊需要；还应顾及各成员经济发展等其他方面的需要。

（三）对谈判情况予以保密

一般情况下，一个成员要与若干个成员进行关税谈判，但具体的谈判是在双边基础上进行的。因此，双方应对谈判承诺的情况保密，以避免其他成员在谈判中互相攀比要价。只有在所有双边谈判结束后，才可将汇总后的双边谈判结果多边化，让其他成员知晓。在谈判中，谈判一方如果有意透露双边谈判的情况，则应受到谴责。

（四）按照最惠国待遇原则实施

关税谈判达成的谈判结果，应按照最惠国待遇原则，对世贸组织所有成员实施。

四、关税减让谈判权的确定

根据世贸组织规定，只有享有关税减让谈判权的成员才可参加关税减让谈判。凡具备以下条件之一者，可享有关税减让谈判权。

（一）产品主要供应利益方

在谈判前的一段合理期限内，一个世贸组织成员如果是另一个世贸组织成员进口某项产品的前三位供应者，则该成员对这项产品享有主要的供应利益，被称为有主要供应利益方，通称主要供应方。主要供应方有权向对方提出关税减让谈判的要求，与主要供应方进行谈判，可以较准确地对减让作出评估。

另外，对于一项产品，如某个成员的该产品出口额占其总出口额的比重最高，该成员虽不具有主要供应者的利益，但应被视为具有主要供应利益，与主要供应方一样，也有权要求参加关税减让谈判。

（二）产品实质供应利益方

在谈判前的一段合理期限内，一个世贸组织成员某项产品的出口在另一方进口贸易中所占比例达到10%或10%以上，则该成员对这项产品享有实质供应利益，被称为有实质供应利益方，有权向被供应方提出关税减让谈判的要求。

在实际谈判中，一个世贸组织成员对某项产品目前不具有主要供应利益，也没有实质供应利益，但这项产品在该成员的出口中处于上升的发展阶段，今后可能成为该成员有主要供应利益或有实质供应利益的产品；或者这项产品在世界其他国家已成为该成员具有主要供应利益的产品，则一般视为该成员对这项产品具有"潜在利益"，也有权要求进行关税减让谈判，但是否与之谈判由进口方决定。

（三）最初谈判权方

一个世贸组织成员与另一方就某项产品的关税减让进行了首次谈判，并达成协议，则该成员对这项产品享有最初谈判权，通常称为有最初谈判权方。当作出承诺的一方要修改或撤回这项关税减让时，应与有最初谈判权方进行谈判。

最初谈判权的规定，是为了保持谈判方之间的权利与义务平衡。最初谈判权方一般都具有主要供应利益，但具有主要供应利益方，不一定对某项产品享有最初谈判权。

在双边谈判中，有些国家对某项产品并不具有主要供应利益或实质供应利益，但这些国家认为，它们对该产品有潜在利益，因而要求最初谈判权，此时，谈判的另一方不得拒绝。给予最初谈判权的产品品种的多少，由双方谈判确定，这种情况一般出现在非世贸组织成员加入时的关税谈判中。

五、关税减让谈判的类型

关税减让谈判大体可分为三种类型，即多边关税减让谈判，加入时的关税减让谈判，修改或撤回减让表的关税减让谈判。不同类型的关税减让谈判具有不同的谈判程序，享有谈判权的资格条件也不相同。

（一）多边关税减让谈判

多边关税减让谈判是指，由所有关税与贸易总协定缔约方或世贸组织成员参加的，为削减关税壁垒而进行的关税减让谈判。多边关税减让谈判可邀请非缔约方或成员参加。关税与贸易总协定主持下的八轮多边贸易谈判中的关税减让谈判，都属于多边关税减让谈判。

多边关税减让谈判的程序如下。

（1）由全体缔约方或成员协商一致发起，并确定关税削减的最终目标。

（2）成立谈判委员会，根据关税削减的最终目标确定谈判方式，一般采用部门减让，或者线性减让与具体产品减让相结合的方式。

（3）将谈判结果汇总成为多边贸易谈判的一部分，参加方签字后生效。

多边关税谈判是相互的，任何缔约方或成员，均有权向其他缔约方或成员要价，也有义务对其他缔约方或成员的要价作出还价，并根据确定的规则作出对等的关税减让承诺。

但是，就具体产品减让谈判而言，有资格进行谈判的，主要是对该项产品具有主要供应利益，或对该项产品具有实质供应利益，或已享有最初谈判权的缔约方或成员。

（二）加入世贸组织时的关税减让谈判

任何一个加入世贸组织申请方都要与原成员方进行关税谈判，谈判的目的是为了削减并约束申请方的关税水平，作为加入后享受多边利益的补偿。

加入时的关税减让谈判程序如下。

（1）由申请方向成员方发出关税减让谈判邀请。

（2）各成员根据其产品在申请方市场上的具体情况，提出各自的关税要价单，一般采用产品对产品的谈判方式。

（3）申请方根据对方的要价，并考虑本国产业情况进行出价，谈判双方进行讨价还价，这一过程一般要经过若干次谈判。

（4）谈判双方签订双边关税减让表一式3份，谈判双方各执1份，交世贸组织秘书处1份。

（5）将所有双边谈判的减让表汇总形成为加入方的关税减让表，作为加入议定书的附件。

加入时的关税减让谈判，减让是单方面的，申请方有义务作出关税减让承诺，无权向成员方提出关税减让要求。

加入时的关税减让谈判资格，一般不以是否有主要供应利益或实质供应利益来确定，任何成员均有权向申请方提出关税减让要求，是否与申请方进行谈判，由各成员自行决定；要求谈判的成员也可对某些产品要求最初谈判权，申请方不得拒绝。

（三）修改或撤回减让表的关税减让谈判

修改或撤回减让表的关税减让谈判是指，一个世贸组织成员修改或撤回已作出承诺的关税减让，包括约束税率的调整或改变有关税则归类，与受到影响的其他成员进行的谈判，这种谈判以双边方式进行，谈判程序如下。

（1）通知世贸组织货物贸易理事会，要求修改或撤回某项产品的减让，理事会授权该成员启动关税减让谈判。

（2）与有关成员进行谈判，确定修改或撤回的减让幅度，给予补偿的产品及关税减让的水平等。一般来说，补偿的水平应与撤回的水平大体相同。

（3）谈判达成协议后，应将谈判的结果载入减让表，按照最惠国待遇原则实施。

（4）若谈判未能达成一致，申请方可以单方采取行动，撤回减让；但其他有谈判权的成员可以采取相应的报复行动，撤回各自减让表中对申请方有利益的减让。

有资格参加修改或撤回减让的关税减让谈判成员，包括有最初谈判权的成员、有主要供应利益或实质供应利益的成员，但获得补偿的成员，不是所有有资格谈判的成员，申请方仅对具有主要供应利益或实质供应利益的成员给予一定的补偿。

对有最初谈判权的成员，如果在申请方提出申请时，既不具有主要供应利益，也不具有实质供应利益，则该成员虽可要求与申请方进行谈判，但申请方可以以该成员没有贸易利益为由，而不给予补偿。

六、关税减让谈判的方式

关税减让谈判的方式主要有三种，即产品对产品减让谈判，公式减让谈判，部门减让谈判。

（一）产品对产品减让谈判

产品对产品减让谈判是指，一个世贸组织成员根据对方的进口税则产品分类，向谈判方提出自己具有利益产品的要价单，被要求减让的一方根据有关谈判原则，对其提出的要价单按其具体产品进行还价。提出要价单的一方通常称为索要方，索要方在提出的要价单中，一般包括具有主要供应利益、实质供应利益及潜在利益的产品。

（二）公式减让谈判

公式减让谈判是指，对所有产品或所选定产品的关税，按某一议定的百分比或按某一公式削减的谈判。

公式减让谈判是等百分比削减关税，因而对高关税削减幅度会较大，对低关税削减幅度较小。

(三) 部门减让谈判

部门减让谈判是指,将选定产品部门的关税约束在某一水平上的谈判。部门减让的产品范围,一般按照《商品名称及编码协调制度》的6位编码确定。

在部门减让谈判中,将选定产品部门的关税统一约束为零,该部门称为零关税部门;将选定产品部门的上限关税税率统一约束在某一水平,该部门称为协调关税部门。

在关贸总协定和世贸组织的关税减让谈判中,这几种谈判方式交叉使用,没有固定模式,通常是以部门减让及产品对产品减让谈判方式为主。通过部门减让谈判,解决成员方关心的大部分产品问题;通过产品对产品减让谈判,解决个别重点产品问题。产品对产品减让谈判在双边基础上进行,是关税与贸易总协定的传统谈判方式。部门减让及公式减让主要在多边基础上进行,有时也用于双边谈判。

七、关税减让表

关税减让谈判的结果一般有三种情况:一是谈判结果为所有成员接受并形成减让表;二是谈判结果形成一个诸边协议;三是谈判未达成一致,谈判失败。

关税减让表是各成员关税减让结果的具体体现,减让结果应体现在各成员的税则中。"乌拉圭回合"后,各成员的减让表均作为附件列在"乌拉圭回合"最后文件中,是世贸组织协定的组成部分,减让表也成为一国加入世贸组织议定书的附件。

关税减让谈判结果的税率与各成员实施的税率是不同的,谈判结果的税率是约束税率,而实施税率是各成员公布的法定适用税率。各成员实施的关税水平,均不得高于其在减让表中承诺的税率以及逐步削减的水平。如要将某产品的关税税率提高到约束水平以上,或调整关税约束的产品范围,均应按有关条款规定的程序进行谈判,经过谈判确定的修改结果,重新载入减让表。关税减让表格式如表7-5所示。

表7-5　中国加入世贸组织关税减让表格式

税号	商品描述	加入之日约束税率	最终约束税率	实施期	现行减让的确定	最终谈判权	首次并入GATT减让表中的减让	早期最初谈判权	其他税费
87032314	一小轿车	51.9	25	2006年7月1日		AU,JP,PL,US			0
87032315	一越野车(四轮驱动)	51.9	25	2006年7月1日		AU,JP,US			0
87032316	一9座及以下的小客车	51.9	25	2006年7月1日		AU,JP,US			0
87032319	一其他　一汽缸容量(排气量)超过2 500毫升,但不超过3 000毫升	51.9	25	2006年7月1日		AU,JP,US			0
87032334	一小轿车	51.9	25	2006年7月1日		AU,JP,US			0
87032335	一越野车(四轮驱动)	51.9	25	2006年7月1日		AU,JP,KR,US			0
87032336	一9座及以下的小客车	51.9	25	2006年7月1日		AU,JP,KR,US			0

税号	商品描述	加入之日约束税率	最终约束税率	实施期	现行减让的确定	最终谈判权	首次并入GATT减让表中的减让	早期最初谈判权	其他税费
87032339	一其他 一汽缸容量(排气量)超过3 000毫升:	51.9	25	2006年7月1日		AU,JP,US			0
87032430	一小轿车	61.7	25	2006年7月1日		AU,JP,KR,US			0
87032440	一越野车(四轮驱动)	61.7	25	2006年7月1日		AU,JP,US			0
87032450	一9座及以下的小客车	61.7	25	2006年7月1日		AU,JP,US			0
87032490	一其他 一装有压燃式活塞内燃发动机(柴油或半柴油发动机的)的其他车辆: 一汽缸容量(排气量)不超过1 500毫升	61.7	25	2006年7月1日		AU,JP,US			0
87033130	一小轿车	51.9	25	2006年7月1日		JP,US			0
87033140	一越野车(四轮驱动)	51.9	25	2006年7月1日		JP,KR,US			0
87033150	一9座及以下的小客车	51.9	25	2006年7月1日		JP,KR,US			0
87033190	一其他 一汽缸容量(排气量)超过1 500毫升,但不超过2 500毫升:	51.9	25	2006年7月1日		JP,US			0
87033230	一小轿车	51.9	25	2006年7月1日		JP,KR,US			0

资料来源:石广生主编:《中国加入世界贸易组织法律文件导读》,北京,人民出版社,2002年,第593页。

▪️ 本章小结

1.《1994年关贸总协定》在法律上区别于1947年10月30日签订的《关税与贸易总协定》,成为《建立世贸组织协定》的组成部分,以多边货物贸易协议形式纳入附件一,它成为其余多边货物贸易协议的法律与原则基础。此外,《1994年关贸总协定》中提出了一些基本原则,也延伸到服务贸易总协定和与有关的知识产权协定中,在乌拉圭回合多边贸易谈判中,《1947年关贸总协定》缔约方达成了市场准入承诺,纳入《1994年关贸总协定》。

2.《1994年关贸总协定》的法律体系十分庞杂,但其核心主要由一些简单而又基本的原则所组成,主要包括:非歧视原则、以关税作为保护国内产业的手段、贸易壁垒递减原则、公平竞争原则以及一般禁止数量限制原则。像所有贸易协定一样,《1994年关贸总协定》也为其基本原则规定了一些例外。

3. 经过乌拉圭回合多边贸易谈判,各类型成员方的工业品的加权平均关税,均呈下降趋势。发达国家整体的工业制成品的加权平均关税从乌拉圭回合之前的6.3%下降到乌拉圭回合后的3.8%,经济转型国家整体从8.6%下降到6.0%,发展中国家均有程度不同的下降。

4. 世贸组织所指的关税"减让",具有很广泛的含义。一是削减关税并约束减让后的税率,如承诺将某产品的关税从30%减为10%,并加以约束;二是约束现行的关税水平,如某一产品现行的实施关税为10%,谈判中承诺今后约束在10%;三是上限约束税率,即将关税约束在高于现行税率的某一特定水平,各方的实施税率不能超出这一水平;四是约束低关税或零关税。

重要概念

1994年关贸总协定(General Agreement on Tariffs and Trade,GATT1994)

关税减让(Tariff Concessions)

关税约束(Tariff Bindings)

关税化(Tariffication)

简单平均关税(Simple Average Tariff)

贸易加权平均关税(Trade-weighted Average Tariff)

部门谈判(Sectoral Negotiations)

产品对产品减让(Product-to-product method)

最初谈判权(Initial Negotiating Rights,INRs)

案例分析

从国务院关税税则委员会办公室获悉,经国务院批准,从2006年1月1日起,中国将根据加入世界贸易组织的关税减让承诺,进一步降低100多个税目的进口关税,涉及植物油、化工原料、汽车及汽车零部件等产品。

由于此前中国已经履行了绝大部分降税义务,因此,2006年税率下降的幅度和税目数均明显减少,对关税总水平影响不大。2006年的关税总水平仍为9.9%。其中,农产品平均税率为15.2%,工业品平均税率为9.0%。

2006年中国将继续对小麦、玉米等7种农产品和磷酸二铵等3种化肥实行关税配额管理,取消豆油、棕榈油、菜籽油3种农产品的关税配额,对关税配额外进口一定数量的棉花继续实行滑准税;对冻鸡、啤酒、胶卷、摄像机等55种商品继续实行从量税、复合税,并根据进口平均价格的变化适当调整了部分从量税税率;对200多项进口商品实行暂定税率。

2006年,根据中国—东盟自由贸易区协议,中国将对原产于东盟十国的商品实行比最惠国税率更加优惠的协定税率,其中所有"早期收获"商品的税率都将降为零。根据《亚太贸易协定》、中国—巴基斯坦自由贸易区"早期收获"安排和中国内地与中国香港、澳门关于建立更紧密经贸关系的安排,中国将对原产于上述国家和地区的部分商品实行协定税率。中国还将对原产于柬埔寨、缅甸、老挝、孟加拉国、苏丹等30多个最不发达国家的部分商品实行特惠税率。

2006年中国大陆将继续对原产于台湾地区的菠萝、番荔枝、木瓜等15种新鲜水果实行

进口零关税。在出口关税方面,从 2006 年 1 月 1 日起,中国将停止征收纺织品的出口关税,并对 60 多项出口商品实行暂定税率。此外,中国 2007 年还将对部分税目进行调整,调整后税目总数将由 2005 年的 7 550 个增加到 7 605 个。

资料来源:金人庆:《中国已经基本完成了入世承诺的降税义务》,载新华网,2005 年 12 月 15 日。

请讨论:

1. "入世"五年来,中国履行关税减让义务的情况。

解析:在关税削减方面,"入世"五年来,我国先后四次对关税进行大幅度削减,目前,关税总水平已经降到了 10% 以下。按照承诺,我国自 2002 年 1 月 1 日起大幅度下调了 5332 种商品的进口关税,关税总水平由 15.3% 降到 12%,其中工业品的平均关税由 14.7% 降低到 11.3%,农产品(不包括水产品)的平均关税率由 18.8% 降低到 15.8%,取消了粮食、羊毛、棉花、腈纶、涤纶、聚酯切片、化肥、部分轮胎等产品的配额许可证管理。2003 年起,中国开始参加《信息技术协定》,承诺将协定下产品的关税于 2005 年前全部降至零。2004 年,中国关税总水平由 2003 年的 11.5% 降至 10.6%。其中,2004 年,工业品平均关税由 2003 年的 10.3% 降低至 9.5%。2005 年是我国履行"入世"关税减让承诺、较大幅度降税的最后一年,涉及降税的税目共 900 余个。农产品平均税率由 15.6% 降至 15.3%。工业品平均税率由 9.5% 降至 9%。目前,中国农产品的关税水平已经远远低于世界农产品平均关税 62% 的水平。而作为发达的农业国家,美国的农产品关税为 12%,欧盟为 20%、巴西和阿根廷等国为 35%,实际上,中国在农产品市场开放方面,已经走在了几乎所有 WTO 成员的前列。

2. 关税下降对中国外贸进出口的影响是什么?

解析:从实际效果看,关税水平的下降对国内经济健康、稳定发展起到了积极的促进作用。就宏观经济来说,关税水平的下降有力地促进了国内外的经贸往来,有利于国内企业充分利用国内外两种资源,面向国内外两个市场择优选购,降低生产成本,提高产品质量。随着机电产品关税的下降,也有利于中国企业引进国外的先进设备,加快企业的技术改造,提高产品的国际竞争力。近几年中国对外贸易持续快速增长,关税的下降是其中的重要因素之一。2004 年中国进出口贸易总额首次突破 10 000 亿美元,中国经济日益融入世界经济的大舞台。关税下降还进一步拓宽了税基。从近几年的统计数据来看,随着关税水平的逐年下降、进出口税基不断拓宽,关税税收在逐年上升。2001 年我国的进口税收为 2 492 亿元,2002 年为 2 591 亿元,2003 年为 3 712 亿元,2004 年和 2005 年的进口税收均保持了良好的增长态势。此外,得益于关税下降,一些和老百姓日常生活密切相关的商品的税率也出现了不同程度的下降,更多的国外商品进入中国市场,对普通消费者来说,在吃、穿、用、行等方面得到了更大的实惠。

同步测练与解析

1. 《1994年关贸总协定》与《1947年关贸总协定》相比,有何特点?

解析:《1994年关贸总协定》在法律上区别于1947年10月30日签订的关税与贸易总协定,成为《建立世界贸易组织的马拉喀什协定》的组成部分,以多边货物贸易协议形式纳入附件一。《1994年关贸总协定》中提出了一些基本原则,也延伸到《服务贸易总协定》和与《有关的知识产权协定》中。

2. 乌拉圭回合谈判后,发达国家成员关税出现了什么变化?

解析:发达国家整体的工业制成品的加权平均关税从乌拉圭回合之前的6.3%下降到乌拉圭回合后的3.8%。

3. 乌拉圭回合谈判后,经济转型国家和发展中国家成员关税有什么变化?

解析:经济转型国家整体从8.6%下降到6.0%,发展中国家均有程度不同的下降。

4. 发达国家成员的零关税包括哪些产品?

解析:在乌拉圭回合中,发达国家间在药品、医疗器械、建筑、矿山钻探机械、农用机械、部分酒、家具等部门达成了零关税的协议。

5. 多边关税减让谈判包括哪些内容?

解析:关税减让谈判必须有两个基础:一是商品基础,二是税率基础。关税减让谈判的原则:互惠互利是关税减让谈判的指导思想,应考虑对方的需要,对谈判情况予以保密,按照最惠国待遇原则实施。关税减让谈判权的确定:产品主要供应利益方;产品实质供应利益方;最初谈判权方。关税减让谈判的类型:多边关税减让谈判;加入世界贸易组织时的关税减让谈判;修改或撤回减让表的关税减让谈判。

6. 关税减让表包括哪些内容?

解析:关税减让表是各成员关税减让结果的具体体现,减让结果应体现在各成员的税则中,具体内容包括:税号、商品描述、加入之日的约束税率、最终约束税率、实施期、现行减让的确定、最终谈判权、首次并入GATT减让表中的减让、早期最初谈判权、其他税费。

C 第八章

HAPTER EIGHT

《农业协议》和《纺织品与服装协议》

学 习 目 标

　　通过本章学习,了解《农业协议》和《纺织品与服装协议》的产生背景,掌握两个协议的主要内容和自由化的进程。

重 点 难 点 提 示

- 《农业协议》适用的产品范围
- 《农业协议》农产品贸易规则
- 《农业协议》关于继续农产品贸易改革的规定
- 《纺织品与服装协议》适用产品范围
- 《纺织品与服装协议》分阶段取消配额限制
- 《纺织品与服装协议》过渡性保障措施
- 《纺织品与服装协议》非法转口的处理

第一节 《农业协议》

《农业协议》主要从市场准入、国内支持、出口竞争等方面对成员作出了约束,这是《1994年关税与贸易总协定》的基本原则和规则在国际农产品贸易领域的具体应用。

一、谈判背景

农产品贸易作为一个特殊的领域,一直游离于关税与贸易总协定规则的有效约束之外,农业保护深深地植根于发达国家的农业政策之中,以至于在"1947年关贸总协定""肯尼迪回合"以后的多边贸易谈判中,都未能如愿将农产品贸易问题纳入关税与贸易总协定的管理框架。由于不能对农业保护进行有效的约束,发达国家利用《1947年关税与贸易总协定》的体制缺陷,一方面极力推行农业支持和进口限制政策,造成农产品生产过量和结构严重失衡;另一方面又为缓解库存压力,处理剩余产品,通过巨额出口补贴向国际市场大量销售农产品。这些做法导致国际农产品贸易冲突在20世纪80年代初不断升级,严重扭曲了国际农产品市场。

1986年"乌拉圭回合"启动时,农产品贸易问题被列为该轮谈判的中心议题之一。农业谈判主要在三大利益集团之间展开。三大利益集团是美国、欧洲共同体和凯恩斯集团(由澳大利亚、加拿大、阿根廷、巴西、智利、新西兰、哥伦比亚、斐济、匈牙利、印度尼西亚、马来西亚、菲律宾、泰国和乌拉圭组成)。谈判的目标是,减少农业补贴和保护,建立一个公正的、以市场为导向的国际农产品贸易体系,从根本上纠正国际农产品市场中存在的扭曲现象。由于农产品贸易谈判各方利益冲突,谈判曾数度陷入破裂的边缘,但经过艰苦的努力,谈判终于取得成效——1993年12月15日《农业协议》达成。

二、主要内容

《农业协议》分为13个部分,有21个条款和5个附件。包括适用的产品范围,农产品贸易规则,给予发展中成员特殊和差别待遇,以及在世贸组织中建立农业委员会等内容。

(一)适用的产品范围

以《商品名称及编码协调制度》为基础,《农业协议》定义的农产品范围包括以下内容。

《商品名称及编码协调制度》中第1~24章包括的产品(鱼及鱼产品除外)。

税号2 905.43(甘露糖醇)、2 905.44(山梨醇),税号33.01(精油),税号35.01~35.05(蛋白类物质、改性淀粉、胶)、税号3 809.10(整理剂)、3 823.60(2 905.44以外的山梨醇),

税号 41.01～41.03(生皮),税号 43.01(生毛皮),税号 50.01～50.03(生丝和废丝),税号 51.01～51.03(羊毛和动物毛),税号 52.01～52.03(原棉、废棉和已梳棉),税号 53.01(生亚麻)、53.02(生大麻)。

(二)农产品贸易规则

有关农产品贸易的规则,主要表现在约束农产品市场准入、农业国内支持、出口补贴以及实施卫生与植物卫生措施等方面。对于发展中成员在前三个方面的义务,《农业协议》还规定了特殊和差别待遇。

1. 农产品市场准入

针对许多国家利用关税及非关税壁垒限制农产品进口的情况,《农业协议》要求成员方将非关税措施转化为关税,并逐步降低关税,以保证一定水平的市场准入机会。

(1)现行的非关税措施应转化成普通关税,即关税化。制定相应进口关税(从量税或从价税)的依据是关税等值。某种农产品的关税等值,等于该产品的国内市场平均价格减去该产品或相近产品的国际市场平均价格;某种农产品加工品的关税等值,等于农产品原料的关税等值乘以农产品原料占农产品加工品的比重。

在某种条件下,允许个别成员推迟进行关税化。

(2)约束所有农产品关税,包括关税化后的关税。

(3)从 1995 年开始,发达国家成员在 6 年内,发展中国家成员在 10 年内,分年度削减农产品关税。以 1986—1988 年关税平均水平为基础,用简单算术平均法计算,发达国家成员削减 36%,每个关税税号至少削减 15%;发展中国家成员削减 24%,每个关税税号至少削减 10%。

(4)以 1986—1988 年为基准期,有关成员在这一期间进口必须进行关税化的农产品,如达不到国内消费量的 5%,则应承诺最低数量的进口准入机会。在关税减让实施期的第 1 年,应承诺的最低进口准入数量应为基准期国内消费量的 3%,在实施期结束时应该提高到 5%。如基准期的进口数量超过国内消费量的 5%,则应维持原有的市场准入机会。通过关税配额实施最低的市场准入,配额内的进口享受较低或最低的关税,配额外的进口缴纳关税化后的关税。

(5)针对关税化的农产品,建立特殊保障机制。成员通过谈判获得使用该机制的权利,并在其承诺表中注明。启用该机制的前提条件是,某年度的进口量超过前 3 年进口量的平均水平(根据该成员进口量占消费量的比例确定),或者进口价格低于 1986—1988 年进口参考价格平均水平 10%。

(6)最不发达成员列入关税化及关税约束,但免予削减关税承诺。

2. 农业国内支持

为消除农业国内支持措施对农产品贸易产生的不利影响,《农业协议》对不同的国内支持措施进行分类处理。

（1）"绿箱"措施。《农业协议》规定的"绿箱"措施是指，由政府提供的、其费用不转嫁给消费者，且对生产者不具有价格支持作用的政府服务计划。这些措施对农产品贸易和农业生产不会产生或仅有微小的扭曲影响，成员方无须承担约束和削减义务。

"绿箱"措施主要包括：一般农业服务支出，如农业科研、病虫害控制、培训、推广和咨询服务、检验服务、农产品市场促销服务、农业基础设施建设等；粮食安全储备补贴；粮食援助补贴；与生产不挂钩的收入补贴；收入保险计划；自然灾害救济补贴；农业生产者退休或转业补贴；农业资源储备补贴；农业结构调整投资补贴；农业环境保护补贴；落后地区援助补贴等。

（2）"黄箱"措施。《农业协议》规定的"黄箱"措施是指，政府对农产品的直接价格干预和补贴，包括对种子、肥料、灌溉等农业投入品的补贴，对农产品营销贷款的补贴等。这些措施对农产品贸易产生扭曲，成员方必须承担约束和削减补贴义务。

通常用综合支持量来衡量"黄箱"补贴的大小。综合支持量是指，为支持农产品生产者而提供给某种特定农产品，或为支持广大农业生产者而提供给非特定产品的年度支持水平，一般用货币单位表示。

《农业协议》规定，自1995年开始，以1986—1988年为基准期，发达国家成员在6年内逐步将综合支持量削减20％，发展中国家成员在10年内逐步削减13％，在此期间内，每年的综合支持量不能超过所承诺的约束水平。对特定农产品或所有农产品的支持，实行微量允许，即只要综合支持量不超过该产品生产总值或农业生产总值的5％（发展中国家成员为10％），就不需削减。

发展中国家成员的一些"黄箱"措施也被列入免予削减的范围。主要包括农业投资补贴，对低收入或资源贫乏地区生产者提供的农业投入品补贴，为鼓励生产者不生产违禁麻醉作物而提供的支持等。

（3）"蓝箱"措施。《农业协议》规定的"蓝箱"措施是指，按固定面积和产量给予的补贴（如休耕补贴，控制牲畜量），按基期生产水平的85％或85％以下给予的补贴，按固定牲畜头数给予的补贴。这些补贴与农产品限产计划有关，成员方不需承担削减义务。

3. 出口补贴

出口补贴是一项对贸易产生严重扭曲的政策措施，《农业协议》不禁止成员对农产品出口实行补贴，但要削减出口补贴。

（1）以1986—1990年出口补贴的平均水平为基准，或在某些出口补贴已经增加的条件下，以1991—1992年的平均水平为基准，从1995年开始，每年等量削减。对出口补贴预算开支，发达成员在6年内减少36％，发展中成员在10年内减少24％；对享受补贴的农产品出口数量，发达成员在6年内减少21％，发展中成员在10年内减少14％。对于农产品加工品的出口补贴，成员方只需削减预算开支，最不发达成员不需作任何削减。

（2）下列出口补贴措施受到削减承诺的约束：视出口实绩而提供的直接补贴；以低于同类农产品的国内价格，将非商业性政府库存处置给出口商而形成的补贴；利用征收的农产品税，对相关农产品的出口补贴；农产品的出口营销补贴（发展中成员除外）；出口农产品的国内运费补贴（发展中成员除外）；视出口产品所含农产品情况，对所含农产品提供的补贴。

（3）成员方应该控制补贴的扩大，如果在基期没有对某种农产品进行出口补贴，则禁止该成员将来对这种农产品出口进行补贴。

4．卫生与植物卫生措施

与农产品贸易有关的卫生与植物卫生措施，应遵循世贸组织《实施卫生与植物卫生措施协议》的规定。

（三）关于继续农产品贸易改革的规定

在发达国家成员承诺实施期结束前一年，世贸组织成员应开始新的谈判，以继续农产品国际贸易改革进程，有关继续农产品贸易改革的规定，如表 8-1 所示。

表 8-1　"乌拉圭回合"有关农业补贴和保护的削减比例

项目名称	发达成员（1995—2000）	发展中成员（1995—2004）
关税		
全部农产品平均削减	36％	24％
每项农产品最低削减	15％	10％
国内支持		
综合支持量削减	20％	13％
（基期：1986—1988 年）		
出口补贴		
补贴额削减	36％	24％
补贴量削减	21％	14％
（基期：1986—1990 年）		

注：（1）最不发达成员不需承诺削减关税或补贴。

（2）关税削减的基础税率为 1995 年 1 月 1 日前的约束税率；对于原未约束的关税，基础税率为 1986 年 9 月"乌拉圭回合"开始时的实施税率。

（3）《农业协议》不禁止农产品出口补贴，但要削减出口补贴。

（四）农业委员会

为便利《农业协议》的实施，世贸组织成立了农业委员会，其主要职责是，审议成员方执行"乌拉圭回合"中所作承诺的进展情况，为成员方提供讨论与执行《农业协议》任何事项的机会。

第二节 《纺织品与服装协议》

《纺织品与服装协议》是一个阶段性协议。其主要目的是,在1995年1月1日至2004年12月31日的10年有效期内,逐步取消纺织品与服装贸易限制,使长期背离多边贸易规则的纺织品与服装贸易,最终纳入世贸组织规则的框架之内,从而进一步推动纺织品与服装领域的贸易自由化。

一、产生背景

纺织品与服装贸易在世界货物贸易中占有重要的地位,长期以来,美国等发达国家对竞争力逐渐衰退的本国纺织品与服装产业,实行贸易保护主义政策。由于它们的压力和推动,从1961年开始,在《1947年关税与贸易总协定》范围内,先后形成了《短期棉纺织品协议》和《长期棉纺织品贸易协议》,1974年又扩大到《多种纤维协议》,并成立了专门的纺织品监督机构,该机构负责监督《多种纤维协议》的执行,处理参加方之间的争端。《多种纤维协议》一直实行到1995年1月1日世贸组织成立为止。

在长达20多年的时间里,发展中国家和地区对发达国家的纺织品与服装的贸易,就是在《多种纤维协议》规则的框架内进行的,《多种纤维协议》规定,如果进口的某一纺织或服装产品,对进口方相关产品的市场产生扰乱或扰乱威胁,进口方可以采取选择性进口数量限制,即针对特定国家实行进口配额限制,这是对《1947年关税与贸易总协定》非歧视原则和禁止数量限制原则的严重背离。

随着发展中国家在《1947年关税与贸易总协定》中的地位与作用不断加强,它们对发达国家纺织品与服装进口的歧视性体制表示强烈不满。1981年11月,发展中国家和地区在哥伦比亚召开协调会,发表了《波哥大宣言》,强调在未来的谈判中加强团结与合作,并首次提议将纺织品与服装贸易纳入《1947年关税与贸易总协定》规则中。在它们的努力下,《1947年关税与贸易总协定》对纺织品与服装贸易问题日益关注,于1984年发表了《世界经济中的纺织品与服装》研究报告,同时专门成立了一个纺织品与服装工作组,研究和审议放宽纺织品与服装贸易限制,乃至使它们纳入关税与贸易总协定框架的可能性。

1984年,中国加入《多种纤维协议》,并于1990年成为纺织品监督机构的成员。1986年,发展中国家和地区在北京召开协调会议,发表了《北京宣言》,进一步敦促发达国家开放纺织品与服装市场。

"乌拉圭回合"把纺织品与服装贸易列为15个谈判议题之一,并确定将纺织品与服装贸易纳入关税与贸易总协定规则的谈判目标。经过发展中国家和地区的不懈努力与坚决斗

争,发达国家被迫作出较大妥协,谈判各方终于在 1993 年 12 月达成了《纺织品与服装协议》,该协议用来取代《多种纤维协议》,为最终取消配额限制制定了过渡性安排。《纺织品与服装协议》是世贸组织各项协议中唯一规定了自行废止内容的协议。

二、主要内容

《纺织品与服装协议》有 9 个条款,1 个附件。主要包括适用产品的范围,分阶段取消配额限制,过渡性的保障措施,非法转口的处理,设立纺织品监督机构等。

(一)适用产品范围

在《纺织品与服装协议》的附件中,列明了逐步取消配额限制的产品范围,包括毛条和纱、机织物、纺织制品、服装等 4 个组,涉及《商品名称及编码协调制度》中第 50～63 章的全部产品和第 30～49 章、第 64～96 章的部分产品,依照海关 6 位数编码共约 800 个税号,囊括了成员方根据《多种纤维协议》已实行进口数量限制的全部产品,也包括少量的非《多种纤维协议》数量限制产品。

(二)分阶段取消配额限制

《纺织品与服装协议》要求,成员方不得设立新的纺织品与服装贸易限制,并逐步取消已有的限制,这一规定通常称为"经济条款"。具体做法是,按比例逐步取消附件中所列产品的配额限制,对尚未取消限制的产品逐步扩大进口配额。

对于不符合《1994 年关税与贸易总协定》规定的、《多种纤维协议》以外的限制,由成员方自行决定,可以在《建立世贸组织协定》生效 1 年内取消,或者在 10 年过渡期内逐步取消。

1. 配额限制被逐步取消的产品

《纺织品与服装协议》第 2 条规定,对于其附件中所列产品,应在 10 年内分 4 个阶段取消进口数量限制。

第一阶段,1995 年 1 月 1 日至 1997 年 12 月 31 日。成员方在 1995 年 1 月 1 日取消配额限制的产品比例,不低于 1990 年该成员方进口附件中所列产品总量的 16％。

第二阶段,1998 年 1 月 1 日至 2001 年 12 月 31 日。成员方在 1998 年 1 月 1 日取消配额限制的产品比例,不低于 1990 年该成员方进口附件中所列产品总量的 17％。

第三阶段,2002 年 1 月 1 日至 2004 年 12 月 31 日。成员方在 2002 年 1 月 1 日取消配额限制的产品比例,不低于 1990 年该成员方进口附件中所列产品总量的 18％。

第四阶段,2005 年 1 月 1 日,成员方取消所有剩余产品(占 1990 年该成员方进口附件中所列产品总量的 49％)的配额限制,届时《纺织品与服装协议》自行终止。

在符合规定比例的前提下,每个成员可自主决定各个步骤中取消配额限制的具体产品类别,但必须包括以下 4 组产品:毛条和纱、机织物、纺织制品、服装。成员方在各个步骤取

消配额限制的产品清单,应提前一年通知世贸组织。

2. 逐步增加配额数量

对尚未取消配额限制的产品,要逐步放宽限制,增加配额数量。具体做法是,以《多种纤维协议》达成的双边协议中的现行配额数量为基础,从 1995 年 1 月 1 日起,通过提高配额年度增长率的方式,逐年增加配额数量。

提高配额年增长率的具体步骤是:从 1995 年 1 月 1 日起,在《多种纤维协议》规定的年增长率基础上增加 16%,作为第一阶段的年增长率;从 1998 年 1 月 1 日起,在第一阶段年增长率的基础上再增加 25%,作为第二阶段的年增长率;从 2002 年 1 月 1 日起,在第二阶段年增长率的基础上又增加 27%,作为第三阶段的年增长率;第四阶段于 2005 年 1 月 1 日完全取消配额。

对于结转(本年度剩余配额转入下年度)、类转(各个配额类别之间进行数量转移)和预借(下年度配额提前到本年度使用)等灵活条款的混合使用,不实行比例的限制。

《纺织品与服装协议》将逐步取消配额限制的进程,与各成员在"乌拉圭回合"其他领域所作的影响纺织品与服装贸易的承诺挂钩。所有成员应采取削减和约束关税,减少或取消非关税壁垒等措施,改善纺织品与服装的市场准入;在反倾销措施、补贴和反补贴措施以及知识产权保护等方面,保证实施可使纺织品与服装贸易以公平、公正进行的政策;在由于总体贸易政策原因采取措施时,避免对纺织品与服装进口造成歧视。

如果任何成员认为另一成员未采取上述措施,使《纺织品与服装协议》项下的权利和义务的平衡受到破坏,该成员可向世贸组织的争端解决机构提出申诉。如争端解决机构裁决被诉方未遵守《纺织品与服装协议》,可以授权申诉方对被诉方原本自动享受的下一阶段配额的年度增长率进行调整。

分阶段取消配额限制的情形,如表 8-2 所示。

表 8-2   实施《纺织品与服装协议》的四个阶段

阶　　段	纳入《1994 年关税与贸易总协定》的产品比例(%)	剩余配额的年增长率(%)
第一阶段(1995 年 1 月 1 日至 1997 年 12 月 31 日)	16	6.96
第二阶段(1998 年 1 月 1 日至 2001 年 12 月 31 日)	17	8.7
第三阶段(2002 年 1 月 1 日至 2004 年 12 月 31 日)	18	11.05
第四阶段(2005 年 1 月 1 日《纺织品与服装协议》终止)	49	配额全部取消

注:(1)表中"纳入《1994 年关税与贸易总协定》的产品比例",以 1990 年进口量为基数。
　　(2)表中"剩余配额的年增长率",以 1994 年《多种纤维协议》下使用的年增长率 6%为基础,实际上,由于被限制的国别和产品不同,所适用的基础年增长率也有所不同。

(三)过渡性保障措施

过渡性保障措施是指,某项纺织品或服装的配额限制取消之前,若进口方证明该产品进

口数量剧增,对国内有关产业造成严重损害或有严重损害的实际威胁,并且自单个国家的进口出现急剧和实质性的增加,则可针对该出口方采取保护行动。

过渡性保障措施只允许针对尚未纳入《1994 年关税与贸易总协定》规则的产品使用,而已纳入《1994 年关税与贸易总协定》的产品应采用世贸组织的保障措施。

过渡性保障措施可以在双方磋商同意后采取,磋商未能达成协议也可以单方面采取,但均须接受纺织品监督机构的审议。进口限制水平,应不低于提出磋商请求当月的前两个月之前的 12 个月的实际进口或出口水平。过渡性保障措施可以维持 3 年,不得延长,当该产品纳入《1994 年关税与贸易总协定》约束时,即自行终止。过渡性保障措施的实施时间超过一年,则随后各年的进口限制水平,应在第一年限制水平基础上每年至少增长 6%,除非向纺织品监督机构提出其他正当理由。在使用过渡性保障措施的规定时,应给予最不发达国家、小供应国、新进入市场的国家等以更优惠的待遇。

任何成员欲保留使用过渡性保障措施的权利,应在规定的时间内通知纺织品监督机构。绝大多数世贸组织成员保留了这一权利,并同时提交了逐步取消纺织品与服装限制的方案。只有少数几个世贸组织成员放弃了这一权利,这些成员被认定已将附件所列产品全部纳入《1994 年关税与贸易总协定》,提前实现了自由化。

(四)非法转口的处理

非法转口又称"舞弊",是指通过转运、改道、谎报原产地或原产国、伪造文件来规避协议的规定和逃脱配额管理的做法。只要有纺织品与服装贸易的配额制度存在,就有可能出现非法转口。不仅进口方关注打击非法转口问题,出口方以及中转方也都重视并防止产生非法转口问题。在处理此类问题时,有关各方要进行磋商,并充分合作开展调查。如有足够的证据说明进口产品属非法转口,进口方在与涉及非法转口的出口方以及其他有关参与方进行磋商之后,可以采取适当行动,包括拒绝清关,如产品已经入境,则可以扣除有关出口方相应数量的配额。

《纺织品与服装协议》还规定,所有世贸组织成员应在符合本国法律和程序的情况下,制定必要的法规和行政措施来处理并打击非法转口行为。

(五)纺织品监督机构

世贸组织专门设立纺织品监督机构,发挥调解和准司法的作用。该机构是一个常设机构,由 1 名独立主席和 10 名成员组成。成员的组成应具有广泛的代表性,还应按适当的间隔期进行轮换。纺织品监督机构的成员,由货物贸易理事会指定的世贸组织成员任命,他们以个人身份履行职责,以协商一致方式作出决定。

纺织品监督机构负责监督《纺织品与服装协议》的实施,审查成员所采取的措施是否符合协议的规定,包括各成员的纺织品与服装贸易自由化方案,以及所采取的过渡性保障措施等,并就这些事项提出建议或作出裁决。各成员应尽量全面接受这些建议或裁决,如不能接受,应说明理由,纺织品监督机构在审议后,再次提出建议;如仍未解决问题,有关成员可以通过世贸组织争端解决机制处理。过渡期的每一个阶段结束时,纺织品监督机构还须向货物贸易理事会提交一份全面报告。

本章小结

1.《农业协议》分为 13 个部分,有 21 个条款和 5 个附件,主要从市场准入、国内支持、出口竞争等方面对成员作出了进行贸易自由化的约束,这是《1994 年关税与贸易总协定》的基本原则和规则在国际农产品贸易领域的具体应用。

2.《纺织品与服装协议》是一个阶段性协议。其主要目的是,在 1995 年 1 月 1 日至 2004 年 12 月 31 日的 10 年有效期内,逐步取消纺织品与服装贸易限制,使长期背离多边贸易规则的纺织品与服装贸易,最终纳入世贸组织规则的框架之内,从而进一步推动纺织品与服装领域的贸易自由化。

3.《纺织品与服装协议》有 9 个条款,1 个附件,主要包括适用产品的范围,分阶段取消配额限制,过渡性的保障措施,非法转口的处理,设立纺织品监督机构等。该协议规定回归程序应该具有渐进性,并从乌拉圭多边谈判结束后立即实行。

重要概念

"绿箱"措施(Green box measures)

"黄箱"措施(Amber box measures)

"蓝箱"措施(Blue box measures)

出口补贴(Export subsidy)

生产补贴(Production subsidy)

国内支持(Domestic support)

关税配额(Tariff Rate Quotas)

特殊保障措施(Special Safeguard Measures,SSG)

数量触发水平(Quantity Trigger Level)

共同农业政策(Common Agriculture Policy,CAP)

综合支持量(Aggregate Measurement of Support,AMS)

过渡性保障措施(Transitional Safeguard Measures)

纺织品监督机构(Textile Monitoring Body,TMB)

纺织品与服装协议(Agreement on Textiles and Clothing,ATC)

案例分析

1997年10月8日,美国向WTO争端解决机构申诉加拿大的牛奶出口补贴和关税配额问题。后来,新西兰也对加拿大提出了类似的申诉。其中,涉及WTO农业规则的是牛奶出口补贴。美国和新西兰认为,按照加拿大的牛奶特别计划,出口奶制品的生产者可以得到价格低于国产奶制品的原料,构成了出口补贴,说明加拿大逃避出口补贴义务。后来,WTO的专家小组和上诉机构经过研判,尽管结论略有不同,但均裁定加拿大违反了WTO的《农业协议》等规则。1999年10月27日,争端解决机构通过了上诉机构和专家小组的报告。11月19日,加拿大声明将执行争端解决机构的裁定。

这起案件所涉及的WTO农业规则的主要内容为:各成员必须通过削减关税和非关税壁垒来扩大市场准入。同时,规定发达国家的农业生产补贴应在6年内按基数水平削减20%,发展中国家在10年内削减13%。关于削减农产品出口补贴,规则规定发达国家应在6年内将农产品出口补贴总额在1986—1990年水平的基础上削减36%,发展中国家在10年内最低削减幅度为24%。

美国诉加拿大牛奶补贴案是WTO争端解决机构解决的第一起涉及农产品补贴的纠纷。此后,WTO争端解决机构还解决了多起涉及农产品补贴的纠纷。另外,WTO成员的农产品贸易争端并不仅仅是涉及补贴问题,还涵盖几乎所有的农产品规则,如市场准入规则、《实施植物卫生检疫措施协议》等。

资料来源:《农产品规则与美国诉加拿大牛奶补贴案》,载《人民日报》,2001年11月8日。

请讨论:

1. 当前全球农产品贸易争端的特点和变化趋势。

解析:世贸组织成员诉诸争端解决机构请求解决的贸易争端涉及世贸组织管辖的各个领域,包括货物贸易、服务贸易、知识产权等。其中,在货物贸易争端中,农产品贸易争端居于重要地位,约占1/3强,而货物贸易在国际贸易中居于主导地位,其比例超过3/4。由于农产品贸易本身是贸易争端的多发地,因此,我们说农产品贸易争端是国际贸易争端中的重中之重,但是通过数据的纵向比较分析,我们可以看出,农产品贸易争端在总争端中的比重一直呈下降趋势。农产品贸易争端在总贸易争端中呈下降趋势的原因主要为:近年来,国际贸易领域新问题、新现象层出不穷。新兴贸易领域的争端不断产生,国际贸易领域的争端形式和内容上都更趋多样化,这就分散了各国对农产品贸易等传统贸易领域的关注。同时,在总量不断上升的情况下,由于农产品贸易本身发展较滞后,反映到争端上就是老问题较多、新问题较少,故而其在总量中的比例有所下降。

2. 农产品贸易争端涉及的主要措施及协议有哪些？

解析：农产品贸易争端涉及的措施主要为不很具体的进口限制或禁止进口措施，占所有争端数目的45％；其次以关税措施为主，占所有争端数目的20％；其余的限制措施有保障措施、补贴与反补贴措施、农产品的标价体系和标签规定、反倾销措施、农产品监测体系等。目前，世贸组织管辖范围内的商品贸易协议共15个，其中多边贸易协定13个，诸边协定2个。农产品贸易争端通常涉及下列世贸组织协定或协议：《1994年关贸总协定》、《农业协议》、《实施动植物卫生检疫措施协议》、《技术性贸易壁垒协议》、《保障措施协议》、《进口许可程序协议》和《倾销与反倾销协议》。而由于《关于争端解决程序与规则的谅解》规定了一整套贸易争端解决的程序及具体操作问题，在贸易争端中使用频率也很高。

同步测练与解析

1.《农业协议》谈判的背景是什么？

解析：农产品贸易作为一个特殊的领域，一直游离于关税与贸易总协定规则的有效约束之外，农业保护深深地植根于发达国家的农业政策之中，以至于在"1947年关贸总协定""肯尼迪回合"以后的多边贸易谈判中，尽管试图将农产品贸易问题纳入关税与贸易总协定的管理框架，但都未能如愿以偿。由于不能对农业保护主义进行有效的约束，发达国家利用1947年关税与贸易总协定的体制缺陷，一方面极力推行农业支持和进口限制政策，造成农产品生产过量和结构严重失衡；另一方面又为缓解库存压力，处理剩余产品，通过巨额出口补贴向国际市场大量销售农产品。这些做法导致国际农产品贸易冲突在20世纪80年代初不断升级，严重扭曲了国际农产品市场。1986年"乌拉圭回合"启动时，农产品贸易问题被列为该轮谈判的中心议题之一。

2.《农业协议》规定的国内农业支持的三种措施的含义是什么？

解析：《农业协议》规定的国内农业支持的三种措施分别指"绿箱"、"黄箱"、"蓝箱"措施。"绿箱"措施是指，由政府提供的、其费用不转嫁给消费者，且对生产者不具有价格支持作用的政府服务计划。这些措施对农产品贸易和农业生产不会产生或仅有微小的扭曲影响，成员方无须承担约束和削减义务。"黄箱"措施是指，政府对农产品的直接价格干预和补贴，包括对种子、肥料、灌溉等农业投入品的补贴，对农产品营销贷款的补贴等。这些措施对农产品贸易产生扭曲，成员方必须承担约束和削减补贴义务。"蓝箱"措施是指，按固定面积和产量给予的补贴（如休耕补贴，控制牲畜量），按基期生产水平的85％或85％以下给予的补贴，按固定牲畜头数给予的补贴。

3. 什么样的出口补贴措施受到削减承诺的约束？

解析：出口补贴是一项对贸易产生严重扭曲的政策措施，《农业协议》不禁止成员对农产品出口实行补贴，但要削减出口补贴。下列出口补贴措施受到削减承诺的约束：视出口实绩而提供的直接补贴；以低于同类农产品的国内价格，将非商业性政府库存处置给出口商而形成的补贴；利用征收的农产品税，对相关农产品的出口补贴；农产品的出口营销补贴（发展中成员除外）；出口农产品的国内运费补贴（发展中成员除外）；视出口产品所含农产品情况，对所含农产品提供的补贴。

4. 纺织品与服装如何自由化？

解析：《纺织品与服装协议》要求，成员方不得设立新的纺织品与服装贸易限制，并逐步取消已有的限制，这一规定通常称为"经济条款"。具体做法是，按比例逐步取消附件中所列产品的配额限制，对尚未取消限制的产品逐步扩大进口配额。对于不符合《1994 年关税与贸易总协定》规定的、《多种纤维协议》以外的限制，由成员方自行决定，可以在《建立世界贸易组织协定》生效 1 年内取消，或者在 10 年过渡期内逐步取消。

5. 如发现非法转口纺织品，如何处理？

解析：非法转口又称"舞弊"，是指通过转运、改道、谎报原产地或原产国、伪造文件来规避协议的规定和逃脱配额管理的做法。如有足够的证据说明进口产品属非法转口，进口方在与涉及非法转口的出口方以及其他有关参与方进行磋商之后，可以采取适当行动，包括拒绝清关，如产品已经入境，则可以扣除有关出口方相应数量的配额。《纺织品与服装协议》还规定，所有世贸组织成员应在符合本国法律和程序的情况下，制定必要的法规和行政措施来处理并打击非法转口行为。

6. 为何把《纺织品与服装协议》叫做阶段性协议？

解析："乌拉圭回合"把纺织品与服装贸易列为 15 个谈判议题之一，并确定将纺织品与服装贸易纳入关税与贸易总协定规则的谈判目标。谈判各方终于在 1993 年 12 月达成了《纺织品与服装协议》，该协议用来取代《多种纤维协议》，为最终取消配额限制制定了 1995 年到 2005 年的过渡性安排。2005 年后，该协议终止，故称为阶段性协议。

C 第九章

HAPTER NINE

非关税措施协议

学 习 目 标

　　通过本章学习,了解非关税措施协议的产生背景,掌握《实施卫生与植物卫生措施协议》、《技术性贸易壁垒协议》、《海关估价协议》、《装运前检验协议》、《原产地规则协议》、《进口许可程序协议》、《与贸易有关的投资措施协议》的主要内容和自由化的进程。

重 点 难 点 提 示

- ◎《实施卫生与植物卫生措施协议》的主要内容
- ◎《技术性贸易壁垒协议》的主要内容
- ◎《海关估价协议》的主要内容
- ◎《装运前检验协议》的主要内容
- ◎《原产地规则协议》的主要内容
- ◎《技术性贸易壁垒协议》的主要内容
- ◎《与贸易有关的投资措施协议》的主要内容

第一节　《实施卫生与植物卫生措施协议》

《实施卫生与植物卫生措施协议》是"乌拉圭回合"达成的一个新协议,其宗旨是指导世贸组织各成员制定、采用和实施卫生与植物卫生措施,将这些措施对贸易的消极影响减少到最低程度。

一、产生背景

《1947 年关税与贸易总协定》允许缔约方采取卫生与植物卫生措施,前提是这些措施不得对情形相同的成员构成任意或不合理的歧视,也不得构成对国际贸易的变相限制。但在实践中,一些缔约方滥用卫生与植物卫生措施,阻碍了正常的国际贸易。而《1947 年关税与贸易总协定》有关条款的规定过于笼统,难以操作,不能有效约束缔约方滥用卫生与植物卫生措施。因此,国际贸易的发展客观上要求制定一个明确和便于执行的具体规则。

在"乌拉圭回合"中,实施卫生与植物卫生措施问题起初作为《农业协议》谈判内容的一部分。当时许多缔约方担心,在农产品非关税措施被转换成关税以后,某些缔约方可能会更多地、不合理地使用卫生与植物卫生措施,阻碍国际贸易发展。为消除这种威胁,"乌拉圭回合"达成了《实施卫生与植物卫生措施协议》,同时在《农业协议》中设有专门条款,世贸组织成员方同意执行《实施卫生与植物卫生措施协议》。

《实施卫生与植物卫生措施协议》与《技术性贸易壁垒协议》有一定的联系,前者吸收了后者的文本结构。两者的根本区别在于各自的管辖范围不一样,前者仅涉及食品安全、动物卫生和植物卫生三个领域;后者涉及范围广泛,除与上述三个领域有关的实施卫生与植物卫生措施外,其他所有产品的技术法规和标准都受其管辖。例如,进口瓶装饮用水的制瓶材料是否对人无害,所装饮用水是否有污染等,属于《实施卫生与植物卫生措施协议》管辖;而瓶子的体积大小、形状是否符合超市货架摆放和展示,则属于《技术性贸易壁垒协议》管辖。

二、主要内容

《实施卫生与植物卫生措施协议》由 14 个条款和 3 个附件组成。主要内容包括:应遵循的规则,发展中成员所享有的特殊和差别待遇,卫生与植物卫生措施委员会的职能,争端解决等。

（一）卫生与植物卫生措施的含义

卫生与植物卫生措施指,成员方为保护人类、动植物的生命或健康,实现下列具体目的而采取的任何措施。

（1）保护成员方领土内人的生命免受食品和饮料中的添加剂、污染物、毒素及外来动植物病虫害传入危害。

（2）保护成员方领土内动物的生命免受饲料中的添加剂、污染物、毒素及外来病虫害传入危害。

（3）保护成员方领土内植物的生命免受外来病虫害传入危害。

（4）防止外来病虫害传入成员方领土内造成危害。

卫生与植物卫生措施包括：所有相关的法律、法规、要求和程序，特别是最终产品标准；工序和生产方法；检测、检验、出证和审批程序；各种检疫处理；有关统计方法、抽样程序和风险评估方法的规定；与食品安全直接有关的包装和标签要求等。

（二）应遵循的规则

《实施卫生与植物卫生措施协议》规定，成员在制定和实施卫生与植物卫生措施时，应遵循以下规则。

1. 非歧视地实施卫生与植物卫生措施

成员方在实施卫生与植物卫生措施时，应遵守非歧视原则，即不能在情形相同或相似的成员间，包括该成员与其他成员之间造成任意或不合理的歧视，尤其是在有关控制、检验和批准程序方面，应给予其他成员的产品国民待遇。

例如，两个出口方的木质包装中都有天牛害虫，但如果它们都对出口产品的木制包装采取了检疫处理措施，达到了进口方适当的植物卫生保护水平，进口方就应当同等地接受，而不能对情形相同的两个出口方中的一方歧视。又如，成员方的某一区域已发现地中海实蝇，但对疫区水果在该成员方领土内流动不实施检疫，而以防止国外地中海实蝇传入为由，对进境国际旅客携带的水果实施检疫，这就构成了歧视。

2. 以科学为依据实施卫生与植物卫生措施

成员方应确保任何卫生与植物卫生措施都以科学为依据，不能实施或停止实施没有充分科学依据的卫生与植物卫生措施。如果在科学依据不充分的情况下采取某种卫生与植物卫生措施，只能是临时性的，并应在合理的期限内作出科学评估。美国与欧洲共同体之间有关牛肉激素问题的争端就是一个很好的例子。欧洲共同体以在牛饲料中添加激素会危害人体健康为由，禁止从美国进口牛肉，而美国则认为欧洲共同体这样做没有科学依据，将欧洲共同体诉诸世贸组织，结果欧洲共同体败诉。

3. 以国际标准为基础制定卫生与植物卫生措施

为广泛协调成员方所实施的卫生与植物卫生措施，各成员应根据现行的国际标准制定本国的卫生与植物卫生措施。但世贸组织本身并不制定国际标准，而是由其他相关国际组织，特别是食品法典委员会、世界动物卫生组织和国际植物保护公约秘书处，制定相应的食

品安全、动植物卫生等国际标准。

凡符合国际标准的卫生与植物卫生措施,被认为是保护人类、动物和植物的健康所必需的措施。但《实施卫生与植物卫生措施协议》规定,各成员方政府可以不采用国际标准。如果一成员实施或维持比现行国际标准更严的卫生与植物卫生措施,则必须有科学依据,或符合成员方根据有害生物风险分析确定的"适当的卫生与植物卫生保护水平"(也称"可接受的风险水平"),并且这些措施不能与《实施卫生与植物卫生措施协议》的规定相抵触,不能对国际贸易造成不必要的障碍。否则,该成员方政府应提供相关的科学理由,解释为什么相应的国际标准不能满足其所需的、适当的卫生与植物卫生保护水平。

在没有相关国际标准的情况下,成员方采取卫生与植物卫生措施必须根据有害生物风险分析的结果。实施没有国际标准的卫生与植物卫生措施,或实施的卫生和植物卫生措施与国际标准有实质不同,且可能限制出口方产品的出口时,进口方应及早向出口方发出通知,并作出解释。

《实施卫生与植物卫生措施协议》鼓励各成员积极参与有关国际组织及其附属机构,特别是食品法典委员会、国际兽疫局和国际植物保护公约秘书处的活动,以促进这些组织制定和定期审议有关卫生与植物卫生措施的国际标准。

4. 等同对待出口成员达到要求的卫生与植物卫生措施

如果出口成员对出口产品所采取的卫生与植物卫生措施,客观上达到了进口成员适当的卫生与植物卫生保护水平,进口成员就应接受这种卫生与植物卫生措施,并允许该种产品进口,即使这种措施不同于自己所采取的措施,或不同于从事同一产品贸易的其他成员所采取的措施。

为解决世贸组织成员间的等同对待问题,《实施卫生与植物卫生措施协议》鼓励各成员进行磋商,并就此问题达成双边或多边协议。

5. 根据有害生物风险分析确定适当的保护水平

有害生物风险分析指,进口方的专家在进口前对进口产品可能带入的病虫害的定居、传播、危害和经济影响,或者对进口食品、饮料、饲料中可能存在添加剂、污染物、毒素或致病有机体可能产生的潜在不利影响,作出的科学分析报告。该报告是进口方是否进口某种产品的决策依据。

在进行有害生物风险分析时,应考虑有关国际组织制定的有害生物风险分析技术,同时考虑以下内容:可获得的科学依据,有关加工工序和生产方法,有关检验、抽样和检测方法,检疫性病虫害的流行,病虫害非疫区的存在,有关生态和环境条件,检疫或其他检疫处理方法,有害生物的传入途径、定居、传播、控制和根除有害生物的经济成本等。

《实施卫生与植物卫生措施协议》规定,成员在制定卫生与植物卫生措施时应以有害生物风险分析为基础。有害生物风险分析与进口方确定"适当的卫生与植物卫生保护水平"有直接关系,有害生物风险分析结果决定保护水平的高低。如果有害生物风险分析的结果认为风险比较高,进口方确定的"适当的卫生与植物卫生保护水平"就比较高;反之,保护水平就比较低。无论进口方确定的"适当的卫生与植物卫生保护水平"是高还是低,都应考虑将实施卫生与植物卫生措施对贸易的消极影响减少到最低程度。

6. 接受"病虫害非疫区"和"病虫害低度流行区"的概念

病虫害非疫区指没有发生检疫性病虫害,并经有关国家主管机关确认的地区。例如,疯牛病在某国的某地区没有发生,并经该国有关主管部门确认,该地区就是疯牛病非疫区。病虫害非疫区可以是一个国家的全部或部分地区,也可以是几个国家的全部或部分地区。

确定一个病虫害非疫区的大小,应考虑地理、生态系统、流行病监测及实施卫生与植物卫生措施的效果等因素。

成员方在接受病虫害非疫区这一概念的同时,也应接受病虫害低度流行区的概念。

病虫害低度流行区指检疫性病虫害发生水平低,已采取有效监测、控制或根除措施,并经有关国家主管机关确认的地区。与病虫害非疫区一样,病虫害低度流行区可以是一个国家的全部或部分地区,也可以是几个国家的全部或部分地区。

如果出口方声明,其关税领土内全部或部分地区是病虫害非疫区或病虫害低度流行区,该出口方就应向进口方提供必要的证据。同时,应进口方请求,出口方应为进口方提供检验、检测和其他有关程序的合理机会。

7. 保持卫生与植物卫生措施有关法规的透明度

成员应确保及时公布所有有关卫生与植物卫生措施的法律和法规。除紧急情况外,成员应在卫生与植物卫生措施有关法规的公布和生效之间留出一段合理的时间,以便让出口成员的生产商,尤其是发展中成员的生产商有足够时间调整其产品和生产方法,适应进口成员的要求。

成员方应指定一个中央政府机构负责履行通知义务,将计划实施的、缺乏国际标准或与国际标准有实质不同,并且对其他成员的贸易有重大影响的卫生与植物卫生措施通知世贸组织。通知的具体内容是,采取措施所涵盖的产品以及涉及的特定法规,简要说明特定法规的目标和理由。通知应在有关法规草案仍可修改的期间进行,以便其他成员方在合理的时间内(通常为45~60天)提出意见。如遇紧急情况或紧急情况的威胁时,成员方可以立即采取有关卫生与植物卫生措施,但应及时通过世贸组织秘书处通知其他成员。通知的内容,除上述一般情况应通知的事项外,还应包括紧急情况的性质。

成员方采取有关卫生与植物卫生措施,应允许其他成员方提出书面意见,进行商讨,并考虑这些书面意见和商讨的结果。如有成员方要求提供有关法规草案,该成员方应予提供,并尽可能标明与国际标准有实质性偏离的部分。

成员方还应设立一个咨询点,答复其他成员所提出的合理问题,并提供有关文件。咨询内容包括现行的或拟议中的卫生与植物卫生法规,任何控制和检查程序,生产和检疫处理方法,杀虫剂允许量和食品添加剂批准程序,有害生物风险分析程序,适当的卫生与植物卫生

保护水平的确定,成员方或其相关机构参与国际和地区相关组织的情况,以及签署的双边和多边相关协议等。

（三）发展中成员享有的特殊和差别待遇

（1）成员方在制定和实施卫生与植物卫生措施时,应考虑发展中成员的特殊需要。如果分阶段采用新的卫生与植物卫生措施,应给予发展中成员更长的时间,使其有利害关系的出口产品符合进口方卫生与植物卫生措施要求,从而维持其出口机会。

（2）成员方同意以双边的形式,或通过适当的国际组织,向发展中成员提供技术援助。此类援助可特别针对加工技术、科研和基础设施等领域,包括建立监管机构,并可采取咨询、信贷、捐赠、提供设备和培训等方式。当发展中成员为满足进口方的卫生与植物卫生措施要求,需要大量投资时,该进口方应提供技术援助。成员方应鼓励和便利发展中成员积极参与有关国际组织。

（3）发展中成员可推迟2年,即从1997年1月1日起,开始执行《实施卫生与植物卫生措施协议》。此后,如有发展中成员提出请求,可有时限地免除其在《实施卫生与植物卫生措施协议》项下的全部或部分义务。

（四）卫生与植物卫生措施委员会的职能

为监督成员执行《实施卫生与植物卫生措施协议》,并为成员提供一个经常性的磋商场所或论坛,推动各成员采取协调一致的卫生与植物卫生措施,世贸组织设立了卫生与植物卫生措施委员会。

卫生与植物卫生措施委员会应加强与主管标准的国际组织的联系与合作,并制定相应程序,监督和协调国际标准的使用。该委员会还应对《实施卫生与植物卫生措施协议》的运用和实施情况进行审议。必要时,可根据该协议实施过程中的经验,向货物贸易理事会提交修正该协议文本的建议。

（五）争端的解决

成员间有关实施卫生与植物卫生措施问题的争端,应通过世贸组织的争端解决机制解决。如涉及科学或技术问题,则可咨询技术专家或有关的国际组织。

第二节 《技术性贸易壁垒协议》

《技术性贸易壁垒协议》的宗旨是,指导世贸组织成员制定、采用和实施正当的技术性措施,鼓励采用国际标准和合格评定程序,保证这些措施不构成不必要的国际贸易障碍。技术性措施指为实现合法目标而采取的技术法规、标准、合格评定程序等。合法目标主要包括维护国家基本安全,保护人类健康或安全,保护动植物生命或健康,保护环境,保证出口产品质量,防止欺诈行为等。

一、产生背景

技术性措施的出现有着深刻的社会和历史背景。人们在生产活动中,为保证产品质量,制定了许多技术标准,建立了产品质量认证制度。随着科学技术的发展,尤其是电力技术广泛应用于生产和消费之后,为保证产品安全,许多国家制定了技术法规,产品质量认证进一步完善,并逐步扩展到安全认证、管理体系认证等。

第二次世界大战后,世界经济迅猛发展,但由于对生态环境重视不够,自然环境受到严重污染,全球生态环境遭到破坏,人类生存面临威胁,针对这些问题,各国纷纷采取技术性措施,对国际贸易的发展产生了重大影响。

由于各国经济发展水平不同,技术法规和标准差别很大,给生产者和出口商造成了困难。同时,随着《1947年关税与贸易总协定》多边贸易谈判带来的关税水平不断下降,各种形式的非关税壁垒出现,技术性措施越来越多地被用做贸易保护手段,成为贸易发展的障碍。因此,许多缔约方认识到,有必要制定统一的国际规则来规范技术性措施,消除技术性贸易壁垒。

《1947年关税与贸易总协定》第20条"一般例外"规定,缔约方为保障人类、动植物的生命或健康可采取必要的措施;第21条"安全例外"也规定,缔约方为保护国家基本安全利益可采取必要的措施。依据这些规定,关税与贸易总协定在1970年成立了一个政策工作组,专门研究制定技术标准与质量认证程序方面的问题,并负责起草防止技术性贸易壁垒的协议草案。

"东京回合"通过了《技术性贸易壁垒协议》,该协议只对签署的缔约方有效。"乌拉圭回合"对该协议进一步修改和完善,使之成为世贸组织货物贸易多边协定的组成部分,对世贸组织所有成员都有效。

二、主要内容

《技术性贸易壁垒协议》由15个条款和3个附件组成,主要内容包括:制定、采用和实施技术性措施应遵守的规则;技术法规、标准和合格评定程序;通知、评议、咨询和审议制度等。

《技术性贸易壁垒协议》适用于所有产品,包括工业品和农产品。但政府采购实体制定的采购规则不受《技术性贸易壁垒协议》的约束。另外,该协议未涉及动植物卫生检疫措施,有关问题由《实施卫生与植物卫生措施协议》进行规范。

（一）制定、采用和实施技术性措施应遵守的规则

世贸组织成员方制定、采用和实施技术性措施，应遵守世贸组织的非歧视原则、透明度原则。

世贸组织成员方采取的技术性措施违反非歧视原则的一个典型例子是，委内瑞拉和美国的进口汽油争议案。1994年9月，美国环保署根据《清洁空气法案》，对进口汽油的化学特性规定了比国产汽油更为严格的标准。1995年1月，委内瑞拉向世贸组织争端解决机构提出申诉，认为美国的做法违反了非歧视原则，具有明显的歧视性。经世贸组织争端解决机构裁定，委内瑞拉胜诉。

当世贸组织成员方拟采取的技术性措施与国际标准有实质性不一致，并对其他世贸组织成员的贸易产生重大影响时，应通过世贸组织秘书处告知其他成员方，为他们留出准备书面意见的合理时间。该世贸组织成员方应考虑其他世贸组织成员方提出的书面意见，如有世贸组织成员提出要求，则应与其进行讨论，并考虑讨论结果。

世贸组织成员方应迅速公布已采用的所有技术性措施，并在公布和生效之间给予宽限期，以便有关生产者和贸易商适应其要求。

制定、采用和实施技术性措施，世贸组织成员方还应遵守以下具体规则。

1. 必要性规则

世贸组织成员方只能采取为实现合法目标所必需的技术性措施。如果世贸组织成员方采取的技术性措施对其他世贸组织成员的贸易产生重大影响，经其他世贸组织成员请求，该世贸组织成员应说明所采取措施的必要性。

2. 贸易影响最小规则

世贸组织成员方应努力采取对贸易影响最小的技术性措施，即在考虑由于合法目标不能实现可能导致的风险后，采取的技术性措施对贸易的限制，不应超过为实现合法目标所必需的限度。在评估风险时，应考虑相关因素，特别是可获得的科学和技术信息、有关的加工技术或产品的预期最终用途。如果拟实现的目标已经不存在，或由于环境、目标的改变可转用其他对贸易产生较少限制的措施，则应取消原来实施的技术性措施。

3. 协调规则

鼓励世贸组织成员为协调技术法规、标准和合格评定程序而作出努力，以减少成员间的技术性措施差异对贸易造成的障碍。成员方应在力所能及的范围内，充分参与有关国际标准化机构制定国际标准和合格评定程序指南的工作。世贸组织成员方应积极考虑接受其他世贸组织成员方的技术性措施作为等效措施，只要这些措施能够充分实现同一合法目标。为避免对产品的多重测试、检查和认证对贸易造成的不必要壁垒，减少商业成本和不确定性，《技术性贸易壁垒协议》鼓励世贸组织成员之间通过谈判，达成合格评定相互承认协议。

4. 特殊和差别待遇规则

世贸组织成员方不应期望发展中成员方采用不适合其发展、财政和贸易需要的国际标准,作为发展中成员方制定技术性措施的依据。

即使存在国际标准、指南或建议,发展中成员方仍可按照特定的技术和社会经济条件,采用某些技术性措施,以保护与其发展需要相适应的本国技术、生产方法和工艺。

世贸组织成员方应采取措施,确保国际标准化机构制定对发展中成员方有特殊利益的产品的国际标准。

鼓励发达成员方对发展中成员方在制定和实施技术性措施方面提供技术援助。

技术性贸易壁垒委员会在接到发展中成员方的请求时,应就其承担的全部或部分义务给予特定的、有时限的例外,在这方面应特别考虑最不发达成员方的特殊问题。

(二)技术法规、标准与合格评定程序

1. 技术法规

技术法规是强制性执行的有关产品特性或相关工艺和生产方法的规定。主要包括国家制定的有关法律和法规,政府部门颁布的有关命令、决定、条例,以及有关技术规范、指南、准则、专门术语、符号、包装、标志或标签要求。一些国家也授权非政府机构制定技术法规。《技术性贸易壁垒协议》要求成员应尽可能按照产品的性能,而不是按照设计或描述特征来制定技术法规。技术法规一般涉及国家安全、产品安全、环境保护、劳动保护、节能等方面。

世贸组织成员方中央政府应采取合理措施,确保地方政府及非政府机构制定、采用与实施的技术法规,符合《技术性贸易壁垒协议》的有关规定。

如果有关国际标准已经存在或即将拟就,世贸组织成员方应采用这些标准或其中的相关部分作为技术法规的基础,除非由于基本气候因素、地理因素、基本技术问题等原因,世贸组织成员方采用这些标准或其中的相关部分无法达到合法目标。

2. 标准

标准指经公认机构批准供通用或重复使用的、非强制执行的关于产品特性或相关工艺和生产方法的规则或指南,可包括有关专门术语、符号、包装、标志或标签要求。

有关标准化机构的行为要求,体现在《技术性贸易壁垒协议》附件3《关于制定、采用和实施标准的良好行为规范》中。该规范规定,所有标准化机构应尽量采用国际标准,并充分参与国际标准化机构的工作。世贸组织各成员的中央政府标准化机构有义务接受并遵守该规范,同时世贸组织成员方有义务使其领土内的其他标准化机构行为符合这一规范。

为使《关于制定、采用和实施标准的良好行为规范》中的通知要求具体化,世贸组织还通过了两个决定:一是《关于世贸组织、国际标准化组织就标准信息系统拟定谅解的决定》,据此在日内瓦建立了"世贸组织标准信息服务机构",负责收集和公布《关于制定、采用和实施标准的良好行为规范》签署方的通知;二是《关于审议国际标准化组织、国际电工委员会信息

中心出版物的决定》,规定对《关于制定、采用和实施标准的良好行为规范》签署方的通知进行定期审议。

3. 合格评定程序

合格评定程序是指,任何直接或间接用以确定产品是否满足技术法规或标准要求的程序。主要包括:抽样、检验和检查;评估、验证和合格保证;注册、认可和批准;以及上述各项程序的组合。合格评定程序可分为认证、认可和相互承认三种形式。

(1) 认证。认证指由授权机构出具的证明。一般由第三方对某一事物、行为或活动的本质或特征,经对当事人提交的文件或实物审核后出具的证明,通常被称为"第三方认证"。认证可以分为产品认证和体系认证。

产品认证主要是证明产品是否符合技术法规或标准,包括产品的安全认证和合格认证等。由于产品的安全性直接关系到消费者的生命或健康,所以产品的安全认证为强制认证。例如,欧洲共同体对玩具、锅炉、建筑用品、通信设备等二十多类产品实行安全认证,并要求加贴 CE 安全合格标志,否则,不得在欧洲共同体市场销售。又如,美国的 UL 安全认证,加拿大 CSA 安全认证等。产品的合格认证尤其是质量认证,是在自愿的基础上进行的。

体系认证是确认生产或管理体系是否符合相关法规或标准。目前,通用的国际体系认证有 ISO 9000 质量管理体系认证、ISO 14000 环境管理体系认证,行业体系认证有 QS9000 汽车行业质量管理体系认证、TL9000 电信产品质量体系认证,还有 OHSAS18001 职业安全卫生管理体系认证等。

(2) 认可。认可指权威机构依据程序确认某一机构或个人具有从事特定任务或工作的能力。主要包括产品认证机构认可,质量和管理体系认证机构认可,实验室认可,审核机构认可,审核员或评审员的资格认可,培训机构注册等。

(3) 相互认证。相互认证指认证或认可机构之间通过签署相互承认协议,彼此承认认证或认可结果。《技术性贸易壁垒协议》鼓励世贸组织成员积极考虑接受其他成员的合格评定程序,并就达成相互承认协议进行谈判。世贸组织成员方应以不低于本国或其他国家合格评定机构的条件,允许世贸组织其他成员的合格评定机构参与其合格评定活动。

根据《技术性贸易壁垒协议》的规定,只要能确保符合自身的技术法规或标准,世贸组织成员方应采用国际标准化机构已经发布或即将拟就的有关指南或建议,作为合格评定程序的基础。

只要可行,世贸组织成员方应共同建立国际合格评定体系,并加入该体系或参与该体系活动;成员方还应尽可能采取合理措施,保证国内相关机构加入或参与的国际或区域合格评定体系,遵守《技术性贸易壁垒协议》的规定。

三、通知、评议、咨询、审议及争端解决

（一）通知和评议

为确保世贸组织成员方制定、采用和实施技术法规或合格评定程序具有透明度，《技术性贸易壁垒协议》规定，如果世贸组织成员方拟采用的技术法规或合格评定程序不存在相关的国际标准，或与有关国际标准中的技术内容不一致，且可能对世贸组织其他成员方的贸易有重大影响，该世贸组织成员方应履行通知义务。通知的内容包括拟采取措施的目的和理由，以及所涵盖的产品；通知的时间应在该措施还没有被批准，且可进行修改的规定期限内；通知的渠道是通过技术性贸易壁垒委员会向世贸组织其他成员方通报。该世贸组织成员方还应在已向该委员会通报的出版物上发布有关公告，使有关利害方知晓将制定某项技术法规或合格评定程序。

世贸组织成员方应无歧视地给予世贸组织其他成员方合理时间（一般至少60天），以便就已草拟的技术法规或合格评定程序提出书面意见。对世贸组织其他成员提出的书面意见和评议结果，该世贸组织成员方应予以考虑。如果面临涉及人类安全、健康、环境保护、国家安全等方面的紧急问题，或面临发生此类问题的威胁，该世贸组织成员可省略一些步骤，发出紧急通知。

世贸组织成员应保证迅速公布已采用的所有技术性措施。除紧急情况外，世贸组织成员应在措施公布和生效之间留出合理宽限期，使世贸组织其他成员特别是发展中成员的生产者能适应进口成员的要求。直属于中央政府的地方政府机构制定、采用和实施的技术性措施，通过中央政府进行通报。

（二）咨询

世贸组织成员应设立技术性贸易壁垒咨询点。咨询点应有能力回答世贸组织其他成员或利害关系方提出的所有合理询问，并能提供有关中央政府机构、地方政府机构及非政府机构所采用或拟议的任何技术法规、标准和合格评定程序等资料，加入或参与国际或区域标准化机构和合格评定体系等方面的情况。如果一个世贸组织成员设立一个以上的咨询点，则应完整、明确地提供有关每个咨询点职责范围的信息。

（三）审议制度及争端解决

世贸组织设立技术性贸易壁垒委员会，负责管理《技术性贸易壁垒协议》的执行。该委员会由全体成员代表组成，每年至少召开一次会议。联合国粮农组织、国际货币基金组织、世界银行等国际组织，作为观察员参加会议。

技术性贸易壁垒委员会对《技术性贸易壁垒协议》的运行和实施情况，包括透明度的有

关规定等,自 1995 年开始,每 3 年末进行一次审议。在适当情况下,该委员会可以建议对《技术性贸易壁垒协议》进行修正。

世贸组织争端解决规则适用于技术性贸易壁垒的争端解决。争端解决专家组可自行或应当事方的请求,设立技术专家小组,就技术性问题提供协助。

第三节 《海关估价协议》

海关估价是指海关为征收关税等目的,确定进口货物完税价格的程序。"乌拉圭回合"达成的《关于实施 1994 年关税与贸易总协定第 7 条的协议》,又称《海关估价协议》。该协议的宗旨是,通过规范成员方对进口产品的估价方法,防止成员方使用任意或虚构的价格作为完税价格,确保海关估价制度的公平、统一和中立,不对国际贸易构成障碍。

一、产生背景

海关估价主要适用于实施从价关税的商品。通过估价确定的价格为完税价格,它是海关征收从价关税的依据。进口商申报的价格不是进口货物的完税价格,只有当该价格被海关接受,才能成为完税价格。世界各国或地区对绝大多数商品采用从价关税,所以海关估价的原则、标准、方法和程序等都影响完税价格的确定。海关高估进口货物的价格相当于提高了进口关税水平,从而对货物的国际流动构成限制,减损各国或地区在多边贸易体制下所作的关税减让承诺。因此,滥用海关估价将会带来完税价格的不确定性,阻碍世界贸易的正常发展。

《1947 年关税与贸易总协定》规定,海关征收关税的完税价格应以进口货物或同类货物的"实际价格"为依据,不应采用同类本国产品的价格及任意或虚构的价格;计价采用的汇率应符合国际货币基金组织的有关规定。由于该规定不够具体,可操作性不强,因此,在"东京回合"中,关税与贸易总协定缔约方通过谈判,达成《关于实施关税与贸易总协定第 7 条的协议》(亦称《海关估价守则》),对如何实施上述规定作了详细解释。缔约方可自主决定是否加入该守则。

"乌拉圭回合"在对《海关估价守则》进行修订和完善的基础上,达成了《海关估价协议》。世贸组织要求,每一个成员必须接受该协议。

二、主要内容

《海关估价协议》共分 4 个部分,由 24 个条款和 3 个附件组成。主要内容包括适用范围,海关估价的方法,对海关估价决定的复议,发展中成员的特殊和差别待遇,争端解决,以及海关估价委员会与海关估价技术委员会的职能等。

（一）适用范围

《海关估价协议》适用于商业意义上正常进口的货物。以下情况不适用该协议。

1. 倾销或补贴货物的进口。不能采用《海关估价协议》规定的估价方法确定倾销和补贴货物的进口价格，并以此作为征收反倾销税或反补贴税的依据。

2. 非商业性进口。包括旅客携带入境物品和行李、邮递物品等。

3. 非直接进口。主要包括暂时进口的货物，从出口加工区或保税区等特定贸易区进入到成员方海关区内的货物，退运货物，运输中损坏的货物等，成员方自行确定如何对这些货物进行估价。

（二）海关估价的方法

《海关估价协议》规定，世贸组织进口成员方海关应在最大限度内以进口货物的成交价格作为货物完税价格。这是海关估价时应首先使用的方法。但在无法使用这种方法的情况下，可使用该协议规定的其他 5 种方法：具体是指以相同货物的成交价格，以类似货物的成交价格，以倒扣价格，以计算价格，以"回顾"方法，来确定货物的完税价格。

上述 6 种估价方法应严格按顺序实施，只有在前一种估价方法无法确定完税价格的情况下，才可采用后一种估价方法。海关不得颠倒 6 种估价方法的适用顺序，但进口商可以要求颠倒使用第 4 种倒扣价格方法和第 5 种计算价格方法的顺序。

1. 以进口货物的成交价格确定完税价格

运用这一方法确定的完税价格，是指货物出口到进口方后，进口方海关根据成交情况对进口商实付或应付成交价格进行调整后的价格。

海关不是在任何情况下都依据进口货物的成交价格确定完税价格，采用这种估价方法必须符合以下条件。

（1）买方对货物具有的处置或使用权不受任何限制。但下列情况除外：世贸组织进口成员方法律或政府主管机关实施或要求的限制，卖方对该货物转售地域的限制，卖方提出的对货物价格无实质影响的限制（如要求汽车买主不要在新产品年度开始日前出售或展览汽车）。

（2）卖方不得在买方购买进口货物时设定某些影响销售或价格的条件。例如，卖方不得以买方购买一定数量的其他货物为条件出售货物或确定出口价格，卖方不得依据买方向卖方销售其他货物的价格出售货物或确定出口价格，卖方不得以与进口货物无关的支付方式为条件出售货物或确定出口价格。

（3）买方不得将对货物的转售、处置或使用产生的收益直接或间接返回给卖方，除非对成交价格进行适当调整。

（4）买卖双方之间不得存在特殊关系。如果买卖双方之间有特殊关系，但进口商能证明双方的特殊关系没有影响实付或应付的价格，则可以使用该成交价格。

采用成交价格方法确定进口货物的完税价格时，如果买方支付了一些费用，而这些费用未包含在其实付或应付的价格中，海关可将这些费用计入买方实付或应付的价格。这些费用具体指：佣金和经纪费（进口商付给国外代理人的购买佣金除外），与货物构成一体的容器的成本，包装费用（包括人工费用和材料费用），进口货物中包含的由买方提供的材料、零部件、工具、模具等"客供品"的费用（按进口方的公认会计原则确定），特许权使用费和许可费，转售、处置或使用进口货物后支付给卖方的收益等。

货物运抵进口地所产生的海上运输费、保险费和港口装卸费等费用，进口成员方海关可根据本国的有关法规，计入或不计入完税价格。

如果可与实付或应付的价格相区分，下列费用或成本不得计入完税价格，具体包括货物（如工业机器或设备）进口后进行基建、安装、组装、维修产生的费用或技术援助费用，货物进口后进口方境内发生的运输费，进口方征收的关税和其他税费。

2. 以相同货物的成交价格确定完税价格

无法采用进口货物成交价格方法确定完税价格时，世贸组织进口成员方海关可采用相同货物的成交价格确定完税价格。

相同货物指与进口货物原产国或地区、原生产者生产的货物各方面完全相同的货物。相同指物理特性、质量和声誉等方面的相同。如果该进口货物原生产者不再生产相同货物，可使用同一生产国其他生产者生产的货物作为相同货物，货物外形的细小差别可忽略不计。

采用相同货物的成交价格确定完税价格，应注意三个问题：一是相同货物必须与进口货物同时或大约同时进口；二是相同货物的成交价格必须先前已被海关接受；三是如果有两个以上相同货物的成交价格，应选用其中最低的一个作为海关完税价格。

世贸组织进口成员方海关应与进口商协商，以获得相同货物的成交价格。

3. 以类似货物的成交价格确定完税价格

不能依次采用上述两种估价方法时，世贸组织进口成员方海关可采用类似货物的成交价格确定完税价格。

类似货物指在材料组成及特性上与进口货物原产国、原生产者生产的货物相似，具备同样功能且商业上可互换的货物。如果该进口货物原生产者不再生产类似货物时，可使用同一生产国其他生产者生产的货物作为类似货物。

采用类似货物的成交价格确定完税价格，也应注意三个问题：一是类似货物必须与进口货物同时或大约同时进口；二是类似货物的成交价格必须先前已被海关接受；三是如果有两个以上类似货物的成交价格，应选用其中最低的一个作为海关完税价格。

世贸组织进口成员方海关应与进口商协商，以获得类似货物的成交价格。

4. 以倒扣价格方法确定完税价格

不能依次采用上述 3 种估价方法时,世贸组织进口成员方海关可采用倒扣价格方法确定完税价格。

倒扣价格指根据进口货物或相同货物或类似货物在进口方的销售价格,扣减货物进口及销售时产生的某些特定费用。具体包括在进口方发生的佣金,利润,为推销和销售货物直接和间接产生的一般费用,运费、保险费及其有关费用,关税及其他费用和增值税等国内税。是否扣减海上运输费、保险费和港口装卸费,由进口成员方海关根据本国有关法规决定。

在进口方的销售价格,是指以最大总量将货物第一次转售给与进口商无特殊关系的买方的单位货物价格,且进口货物或相同货物或类似货物必须在进口方按进口时的原状销售。如果没有以进口时的原状销售,进口商可要求海关采用经进一步加工后的货物销售价格。

在这种情况下,相同货物或类似货物的销售时间,应与进口货物的进口时间相同或大致相同,如果时间不同,可采用这些货物在进口货物进口后 90 天内的销售价格。

5. 以计算价格方法确定完税价格

不能依次采用上述 4 种估价方法时,世贸组织进口成员方海关可采用计算价格方法确定完税价格。

计算价格指进口货物的生产成本,加上从出口方向进口方销售同级别或同种类货物通常所获得的利润,以及为推销和销售货物直接和间接产生的一般费用等。是否计入海上运输费、保险费和港口装卸费,由进口成员方海关根据本国有关法规决定。

这种方法通常在买方与卖方有特殊关系,且生产商愿意向进口方海关提供成本数据和必要审核材料的情况下采用。

6. 以"回顾"方法确定完税价格

无法完全按照上述 5 种估价方法确定完税价格时,世贸组织进口成员方海关可采用"回顾"方法确定完税价格。

"回顾"方法指海关可采用其他合理的方法来估价,包括对上述各种估价方法作出灵活处理,以其中最容易计算的方式确定完税价格。例如,采用相同货物成交价格方法时,可以采用来自第三国的相同进口货物的成交价格作为估价基础。

采用其他合理的方法,必须符合《海关估价协议》和《1994 年关税与贸易总协定》的有关规定,并依据进口方可获得的数据确定。进口成员方海关不得采用进口方生产的货物在其境内销售的价格,或取两种备选价格中较高的价格,或采用进口货物在出口方境内市场上的价格,或货物向第三方出口的价格。如不采用计算价格方法,海关不得根据生产成本来估价。海关也不得以最低限价以及任意或虚构的价格来估价。

三、对海关估价决定的司法复议

海关根据《海关估价协议》规定的估价程序,审查进口商申报的价格及相关信息(包括进

口商呈验的陈述书、单证、申报单)的真实性和准确性,然后根据审查结果决定采用何种方法确定完税价格。

进口商必须如实申报进口货物的价格及有关信息,并与海关进行充分合作。在审查中,如海关怀疑进口商申报价格的真实性和准确性,可要求进口商进一步提交资料或证据,以证明申报价格是经合理调整后的实付或应付价格。但海关在采取这种做法时,应向进口商陈述理由。海关应将最终的估价决定书面通知进口商。

进口商对海关估价决定有申诉的权利,并且不应为此受到处罚。不受处罚是指海关不得因进口商行使上诉权而进行罚款或威胁罚款。进口商为申诉而支付的诉讼费用和律师费用,不属于罚款范畴。

进口商的申诉权体现在两个方面:第一,可向海关内部主管复议的部门提出申诉,或向海关外部的某个独立机构提出申诉。第二,可向司法机关提出申诉。一般来讲,进口商首先向上一级海关或海关外部的某个独立机构提出申诉,要求行政复议。如对行政复议不满,进口商可向司法机关提出申诉,要求司法复议。进口商也可直接要求司法复议。

以上规定,不妨碍海关要求进口商在上诉前全额缴纳海关已估定的税款。

四、发展中成员的特殊和差别待遇

发展中成员享有的特殊和差别待遇,主要表现在以下几个方面。

(一)推迟实施《海关估价协议》

《海关估价守则》非签署方的发展中成员可自《建立世贸组织协定》对其生效时起,推迟5年实施《海关估价协议》。如果某些发展中成员认为5年时间不够,则可在5年过渡期结束前,提出延长过渡期的申请。如理由正当,成员方应对其延长过渡期的要求给予积极考虑。

(二)推迟采用计算价格方法

《海关估价守则》非签署方的发展中成员可自《海关估价协议》对其生效时起,推迟3年实施该协议中有关以计算价格方法确定完税价格的规定。也就是说,上述发展中成员可自《建立世贸组织协定》对其生效时起,推迟8年实施计算价格方法的规定。

(三)对最低限价的保留

许多发展中成员为防止税收流失,对部分进口商品规定了最低限价,海关以此进行估价。《海关估价协议》允许发展中成员对有限的商品在一定时间内实行最低限价,但应得到其他成员方的同意。

（四）对倒扣价格方法和计算价格方法适用顺序的保留

《海关估价协议》允许进口商要求颠倒倒扣价格方法和计算价格方法的适用顺序。但如果颠倒这两种方法的适用顺序给发展中成员带来困难，发展中成员有权提出保留，拒绝进口商提出的这一要求，其他成员方应予以同意。

（五）对经进一步加工货物适用倒扣价格方法的保留

《海关估价协议》规定，在适用倒扣价格方法时，如果货物没有按进口时的原状销售，应进口商的请求，海关可采用货物经进一步加工后的销售价格进行倒扣计算。但发展中成员可保留如下权利：如果货物进行了进一步加工，无论进口商是否提出请求，海关均按有关规定，根据加工后的价格来确定完税价格。其他成员方应予以同意。

（六）要求提供技术援助

发达成员应根据与发展中成员双边议定的条件，为发展中成员提供技术援助，包括培训人员，提出适用《海关估价协议》规定的建议等。发展中成员海关在对独家代理人、独家经销人或独家受让人的进口货物进行估价时，如果遇到问题，可向海关估价技术委员会提出援助请求。该委员会应对此进行研究，寻求解决方法，发达成员应在发展中成员的请求下提供有关援助。

五、争端解决

世贸组织成员方之间因海关估价引起的争端，适用于《关于争端解决规则与程序的谅解》，即适用世贸组织的争端解决程序。如果一个世贸组织成员因海关估价问题请求与有关成员进行磋商，有关成员应予积极考虑，并尽可能达成双方满意的解决办法。

六、海关估价委员会和海关估价技术委员会的职能

为管理《海关估价协议》的执行，世贸组织设立了海关估价委员会，审议协议的实施，解决政策问题；同时，在世界海关组织设立海关估价技术委员会，解决具体技术问题，该委员会的秘书处工作由世界海关组织秘书处承担。

（一）海关估价委员会

海关估价委员会由世贸组织各成员的代表组成。该委员会应每年审议一次《海关估价协议》的执行情况，并为世贸组织成员提供机会，就各成员实施的海关估价制度对该协议执行产生的影响进行磋商，以确保实现该协议的目标。

（二）海关估价技术委员会

海关估价技术委员会由世贸组织各成员代表组成，非世贸组织成员的世界海关组织成员可成为观察员。既不是世贸组织成员，也不是世界海关组织成员的政府或政府间国际和贸易组织的代表，经该委员会主席同意，也可作为观察员出席委员会会议。该委员会从技术角度确保《海关估价协议》适用和解释的统一，还为解决世贸组织成员或争端解决专家组提出的技术问题提供建议。

第四节　《装运前检验协议》

《装运前检验协议》的宗旨是，确保成员方实施的装运前检验制度是非歧视和透明的，避免给贸易造成不必要的障碍。

一、产生背景

进口商或进口方政府通过专业检验机构对出口产品在装运前进行检验，以确信产品符合合同中规定的条件，或符合进口方对产品的安全要求，这已成为一种被普遍接受的国际贸易惯例。

一些国家实行的装运前检验制度，却与上述检验惯例不完全相同，这些国家指定专业检验机构，在进口产品装运前对产品的质量、数量、价格（包括汇率与融资条件）以及产品的海关分类等进行检验，其中审核价格，即检查产品的实际价格与申报价格是否相符，是这种装运前检验制度的核心内容。

实施这种装运前检验制度的有30多个发展中国家，这些国家海关力量薄弱，外汇短缺。为保障本国的财政利益，防止商业欺诈、逃避关税和非法输出资本，他们往往聘请外国专业检验机构，如瑞士通用公证行，对进口产品进行装运前检验，并以这些公司出具的"清洁检验结果报告"，作为海关估价和发放进口用外汇的依据。

但是，出口方政府认为，进口方将检验机构出具的检验报告作为海关估价依据的这种做法，违反关税与贸易总协定有关海关估价应以进口货物的成交价格为基础的规定。同时，出口方政府担心装运前检验会增加贸易商的成本，并导致交货迟延；强行改变价格的做法，还会干涉买卖双方的合同关系，从而阻碍国际贸易的正常进行。因此，有必要通过多边谈判制定相关的纪律，规范进口方政府的做法。

此外，考虑到装运前检验机构是代表进口方政府在出口方从事检验，因而也有必要就装运前检验机构如何核实价格，出口商与装运前检验机构之间的争端如何解决等问题，制定相应的规则。

为解决上述问题,"乌拉圭回合"将装运前检验列为谈判议题之一。在谈判中,实施装运前检验制度的国家要求保留这一做法;其他参加方也注意到这些国家依赖装运前检验的现状,承认他们有必要实施这一制度,但要求装运前检验不应导致不必要的迟延,或使出口商受到不公平的待遇。最后,参加方达成了《装运前检验协议》,该协议适用于世贸组织所有成员。

二、主要内容

《装运前检验协议》由9个条款组成。包括适用范围,进口方和出口方的义务,检验机构与出口商之间争端的解决,以及世贸组织成员方之间争端的解决等。

(一) 适用范围

《装运前检验协议》适用于由世贸组织成员方政府通过政府授权或政府合约的方式,指定检验机构对进口产品的质量、数量、价格(包括汇率与融资条件)以及产品的海关分类等,在出口方进行的所有装运前检验活动。

(二) 进口方的义务

实施装运前检验制度的世贸组织成员进口方应承担的义务,是《装运前检验协议》的核心内容。其中最重要的是进口方在价格审核方面应遵守的规则。这些规则基本上是针对装运前检验机构的,但由于世贸组织主要约束政府行为,所以进口方政府承担了"应确保"检验机构遵守这些规则的义务。

1. 非歧视地从事装运前检验活动

检验程序和标准应是客观的,且平等地适用于所有有关产品的出口商,所有检验人员都应按照相同的标准从事检验。

2. 有关检验活动应在出口方进行

装运前检验活动,包括出具或不出具"清洁检验结果报告",都应在产品的出口方进行,除非产品的性质很复杂以致无法在出口方进行,或者出口商和检验机构都同意,才可以在产品的制造地进行。

3. 标准问题

检验产品质量和数量的标准应是买卖双方签订的购销合同中规定的标准。如合同中未作有关规定,则应采用相关的国际标准。

4. 价格审核应遵循以下规则

(1) 以合同价格为准。只有在根据下述(2)、(3)和(4)规定的标准审核了价格后,证明进口商和出口商约定的合同价格不能令人满意时,装运前检验机构才可拒绝接受合同价格。

(2) 合理确定比较价格。检验机构审核价格时所用的比较价格,应是相同时间或大致

相同时间来自同一个出口国家,以竞争性、可比性的销售条件,按照商业惯例销售,且扣除了任何标准折扣后的相同或类似产品的出口价格。检验机构在使用这种出口价格时,应考虑进口国和比较国的相关经济因素,不应为了任意设定最低价格而以出口到不同国家的产品价格作为比较价格。检验机构确定比较价格时,不能使用进口国生产产品在其国内的销售价格,不能使用来自另一出口国的产品价格,不能参考进口产品的生产成本,也不能采用任意或虚构的价格。

(3) 按合同双方约定的运输方式审核运输费。在审核运输费时,检验机构不能对合同中标明的运输方式提出质疑,只应审核买卖双方约定的,在销售合同中标明的运输方式的价格。

(4) 审核价格应考虑其他因素。在审核价格时,检验机构还应适当考虑销售合同条件,以及公认的与进出口交易有关的各种调整因素,如销售数量、交货期和交货条件、价格调整条款、质量规格、特殊设计风格、特殊装运或包装规格、订单的大小、季节影响、许可使用费或其他知识产权使用费等。同时,也应考虑影响出口价格的其他因素,如出口商和进口商之间的合同关系等。

5. 保持装运前检验的透明度

(1) 世贸组织成员进口方应公布所有有关装运前检验的法律、法规及其变化,使其他成员方政府和贸易商知晓该成员方有关装运前检验的规定。进口方还应将这些法律、法规及其变化及时通知世贸组织。

(2) 检验机构应将与装运前检验有关的要求和信息全部告知出口商。包括进口方的有关法律、法规,有关检验、价格审核和汇率审核的程序与标准,出口商享有的有关权利,检验机构内部设立的投诉程序等。

6. 应避免产生不必要的迟延

(1) 装运前检验应在检验机构与出口商约定的日期进行,除非出口商妨碍检验机构按期检验,或由于不可抗力而不能按期检验。

(2) 检验机构应在结束装运前检验的 5 天内,出具一份"清洁检验结果报告",并将该报告尽快送达出口商或其所指定的代表。如果检验机构不出具这样的报告,则应向出口商提供详细的书面解释,出口商可以提出书面的复检要求,检验机构应尽早进行复检。

(3) 只要出口商提出请求,检验机构应在实际检验日期前,根据出口商与进口商之间签订的合同、形式发票和有关的进口许可申请书,对价格或汇率进行初步核实。如果经初步核实,检验机构接受了有关价格或汇率,则进口国应接受这种价格或汇率,除非产品不符合进口许可证或进口单证的要求。

7. 检验机构应保守商业秘密

对装运前检验过程中收到的所有未公布且未被第三方获得,或未以其他方式进入公用领域的信息,检验机构应视其为商业秘密。检验机构不应要求出口商提供下列信息:

（1）制造数据。包括有专利权或即将获得专利的工艺,未公开的工艺,被许可使用的工艺等。

（2）未公开的技术数据。但必要的用以表明符合有关技术法规或标准的数据除外。

（3）内部定价(包括制造成本)。

（4）利润水平。

（5）出口商与供应商之间订立的合同条件。

（三）世贸组织成员出口方的义务

《装运前检验协议》对出口方规定了有限的义务。

1. 出口方应保证其有关装运前检验的法律、法规以非歧视的方式实施。

2. 出口方应及时公布有关装运前检验的法律、法规。

3. 如进口方提出请求,出口方应根据双方议定的条件,向其提供有关技术援助。

（四）检验机构与出口商之间争端的解决

如果检验机构和出口商之间发生争端,世贸组织鼓励双方首先通过相互协商的方式解决。检验机构应在设有检验办公室的每个城市或港口设置专门人员,在办公时间受理和处理出口商的投诉。

若出口商提出投诉两天后争端仍未解决,则应根据《装运前检验协议》规定的独立审议程序来解决。由分别代表检验机构和出口商的组织联合建立一个独立实体,负责独立审议程序的运作。代表检验机构的是国际检验机构联合会,代表出口商的是国际商会。

1995年12月,世贸组织总理事会通过决定,在世贸组织内建立一个解决检验机构与出口商之间争端的独立实体。该独立实体作为货物贸易理事会的附属机构,由世贸组织秘书处人员担任工作人员。独立实体拥有一份专家组成员名单,包括国际检验机构联合会提名的一组专家,国际商会提名的一组专家,独立实体提名的一组中立的贸易专家。

争端双方都可以将有关争端提交独立实体审议。应当事方请求,独立实体应成立由三人组成的专家组审议争端。这三个人应分别从上述三组专家中选出,并由中立的贸易专家担任主席。专家组应在当事方提出独立审议要求后的8个工作日内作出决定,该决定对争端双方都具有约束力。有关费用根据争端解决结果的具体情况由当事方承担。

如争端双方同意,独立实体亦可选定一名中立的贸易专家审议争端。该专家应作出必要的决定,以保证迅速解决争端。

（五）世贸组织成员方之间争端的解决

世贸组织成员方之间有关《装运前检验协议》实施产生的争端,应通过世贸组织正常的争端解决程序解决。

世贸组织没有设立专门委员会监督《装运前检验协议》的执行,该协议由货物贸易理事会直接实施监督,由部长级会议每三年审议一次。部长级会议可根据实践经验,对《装运前检验协议》进行修正。

第五节 《原产地规则协议》

原产地规则是指,一个国家或地区为确定货物原产地而实施的普遍适用的法律、法规及行政决定,其核心是判定货物原产地的具体标准,即原产地标准。"乌拉圭回合"达成的《原产地规则协议》的宗旨是,确保成员方以公正、透明、可预测和一致、中性的方式制定与实施原产地规则,使有关原产地规则的法律、法规和做法不对贸易造成不必要的障碍,以便利国际贸易的发展。

一、产生背景

货物的原产地是货物的"国籍"。在国际贸易实践中,产品的原产地通常为完整生产某项产品的国家或地区;当产品的生产涉及多个国家或地区时,产品的原产地是产品最后发生"实质性改变"的国家或地区。"实质性改变"一般是指,这种改变形成了一种完全不同的"新"产品。例如,以中国内地的猪鬃和日本的木柄为原料,在中国香港生产木刷,按照"实质性改变"原则,这种木刷的原产地应为香港。因为与猪鬃和木柄相比,在香港进行的将木柄和猪鬃粘连的工序形成了一种完全不同的新产品——木刷,"实质性改变"的发生地在香港,木刷的原产地也就认定为香港。

长期以来,国际社会未能制定出一套协调一致的全球性原产地规则,而主要发达国家制定了多套不同的原产地规则。这些规则在反倾销、地区经济一体化及进口国别配额分配等方面,具有潜在的贸易保护作用,客观上对国际贸易形成阻碍,使得在国际范围内制定协调一致的原产地规则越来越重要。"乌拉圭回合"中,原产地规则问题被列为议题之一。

在"乌拉圭回合"的谈判后期,中国香港、日本、美国及欧洲共同体均就原产地规则及其多边协议提交了各自的建议。在此基础上,缔约方经过谈判,最终达成了《原产地规则协议》。这是第一个协调国际贸易中货物原产地规则的多边协议,适用于世贸组织的所有成员。

二、主要内容

《原产地规则协议》共分 4 个部分,由 9 个条款和 2 个附件组成。主要内容包括协议的适用范围,原产地规则的协调,实施原产地规则的有关纪律,机构设置等。

（一）适用范围

《原产地规则协议》只适用于有关实施非优惠性商业政策措施的原产地规则,具体包括实行最惠国待遇,反倾销和反补贴税,保障措施,原产地标记要求,任何歧视性数量限制或关税配额,以及政府采购外国货物和贸易统计等所使用的原产地规则。

《原产地规则协议》不适用于优惠性原产地规则。优惠性原产地规则是指,成员方为确定货物是否有资格享受优于最惠国待遇的关税而实施的原产地规则,如自由贸易区内和普惠制下所实施的货物原产地规则。

（二）原产地规则的协调

原产地规则协调的目标是,建立具有以下特征的原产地规则体系:

（1）同一原产地规则适用于所有非优惠性贸易政策。

（2）原产地规则应是客观的、可理解的和可预测的,且具有连贯性。

（3）原产地规则应以一致、统一、公正和合理的方式管理。

（4）原产地规则应以肯定性标准为基础,否定性标准可用以澄清肯定性标准。

根据《原产地规则协议》的规定和世贸组织的授权,从1995年开始,世界海关组织原产地规则技术委员会负责协调世贸组织成员非优惠性原产地规则的工作,按照《原产地规则协议》的要求,协调工作以商品类别为基础,即按协调编码制度税则目录中的类、章所代表的商品类别进行。对世贸组织成员方原产地规则中使用的"完全制造"和"最低程度的制造或加工",原产地规则技术委员会应提出协调一致的定义;按"实质性改变"原则确定产品的原产地标准时,原产地规则技术委员会应研究和阐明如何使用税号的改变规则,必要时应阐明税号的最低改变;对采用协调制度税号仍不能描述"实质性改变"的产品,原产地规则技术委员会应仔细考虑和阐明如何以补充或专用的形式借助其他规定,如增值百分比要求,或制造与加工工序要求,来确定产品的原产地。

原产地规则技术委员会协调工作的结果,由世贸组织部长级会议予以采纳,这些结果以附件的形式作为《原产地规则协议》的组成部分,并于约定之日起生效。

《原产地规则协议》要求,原产地规则协调工作应在1995年7月1日至1998年6月30日期间完成,但由于各成员方利益不同,迄今仍未就每一货物的原产地标准达成一致,因此,目前尚处于过渡期间。

（三）过渡期间的纪律

在原产地规则协调工作计划完成之前的过渡期间,世贸组织成员方暂不实行《原产地规则协议》中有关同一原产地规则适用于所有非优惠性贸易政策的规定。

在过渡期间,世贸组织成员方应遵守以下纪律:

1. 明确、中性的原产地规则

目前,大多数国家或地区在对"实质性改变"原则作出具体解释时,通常采用税号改变、增值百分比、加工工序三个标准。

(1)税号改变标准,又称税则分类变化标准,指产品经加工制造成最终产品后,其税号与所用原材料的税号不同,此加工制造地即为该产品的原产地。例如,用其他国家或地区生产的零部件组装收音机,由于收音机与零部件的税号不同,收音机的组装地即为原产地。

(2)增值百分比标准,指根据构成产品的进口原料或国内原料与产品本身的价值比来确定产品的原产地。例如,一国可规定,当产品中进口成分的价值超过产品本身价值的30%时,这项产品的原产地就不能确定为该国。

(3)制造或加工工序标准,指依据产品的制造或加工工序来确定产品的原产地,这种制造或加工工序必须足以赋予产品某些本质特征。产品只有在一国或地区经历规定的制造或加工工序后,方可取得该国或地区的原产地资格。例如,某国可规定"缝制地"为服装的原产地。

过渡期间世贸组织各成员发布各自的原产地规则,应具体列明所采用的原产地标准。如果采用税号改变标准,必须清楚地列明该规则所述的税则目录内的税号;如果采用增值百分比标准,必须详细地列明计算这一百分比率的方法;如果采用制造或加工工序标准,必须准确地列明能授予有关产品原产地资格的制造或加工工序。这些要求仅在过渡期内适用,过渡期后,各成员就应采用统一的协调后的原产地标准。

与此同时,原产地规则应为中性,即尽管原产地规则与政策措施或手段有联系,但世贸组织各成员不得将原产地规则用做直接或间接地追求贸易目标的工具,来达到限制国际贸易的目的。

2. 肯定性原产地标准

《原产地规则协议》要求,世贸组织各成员的原产地规则应以肯定性标准为基础。肯定性标准是指,只要产品符合进口方原产地标准,就可授予产品原产地资格。与肯定性标准相对应的是否定性标准,否定性标准指在何种情况下不能授予产品原产地资格的规定。只有在作为对肯定性标准的部分澄清,或在无须使用肯定性标准确定原产地的个别情况下,才允许使用否定性标准。

3. 原产地的评定

《原产地规则协议》规定,应出口商、进口商或持有正当理由的任何人要求,各成员方的主管机构应在接到原产地评定要求之日起的150天内,尽早公布对有关产品原产地的评定意见。评定意见的有效期一般为3年。

4. 行政行为的复议

任何与确定原产地有关的行政行为,均可由独立于原产地评定机构的司法、仲裁及行政庭或行政程序迅速进行复议,行政行为复议可以修改或推翻原评定意见。

(四)过渡期后的纪律

原产地规则协调工作计划一经完成,过渡期即告结束。在过渡期后,世贸组织成员方除应继续遵守过渡期间适用的基本原则外,还须遵守同一原产地规则适用于所有非优惠性贸易政策的规定。

(五)机构设置

根据《原产地规则协议》规定,世贸组织设立原产地规则委员会。该委员会由各成员方代表组成,每年至少召开一次会议,审议协议的执行情况,并根据原产地规则协调工作的结果提出必要的修正建议。世贸组织秘书处行使原产地规则委员会秘书处的职责。同时,在世界海关组织设立原产地规则技术委员会,具体承担原产地规则方面的技术性工作,包括原产地规则的协调。世界海关组织秘书处行使原产地规则技术委员会秘书处的职责。

第六节 《进口许可程序协议》

《进口许可程序协议》的宗旨是,保证进口许可程序的实施和管理的简化、透明、公平和公正,避免对产品进口造成障碍或限制。进口许可是对进口的一种行政管理程序,既包括进口许可证制度本身的程序,也包括作为进口前提条件的其他行政管理手续。

一、产生背景

进口许可制度作为一项非关税措施,是世界各国管理进口的一种常见手段,在国际贸易中长期存在,并被广泛运用,但进口许可程序有时可能成为贸易壁垒,对贸易产生限制。

《1947年关税与贸易总协定》第8条和第13条对有关进口许可程序作了规定,但有关规定比较模糊,在实际执行中难以操作。从"肯尼迪回合"开始,如何简化进口许可程序,提高透明度,防止滥用或不适当应用进口许可程序,成为多边贸易谈判的一项重要内容。"东京回合"的主要目标之一,是制定更有效的国际规则,约束包括进口许可程序在内的各种非关税措施,减少这些措施对国际贸易的障碍或限制,经过谈判,缔约方达成了《进口许可程序守则》。

《进口许可程序守则》的适用具有灵活性,缔约方可以自行选择参加。由于许多发展中缔约方的许可证制度随外汇收入和进口状况的变化而改变,他们无法肯定能否遵守《进口许可程序守则》,因此,没有在该守则上签字,只是申请成为观察员,使该守则的适用范围受到

较大限制。

"乌拉圭回合"对《进口许可程序守则》作了进一步修改和完善,增加了通报和审议等条款,达成了《进口许可程序协议》,该协议适用于所有世贸组织成员。

二、主要内容

《进口许可程序协议》由序言和 8 个条款组成,主要包括一般规则,自动进口许可制度,非自动进口许可制度,通知和审议等。

(一) 一般规则

为防止因不恰当地实施行政程序而导致贸易扭曲,并考虑到发展中成员的发展及财政和贸易需要,世贸组织各成员应确保为实施进口许可制度而采用的程序符合《进口许可程序协议》。

1. 及时公布必要的信息

为使世贸组织其他成员方政府及贸易商知晓有关进口许可程序规则,成员方应在已向世贸组织通知的官方公报、报刊、杂志等出版物上,公布进口许可证申请程序规定及有关信息,包括个人、企业和机构提交这种申请的资格,需要接洽的行政机关,以及需要申领进口许可证的产品清单等。公布的时间应不迟于上述规定生效之日前的 21 天,特殊情况最晚不得迟于生效之日。如有其他成员方对所公布资料提出意见,成员方应予以考虑。

2. 简化申请和展期手续

申请进口许可证和进口许可证展期的程序应尽可能简化,表格应尽可能简单,但世贸组织成员方主管机构可以要求申请者提供必要的文件及信息,并至少给予申请者 21 天的合理时限。申请者原则上应只需接洽一个同申请有关的行政机关,若确有需要,所涉及的行政机关最多不应超过三个。

3. 不得因小错而拒绝批准

如果申请者提交的许可证申请文件中存在微小差错,但并未改变文件的基本数据等内容,主管部门不得因此拒绝批准申请。对于申请者在文件或程序中出现的,显然不是因企图欺诈或严重疏忽而造成的遗漏或差错,不应给予超出警告程度的处罚。货物在装船或运输等过程中发生的数量差异,只要符合正常的商业惯例,就不得以与许可证上标明的数字有微小出入为由,拒绝批准进口。

4. 不得在外汇供应上实行歧视

不管货物是否受进口许可证管理,任何进口商都应在同等条件下获得支付进口货物所需的外汇。

5. 允许安全例外和保密例外

《进口许可程序协议》允许进口方根据《1994 年关税与贸易总协定》第 21 条安全例外的

规定,采取有关措施。

世贸组织成员方可以不提供会导致妨碍法律实施、损害公共利益或企业合法商业利益的保密资料。

(二) 自动进口许可制度

自动进口许可制度是指,在任何情况下对进口申请一律予以批准的进口许可制度,这一制度通常用于统计和监督。

1. 世贸组织成员方只有在没有其他更合适的手段实现其管理目的,且已具备采取自动进口许可条件的情形下,才可以实施这种许可制度。

2. 实施自动进口许可制度,不得对进口货物产生限制;主管部门不得歧视许可证申请者,任何符合法律要求的申请者均有资格提出申请并获得许可证。主管部门在收到自动许可申请后,应迅速批准,审批时间最长不应超过 10 个工作日。

(三) 非自动进口许可制度

非自动进口许可制度指不属于自动许可制度管理的其他进口许可制度。

非自动许可制度适用于对配额及其他限制性措施进行管理。世贸组织成员方许可证签发机构在审批许可证时,可以行使签发与否的处置权。除了进口限制措施本身的影响外,非自动许可不得对进口产生额外的限制或扭曲,也不得造成更大的行政负担。

对非自动进口许可制度,《进口许可程序协议》作了如下规定:

1. 保证许可证管理的透明度

应世贸组织其他成员的要求,实行非自动进口许可管理的成员方必须提供充分的信息,包括贸易限制的管理,近期签发的进口许可证,在出口方之间分配许可证的情况,以及受进口许可证管理的产品进口数量和金额统计。对实行非自动进口许可管理的配额,应在规定的时限内,采用可使其他成员方政府和贸易商熟悉的方式,公布配额总量(数量或金额)、配额始末日期及其任何变化情况。如果配额是在出口方之间进行分配,应将分配情况立即通知所有与该产品有利益关系的成员方。

2. 及时、公正地实施许可程序

任何符合进口方法律和行政管理要求的个人、企业或机构,都具有申请许可证的同等资格,如果申请未获批准,申请者可要求主管机构告知理由,并有权要求复议或按进口方的国内法定程序上诉。若按先来先得的原则处理所有申请,审批的期限不应超过 30 天;若同时处理所有申请,审批的期限不应超过 60 天。许可证的有效期限应该合理,不应对货物进口造成障碍。在对配额实行管理时,主管机构不得阻碍对配额的充分使用。

3. 合理分配许可证

在分配许可证时,主管机构应考虑申请者的进口实绩和以往所发放许可证的使用情况,

还应考虑将许可证合理地分配给新的进口商,特别是从发展中成员进口产品的进口商。如果通过许可证管理全球配额,许可证持有者可自行选择进口来源;如果通过许可证管理国别配额,许可证上应列明具体国家。

4. 对误差采取补偿措施

如果符合正常商业惯例的微小误差,导致了进口货物的数量、金额或重量超过许可证规定的水平,主管机构可在未来的许可证分配时作出补偿性调整。

(四)通知和审议

《进口许可程序协议》要求,制定或更改许可程序的成员方,应在公布有关程序后的 60 天内通知世贸组织,通知的内容主要包括:

1. 许可程序是自动的还是非自动的。若是自动进口许可程序,应说明其行政管理的目的;若是非自动进口许可程序,应说明通过许可程序所实行的措施。

2. 许可程序的预计期限。如果不能提供预计期限,要说明原因。

3. 受许可程序管理的产品清单。

4. 索取许可资格申请资料的联系点。

5. 接受申请书的行政机关。

6. 公布许可程序的出版物名称与出版日期。

如果有世贸组织成员发现其他成员未通知有关情况,该成员也可将此情况向世贸组织通知。

世贸组织成立了专门的进口许可程序委员会,该委员会由各成员方的代表组成,每两年应至少召开一次会议,审议《进口许可程序协议》的执行情况,以保证该协议各项规则得到遵守。

第七节 《与贸易有关的投资措施协议》

《与贸易有关的投资措施协议》的宗旨是,防止某些投资措施可能产生的贸易限制和扭曲,便利国内外投资,逐步实现贸易自由化,促进国际贸易发展。投资措施一般是指,为了促使外国投资者达到某种业绩标准而采取的政策。

一、产生背景

20 世纪 80 年代中期以来,以发达国家跨国公司为主体的跨国直接投资规模和领域迅速扩大,发展中国家成为跨国公司实施全球发展战略的重要地区。面对跨国公司大规模的投资,绝大部分发展中国家担心本国产业、企业、市场受到过大的冲击,借鉴发达国家以往的做法,发展中国家从本国的实际情况出发,纷纷研究制定了有关投资的政策和法规。同时,部分发达国家出于增强企业竞争力的考虑,也有选择地保持和制定了保护本国企业的投资措施。虽然发达国家和发展中国家制定的投资措施各不相同,但有一个共同点,即大部分投资措施是限制进出口,特别是限制进口的与贸易有关的投资措施。

鉴于世界各国采取的投资措施对国际贸易的发展影响越来越大,"乌拉圭回合"将与贸易有关的投资措施问题列入了谈判议程,但各方在谈判中存在明显的分歧。

美国、日本等少数发达国家要求,与贸易有关的投资措施谈判应包括尽可能多的内容,从而为外国资本的流动,特别是向发展中成员境内流动创造便利条件。美国最先提出的与贸易有关的投资措施清单包括 13 项内容,即当地含量要求、贸易平衡要求、外汇平衡要求、外汇管制、国内销售要求、当地生产要求、出口实绩要求、产品授权要求、生产限制、技术转让要求、许可要求、汇款限制、股比限制。

对投资措施问题谈判,大部分发展中国家并不积极,担心会削弱自身的经济主权。因此,它们坚持纳入谈判的投资措施只能是与"贸易有关的",并应严格按照谈判启动时所规定的谈判目的和范围进行。还有一些发展中国家提出,应将跨国公司非正当竞争的行为,如转移定价、市场垄断等,列入谈判议题。

经过艰苦的谈判,"乌拉圭回合"最终达成了《与贸易有关的投资措施协议》,该协议适用于世贸组织所有成员方。

《与贸易有关的投资措施协议》是谈判各方妥协的结果。美国最早提出的 13 种与贸易有关的投资措施,只有 5 种作为附件内容被列入该协议;发展中国家提出的限制跨国公司非正当竞争行为的要求,未被列入该协议。

二、主要内容

《与贸易有关的投资措施协议》由 9 个条款和 1 个附件组成。该协议涉及的范围有限,仅对各成员方制定的投资措施中涉及货物贸易进出口的部分作了界定和限制。协议的主要内容包括:基本原则,禁止使用的与贸易有关的投资措施,各成员的具体义务,例外条款,发展中成员待遇,透明度要求,争端解决,管理执行机构等。

(一)基本原则

《与贸易有关的投资措施协议》规定,世贸组织各成员方实施与贸易有关的投资措施,不得违背《1994 年关税与贸易总协定》中的国民待遇原则和取消数量限制原则。该协议附有一份例示清单,具体列举了 5 种违反上述原则的与贸易有关的投资措施,无论这些投资措施是针对外国投资企业的,还是针对成员方本国企业的,都要受《与贸易有关的投资措施协议》约束。

（二）禁止使用的与贸易有关的投资措施

《与贸易有关的投资措施协议》附件例示清单中所列举的与贸易有关的投资措施，可以表现为法律、法规形式，也可以表现为政府的行政裁决形式，还可以是要求外国投资企业必须达到一些业绩标准（如一定比例的国产化率）才能获得某种优惠（如税收优惠）的政策措施。

1.《与贸易有关的投资措施协议》列举了两种违反国民待遇原则的与贸易有关的投资措施形式

（1）要求企业购买或使用最低限度的国内产品或任何国内来源的产品。具体表现是，规定有关国内产品的具体名称，规定企业购买或使用国内产品的数量或金额，规定企业在生产中必须使用的有关国内产品的最低比例。这种形式的投资措施通常被称为当地含量要求。许多成员方要求外国投资企业的产品必须达到一定的国产化比例，就属于这种情况。

比如，1997年印度尼西亚公布的汽车产业政策，对投资汽车产业提出了国产化要求。美国、欧洲共同体和日本根据《与贸易有关的投资措施协议》禁止使用当地含量要求的规定，对此提出了异议，并提交世贸组织争端解决机制，最终印度尼西亚的汽车产业政策被判定违反了《与贸易有关的投资措施协议》，印度尼西亚不得不在1999年7月取消了国产化的要求。

（2）要求企业购买或使用的进口产品数量或金额，以企业出口当地产品的数量或金额为限，这种形式通常被称为贸易平衡要求。一些成员方要求外国投资企业的进口额不能大于其出口额，就属于这种情况。

2.《与贸易有关的投资措施协议》列举了3种违反普遍取消数量限制原则的与贸易有关的投资措施形式

（1）总体上限制企业当地生产所需或与当地生产相关产品的进口，或要求企业进口产品的数量或金额以出口当地产品的数量或金额为限。

（2）将企业可使用的外汇限制在与该企业外汇流入相关的水平，以此限制该企业当地生产所需或与当地生产相关产品的进口。

（3）限制企业出口或供出口的产品销售。如规定有关限制出口的产品的具体名称，规定限制企业出口产品的数量或金额，规定限制企业出口产品的数量或金额占该企业当地生产的产品数量或金额的比例。

（三）世贸组织成员方的具体义务

世贸组织成员方在《建立世贸组织协定》生效后90天内，将所有正在实施的，且同《与贸易有关的投资措施协议》不相符的投资措施，通知世贸组织货物贸易理事会。

《与贸易有关的投资措施协议》规定，自该协议生效起，发达国家成员应在2年过渡期内取消已向货物贸易理事会通知的与贸易有关的投资措施,发展中国家成员有 5 年过渡期,最不发达成员有 7 年过渡期;在过渡期内,各成员可以继续实施已经通知的与贸易有关的投资措施,但不得进行修改,以避免增加对贸易的扭曲;世贸组织成员方在《建立世贸组织协定》生效前 6 个月内已实施的与贸易有关的投资措施,不能享受过渡期的待遇。

世贸组织成员方在过渡期内设立的新企业,也可受到仍然有效的与贸易有关的投资措施的约束,以避免形成对同类新、老企业或同类产品的差别待遇,导致不公平竞争。对新投资企业实施的与贸易有关的投资措施,亦应通知货物贸易理事会。

对于上述义务,发展中成员和最不发达成员可以享受一定的灵活性。具体表现在,发展中成员和最不发达成员如果能证明实施《与贸易有关的投资措施协议》存在特殊的困难,货物贸易理事会可以考虑延长其过渡期。

（四）例外条款

《1994 年关税与贸易总协定》规定的所有例外,可酌情适用于《与贸易有关的投资措施协议》。

（五）发展中成员待遇

发展中成员有权暂时背离《与贸易有关的投资措施协议》中有关国民待遇原则和普遍取消数量限制原则的规定,但其背离的程度及采取的方式,应遵守《1994 年关税与贸易总协定》第 18 条"政府对发展经济的援助",《关于 1994 年关税与贸易总协定国际收支条款的谅解》,以及"东京回合"通过的《关于为国际收支目的而采取的贸易措施宣言》中有关允许成员背离国民待遇和普遍取消数量限制的规定。

（六）透明度要求

《1994 年关税与贸易总协定》有关透明度和通知的规定,也适用于与贸易有关的投资措施。世贸组织成员方应将其刊载与贸易有关的投资措施的出版物,通知世贸组织秘书处。这些出版物中刊载的内容,应包括成员方领土内各级政府实施的与贸易有关的投资措施。

世贸组织成员方可不披露会导致妨碍执法、违背公众利益或损害特定企业合法商业利益的信息。

（七）争端解决

《1994 年关税与贸易总协定》第 22 条、第 23 条和《关于争端解决规则与程序的谅解》的规定,适用于《与贸易有关的投资措施协议》实施中产生的争端。有关争端均可提交世贸组织争端解决机制处理。目前实施《与贸易有关的投资措施协议》所产生的争端不多,一般都是发达成员针对发展中成员提出的,而且并非所有案例都进入专家组最后裁决阶段。例如,

美国曾就巴西的汽车产业政策提出磋商,最终通过双边协议的办法予以解决。

(八)管理执行机构

根据《与贸易有关的投资措施协议》,世贸组织成立了与贸易有关的投资措施委员会。该委员会负责每年向货物贸易理事会报告《与贸易有关的投资措施协议》的执行情况。货物贸易理事会在该协议生效5年内审议有关执行情况,并酌情向部长级会议提出修正建议。

本章小结

(一)《实施卫生与植物卫生措施协议》宗旨是,指导世贸组织各成员制定、采用和实施卫生与植物卫生措施,将这些措施对贸易的消极影响减少到最低程度。协议由14个条款和3个附件组成,主要内容包括:应遵循的规则,发展中成员所享有的特殊和差别待遇,卫生与植物卫生措施委员会的职能,争端解决等。

(二)《技术性贸易壁垒协议》的宗旨是指导世贸组织成员制定、采用和实施正当的技术性措施,鼓励采用国际标准和合格评定程序,保证这些措施不构成不必要的国际贸易障碍。协议由15个条款和3个附件组成,主要内容包括:制定、采用和实施技术性措施应遵守的规则;技术法规、标准和合格评定程序;通报、评议、咨询和审议制度等。

(三)《海关估价协议》的宗旨是,通过规范成员方对进口产品的估价方法,防止成员方使用任意或虚构的价格作为完税价格,确保海关估价制度的公平、统一和中立,不对国际贸易构成障碍。协议共分4个部分,由24个条款和3个附件组成,主要内容包括:适用范围,海关估价的方法,对海关估价决定的复议,发展中成员的特殊和差别待遇,争端解决,以及海关估价委员会与海关估价技术委员会的职能等。

(四)《装运前检验协议》的宗旨是,确保成员方实施的装运前检验制度是非歧视和透明的,避免给贸易造成不必要的障碍。协议由9个条款组成,主要内容包括:适用范围,进口方和出口方的义务,检验机构与出口商之间争端的解决,以及世贸组织成员方之间争端的解决等。

(五)《原产地规则协议》的宗旨是,成员方以公正、透明、可预测和一致、中性的方式制定与实施原产地规则,使有关原产地规则的法律、法规和做法不对贸易造成不必要的障碍,以便利国际贸易的发展。协议共分4个部分,由9个条款和2个附件组成,主要内容包括:协议的适用范围,原产地规则的协调,实施原产地规则的有关纪律,机构设置等。

(六)《进口许可程序协议》的宗旨是,保证进口许可程序的实施和管理的简化、透明、公平和公正,避免对产品进口造成障碍或限制。协议由序言和8个条款组成,主要包括一般规则,自动进口许可制度,非自动进口许可制度,通知和审议等。

(七)《与贸易有关的投资措施协议》的宗旨是,防止某些投资措施可能产生的贸易限制和扭曲,便利国内外投资,逐步实现贸易自由化,促进国际贸易发展。协议由 9 个条款和 1 个附件组成,该协议涉及的范围有限,仅对各成员方制定的投资措施中涉及货物贸易进出口的部分作了界定和限制。协议的主要内容包括:基本原则,禁止使用的与贸易有关的投资措施,各成员的具体义务,例外条款,发展中成员待遇,透明度要求,争端解决,管理执行机构等。

重要概念

卫生与植物卫生措施(Sanitary and phytosanitary measures,SPS)

技术性贸易措施(Technical Barriers to Trade,TBT)

合格评定程序(Conformity assessment procedures)

海关估价(Customs valuation)

装运前检验(Preshipment Inspection,PSI)

原产地规则（Rules of origin）

进口许可程序(Import licensing procedures)

与贸易有关的投资措施(Trade-related Investment Measures ,TRIMs)

案例分析

近年来,WTO 中和牛有关的贸易纠纷颇多,起源于欧洲并主要在英国、爱尔兰等 11 国流行的疯牛病正引起世界范围内的关注。联合国称全世界有 100 多个国家面临疯牛病的危险。美国和加拿大已全面禁止欧盟牛肉及牛肉制品的进口。

WTO 的卫生与检疫委员会也召开紧急会议讨论疯牛病对国际贸易的影响问题。没想到,除了疯牛病外,会议期间又有其他 16 个新问题冒了出来,例如,新西兰对新鲜水果的禁止进口措施,智利对玻利维亚的家禽禁止进口措施等,这些都说明 WTO 的《实施动植物卫生检疫措施协议》(SPS 协议)正成为国际贸易中的焦点问题。

那么,为什么动植物卫生检疫措施会成为国际贸易的热点呢? 在经济发展和社会进步的同时,人类和动植物却面临着更多的安全挑战,如疯牛病、禽流感、口蹄疫、果蝇和艾滋病等等。有些病虫如松树线虫,一旦由出口产品带入进口方,很容易在进口方领土上"定居"繁衍,造成危害。于是目的明确、用意良好的动植物卫生检疫措施产生并在国际贸易中得到了广泛应用。

按照多数国家的做法,许多进口产品必须满足本国制定的动植物卫生检疫措施规定,如果这些产品不符合本国的有关规定,就禁止进口。但是,由于采用的检疫方法在不同国家的差异和不一致,抑或其他技术原因,动植物卫生检疫措施可能会影响特定商品输出到某些国家,从而引起可能的贸易壁垒和国际贸易纠纷。这时候,动植物卫生检疫措施就成为一种非

关税壁垒,一旦成为非关税壁垒,很难对付。这是因为,这种壁垒形式更具有隐蔽性,它往往披着科学的外衣;更具有易变性,各国的动植物卫生检疫措施标准常常发生变化;更具有多样性,各国对同类,甚至是相同产品的标准通常是不一样的;更具有难以协调性,尽管WTO一直在号召使用国际标准,但鉴于动植物卫生检疫措施涉及产品之广,技术措施之复杂,国际上很难制定出统一的标准,即使有了国际标准,各国自然、经济和技术的差异也使国际标准难以推广。

WTO允许各国基于保护动植物和人类的安全而采用动植物卫生检疫措施,但《实施动植物卫生检疫措施协议》第3条要求动植物卫生检疫措施应以国际标准为依据,第5条要求动植物卫生检疫措施必须以科学原则为基础(包括对人类或动植物生命健康的风险评估)。

资料来源:《美国与日本关于限制农产品进口措施的争端案例评析》,见河北WTO事务咨询网站。

请讨论:

1. 当前国际卫生与植物卫生措施(SPS)的发展新趋势。

解析:2004年是WTO成立以来的第10个年头,也是WTO/SPS通报数量最多的一年。纵观通报结构,按通报数量从高到低依次排序:农兽残、动物检疫、植物检疫、食品法规、食品添加剂、临时措施、市场准入和包装。当前国际卫生与植物卫生措施(SPS)的发展新趋势和新热点有:第一,农兽残限量成为食品安全与农产品贸易的重点竞争领域。第二,食品安全风险管理和防范日益受到重视。第三,食品添加剂的安全使用引起广泛关注。第四,进口禁令成为防范动植物病虫害保护食品安全的屏障。

2. 加入WTO后中国卫生与植物卫生措施(SPS)体系现状及完善。

解析:为了适应加入世贸组织的需要,执行世贸组织的有关规则,履行我国所作的承诺,我们已经修改了有关的法律和行政法规。2001年9月24日,国家质检总局公布了《出入境检验检疫风险预警及快速反应管理规定》,这标志着我国即将建立出入境检验检疫风险预警及快速反应机制,该《规定》于2001年11月15日起正式施行。从该《规定》的内容可以看出,其中已经使用了风险评估、预警等《SPS协定》中的概念。

这些新的法律法规多为“条例”、“规定”,虽然它们的内容符合WTO的要求,但是其效力层次低。技术性贸易壁垒方面,我国已于2002年4月公布了修改后的《进出口商品检验法》,但是对于检验检疫方面法律等级最高的《进出境动植物检疫法》,我国却一直未作修改,其原因或许是《加入议定书》中我国对卫生与植物卫生措施方面只承诺尽“通知”义务,WTO并未要求我国修改相关法律条文,因此,显然《进出境动植物检疫法》存在漏洞需要完善,但这种要求与其他方面相比显得不是特别紧迫,故一直拖而未改,遇到具体问题时就发布一些行政法规来解决。

2004年4月6日第十届全国人民代表大会常务委员会第八次会议修订了《外贸法》,新法的第16条和第26条分别规定,国家基于某些原因,可以限制或者禁止有关货物、技术的进口或者出口,或禁止有关的国际服务贸易。这两个法条均在第二款规定“为保护人的健康或者安全,保护动物、植物的生命或者健康,保护环境,需要限制或者禁止进口或者出口的"(新《外贸法》于 2004 年 7 月 1 日起实施)。可以看出,新法建立起了货物进出口、技术进出口和国际服务贸易的应急预警机制,以应对外贸中的突发和异常情况,维护国家经济安全,这是我国根据《SPS 协定》对相关法律作出的调整与完善,在这样的规定下,我国出于保护公共卫生的目的而对货物进出口、技术进出口和国际服务贸易进行限制就有了明确而具体的法律依据。

同步测练与解析

1. 世贸组织成员如何设置卫生检疫和技术要求?

解析:以科学为依据实施卫生与植物卫生措施;以国际标准为基础制定卫生与植物卫生措施;等同对待出口成员达到要求的卫生与植物卫生措施;根据有害生物风险分析确定适当的保护水平;接受"病虫害非疫区"和"病虫害低度流行区"的概念;保持卫生与植物卫生措施有关法规的透明度;成员方应指定一个中央政府机构负责履行通知义务制定、采用和实施技术性措施,世贸组织成员方还应遵守以下具体规则:必要性规则、贸易影响最小规则、协调规则、特殊和差别待遇规则。

2. 海关估价最基本的方法是什么?

解析:海关估价的方法:以进口货物的成交价格确定完税价格;以相同货物的成交价格确定完税价格;以类似货物的成交价格确定完税价格;以倒扣价格方法确定完税价格;以计算价格方法确定完税价格;以"回顾"方法确定完税价格。

3. 装运前检验应如何规范?

解析:实施装运前检验制度的世贸组织成员进口方应承担的义务,是《装运前检验协议》的核心内容,其中最重要的是进口方在价格审核方面应遵守的规则,应避免产生不必要的迟延。检验机构应保守商业秘密。《装运前检验协议》对出口方规定了有限的义务:出口方应保证其有关装运前检验的法律、法规以非歧视的方式实施;出口方应及时公布有关装运前检验的法律、法规;如进口方提出请求,出口方应根据双方议定的条件,向其提供有关技术援助。

4. 确定原产地的标准有几个?

解析:目前,大多数国家或地区通常采用税号改变、增值百分比、加工工序三个标准。

5. 进口许可程序如何规范?

解析:及时公布必要的信息;简化申请和展期手续;不得因小错而拒绝批准;不得在外汇供应上实行歧视,不管货物是否受进口许可证管理,任何进口商都应在同等条件下获得支付进口货物所需的外汇;允许安全例外和保密例外。

6. 投资自由化包括什么内容?

解析:《与贸易有关的投资措施协议》由9个条款和1个附件组成,该协议涉及的范围有限,仅对各成员方制定的投资措施中涉及货物贸易进出口的部分作了界定和限制。协议的主要内容包括:基本原则、禁止使用的与贸易有关的投资措施、各成员的具体义务、例外条款、发展中成员待遇、透明度要求、争端解决、管理执行机构等。

C 第十章

公平竞争与补救措施协议

学 习 目 标

通过本章学习，了解《反倾销协议》的产生背景，掌握反倾销的实体性规定和实施反倾销措施的基本程序；了解《补贴与反补贴措施协议》的产生背景，掌握该协议组成部分及概念界定、补贴的分类以及补贴的争端解决和反补贴措施；了解《保障措施协议》的产生背景，掌握实施保障措施的条件和程序以及保障措施的具体实施。

重 点 难 点 提 示

- ◉ 关于反倾销的实体性规定
- ◉ 实施反倾销措施的基本程序
- ◉《反倾销协议》对调查的补充要求
- ◉《补贴与反补贴措施协议》组成部分及概念界定
- ◉ 禁止性补贴的种类
- ◉ 补贴的争端解决和反补贴措施
- ◉ 实施保障措施的条件和程序
- ◉ 保障措施的具体实施

第一节 《反倾销协议》

世贸组织负责实施管理的《关于实施〈1994 年关税与贸易总协定〉第 6 条的协议》,又称《反倾销协议》,是关于反倾销的规定。该协议是在《1947 年关税与贸易总协定》第 6 条基础上逐步演变而来的,只要不与《反倾销协议》相冲突,《1947 年关税与贸易总协定》第 6 条的规定仍然有效。《反倾销协议》约束各成员方的反倾销行为,以保证采取反倾销措施的规范性。

一、产生背景

产品倾销在国际贸易中由来已久,可追溯到 20 世纪初。倾销行为一出现,就被一些国家认为是不公平的贸易做法,并通过立法采取反倾销措施予以抵制,以保护国内相关产业。

加拿大 1904 年《海关关税法》,在世界上首次系统地规定了反倾销措施。此后,新西兰、澳大利亚、荷兰、南非、美国等国相继通过立法,抵制外国产品倾销。1948 年之前,反倾销立法基本限于国内法的范畴,缺乏统一、完善的国际规则。为了将反倾销措施限制在合理的范围和程度之内,协调国与国之间的立法冲突,减少和消除贸易壁垒,推动国际贸易自由化,各国开始谋求将反倾销措施纳入多边贸易体制。

在起草《国际贸易组织宪章》和《1947 年关税与贸易总协定》的过程中,美国以其国内法为范本,提出了反倾销条款草案。在此基础上,有关缔约方达成了一致意见,在《1947 年关税与贸易总协定》中专设第 6 条“反倾销与反补贴税”,第一次将反倾销纳入多边贸易规则的范围。该条款明确了倾销的基本定义,对倾销予以谴责,允许各国对倾销进行抵制,但是,《1947 年关税与贸易总协定》第 6 条只是一些原则性规定,缺乏可操作性。

在“肯尼迪回合”中,有关缔约方首次就实施《1947 年关税与贸易总协定》第 6 条达成了协议,该协议重新定义倾销,明确了实质损害标准,并对反倾销诉讼程序作了规定,进一步发展和充实了《1947 年关税与贸易总协定》第 6 条的内容。该协议是“肯尼迪回合”在非关税壁垒领域达成的唯一正式协议,但签署方有限,不具备普遍约束性。

在“肯尼迪回合”的基础上,“东京回合”对反倾销规则作了重大修改和补充,达成《反倾销守则》,取代了“肯尼迪回合”的有关协议,并于 1980 年 1 月 1 日起生效,《反倾销守则》仅有 23 个签署方,约束范围也很小。

为推动缔约方普遍接受反倾销规则,促进反倾销措施公正实施,避免反倾销措施被滥用来对国内产业实行长期保护,“乌拉圭回合”仍将反倾销列为重要议题。该轮谈判对《反倾销守则》进行了较大调整,就倾销和损害的认定、调查程序及证据原则等作了较为详细的规定,以确保《1947 年关税与贸易总协定》第 6 条确立的核心原则得到正确实施。经过多次磋商,最终达成《关于实施〈1994 年关税与贸易总协定〉第 6 条的协议》,即《反倾销协议》,对所有世贸组织成员适用。

二、关于反倾销的实体性规定

《反倾销协议》的实体性规定,主要包括实施反倾销措施的基本要件、反倾销措施、反倾销税的征收和价格承诺等。

(一) 实施反倾销措施的基本要件

实施反倾销措施必须具备的三个基本要件是:倾销、损害、倾销与损害之间的因果关系。

1. 倾销的确定

《反倾销协议》第 2 条明确界定了倾销的含义。倾销是指,一项产品的出口价格,低于其在正常贸易中出口国供其国内消费的同类产品的可比价格,即以低于正常价值的价格进入另一国市场。

(1) 正常价值的确定。产品正常价值的确定有三种方法:一是按正常贸易过程中出口国国内销售价格,二是按出口国向第三国正常贸易中的出口价格,三是按结构价格。一般情况下,应优先采用第一种方法,只有在不能采用第一种方法时,才能采用第二种或第三种方法。

正常贸易过程中出口国国内销售价格,一般是指被指控出口产品的同类产品在调查期内(通常是 1 年至 1 年半),国内市场正常贸易中的成交价(包括批发价格),或销售牌价,或一段时间内的加权平均价。以出口国国内销售价格确定正常价值,下列情况例外:

第一,出口国国内市场的正常贸易中,不存在被指控产品的同类产品的销售。

第二,虽然被指控产品的同类产品在出口国国内市场有销售,但由于特殊的市场情形不允许作适当的价格比较,如某种情况下的关联企业之间销售或低于成本销售。

第三,虽然被指控产品的同类产品在出口国国内市场有销售,但如果“销售量低”,也不允许作适当比较。《反倾销协议》就“销售量低”作了界定,如果被调查产品的同类产品在出口国供消费的数量,等于或超过该产品向进口方销售的 5％,则该数量视为足以作为确定该出口产品正常价值的销售数量。也就是说,在一般情况下,5％是确定“销售量低”的数量界限,但是,如果有证据表明较低比例的国内销售仍属于进行适当比较的足够数量,则可以不以 5％为限。

出口国向第三国正常贸易中的出口价格,是指出口到适当的第三国的可比价格。选用向第三国的出口价应考虑如下因素:产品具可比性;向所有第三国销售的同类产品价格中的较高价格;向第三国的销售做法与向反倾销调查国销售此类产品的做法相似;向第三国的销售价不能低于产品成本;向第三国的出口量一般不低于出口到反倾销调查国市场总量的 5％。

结构价格是根据同类产品在原产国的生产成本（包括实际消耗的原材料、折旧、能耗和劳动力等费用），加上合理的管理费、销售费、一般费用和利润确定的。

（2）出口价格的确定。出口价格是指在正常贸易中一国向另一国出口某一产品的价格，也就是出口商将产品出售给进口商的价格。在特定情况下，如果不存在出口价格，或是出口价格因进出口商有关联关系等原因不可靠时，可在进口产品首次转售给独立买主的价格基础上推定出口价格。如果该产品不是转售给独立买主，或不是以进口时的状态或条件转售，则进口方可以在合理的基础上确定出口价格。

（3）倾销幅度的确定。倾销幅度是对正常价值和出口价格进行适当的比较后确定的。

正常价值和出口价格是两个不同市场的销售价格，不仅在贸易环节上存在差异，其交易水平和渠道也各不相同。因此，在比较这两个数据之前必须进行必要的调整，使之具有可比性。调整主要考虑如下因素：相同的贸易水平，通常倒推至出厂前的价格水平；尽可能是在相同时间进行的销售；影响价格可比性的差异，包括销售条件、税收、销售数量和产品的物理特征等方面的差异；转售的费用；汇率；产品的同类性等。

比较正常价值和出口价格的方法有三种。

第一，加权平均的正常价值同所有可比出口交易的加权平均价格进行比较。

第二，正常价值与出口价格以逐笔交易为基础进行比较。

第三，如果因进口商、进口地或进口时间的不同，出口价格差异较大，而且进口方主管机构因这类差异不能使用上述两种方法进行比较，并对此作出解释说明，进口方可以用在加权平均基础上确定的正常价值与每笔交易的出口价格进行比较。

《反倾销协议》再次重申了《1947年关税与贸易总协定》对第6条第1款第2项的补充规定。在进口产品来自贸易被完全或实质性垄断的国家，且所有国内价格均由国家确定的情况下，进行价格比较可能存在特殊困难，这时进口方可能认为与此类国家的国内价格进行严格比较不一定适当。但是，《反倾销协议》没有明确规定在这种情况下如何进行价格比较。在实践中，该款的规定往往被一些进口方利用，成为使用特殊方法判断来自"非市场经济体制国家"产品正常价值的借口。比如，选择产品成本大大高于出口国的第三国作为替代国进行价格比较，这常常导致歧视性的反倾销政策。

2. 损害的确定

《反倾销协议》中的损害分三种情况：一是进口方生产同类产品的产业受到实质损害；二是进口方生产同类产品的产业受到实质损害威胁；三是进口方建立生产同类产品的产业受到实质阻碍。

（1）实质损害。实质损害指对进口方国内生产同类产品的产业造成实质性的重大损害。对实质损害的确定应依据肯定性证据，并应审查以下内容：

第一，进口产品倾销的数量情况。包括调查期内被控产品的进口绝对数量，或相对于进口方国内生产或消费的相对数量，是否较此前有大量增长。

第二，进口产品的倾销对国内市场同类产品价格的影响。包括调查期内是否使进口方同类产品的价格大幅下降，或在很大程度上抑制价格的上涨，或本应该发生的价格增长。

第三，进口产品的倾销对国内同类产品、产业产生的影响。应考虑和评估所有影响产业状况的有关经济因素和指标，包括销售、利润、产量、市场份额、生产率、投资收益或设备利用率的实际和潜在的下降；影响国内价格的因素；倾销幅度的大小；对流动资金、库存、就业、工资、增长率、筹措资本或投资能力的实际和潜在的消极影响等。

（2）实质损害威胁。实质损害威胁指进口方的有关产业虽尚未受到实质损害，但可以明显预见倾销将对相关产业造成实质性损害，且这种情形非常迫近。对实质损害威胁的确定应依据事实，而不是依据指控、推测或极小的可能性。

（3）产业建立受阻。产业建立受阻指进口产品的倾销阻碍了新产业的实际建立过程，而不是阻碍建立一个新产业的设想或计划。产业建立受阻的确定必须有充分的证据。

（4）损害的累积评估。《反倾销协议》规定，在一定条件下，进口方可以累积评估从不同来源进口的倾销产品对本国产业的影响，这些条件是：

第一，来自每个国家的产品的倾销幅度超过了 2%，即超过了"最低倾销幅度"。

第二，来自每个国家的倾销产品的进口量并非可忽略不计，一般来讲是指高于进口方对该类倾销产品进口总量的 3%；或者几个出口国各自所占份额虽低于 3%，但他们的总和超过进口方进口该倾销产品总量的 7%。

第三，根据进口产品之间的竞争条件及进口产品与国内同类产品之间的竞争条件，对进口产品所作的累积评估是适当的。

3. 倾销与损害之间因果关系的认定

《反倾销协议》规定，进口方主管机构应审查除进口倾销产品以外的、其他可能使国内产业受到损害的已知因素，这些因素包括：

（1）未以倾销价格出售的进口产品的价格及数量；

（2）需求萎缩或消费模式的改变；

（3）外国与国内生产商之间的竞争与限制性贸易做法；

（4）技术发展、国内产业的出口实绩及生产率等。

但是，进口方主管机构审查的已知因素不限于上述因素。进口方主管机构应调查、审议其他方面的因素，分析其对产业损害的影响，并且不应把这些因素造成的产业损害归咎于进口产品倾销。

这里需要特别说明，《反倾销协议》中的"国内产业"具有特定含义。国内产业的范围应为国内同类产品的全部生产商，或是其产品合计总产量占全部国内同类产品产量的相当部分的那些生产商。但如果生产商与出口商或进口商是关联企业，或者该生产商本身就被指控为倾销产品的进口商，则可以不计算在内。

（二）反倾销措施

反倾销措施包括临时反倾销措施和最终反倾销措施。

1. 临时反倾销措施

临时反倾销措施是指，进口方主管机构经过调查，初步认定被指控产品存在倾销，并对国内同类产业造成损害，据此可以在全部调查结束之前，采取临时性的反倾销措施，以防止在调查期间国内产业继续受到损害。

临时反倾销措施有两种形式：一是征收临时反倾销税；二是要求进口商自裁决之日起，提供与临时反倾销税数额相等的现金保证金或保函。

进口方主管机构应自反倾销案件正式立案调查之日起 60 天后，才能采取临时反倾销措施。这种措施的实施时间应尽可能短，一般情况下不得超过 4 个月，特定情况下可以延长到 6 个月至 9 个月。

2. 最终反倾销措施

在全部调查结束后，如果有充分的证据证明被调查的产品存在倾销，国内生产同类产品的产业受到损害，且倾销与损害之间有因果关系，则进口方主管机构可以采取最终反倾销措施，最终反倾销措施采取征收反倾销税的形式。

（三）反倾销税的征收

反倾销税是指在正常海关税费之外，进口方主管机构对倾销产品征收的一种附加税，反倾销税的税额不得超过所裁定的倾销幅度。

除达成价格承诺的产品，进口方主管机构应在非歧视的基础上，对所有造成损害的倾销产品征收反倾销税，但要根据每一个案件的不同情况，征收不同的、适当的反倾销税。

反倾销税的纳税义务人是倾销产品的进口商，出口商不得直接或间接替进口商承担反倾销税。初裁时的反倾销税率与终裁的税率不同时，其不足部分不再补交，而多交部分则应退还。

除非进口方主管机构以复审方式决定继续维持反倾销税，反倾销税的征收应自决定征收之日起不超过 5 年。

（四）价格承诺

价格承诺是指，被控倾销产品的生产商和出口商与进口方主管机构达成协议，出口商提高价格以消除产业损害，进口方相应地中止或终止案件调查。从实际效果讲，价格承诺也属于反倾销措施的一种形式。

《反倾销协议》规定，如任何出口商就修改出口价格，或停止以倾销价格向所涉地区出口，向进口方主管机构作出令人满意的自愿承诺，并使主管机构确信倾销的损害性影响已经消除,则主管机构可以中止或终止调查程序,而不采取临时反倾销措施或征收反倾销税。价格承诺协议对承诺者的出口价格进行限制,并通过定期核查等手段对其进行监督。

《反倾销协议》对缔结价格承诺协议的时间、条件及协议的终止作出了明确规定,包括以下几点。

(1)缔结协议应在进口方主管机构已经作了肯定性的倾销和损害的初步裁决后。

(2)如进口方主管机构认为其接受出口商的价格承诺实际上不可行,如实际或潜在的出口商数量过大,或者其他原因,则可以不接受出口商的价格承诺要求。

(3)价格承诺可由进口方主管机构提出,但不得强迫出口商接受。

(4)价格承诺被接受后,应出口商的请求或进口方主管机构决定,可以继续完成倾销和损害的调查。如果关于倾销和损害的调查结论是否定的,则价格承诺自动失效;如果结论是肯定的,价格承诺应按照规定继续有效。

(5)如果出口商违反了价格承诺协议,则进口方主管机构可以根据有关规定迅速采取行动,包括根据可获得的最佳信息立即实施临时反倾销措施,并可立即追溯征收反倾销税。

三、实施反倾销措施的基本程序

(一)申请人申请

一般情况下,反倾销调查应基于申请人的申请而开始。为保证申请人的产业代表性,《反倾销协议》除了规定对国内产业的一般理解外,还规定了进口方主管机构应对产业的代表性进行审核。《反倾销协议》进一步规定,在表明支持或反对立案申请的企业中,若支持者的集体产量占支持者和反对者总产量的50%以上,且支持者的集体产量不低于国内同类产品生产总量的25%,这些支持者应被认为可代表该产业提出申请。

申请必须以书面形式提出,内容应包括倾销、损害及因果关系的有关材料,缺乏证据的简单判断不能满足立案的要求。

(二)进口方主管机构审查立案

进口方主管机构应审查申请人提供的申请材料的准确性和充分性,以及申请企业的代表性,以便判定是否有足够的证据证明立案调查是适当的,并就立案问题作出决定。

(三)反倾销调查

进口方在正式决定立案调查后,应立即发布立案公告。公告应载明出口国的名称、涉及的产品、开始调查的日期、申请书声称倾销的依据和损害存在的概要说明。一般情况下,反倾销调查应在1年内结束,最长不得超过从调查开始之后的18个月。

1. 在调查开始后,如存在下列情况,反倾销调查应尽快终止

（1）无充分证据证明存在倾销或产业损害，或者两者之间没有因果关系；

（2）倾销幅度，或倾销产品的进口数量，或产业损害，是可忽略不计的。

2. 调查的参与

公告发布后，被控产品的出口商、生产商或其他利害关系方，有权要求参与反倾销调查，陈述自己的观点和意见。

3. 听证会及其他申辩机会

初裁之后，进口方主管机构将会利用各种机会，进一步核实涉诉双方提供的证据材料，包括举行听证会，听取评论意见及实地核查。

4. 快速审议

对于反倾销调查期间未出口被控产品的厂商，如其在反倾销征税命令有效期间出口相同或相似产品，进口方应采取"快速审议"的办法来确定这些厂商的单独的反倾销税率。

5. 追溯征税

指对那些在临时措施适用之前 90 天内进入消费领域的产品，追溯征收最终反倾销税。追溯征税的条件是：

（1）被控产品存在造成损害的倾销的历史纪录，或者进口商知道或理应知道出口商在实施倾销，并且该倾销会造成损害。

（2）损害是由于在相当短的时期内倾销产品的大量进入造成的。

（四）行政复审和司法审议

1. 行政复审

征收反倾销税是以抵消倾销造成的损害为最终目的。一旦有证据证明倾销所造成的损害已经被抵消，或损害程度有所减轻，或出现了新的影响征税的情况，则反倾销税也应相应取消或变更。为此，《反倾销协议》赋予了利害关系方向进口方主管机构申请复审的权利，当然，进口方主管机构也有主动提起复审的权利，这种复审统称为行政复审。

行政复审主要是就继续征收反倾销税的必要性进行审查，以及论证损害是否会因取消或变更反倾销税而重新发生。如经论证继续征收反倾销税或按照原税率征收反倾销税是不合理的，则应终止或减少征收反倾销税。

实践中，复审的形式有年度复审、新出口商复审、情势变迁复审、中期复审和日落复审等多种形式。复审的程序一般与反倾销调查程序相同。价格承诺的复审程序，大体与征收反倾销税的复审程序相同。

2. 司法审议

为保证各成员方公正实施反倾销措施，《反倾销协议》规定，各成员在其国内的反倾销法律中应包含司法审议机构及程序。对最终裁决和行政复审决定等行政行为，利害关系方可以要求通过司法、仲裁或行政法庭按照程序迅速进行审议。这类法庭、仲裁、行政法庭及程序,应完全独立于作出裁决或复审决定的行政主管机构,保持其独立性。采取何种形式的司法审议方式,由各成员方自行决定。

四、其他规定

(一)证据要求及对利害关系方信息的处理

《反倾销协议》规定,进口方主管机构有权要求各利害关系方提供与调查有关的证据材料,并应给予其充分的提供信息的机会,有关证据方面的要求如下。

(1)给予利害关系方提供证据的机会。进口方主管机构应将所要求的信息通知所有利害关系方,并给予其充分的机会以书面形式提出与调查有关的所有书面证据。

(2)利害关系方应有充分的辩护机会。

(3)进口方主管机构为利害关系方的陈述提供帮助和方便。进口方主管机构应在保密和可行的情况下,使所有利害关系方了解与案件陈述有关的、主管机构在反倾销调查中使用的所有信息,使其在此基础上准备陈述。

(4)对任何机密信息,进口方主管机构应按照机密信息处理。

(5)核实信息。为核实有关信息的可靠性及有关细节,经有关企业和所涉成员方政府代表的同意,进口方主管机构可根据需要在涉案企业的领土内进行核查。

(6)对不当信息或关系方不合作的处理。在调查中,进口方主管机构应保证使用信息的准确性。若任何利害关系方不允许使用信息,或未在合理时间内提供信息,或存在严重妨碍调查的行为,进口方主管机构有权利用在事实基础上获得的其他信息资料进行裁决。

(7)裁决基本事实的披露。终裁前,进口方主管机构应将拟实施的最终反倾销措施依据的基本事实,通知所有利害关系方,并使各方有充分的时间为其利益进行辩护。

(8)抽样调查。进口方主管机构应依据不同的生产商、出口商提供的信息材料,裁决不同的倾销幅度。但如果生产商和出口商很多,或所涉及的产品种类数量很多,分别给予每一个涉案企业单独的倾销幅度不现实,进口方主管机构可以采取抽样的方法审查合理数量的企业及产品,或者根据涉案成员方出口数量的最大百分比确定合理的调查范围。

(9)进口方主管机构应给受影响的工业用户及有代表性的消费者提供机会,以便其了解有关倾销、损害及因果关系的信息。

(二)关于发展中成员的特别规定

《反倾销协议》规定,在考虑实施该协议项下的反倾销措施时,发达成员应对发展中成员的特殊情况给予特别注意。在实施会影响发展中成员根本利益的反倾销措施之前,发达成员应探讨采用该协议规定的其他建设性救济措施的可能性,但在《反倾销协议》中,没有详细规定对发展中成员的特殊优惠,只是象征性地规定发达成员应注意发展中成员的根本利益

及建设性救济的可能性。

（三）反倾销措施委员会及其职能

为保障《反倾销协议》的实施，世贸组织专门设立了反倾销措施委员会。该委员会由各成员代表组成，可以酌情设立附属机构，每年至少召开两次会议，也可应任何成员方要求召开会议。

反倾销措施委员会履行《反倾销协议》项下或各成员指定的职责，并应向各成员就《反倾销协议》的实施，以及促进该协议目标实现的任何事项，提供磋商机会。

该委员会及其附属机构履行职责时，经有关成员方和有关企业的同意，可向其认为适当的任何信息来源进行咨询和寻求信息。

各成员应将负责调查反倾销的机构、立案和调查的国内程序通知反倾销措施委员会。各成员应尽快向该委员会报告其采取的临时反倾销措施和最终反倾销措施，并应每半年向委员会报告一次前6个月采取的反倾销行动的情况。

（四）磋商和争端解决

任何成员方采取反倾销措施，影响了其他成员方的利益，可以通过反倾销的磋商和争端解决途径寻求解决。《反倾销协议》规定，除该协议另有规定外，世贸组织的争端解决机制同样适用于反倾销。

（1）如果一成员方认为进口方实施反倾销措施，使其从世贸组织协定项下直接或间接获得的利益受到减损或丧失，或该项措施妨碍了任何协议目标的实现，则该成员方可以以书面形式要求与有关的一个或多个成员方进行磋商，以寻求各方满意的解决办法。每一成员方应对另一成员方提出的磋商要求给予积极的考虑，并应提供充分的磋商机会。

（2）如果磋商不能达成满意结果，且进口方的主管机构已经采取最终措施或接受价格承诺，则该成员可以将争端提交争端解决机构处理。如果一出口方成员认为进口方成员所采取的临时反倾销措施，违反了《反倾销协议》的有关规定，则也可将之提交争端解决机构处理。

（3）在受影响的成员方请求下，争端解决机制应设立专家组就该成员方的请求进行审查。世贸组织《关于争端解决规则与程序的谅解》，同样适用于《反倾销协议》项下的磋商和争端解决。

（4）专家组对保密信息负有保密义务。

五、《反倾销协议》对调查的补充要求

为使进口方主管机构公正、透明地进行反倾销调查，《反倾销协议》还通过两个附件对该协议的内容进行了补充，使实地核查和采用最佳可用信息方面更加规范。

（一）进口方主管机构的实地核查

《反倾销协议》附件 1 对进口方主管机构到有关涉案企业进行核查的程序，作了详细规定，主要包括以下几个方面。

（1）立案调查后的适当时间，进口方主管机构应将实地核查的意向通知该企业所在国家的主管机构和已知的有关公司，并应得到有关方面的同意。

（2）若核查组中包括非政府专家，也应通知上述有关方面。

（3）一般情况下，核查应在收到有关涉案企业对调查问卷的答复后进行。核查前应通知有关企业需要核实信息的性质及提供的信息，但核查时也可要求有关企业进一步提供细节。

（4）在可能的情况下，进口方主管机构对接受核查的有关成员方或企业提出配合核查的问题，在核查前予以答复。

（二）可获得最佳信息的采用

可获得最佳信息是指，进口方主管机构在调查过程中对有关利害关系方信息处理的一种方式，即弃用或部分弃用不配合调查或阻碍调查方提供的信息，而使用其认为适当的其他信息。

《反倾销协议》附件 2 对不采用利害关系方提供的证据或信息的处理原则，作了一般规定。

（1）调查开始后，进口方主管机构应向有关利害关系方说明所需要得到的信息及组织信息的方式。同时应说明，如果信息未按照要求提供，进口方主管机构可认为利害关系方的信息不可用，或不符合调查要求，并有权以可获得的事实为基础作出裁定，包括申请书中提出的事实。

（2）进口方主管机构可要求有关利害关系方以特殊介质（如计算机磁盘）提供信息，但不应给有关利害关系方增加不合理的额外负担。

（3）在裁定时，进口方主管机构应考虑使用可接受的、所有可核实的、以适当方式提交的信息。

（4）当信息或证据未被接受时，进口方主管机构应向有关企业说明理由，并给予对方在合理时间内进一步说明的机会。在其后的任何裁决公告中，应载明拒绝接受该证据或信息的理由。

（5）在调查过程中，进口方主管机构应特别慎重处理二手信息。如有可能，进口方主管机构应利用其他独立的信息来源核查二手信息的准确性。

第二节 《补贴与反补贴措施协议》

《补贴与反补贴措施协议》的目的是,有效约束和规范补贴的使用,防止补贴对竞争的扭曲;同时,规范反补贴的程序和标准,防止滥用反补贴措施阻碍公平贸易。但《补贴与反补贴措施协议》只处理影响货物贸易的补贴,《农业协议》中对农产品的补贴还有一些特殊规定,关于服务贸易的补贴在《服务贸易总协定》中另有规定。

一、产生背景

补贴作为公共经济政策的重要组成部分,为各国广泛采用。关税与贸易总协定和世贸组织并不否定补贴的作用,但补贴措施如使用不当也会导致不公平竞争,对进口方或第三方的相关产业或其他合法利益造成损害,扭曲贸易和影响资源的合理配置。

补贴与反补贴规则的形成历经了近半个世纪的漫长历程。关税与贸易总协定的早期规则中,仅有两个条款涉及这一问题,即《1947年关税与贸易总协定》第6条和第16条。其中,第6条关于反倾销措施的最初规则,也规范反补贴税的使用;第16条直接涉及补贴的使用,但表述相当含混,处理措施缺乏力度。因此,加强补贴纪律,确立规范的反补贴制度,一直是关税与贸易总协定缔约方努力的一个方向。

在"东京回合"中,缔约方达成了《关于解释与适用〈1947年关税与贸易总协定〉第6条、第16条和第23条的协议》,也称《反补贴守则》。该守则确立了补贴的一般纪律,丰富了反补贴的有关规定,同时制定了补贴争端解决的规则。《反补贴守则》是对《1947年关税与贸易总协定》补贴与反补贴制度的重大发展,并对日后"乌拉圭回合"达成《补贴与反补贴措施协议》产生了积极影响。但《反补贴守则》只是一个诸边守则,实际签署的仅有24个缔约方,因此,其约束范围有限。

在"乌拉圭回合"长达8年的谈判过程中,补贴与反补贴措施一直是难点和焦点议题。最终达成的《补贴与反补贴措施协议》,作为世贸组织一揽子协议的组成部分,适用于世贸组织所有成员。

二、组成部分及概念界定

《补贴与反补贴措施协议》由11个部分和7个附件组成。这11个部分分别是:总则,禁止性补贴,可诉补贴,不可诉补贴,反补贴措施,机构,通知和监督,发展中成员,过渡性安排,争端解决,最后条款。7个附件分别是:出口补贴例示清单,关于生产过程中投入物消耗的准则,关于确定替代退税制度为出口补贴的准则,从价补贴总额的计算,搜集关于严重侵害的信息的程序,根据第 12 条第 6 款进行实地调查的程序,第 27 条第 2 款(a)项所指的发展中成员。

(一) 补贴

《补贴与反补贴措施协议》从主体、形式和效果三个方面对补贴进行了界定,即补贴只有在满足下列三个条件时才成立:第一,补贴是由政府或公共机构提供;第二,政府提供了财政资助或任何形式的收入或价格支持;第三,补贴使产业或企业得到了利益。

1. 财政资助

财政资助包括:(1)政府直接提供资金(如赠款、贷款和资本注入)、潜在的资金或债务的直接转移(如政府为企业提供贷款担保);(2)政府应征税收的减免;(3)政府提供除一般基础设施之外的货物或服务,或者购买货物。

2. 收入或价格支持

收入或价格支持是政府补贴的另一种形式。这种支持可能是由法律限定某一种产品的最低价格,也可能表现为一种维持物价的物资储备制度。

3. 产业或企业得到利益

衡量补贴的另一标准是,政府的资助、收入或价格支持使有关产业或企业获得利益。这种利益是指产业或企业在正常商业条件下不能获得的条件、条款或优惠。

(二) 专向性

专向性是指补贴只给予一部分特定的产业、企业、地区。

《补贴与反补贴措施协议》只约束具有专向性的补贴,并规定了 4 种类型的专向性补贴。

(1) 企业专向性补贴,即政府对部分特定企业进行补贴;

(2) 产业专向性补贴,即政府对部分特定产业进行补贴;

(3) 地区专向性补贴,即政府对其领土内的部分特定地区的某些企业进行补贴;

(4) 禁止性补贴,即与出口实绩或使用进口替代相联系的补贴。

《补贴与反补贴措施协议》第 2 条,还明确了认定专向性补贴的一些标准和条件。凡是有关法律、法规有明确规定,或执行此项法律、法规的主管机构明确表示,补贴只给予特定的企业或产业,则该种补贴即具有了法律上的专向性,但约束补贴的专向性并不意味着不能对补贴发放设定条件,关键是设定条件应符合以下要求。

(1) 给予补贴及确定补贴金额的标准或条件必须是客观和中性的,不得使某些特定企业享受的利益优于其他企业。标准或条件应属经济性质,并横向适用,如按照员工人数或企业规模等授予补贴。

(2) 这些标准或条件必须在法律、法规或其他官方文件中明确规定,并能够被核查。

(3) 这些标准或条件必须是自动的,即只要企业或产业达到规定的条件就应得到补贴,

授予补贴的机构不得行使自由裁量权。

如果上述要求得不到实质满足,补贴便可能被认为具有法律上的专向性。另外,如果仅是形式上满足了上述要求,而事实上并没有严格执行,则补贴可能被认为具有事实上的专向性。补贴只要在法律上或事实上具有专向性,便可被认为具有专向性。

三、补贴的分类

《补贴与反补贴措施协议》将专向性补贴分为三类:禁止性补贴、可诉补贴、不可诉补贴。

(一)禁止性补贴

禁止性补贴又称"红灯补贴"。《补贴与反补贴措施协议》明确地将出口补贴和进口替代补贴规定为禁止性补贴,任何成员不得实施或维持此类补贴。农产品出口补贴的削减由《农业协议》规定。

1. 出口补贴

出口补贴指法律上或事实上以出口实绩为条件而给予的补贴。如果法律上明确规定以出口实绩作为给予补贴的唯一条件或条件之一,该种补贴则属于出口补贴,如果法律上虽没有明确规定以出口实绩作为补贴条件,但补贴的给予事实上与实际出口或预期出口(或出口收入)联系在一起,则该补贴也属于出口补贴,但并不是出口企业得到的补贴都是出口补贴,因为出口企业也完全可以享受非专向性补贴。

出口补贴的影响在于,它会刺激出口的增长,使其他未受补贴的同类产品在竞争中处于不利境地,并可能对进口方或第三方相关产业造成实质损害或实质损害威胁。

《补贴与反补贴措施协议》附件1专门列出了一个出口补贴例示清单,列举了12种可归于出口补贴的典型情况:

(1)政府视出口实绩对产业或企业提供的直接补贴,如以出口额或出口创汇额为基数给予一定比例的奖励。

(2)涉及出口奖励的货币留成方案或任何类似做法,如在外汇统一管制的情况下,以出口额或出口创汇额为基数,允许出口企业留存一定比例的外汇。

(3)政府规定的装运出口货物的国内费用条件,优于装运内销货物,即所谓出口装运补贴。

(4)政府或其代理机构直接或间接通过政府授权的方案,对出口生产提供货物或服务的条款或条件,优于对内销生产的条款或条件,并且此类条款或条件优于出口商在世界市场上通过商业途径可获得的条款或条件,如政府为出口企业免费提供信息服务,而对内销生产提供同样服务则要收费。

(5)全部或部分减免或缓征工商企业已付或应付的、专门与出口有关的直接税或社会福利费。直接税是指对工资、利润、利息、租金、专利权使用费和其他形式的收入所征收的税，以及对不动产所有权的征税。

（6）在计算直接税的税基时，与出口或出口实绩直接相关的特殊扣除，超过对供国内消费的生产的特殊扣除。即通过缩小税基，减轻出口企业税负，从而达到刺激和鼓励出口的目的。

（7）对出口生产和分销的间接税减免，超过对供国内消费的同类产品的生产和分销所征收的间接税，即超额减免税。间接税是指增值税、消费税、销售税、营业税、特许税、印花税、转让税、存货税、设备税、边境税及除直接税和进口费用外的所有税负。

（8）对用于出口产品生产的货物或服务，减免或缓征所征收的前阶段累积间接税，超过对给予国内消费的同类产品生产的待遇，也是一种超额减免。如果前阶段累积间接税是对出口产品生产过程中消耗的投入物所征收的（扣除正常损耗），则即使对供国内消费的同类产品的前阶段累积间接税不予减免或缓征，对出口产品仍可免、减、缓。

（9）进口费用的减免或退还，超过对出口产品生产中消耗的进口投入物所收取的进口费用（扣除正常损耗）。

（10）政府或政府控制的特殊机构提供的出口信贷担保或保险计划，以及针对出口产品成本增加或外汇风险的保险或担保计划，其利率或保险费率不足以弥补担保或保险计划的长期营业成本和亏损。

（11）政府提供的出口信贷利率低于使用该资金所实际应支付的利率，或低于国际资本市场获得同样信贷所应支付的利率；政府支付企业或其他金融机构为取得贷款所发生的全部或部分费用。但是，一成员如果是一官方出口信贷的国际承诺的参加方，或一成员在实践中实施的出口信贷利率与该国际承诺的规定相符，则符合该国际承诺规定的出口信贷做法不得视为出口补贴。

实践中，经济合作与发展组织《关于官方支持的出口信贷规则的协议》规定，其成员方提供的出口信贷只要不低于规定的利率水平，则不构成出口补贴。按照《补贴与反补贴措施协议》附件1的规定，世贸组织一成员，即使不是经济合作与发展组织成员，但如果其在提供出口信贷时遵守经济合作与发展组织的规定，则该出口信贷同样不应视为出口补贴。

（12）从成员方公共账户中所支取的任何其他费用，且该公共账户构成了《1994年关税与贸易总协定》第16条意义上的出口补贴。

关于出口补贴，《1994年关税与贸易总协定》第16条的注解还规定，对一出口产品免征其同类产品供国内消费时所负担的关税或国内税，或免除此类关税或国内税的数量不超过已征量，不得视为出口补贴。也就是说，对出口产品免征间接税或退还已就该产品征收的间接税，不构成出口补贴；出口退税如超过实际征收的税额，超额部分则构成出口补贴。

2. 进口替代补贴

进口替代补贴指以使用国产货物为条件而给予的补贴。与出口补贴给予出口产品的生产者或出口商不同，进口替代补贴给予的对象是本国产品的生产者、使用者或消费者。这种

补贴的影响在于：它会使进口产品在与受补贴的本国产品的竞争中处于劣势，从而抑制相关产品的进口。鉴于进口替代补贴对进口贸易的抑制和扭曲作用，《补贴与反补贴措施协议》同样将它纳入了禁止范畴。

进口替代补贴可以是给予进口替代产业优惠贷款，或为此类企业提供比其他企业更优惠的货物或服务，或在外汇使用方面提供更多的便利条件，或减免此类企业所得税等直接税，或通过允许加速折旧等方式减小所得税税基等等。

进口替代补贴既可以给生产商，也可以直接给使用者或消费者。如对进口替代产品使用者给予物质奖励，允许该使用者对进口替代设备进行加速折旧，或者对此类设备的增值税予以全额抵扣，对购买进口替代设备提供优惠贷款等。

（二）可诉补贴

可诉补贴又称"黄灯补贴"，指那些不是一律被禁止，但又不能自动免于质疑的补贴。对这类补贴，往往要根据其客观效果才能判定是否符合世贸组织规则。

《补贴与反补贴措施协议》第 5 条，对可诉补贴规定了总体原则，即成员方不得通过使用该协议第 1 条所规定的专向性补贴，而对其他成员的利益造成不利影响。这种不利影响指以下三种情况：一是对另一成员的国内产业造成损害，二是使其他成员丧失或减损根据《1994 年关税与贸易总协定》所获得利益，三是严重侵害另一成员的利益。

损害指一成员方政府的补贴对另一成员方国内产业所造成的实质损害，这与倾销对国内产业所造成的损害是非常相似的。

利益的丧失或减损是一个非常模糊的概念。对于补贴来讲，比较典型的情况是，一成员实施补贴，使另一成员本应获得的市场准入机会受到了削弱。

严重侵害是一个范围更广的概念。《补贴与反补贴措施协议》第 6 条对严重侵害规定了一些推定标准，即只要补贴符合以下情形，便可视为对另一成员的利益造成了严重侵害。

（1）补贴的影响在于取代或阻碍另一成员的同类产品进入提供补贴成员的市场。

（2）补贴使得另一成员同类产品对第三国市场的出口被取代或阻碍。

（3）补贴产品造成另一成员同类产品大幅降价、压价、价格抑制，或造成另一成员同类产品的大量销售损失。

（4）补贴导致补贴成员增加某一初级产品在世界市场中的份额。

《补贴与反补贴措施协议》还规定，如果提供补贴的成员能证明补贴并未造成第 6 条规定的任何一种影响，则不得视为存在严重侵害。

根据《补贴与反补贴措施协议》第 31 条规定，第 6 条规定临时适用 5 年（1995 年 1 月 1 日至 1999 年 12 月 31 日）。

（三）不可诉补贴

不可诉补贴又称"绿灯补贴"。《补贴与反补贴措施协议》第四部分规定了两大类不可诉补贴:一类是不具有专向性的补贴,另一类是符合特定要求的专向性补贴。

不具有专向性的补贴可普遍获得,不针对特定企业、特定产业和特定地区。

符合特定要求的专向性补贴,包括研究和开发补贴,贫困地区补贴,环保补贴。

研究和开发补贴是指,对公司进行研究和开发活动的援助,或对高等教育机构、研究机构与公司签约进行研究和开发活动的援助。

贫困地区补贴是指,按照一项总体地区发展规划给予贫困地区的援助。

环保补贴是指,为促进现有设施适应法律、法规规定的新的环保要求而提供的援助。

《补贴与反补贴措施协议》第 8 条,对上述补贴规定了非常详细的限定条件。该协议第 31 条规定,有关不可诉补贴的规定临时适用 5 年(1995 年 1 月 1 日至 1999 年 12 月 31 日)。

四、补贴的争端解决和反补贴措施

(一)补贴的争端解决

《补贴与反补贴措施协议》对成员方之间有关补贴问题的争端,提供了更为迅捷的多边解决程序,以体现对补贴行为的严格规范。

1. 禁止性补贴的争端解决

一成员如果有理由认为另一成员正在实施禁止性的补贴,即可请求同实施补贴的成员进行磋商。若在提出磋商请求后 30 天内未能达成双方同意的解决办法,则可将争端提交争端解决机构。

争端解决机构受理争端后,应立即成立专家组。专家组应在成立后的 90 天内,向争端当事方提交最终报告,并发送给世贸组织其他所有成员。如专家组认定补贴为禁止性的,则应建议立即撤销补贴,并明确限定撤销补贴的时限。除非争端一方表示上诉,或争端解决机构经协商一致不通过专家组报告,否则争端解决机构应在报告发送给所有成员后的 30 天内通过该报告。

如专家组报告被上诉,上诉机构一般应在 30 天内提出裁决报告,例外情况下不得超过 60 天,并交由争端解决机构予以通过。除非争端解决机构在 20 天内经协商一致决定不予通过,否则争端各方必须无条件接受上诉机构报告。

如果被诉方没有在专家组指定的时限内执行争端解决机构的建议,争端解决机构应授权申诉方采取适当的报复措施,除非争端解决机构经协商一致拒绝授予申诉方这种权利。实施补贴的成员方可就报复措施是否适当提请仲裁。

2. 可诉补贴的争端解决

一成员如果有理由认为另一成员实施的可诉补贴对其利益造成了不利影响,则可要求与实施补贴的成员方进行磋商。若提出磋商请求后的 60 天内未能达成协议,则任何一方可将争端提交争端解决机构。

争端解决机构受理争端后,应设立专家组,除非争端解决机构全体一致不同意设立专家组。专家组的组成及其职权范围应在专家组成立后的 15 天内确定。专家组应在 120 天内向争端各方提交最终报告,并将报告发送给世贸组织其他所有成员。除非争端一方表示要求上诉,或争端解决机构经协商一致决定不通过专家组报告,否则争端解决机构应于报告发送给全体成员之日起的 30 天内通过该报告。

如果专家组报告被上诉,上诉机构应于 60 天内提出裁决报告,例外情况下可延长至 90 天内。除非争端解决机构经协商一致不同意,否则争端解决机构应于上诉机构报告发送给全体成员之日起的 20 天内通过上诉机构报告,争端当事方必须无条件接受该报告。

如果争端解决机构通过的专家组报告或上诉机构报告认定可诉补贴应予撤销,则实施补贴的成员应自报告通过之日起的 6 个月内采取适当措施,消除补贴所造成的不利影响或取消该项补贴。在此期间,争端当事方还可就补偿问题进行谈判。如未达成补偿协议,且实施补贴的成员方亦未在规定时限内采取适当措施,争端解决机构应授权申诉方采取在性质和程度上与涉诉补贴措施相当的报复措施,除非争端解决机构协商一致拒绝这一补偿要求。被诉方可就报复措施的适当性问题提请仲裁解决。

与禁止性补贴相比,可诉补贴的争端解决程序时间要长一些。这体现了对不同类型补贴约束程度的差异。

(二)反补贴措施

反补贴措施指进口方主管机构应国内相关产业的申请,对受补贴的进口产品进行反补贴调查,并采取征收反补贴税或价格承诺等方式,抵消进口产品所享受的补贴,恢复公平竞争,保护受到损害的国内产业。

《补贴与反补贴措施协议》规定了使用反补贴措施的规则。这些规则与《反倾销协议》的有关规则非常相似,但两者仍存在一些不同点:

1. 对微量的标准规定不同

在反倾销调查中,2％或 2％以下的倾销幅度被认为是微量的;在反补贴调查中,只有补贴低于从价金额的 1％,才能被视为微量,对发展中成员适用的比例还要高一些,即可以低于2％。

2. 对忽略不计的标准规定不同

在反倾销调查中,如果某一成员倾销产品对特定市场的出口量不足该市场进口总量的3％,则该进口量可忽略不计,除非此种比例均低于 3％的几个成员的合计比例超过 7％;在反补贴调查中,针对发展中成员的此种比例为 4％,作为例外的合计比例为 9％。

3. 邀请磋商是发起反补贴调查成员方的义务,而反倾销调查中不存在此类规定

《补贴与反补贴措施协议》要求进口方主管机构在接受国内产业有关申请后,最迟应在发起调查前邀请可能被调查的成员进行磋商,以澄清有关被指证的事项,寻求达成双方满意

的解决办法。

4. 价格承诺的方式有所不同

反补贴中的价格承诺有两种形式：一是出口商同意修改其价格，以消除补贴的有害影响；二是出口方政府同意取消或限制补贴，或采取其他能消除补贴影响的措施。而在反倾销的价格承诺中，不存在政府承诺的问题。

如果一成员在采取反补贴措施过程中，未能遵守《补贴与反补贴措施协议》第五部分的实质性或程序性要求，其他成员可以通过争端解决机制提出质疑。

《补贴与反补贴措施协议》规定，争端解决程序与反补贴措施可以平行引用。从程序角度讲，争端解决程序与反补贴措施是不矛盾的。若一成员方认为另一成员实施补贴措施，该成员可以向争端解决机构提起申诉，同时也可以进行反补贴调查，以确定补贴进口产品是否对其国内产业造成了损害。

对某一特定补贴只能采取一种形式的救济措施，要么征收反补贴税，要么根据《补贴与反补贴措施协议》第 4 条或第 7 条的规定采取报复措施。

五、优惠待遇和过渡期

（一）发展中成员的优惠待遇

世贸组织所有成员均承认，补贴可在发展中成员的经济发展计划中发挥重要作用。因此，《补贴与反补贴措施协议》第八部分详细规定了各类发展中成员的特殊和差别待遇。与世贸组织其他协议相比，《补贴与反补贴措施协议》的优惠待遇涉及范围较广，对发展中成员和最不发达成员具有重要的实质意义。

根据联合国的有关标准，《补贴与反补贴措施协议》将发展中成员分为三类：一类是 49 个最不发达成员，二类是列入附件 7 的年人均国民生产总值低于 1 000 美元的 20 个发展中成员，三类是其他发展中成员。

1. 禁止性补贴方面的优惠

（1）最不发达成员可以无限期使用出口补贴，并在世贸组织成立后 8 年内（即至 2002 年年底），可使用进口替代补贴。

（2）附件 7 所列的 20 个发展中成员，在其年人均国民生产总值达到 1 000 美元之前，有权使用出口补贴，并在世贸组织成立后 5 年内（即至 1999 年年底），可保留进口替代补贴。

（3）其他发展中成员在世贸组织成立后 8 年内（即至 2002 年年底），可以保留出口补贴，但应在这 8 年内逐步取消，且不得提高其出口补贴的水平。如果出口补贴与其发展需求不相符，则应在短于 8 年的期限内取消；如果有关成员能证明延长保留出口补贴的期限，是出于经济、金融和发展的需要，则补贴与反补贴措施委员会可以延长这一期限；在世贸组织成立后 5 年内（即至 1999 年年底），这些发展中成员可以保留进口替代补贴。

对于发展中成员,若其某一具体产品已经具有"出口竞争力",即该种产品的出口连续 2 年达到同类产品世界贸易至少 3.25% 的份额,则该成员应在 2 年内取消对这种产品的出口补贴。但是,《补贴与反补贴措施协议》附件 7 所列 20 个发展中成员,即使其某一具体产品已经具有出口竞争力,仍可以在 8 年内逐步取消对该产品的出口补贴。

2. 可诉补贴方面的优惠

《补贴与反补贴措施协议》第 27 条还针对发展中成员,放宽了该协议第三部分规定的、适用于可诉补贴的多边规则,且这些更加优惠的待遇没有时间限制。如果发展中国家维持出口补贴、进口替代补贴的做法,符合《补贴与反补贴措施协议》第 27 条 2～5 款的规定,则其他成员不得援引有关禁止性补贴的争端解决程序,只能援引可诉补贴的程序。

3. 反补贴调查中的优惠

《补贴与反补贴措施协议》第五部分,就针对发展中成员采取反补贴措施作了一些特殊规定。如果发展中成员产品的补贴水平不足从价金额的 2%(非发展中成员为 1%),则针对其采取的反补贴调查应立即终止。

对于以下三类成员,微量补贴的幅度为 3%。

(1) 最不发达成员。

(2) 《补贴与反补贴措施协议》附件 7 所列的人均国民生产总值低于 1 000 美元的发展中成员。

(3) 可在世贸组织成立后的 8 年内继续使用出口补贴,但提前取消该类补贴的发展中成员。

如果源自发展中成员的受补贴进口产品不足进口份额的 4%,则反补贴调查也应立即终止,但如果低于 4% 份额的发展中成员的合计比例超过 9%,反补贴调查仍可继续进行。

(二) 转型经济成员

转型经济成员可以实施转型所必需的计划和措施,他们可以在世贸组织成立后的 7 年内,保留已向世贸组织通知的出口补贴和进口替代补贴,但这些补贴在 7 年内应逐步取消,或使其符合《补贴与反补贴措施协议》的规定。在 7 年期限内,为有助于经济结构调整,这些成员可以免除政府持有的债务,向企业提供赠款以偿还债务,而不受"严重侵害"规则的制约。

(三) 发达成员

发达成员在 3 年过渡期(1995～1997 年)后,应取消在签署《建立世贸组织协议》之前就已存在的禁止性补贴。这类计划应在该协议对该成员生效后的 90 天内,通知世贸组织补贴与反补贴措施委员会。

六、机构和监督

根据《补贴与反补贴措施协议》第六部分规定,世贸组织设立补贴与反补贴措施委员会,还设立了常设专家小组,常设专家小组可以在争端解决机构专家组的请求下,依据争端解决程序确定某一补贴是否属被禁止的补贴。

《补贴与反补贴措施协议》第七部分,对成员方就补贴进行通知的义务作了详尽规定,并明确了补贴与反补贴措施委员会监督该协议实施的职能。

第三节　《保障措施协议》

《保障措施协议》的目的是,进一步澄清《1994 年关税与贸易总协定》第 19 条的原则,强化保障措施的多边控制,消除规避保障措施控制的不当做法,促进国际贸易体制的稳定和完善。保障措施是指,成员方在进口激增并对其国内相关产业造成严重损害或严重损害威胁时,采取的进口限制措施。

保障措施在性质上完全不同于反倾销措施和反补贴措施,针对的是公平贸易条件下的进口产品,反倾销措施和反补贴措施针对的是不公平贸易。

一、产生背景

1943 年,美国和墨西哥签订的《互惠贸易协定》首次规定了保障条款。随后,在美国的主导下,保障条款正式纳入了《1947 年关税与贸易总协定》,即第 19 条"对某种产品进口的紧急措施"。

但是,《1947 年关税与贸易总协定》第 19 条的实施状况并不理想,这主要是条款本身的缺陷造成的。例如,缺乏对重要概念的定义,可操作性差;没有界定"增加的进口"与"损害"之间的因果联系;程序规则不明确等。在实践中,诸如"自愿出口限制"之类的"灰色区域"措施泛滥,多边规则形同虚设。因此,缔约方希望能进一步完善《1947 年关税与贸易总协定》第 19 条的规定。

在"东京回合"保障措施谈判流产后,"乌拉圭回合"中仍把保障措施列为 15 个谈判议题之一。经过缔约方艰苦的讨价还价,最终达成了《保障措施协议》,适用于所有成员方。《保障措施协议》由 14 个条款和 1 个附件组成。

二、实施保障措施的条件和程序

(一) 实施保障措施的条件

根据《1994 年关税与贸易总协定》第 19 条和《保障措施协议》的规定,世贸组织成员方实

施保障措施必须满足三个条件:第一,某项产品的进口激增;第二,进口激增是由于不可预见的情况和成员方履行世贸组织义务的结果;第三,进口激增对国内生产同类产品或直接竞争产品的产业,造成了严重损害或严重损害威胁。

1. 进口激增

《保障措施协议》规定的进口激增,是指产品进口数量的急剧增长,包括绝对增长和相对增长两种情况。

绝对增长是产品实际进口数量的增长。

相对增长是相对进口方国内生产而言,进口产品所占市场份额上升。进口产品出现相对增长的情况时,实际进口量并不一定发生改变。例如,某一产品的进口量始终保持在1 000,而国内同类产品的产量由原来的4 000下降为2 000,进口所占市场份额则从20%上升至33.3%,这种情况属于相对增长。

2. 进口激增的原因

进口激增是由于不可预见的情况和世贸组织成员方履行世贸组织义务的结果。

"不可预见的情况"在《1994年关税与贸易总协定》和《保障措施协议》中没有非常明确的解释。在1950年捷克斯洛伐克诉美国的"皮帽案"中,关税与贸易总协定工作组曾将"不可预见的情况"解释为,关税减让时不能合理预见的情况。

世贸组织成员方履行世贸组织义务,主要是指成员方履行关税减让和削减非关税壁垒等义务,履行这些义务,往往会增强进口产品的竞争力,可能导致进口激增。

世贸组织成员方实施保障措施,必须证明进口激增是由上述两种原因造成的。

3. 进口激增的后果

进口激增对国内生产同类产品或直接竞争产品的产业,造成了严重损害或严重损害威胁。

拟实施保障措施的世贸组织成员方,必须证明进口激增与产业损害或损害威胁之间存在因果关系,这种证明必须有客观证据的支持。如果在同一时期国内产业所受损害由进口增长以外的因素所致,则此类损害不得归咎于进口激增。

《保障措施协议》中的"国内产业"是指,在世贸组织一成员方境内生产与进口产品相似或直接竞争产品的全体国内生产商,或者其产量之和占该成员方这种相似或直接竞争产品生产总量主要部分的生产商。

关税同盟既可针对该同盟所辖全部区域采取保障措施,也可仅代表该同盟的某一成员实施保障措施。当同盟针对全部区域实施保障措施时,对损害及损害威胁的确定,应以同盟内相应的整个产业情况为基础;当同盟代表其某个成员实施保障措施时,对损害及威胁的确定,应仅以该成员相应的产业情况为基础,保障措施的实施也只以该成员的地域为限。

"严重损害"是指对国内某一产业的状况总体上造成重大损害。在确定对国内某一产业造成严重损害或严重损害威胁的调查中,主管机构应评估影响该产业状况的、客观和可量化的所有相关因素,特别是有关产品进口绝对增长或相对增长的比例和数量,增长的进口产品在国内市场所占份额,以及国内产业的销售水平、总产量、生产率、设备利用率、盈亏与就业的变化等。

"严重损害威胁"应理解为危急且显而易见的威胁,不能仅是想象或推测的威胁。

(二)实施保障措施的程序

为保证充分的透明度和公正性,《保障措施协议》对保障措施的实施规定了比较详细的程序。该程序主要包括调查、通知和磋商3个环节。

1．调查

调查是采取保障措施的必经步骤。有关调查应根据成员方事先制定的程序进行,并且应按《1994年关税与贸易总协定》第10条规定予以公开。

世贸组织成员方主管机构在采取保障措施前,应向所有利害关系方作出适当的公告、举行公开听证会,或给进口商、出口商及其他利害关系方提供适当的机会,以陈述证据和看法,对其他相关方的陈述作出答复。调查结束后,主管机构应公布调查报告,列明对一切相关事实和法律问题的调查结果,以及作出的合理结论。

2．通知

世贸组织成员方应将下列事项立即通知保障措施委员会:

(1)发起调查的决定及理由;

(2)对进口增长造成严重损害或损害威胁的调查结果;

(3)就实施或延长保障措施作出的决定。

在履行上述(2)和(3)项通知义务时,世贸组织成员方应提供以下有关信息:进口增长造成严重损害或严重损害威胁的证据,对调查所涉及产品和拟采取措施的准确描述,保障措施实施的日期、期限及逐步放宽的时间表等。货物贸易理事会或保障措施委员会,可以要求准备采取措施的世贸组织成员方提供必要的补充资料。

3．磋商

由于采取保障措施会影响到有关成员方根据世贸组织相关协议所享有的权利,《保障措施协议》规定,采取或延长保障措施的成员方应与各利害关系方进行磋商,交换意见,并达成谅解,磋商结果应及时通知货物贸易理事会。

三、保障措施的具体实施

保障措施只能以非歧视的方式实施,即进口限制措施仅针对产品,而不论该种产品的来源。

(一)保障措施实施的形式和期限

1．形式

实施保障措施,可以采取提高关税、纯粹的数量限制和关税配额等形式,但保障措施应

仅在防止或救济严重损害的必要限度内实施。

鉴于非关税措施对贸易的扭曲作用较大,《保障措施协议》第 5 条对实施数量限制和配额措施作了专门限定:即实施数量限制,不得使进口数量低于过去 3 个有代表性年份的平均进口水平,除非进口方有正当理由表明有必要采用与此不同的进口水平;在实施配额限制时,进口方应当与有利害关系的供应方就配额分配进行磋商,如磋商未能达成协议,则进口方应基于供应方前一有代表性时期的进口份额进行分配,除非在保障措施委员会主持磋商中证明,不按这种方法进行分配是有正当理由的。

2. 期限

保障措施的实施期限一般不应超过 4 年。如果仍需以保障措施防止损害或救济受损害的产业,或有证据表明该产业正在进行调整,则可延长实施期限,但保障措施的全部实施期限(包括临时保障措施)不得超过 8 年。

（二）临时保障措施

《保障措施协议》规定,在紧急情况下,如果迟延会造成难以弥补的损失,进口成员方可不经磋商而采取临时保障措施。主管机构只能在初步裁定进口激增已经或正在造成严重损害或损害威胁的情况下,方可采取临时保障措施。临时保障措施的实施期限不得超过 200 天,并且此期限计入保障措施总的期限。

临时保障措施应采取增加关税形式。如果随后的调查不能证实进口激增对国内有关产业已经造成损害或损害威胁,则增收的关税应迅速退还。成员方应在采取临时保障措施前通知保障措施委员会,在采取措施后应尽快与各利害关系方举行磋商。

（三）对实施保障措施的若干限制

如果某一保障措施的适用期预计超过 1 年,进口方在适用期内应按固定的时间间隔逐渐放宽该措施;如果实施期超过 3 年,进口方须在中期审查实施情况,并根据审查结果撤销或加快放宽该措施。延长期内的保障措施不得比最初适用的措施更加严格,且应继续放宽。

对同一进口产品再次适用保障措施,应遵守以下规定:一般情况下,两次保障措施之间应有一段不适用的间隔期,间隔期应不短于第一次保障措施的实施期限,至少为 2 年;如果保障措施的适用期只有 180 天或少于 180 天,并且在该措施实施之日前的 5 年内,未对同种产品采取两次以上的保障措施,则自该措施实施之日起 1 年后,可针对同种进口产品再次适用保障措施,实施期限至多为 180 天。

（四）补偿与报复

由于保障措施针对的是公平贸易条件下的产品进口,其实施必然影响出口方的正当利益。为此,《保障措施协议》第 8 条规定,有关世贸组织成员方可就保障措施对贸易产生的不利影响,协商贸易补偿的适当方式。

如果在 30 天内未达成协议,受影响的世贸组织出口方可以对世贸组织进口方对等地中止义务,即实施对等报复。但是,实施对等报复应在进口方实施保障措施后的 90 天内,并在货物贸易理事会收到出口方有关中止义务的书面通知 30 天后进行,且货物贸易理事会对此中止不持异议。

如果世贸组织进口方采取保障措施是因为进口的绝对增长,并且该措施符合《保障措施协议》的规定,则世贸组织出口方自保障措施实施之日起的 3 年内不得进行对等报复。

(五)禁止"灰色区域"措施

灰色区域措施指有关国家根据双边达成的非正式协议,实施的与世贸组织规则不符的进口限制措施。因这些协议透明度很低,故被形象地称为灰色区域措施。其主要特征是:

1. 名义上是出口国自愿承担的单方面行动,实际上是在进口方的压力下作出的;

2. 规避了取消数量限制和非歧视性原则;

3. 有关协议的内容一般包括提高产品价格、限制进口数量及进口监督等。

灰色区域措施种类很多:包括自愿出口限制,有秩序的销售安排,出口节制,出口价格或进口价格调控机制,出口或进口监督,强制的进口卡特尔,任意性出口或进口许可制度等。

鉴于灰色区域措施削弱了保障措施的作用,《保障措施协议》明确规定,世贸组织成员方不应寻求、采取或维持任何此类措施;世贸组织成员方不应鼓励或支持国营或私营企业,采取或维持与上述做法效果相同的非政府措施。根据《保障措施协议》的要求,到 1999 年年底,所有的灰色区域措施都被取消。

(六)发展中成员的优惠待遇

如果源自发展中成员方的产品,在进口方该产品进口总量中所占比例不超过 3%,则不得针对该发展中成员的产品实施保障措施。但是,当比例均不超过 3% 的几个发展中成员的合计比例超过 9% 时,保障措施则可适用。

发展中成员实施保障措施最长可至 10 年。在保障措施的再度适用方面,对发展中成员的限制也较发达成员少。

四、保障措施委员会的职能

《保障措施协议》第 13 条规定,设立保障措施委员会,隶属于货物贸易理事会,主要职能如下。

1. 监督《保障措施协议》的执行,向货物贸易理事会报告年度总体执行情况,并提出改善建议。

2. 根据受影响成员的请求,调查某一保障措施的实施,是否遵守了《保障措施协议》的

程序性要求,并向货物贸易理事会报告其调查结果。

3. 应成员方的请求,对成员方进行的磋商提供协助。

4. 监督灰色区域措施的取消进程,并酌情向货物贸易理事会报告。

5. 应采取保障措施成员的请求,审查中止减让或其他义务的提议是否实质上对等,并酌情向货物贸易理事会报告。

6. 接收并审查《保障措施协议》规定的所有通知。

根据保障措施委员会 2000 年年度报告的统计,截至 2000 年 11 月,世贸组织成员共发起保障措施调查 50 起,在已完成的 36 起调查中,最终实施保障措施的有 19 起。

■ 本章小结

1. 世贸组织负责实施管理的《关于实施〈1994 年关税与贸易总协定〉第 6 条的协议》,又称《反倾销协议》,是关于反倾销的规定,该协议是在《1947 年关税与贸易总协定》第 6 条的基础上逐步演变而来的,只要不与《反倾销协议》相冲突,《1947 年关税与贸易总协定》第 6 条的规定仍然有效。《反倾销协议》约束各成员方的反倾销行为,以保证采取反倾销措施的规范性。

2. 《反倾销协议》的实体性规定主要包括实施反倾销措施的基本要件、反倾销措施、反倾销税的征收和价格承诺等。实施反倾销措施的基本程序有:申请人申请、进口方主管机构审查立案、反倾销调查、行政复审和司法审议。

3. 《补贴与反补贴措施协议》的目的是有效约束和规范补贴的使用,防止补贴对竞争的扭曲;同时,规范反补贴的程序和标准,防止滥用反补贴措施,阻碍公平贸易,但《补贴与反补贴措施协议》只处理影响货物贸易的补贴,《农业协议》中对农产品的补贴还有一些特殊规定,关于服务贸易的补贴在《服务贸易总协定》中另有规定。

4. 《补贴与反补贴措施协议》从主体、形式和效果三个方面对补贴进行了界定,即补贴只有在满足下列三个条件时才成立:第一,补贴是由政府或公共机构提供;第二,政府提供了财政资助或任何形式的收入或价格支持;第三,补贴使产业或企业得到了利益。协议将专向性补贴分为三类:禁止性补贴、可诉补贴、不可诉补贴。

5. 《保障措施协议》的目的是进一步澄清《1994 年关税与贸易总协定》第 19 条的原则,强化保障措施的多边控制,消除规避保障措施控制的不当做法,促进国际贸易体制的稳定和完善。保障措施在性质上完全不同于反倾销措施和反补贴措施,保障措施针对的是公平贸易条件下的进口产品,反倾销措施和反补贴措施针对的是不公平贸易。

6. 《保障措施协议》的规定,世贸组织成员方实施保障措施必须满足三个条件:第一,某项产品的进口激增;第二,进口激增是由于不可预见的情况和成员方履行世贸组织义务的结果;第三,进口激增对国内生产同类产品或直接竞争产品的产业,造成了严重损害或严重损害威胁。为保证充分的透明度和公正性,协议规定保障措施实施程序主要包括调查、通知和磋商等环节。保障措施只能以非歧视的方式实施,即进口限制措施仅针对产品,而不论该种产品的来源。

重要概念

反倾销税(Anti-dumping duty)　　正常价值(Normal Value)

实质损害(Material injury)　　严重损害(Serious injury)

价格承诺(Price undertaking)　　反规避(Anti-circumvention)

出口补贴(Export subsidy)　　反补贴税(Countervailing duty)

禁止性补贴(Prohibited subsidy)　　可诉补贴(Actionable subsidy)

不可诉补贴(Non-actionable subsidy)　　保障措施(Safeguards)

灰色区域措施(Grey area measures)

案例分析

1997年8月12日,欧共体提出与韩国进行磋商的要求。欧共体提出,韩国以进口配额的形式对奶制品采取了保障措施,该措施违反了《保障措施协议》第2条、第4条、第5条和第12条,并违反了《GATT 1994》第19条。1998年1月9日,欧共体要求建立专家组,22日DSB设立了专家组,欧共体通知DSB暂时不进行专家组程序。1998年6月10日,欧共体重新提出设立专家组申请。在1998年7月23日的会议上,DSB设立了专家组。专家组裁定韩国的措施与保障措施协议4.2(a)和第5条的规定不符,但拒绝了据GATT第19条、保障措施协议2.1、12.1、12.2和12.3的要求。专家组的报告于1999年7月21日分发。9月15日,韩国通知了其上诉意图。上诉机构推翻了专家组对GATT第19条的解释及其与保障措施协议的关系的结论,维持了一项但推翻了另一项与保障措施协议第5条第1款有关的解释,并得出结论:韩国违反了保障措施协议第12条第2款,因而部分推翻了专家组的裁定。上诉机构的报告于1999年12月14日分发。DSB于2000年1月12日通过了上诉机构的报告及上诉机构变更的专家组的报告。

资料来源:《欧共体与韩国奶制品保障措施案》.载河北WTO事务咨询网站。http://www.hbwto.org.cn/index.asp。

请讨论:

1. 与本争端有关的保障措施协议第2条、第3条、第4条、第5条和第6条等条款的内容。

解析:第2条,条件;第3条,调查;第4条,严重损害或严重损害威胁的确定;第5条,保障措施的适用;第6条,临时保障措施。

2. 保障措施的特点和适用(与反倾销和反补贴作比较)。

解析:保障措施和反倾销措施都属于 WTO 体制中的贸易救济措施,是 WTO 允许成员方采用以保护国内产业的三种主要手段之二(另一种是反补贴措施)。二者在根本目标上是一致的,但在许多方面却存在差异:(1)适用情形问题。保障措施是 WTO 成员在公平贸易情况下保护国内产业的唯一正当手段;反倾销措施却是针对不公平贸易条件。(2)影响面问题。保障措施只能以非歧视性方式实施,不得选择性的对出口国施加贸易限制。相反,反倾销措施则针对采取倾销行为的出口方及其出口商,影响面小,进口方不至于因伤及无辜而面临国际上的政治压力、贸易报复压力。(3)执行手段问题。保障措施没有对保障措施的具体形式做分类规定,从以往实践看,大体有提高关税、数量限制(如许可证、配额、特别行政审批程序)或二者相结合的措施(如关税配额)。反倾销措施则只能采取征收反倾销税的形式,包括临时反倾销税、反倾销税和追溯反倾销税。(4)补偿问题。若 30 天内未达成协议,受影响出口方可以对进口方对等地中止义务,即实施对等报复以达到补偿的目的。相反,反倾销措施针对"价格歧视"这种不公平竞争方式,征收反倾销税以抵消倾销造成的损害为目的,并未减损利害关系方的正当利益,不产生补偿问题。(5)申请调查者的资格问题。保障措施没有对申请人的资格问题作出限制。反倾销则明确对申请调查者的资格作出规定,要求反倾销调查申请应当"由国内产业或代表国内产业提出"。(6)损害问题。保障措施的损害必须是严重的(serious),《反倾销协议》则要求,损害应是实质性的(material)。

同步测练与解析

1. 何谓倾销?

解析:倾销是指,一项产品的出口价格,低于其在正常贸易中出口国供其国内消费的同类产品的可比价格,即以低于正常价值的价格进入另一国市场。

2. 对非市场经济国家如何确定倾销可比价格?

解析:在实践中,《反倾销协议》的规定往往被一些进口方利用,成为使用特殊方法判断来自"非市场经济体制国家"产品正常价值的借口。如,选择产品成本大大高于出口国的第三国作为替代国进行价格比较,这常导致歧视性的反倾销政策。

3. 通过什么程序进行反倾销调查?

解析:实施反倾销措施的基本程序:申请人申请;进口方主管机构审查立案;反倾销调查;行政复审和司法审议。

4. 补贴分为几类？

解析:《补贴与反补贴措施协议》将专向性补贴分为三类:禁止性补贴,可诉补贴,不可诉补贴。

5. 采取何种方式对付禁止性补贴？

解析:禁止性补贴又称"红灯补贴"。《补贴与反补贴措施协议》明确地将出口补贴和进口替代补贴规定为禁止性补贴,任何成员不得实施或维持此类补贴。农产品出口补贴的消减有《农业协定》规定。

6. 实施保障措施的要件是什么？

解析:世贸组织成员方实施保障措施必须满足三个条件:第一,某项产品的进口激增;第二,进口激增是由于不可预见的情况和成员方履行世界贸易组织义务的结果;第三,进口激增对国内生产同类产品或直接竞争产品的产业,造成了严重损害或严重损害威胁。

C 第十一章

《服务贸易总协定》

学 习 目 标

通过本章的学习,掌握《服务贸易协定》产生过程、管辖范围、确定的义务和纪律、减让表规则与其他规定、有关附件,掌握《基础电信协议》和《金融服务协议》主要规定。

重 点 难 点 提 示

- ●《服务贸易协定》的管辖范围
- ●《服务贸易协定》确定的一般义务和纪律
- ●《服务贸易协定》的减让表规则与其他协定
- ●《基础电信协议》和《金融服务协议》主要规定

第一节 《服务贸易总协定》的产生过程

一、谈判的启动及过程

早在"东京回合"期间,美国就积极推动服务贸易谈判。在 1982 年关税与贸易总协定部长级会议上,美国提出了会议的优先议题,即在关税与贸易总协定内制定一个工作方案,为在服务领域进行多边谈判作技术准备,但是,发展中缔约方和某些发达缔约方反对这一倡议。这些缔约方担心,在关税与贸易总协定框架内处理服务贸易问题,会导致将关税与贸易总协定的原则直接适用于服务贸易领域,从而会使他们当时在服务贸易和投资领域实行的有违最惠国待遇、国民待遇原则的做法成为非法;他们更担心形成货物贸易与服务贸易之间的跨领域报复机制,影响货物贸易出口;他们也不愿意将货物贸易和服务贸易领域的减让联系起来进行一揽子谈判。

这次部长级会议最后通过了一个折中方案,鼓励对服务贸易有兴趣的缔约方就这一问题进行研究,并通过关税与贸易总协定等国际组织交换信息,将研究结果及有关国际组织提供的资料和评论意见,提交 1984 年关税与贸易总协定第四十届缔约方大会审议。

1984 年 11 月,关税与贸易总协定第四十届缔约方大会就服务贸易问题成立了专门工作组。埃斯特角部长级会议筹备委员会也将服务贸易问题纳入讨论范围。

1986 年 9 月,埃斯特角部长级会议在服务贸易问题上达成妥协,将服务贸易与货物贸易分开谈判,平行进行,并考虑了发达缔约方和发展中缔约方的立场。

"乌拉圭回合"就服务贸易问题成立了专门谈判组,对服务贸易的定义和统计、服务贸易多边框架范围、制定服务贸易规则的主要概念、现有的多边规则和协议、影响服务贸易的措施等问题进行了讨论,并在此基础上形成了提交 1988 年 12 月蒙特利尔贸易谈判委员会中期审评会议的报告。

在蒙特利尔会议上,发达缔约方和发展中缔约方达成妥协,通过了消除谈判障碍的一系列准则。1989 年 4 月,谈判组开始审查拟议中的服务贸易多边规则的适用性。审查的内容主要包括透明度、逐步自由化、国民待遇、最惠国待遇、市场准入、增强发展中国家的参与、一般例外和安全例外等。1989 年年底,谈判组开始起草服务贸易多边框架草案,草案涉及框架协议本身和部门注释两部分。

美国、巴西、瑞士、欧洲共同体、日本等代表团向服务贸易谈判组提交了框架协议草案。拉美 11 个国家和亚非 7 个国家(包括中国)分别联合提交了框架协议草案,在这些案文的基础上,谈判组主席向 1990 年 12 月布鲁塞尔部长级会议提交了《服务贸易总协定》草案主席案文。会议还收到了一系列关于部门注释的草案,涉及海运、内河运输、公路运输、空运、基

础电信、自然人流动、视听、广播、录音及出版等。

1991年4月，贸易谈判委员会围绕着服务贸易框架协议、具体承诺和部门注释三个主要领域展开谈判。

框架协议的谈判重点是最惠国待遇问题，特别是最惠国待遇例外问题。1991年6月，谈判组达成《关于具体承诺谈判的程序性准则》，要求各方应从1991年7月开始提交各自初步的具体承诺减让，在1991年9月前提出要价。由于受最惠国待遇例外问题的影响，直到1991年11月，大多数缔约方仍然没有提交具体承诺减让。

但是，谈判在海运、电信、金融、自然人流动等部门注释问题上取得了进展。

二、《服务贸易总协定》的达成

在1991年年底的贸易谈判委员会会议上，关税与贸易总协定总干事邓克尔为推动谈判进程，汇总了五年以来的谈判结果，提交了《乌拉圭回合多边贸易谈判结果的最后文件草案》。

1992年1月，贸易谈判委员会同意以邓克尔案文为基础，尽快结束"乌拉圭回合"谈判。在服务贸易领域，各方提交具体承诺减让的步伐随之加快，谈判组抓紧解决框架协议中的遗留问题，谈判最后阶段的主要问题包括最惠国待遇例外的处理，视听、电信和金融服务的具体承诺减让水平等。

1993年12月15日，贸易谈判委员会最终通过了包括《服务贸易总协定》在内的最后文件草案。

1994年4月15日，《乌拉圭回合多边贸易谈判最后文件》在摩洛哥的马拉喀什签署，《服务贸易总协定》是这轮回合中一项重要的谈判成果，服务贸易由此被正式纳入了多边贸易体制的管辖范围。

《服务贸易总协定》分6个部分，由32个条款组成。该协定主要包括管辖范围、一般义务和纪律、具体承诺、逐步自由化、机构条款和最后条款等。该协定还有8个附件。

第二节 《服务贸易总协定》的管辖范围

一、概念界定

根据提供服务的方式，《服务贸易总协定》界定了服务贸易的范围，包括跨境交付、境外消费、商业存在和自然人流动四个方面。

1. 跨境交付

跨境交付（Cross border supply）是指服务的提供者在一成员的领土内向另一成员领土

内的消费者提供服务。例如,在美国的律师为在英国的客户提供法律咨询服务。这种服务提供方式特别强调卖方和买方在地理上的界线,跨越国境和边界的只是服务本身。

2. 境外消费

境外消费(Consumption abroad)是指服务的提供者在一成员的领土内向来自另一成员的消费者提供服务。这种服务提供方式的主要特点是,消费者到境外去享用境外服务提供者提供的服务。例如,一成员的消费者到另一成员领土内旅游、求学等。

3. 商业存在

商业存在(Commercial presence)是指一成员的服务提供者在另一成员领土内设立商业机构或专业机构,为后者领土内的消费者提供服务。这种方式既可以是在一成员领土内组建、收购或维持一个法人实体,也可以是创建、维持一个分支机构或代表处。例如,一成员的银行或保险公司到另一成员领土内开设分行或分公司,提供金融、保险服务。这种服务提供方式有两个主要特点,一是服务的提供者和消费者在同一成员的领土内;二是服务提供者到消费者所在国的领土内采取了设立商业机构或专业机构的方式。一般认为,商业存在是四种服务提供方式中最为重要的方式。

商业存在可以完全由在当地雇用的人员组成,也可以有外国人参与,在后一种情况下,这些外国人以自然人流动方式提供服务。

4. 自然人流动

自然人流动(Movement of natural persons)是指一成员的服务提供者以自然人身份进入另一成员的领土内提供服务。例如,某先生是 A 国的律师,他来到 B 国后,没有设立自己的律师事务所,而直接提供法律咨询服务。

自然人流动与商业存在的共同点是,服务提供者到消费者所在国的领土内提供服务;不同之处是,以自然人流动方式提供服务,服务提供者没有在消费者所在国的领土内设立商业机构或专业机构。

二、服务部门分类

《服务贸易总协定》将服务分为 12 个部门,即商务服务,通信服务,建筑和相关工程服务,分销服务,教育服务,环境服务,金融服务,健康服务,旅游服务,娱乐、文化和体育服务,运输服务,其他服务,这 12 个部门又进一步细分为 160 多个分部门。《服务贸易总协定》对部门和分部门的分类与定义,参考了联合国中心产品分类系统对服务的分类与定义。

在具体谈判中,各成员对于准备列入减让表的具体服务部门,可以保留自主定义的权利。

《服务贸易总协定》对服务部门和分部门的分类与定义不是一成不变的,目前,服务贸易理事会下设的具体承诺委员会,负责有关服务部门和分部门调整的技术性工作。

第三节 《服务贸易总协定》确定的一般义务和纪律

一、关于最惠国待遇

《服务贸易总协定》中的最惠国待遇规定,世贸组织一成员方给予任何其他国家(不论成员方或非成员方)的服务或服务提供者的待遇,须立即和无条件地给予世贸组织其他成员方类似的服务或服务提供者。

但是,在《服务贸易总协定》生效时,世贸组织成员方如果根据该协定中《关于第 2 条例外的附件》所规定的条件,援引有关最惠国待遇的例外,则可以在谈判确定本国第一份服务贸易减让表的同时,列出最惠国待遇例外清单,从而有权继续在特定的服务部门给予特定国家以更优惠的待遇,这些例外只能一次确定,且例外清单中的内容不得增加。

《服务贸易总协定》生效以后,任何新的最惠国待遇例外,只能通过《建立世贸组织协定》规定的豁免程序获得。凡有效期超过 5 年的最惠国待遇例外,都必须在服务贸易理事会中审议,首次审议在 1999 年年底进行。

例外的时限原则上不超过 2004 年,并且不管情况如何,必须纳入世贸组织服务贸易自由化谈判。

除最惠国待遇例外清单外,《服务贸易总协定》还允许区域贸易集团成员之间的安排背离最惠国待遇的规定。《服务贸易总协定》允许任何成员与其他国家达成仅在参加方之间适用的、进一步实现服务贸易自由化的协议。达成这种协议的条件是,协议内容必须涵盖众多的服务部门和四种服务提供方式,取消对协议参加方服务提供者的歧视性措施,并禁止新的或更多的歧视性措施的出现。

符合《服务贸易总协定》规定的区域性服务贸易自由化协议,应以促进成员间的服务贸易为目的,且不能使非成员与该协议成员在开展有关的服务贸易时遭遇更多障碍。如果区域性服务贸易自由化协议的达成或扩大,导致协议参加方撤回了向非协议参加方已经作出的减让承诺,则应通过谈判,给予非协议参加方适当的补偿。而非协议参加方不必为他们从区域性服务贸易自由化协议中获得的利益,给予协议参加方任何补偿。

二、关于透明度

《服务贸易总协定》的透明度原则规定,世贸组织成员方应及时公布影响《服务贸易总协定》实施的、所有普遍适用的相关措施。如果世贸组织成员方新制定或修改后的法律、法规和行政措施,对该成员在《服务贸易总协定》下的服务贸易具体承诺产生影响,则应及时通知服务贸易理事会。

在 1996 年年底以前,世贸组织成员应设立各自的服务贸易咨询点,以满足其他成员就上述问题索取信息的需要。发达国家成员和具备条件的其他成员还应设立联系点,以便发展中国家成员的政府和服务提供者,可以获得有关的商业和技术资料,以及有关专业资格要求等方面的信息。

三、关于国内法规的纪律

《服务贸易总协定》规定了关于国内法规和资格承认的纪律,以保证世贸组织成员在该协定下所能获得的利益,不因各成员的国内法规而遭到损害。

对已作出具体承诺的部门,世贸组织成员方应以合理、客观、公正的方式实施影响服务贸易的所有措施,在合理的时间内答复提供某种服务的申请。此外,世贸组织成员方还应提供司法或其他程序,以便服务提供者就影响其贸易利益的行政决定提出申请,进行复议。

服务贸易理事会应制定多边规则,防止对服务提供者的资格要求、技术标准及许可的发放构成不必要的贸易限制。在多边规则形成以前,世贸组织成员方在实施各自的标准和要求时,也不能对服务提供者构成不必要的贸易限制,以确保不削弱或损害各成员已作出的具体承诺。

《服务贸易总协定》敦促世贸组织成员方承认其他成员方服务提供者所具有的学历或其他资格,鼓励各成员之间就资格的相互承认进行谈判,同时给予其他具有类似标准的成员参与谈判的机会。资格要求应尽可能地以国际公认的标准为基础,不能在成员间造成歧视,也不能对服务贸易构成隐蔽限制。

四、关于垄断和专营者及限制性商业惯例的纪律

《服务贸易总协定》关于垄断和专营服务提供者的纪律,与《1994 年关税与贸易总协定》有关国营贸易条款有相似之处。世贸组织成员方任何一种服务的垄断提供者,均不得滥用垄断地位,其行为不能违背该成员的最惠国待遇义务和已作出的具体承诺。如果一成员在对提供某种服务作出具体承诺后,又对提供该种服务授予垄断经营权,从而否认或损害了其已有的承诺,则该成员应通过谈判作出相应补偿。

与《1994 年关税与贸易总协定》不同,《服务贸易总协定》承认服务提供者的"某些商业惯例"可能会抑制竞争,从而限制服务贸易。应世贸组织其他成员请求,该成员方应就此问题进行磋商,并进行信息交流,以最终取消这些限制性商业惯例。

五、关于例外的规定

与《1994 年关税与贸易总协定》有关条款相似,《服务贸易总协定》允许处于严重国际收支困难中的世贸组织成员,或受国际收支困难威胁的世贸组织成员,对其具体承诺所涉及的

服务贸易采取限制措施。发展中国家成员和转型经济成员可以采取限制措施,以保持一定的国际储备水平,满足其发展及经济转型计划的需要。但是,这些限制不得在其他成员方之间造成歧视,不得对其他成员的利益造成不必要的损害,也不得超过必要的限度。

这些限制措施应该是暂时的,一旦情况好转,就应逐步取消。在采取或维持这些限制措施时,成员方可以优先考虑对经济和发展具有重要意义的服务部门,但不能利用这种限制措施来保护特定的服务部门。

采取限制措施的成员应与其他成员进行定期磋商,磋商在国际收支委员会中进行,所遵循的规则与货物贸易领域中的规则相同。另外,除非因国际收支平衡原因而获得世贸组织的允许,任何成员不得对与其具体承诺有关的经常交易实施国际支付和转移方面的限制。

《服务贸易总协定》规定,各成员方政府购买自用的服务可以不受最惠国待遇原则、市场准入和国民待遇承诺的限制。该协定还规定,有关服务贸易政府采购的谈判应于1996年底前开始,以便为服务贸易领域的政府采购制定多边纪律。

《服务贸易总协定》关于一般例外和安全例外的规定,与《1994年关税与贸易总协定》的相应条款最为接近。《服务贸易总协定》规定,只要不在情况类似的国家间造成任意的、不合理的歧视,或构成对服务贸易的变相限制,成员方有权援用一般例外和安全例外条款采取相应措施。

《服务贸易总协定》列举了一些与货物贸易相同的一般例外情况,如维护公共道德,保护人类、动、植物的生命或健康等;同时列举了一些特别适用于服务贸易的一般例外情况,包括防止欺诈做法,在处理个人资料时保护个人隐私,平等有效地课征税收等;还详细列出了一国在税收方面区别对待本国公民和外国人的各种做法。

《服务贸易总协定》的安全例外不要求成员披露会违背其根本安全利益的信息,也不阻止成员为保护其根本安全利益而采取任何行动。这些行动可以是与有关军事机构的给养有关的服务,也可以是与核聚变和裂变材料有关的行动;可以是在战时或其他国际关系紧张时采取的行动,也可以是根据《联合国宪章》为维护和平和安全而采取的行动。

六、关于保障措施和补贴纪律

"乌拉圭回合"虽未能就服务贸易中的保障措施和补贴问题达成实质性协议,但《服务贸易总协定》对有关保障措施和补贴作了规定。

在保障措施问题上,有关谈判应在非歧视原则基础上进行,并于1998年年初完成,这一时限后被推迟至2002年3月15日。在此之前,成员方已作出的具体承诺在3年内不能改变,但如果成员方能够向服务贸易理事会表明有必要修改或撤回某一具体承诺,则可以改变已作出的具体承诺。

在补贴问题上,《服务贸易总协定》规定,应继续就影响服务的补贴措施、反补贴措施的必要性进行谈判。《服务贸易总协定》承认补贴对服务贸易会产生扭曲,同时也承认补贴对发展中成员服务业的发展所起的作用,但成员方在受另一成员方补贴措施的不利影响时,可以要求进行磋商,有关成员方应对此给予同情的考虑。

尽管如此,成员方不能完全自由地利用补贴来帮助本国的服务提供者。如果他们在服务贸易承诺表中未明确说明补贴措施不适用外国服务提供者,则根据国民待遇原则,成员方有义务在纳入具体承诺表的服务部门给予外国服务者同样的补贴。

第四节 《服务贸易总协定》减让表规则与其他规定

减让表规则用于处理服务贸易的市场准入和国民待遇问题。与上节所述的一般义务和纪律不同,减让表规则仅适用于成员方在减让表中作出的具体承诺。其他规定包括机构条款和最后条款。

一、关于市场准入

《服务贸易总协定》规定,一成员对来自另一成员的服务或服务提供者,应给予不低于其在具体减让表中所列的待遇。这一规定表明,与货物贸易减让表中的承诺相似,服务贸易承诺也是约束性承诺,它确定了给予其他成员服务或服务提供者的最惠国待遇,在实际中成员方亦可给予他们更为优厚的待遇,

《服务贸易总协定》列举了6种影响市场准入的限制措施,具体包括:限制服务提供者的数量,限制服务交易或资产总值,限制服务网点总数或服务产出总量,限制特定服务部门或服务提供者可以雇用的人数,限制或要求通过特定类型的法律实体提供服务,限制外国资本参与的比例或外国资本的投资总额。除在减让表中明确列明外,成员方不得对其他成员的服务或服务提供者实施这些限制措施。

二、关于国民待遇

《服务贸易总协定》规定,成员方在实施影响服务提供的各种措施时,对满足减让表所列条件和要求的其他成员的服务或服务提供者,应给予其不低于本国服务或服务提供者的待遇。

《服务贸易总协定》对国民待遇原则的规定,与《1994年关税与贸易总协定》的有关规定十分相近,但《服务贸易总协定》的国民待遇只适用于成员方已经作出承诺的服务部门,这是由服务贸易的特性决定的。在货物贸易领域,尽管外国货物可在本国市场享受国民待遇,但在进入本国市场时,仍要受进口关税、数量限制及其他边境措施的限制;而在服务贸易领域,绝大多数服务的外国提供者如果获得了国民待遇,特别是当这些服务是以在进口方市场的

商业存在和自然人流动方式提供时,就意味着在实际中享有了完全的市场准入。

与市场准入一样,减让表中应列举有关服务贸易国民待遇的所有限制措施。减让表中列明的条件和要求是给予外国服务或服务提供者的最低待遇,在实际中成员方也可以超出所作承诺,给予他们更为优厚的待遇。

《服务贸易总协定》还规定,成员方可就影响服务贸易的其他措施进行谈判,谈判结果形成附加承诺。附加承诺主要是关于资格要求、技术标准和许可条件的承诺等。

三、关于减让表的修改或撤回

《服务贸易总协定》规定了成员方修改或撤回减让表的具体承诺应遵循的规则。原则上,任何承诺在《建立世贸组织协定》生效起3年内都是不可修改或撤回的。此后,成员方可在作出相应通知,并给予相关成员方一定补偿后,修改或撤回某项具体承诺。改变具体承诺的要求至少应提前3个月提出。

补偿问题通常是改变承诺的通知发出后,在受影响成员的要求下,通过谈判解决的。如果谈判能就新的承诺达成协议,弥补了撤回承诺造成的影响,有关成员间服务贸易承诺的整体水平就不会降低。补偿性调整应按最惠国待遇原则实施。

但是,有关成员可能难以就补偿问题达成协议。其原因是多方面的,有关成员方很难估计一成员改变服务贸易的某项具体承诺所产生的影响,有关的贸易数据也可能不完整,而且补偿的形式可以是市场准入新承诺,也可以是国民待遇新承诺。为此,《服务贸易总协定》规定,当有关补偿的谈判无法达成一致时,允许有权获得补偿的成员将此问题提交仲裁。如果仲裁认定应给予补偿,则有关成员在补偿前不能改变原有承诺;若成员方对原有承诺作了不符合仲裁结果的改变,受影响的一方有权采取报复措施,撤回与仲裁结果实质上相等的承诺。此时,受影响方承诺的撤回仅对改变承诺的那一方实施。

《服务贸易总协定》规定,成员方最迟应于2000年1月开始新一回合的谈判,以逐步实现更高水平的服务贸易自由化。在确定未来谈判的指导原则时,服务贸易理事会应就发展中成员极为关注的两个问题作出决定:一是如何对待各成员上一回合谈判以来作出的开放市场的努力,二是应给予最不发达成员的特殊待遇。

四、关于机构条款和最后条款

《服务贸易总协定》的机构条款和最后条款,与"乌拉圭回合"其他协议的机构条款和最后条款相似。机构条款就争端解决、服务贸易理事会的设置、技术合作、与其他国际组织的关系等作了规定。最后条款允许成员方不把有关服务贸易的具体承诺,给予来自非成员方的服务或服务提供者。最后条款还对《服务贸易总协定》使用的一些关键术语,如"服务的提供"、"法人"等作了定义。

第五节 《服务贸易总协定》的有关附件

《服务贸易总协定》的 8 个附件是：《关于第 2 条例外的附件》、《关于本协定中提供服务的自然人流动的附件》、《关于空运服务的附件》、《关于金融服务的附件》、《关于金融服务的第二附件》、《关于电信服务的附件》、《关于基础电信谈判的附件》、《关于海运服务谈判的附件》。

这些附件是《服务贸易总协定》的组成部分，对服务贸易规则和服务贸易谈判有着重要影响。其中，长期适用的附件有《关于第 2 条例外的附件》、《关于本协定中提供服务的自然人流动的附件》、《关于空运服务的附件》、《关于金融服务的附件》和《关于电信服务的附件》。

一、《关于第 2 条例外的附件》

该附件的具体内容，在介绍《服务贸易总协定》最惠国待遇原则时已详细阐述。需要指出的是，涉及服务贸易的所有最惠国待遇例外清单，也是该附件的组成部分。

二、《关于本协定中提供服务的自然人流动的附件》

该附件规定，《服务贸易总协定》中的自然人流动是指，作为服务提供者的自然人和受雇于一服务提供者的自然人，不适用于到其他成员领土内服务业市场寻找就业机会的自然人，也不适用于各成员有关公民权、永久居留权和永久就业权的措施。各成员对于提供服务的自然人流动及入境居留，有权采取必要管理措施，但这些措施不应降低具体承诺的实际效果。

三、《关于空运服务的附件》

该附件主要澄清空运服务中不属于《服务贸易总协定》管辖范围的内容。

国际空运服务的绝大部分内容，由成员方根据《芝加哥公约》谈判所达成的双边安排所管辖。因此，《关于空运服务的附件》规定，有关航空交通权的双边协定不属于《服务贸易总协定》管辖范围。目前，在空运服务部门，《服务贸易总协定》仅适用于飞机的维修和保养，空运服务的销售和营销（不包括空运服务的定价及其条件），以及计算机预订系统三项服务。

《关于空运服务的附件》还规定，只有涉及成员方在上述三项服务中所具体承担的义务，且在所有双边或其他多边协定规定的程序已经用尽后，才能利用世贸组织的争端解决程序。服务贸易理事会应至少每五年对航空服务部门的发展和《关于空运服务的附件》的运行情况审议一次，这为《服务贸易总协定》的管辖范围向该部门扩展留下了余地。

四、《关于金融服务的附件》和《关于金融服务的第二附件》

由于金融机构的稳定与经济增长和发展紧密相关,在"乌拉圭回合"就服务贸易问题进行谈判时,参加方普遍认为,金融服务这一重要部门需要特别对待,应对银行、保险公司及其他资金和金融信息的提供者进行严密监管。金融服务的客户也需要得到保护,以提防那些或缺乏足够资金支持,或管理混乱,或不诚实的服务提供者。

《关于金融服务的附件》主要是为满足上述这些需要而制定的。该附件规定,中央银行及其他执行货币或汇率政策的政府机构的活动,视为"行使政府权力时提供的服务",不属于《服务贸易总协定》的管辖范畴。作为法定社会保障或公共退休金计划组成部分的服务活动,以及其他由公共实体代表政府或利用政府资金进行的服务活动,也不对外国服务提供者开放。本国非政府的金融服务提供者亦不允许参与这些活动。

该附件的核心条款是通常所说的"谨慎例外",它是《服务贸易总协定》规则的又一个例外,目的在于确保政府能够保护其金融体系和客户。尽管有《服务贸易总协定》的规定,成员方仍然可以采取谨慎措施,来保护投资者、存款人、投保人等的利益,保证其金融体系的完整和稳定。这一例外与《服务贸易总协定》和《1994年关税与贸易总协定》中的一般例外相似,也有限制条件,即不能用来逃避在《服务贸易总协定》下应承担的义务。

该附件还规定,一成员可通过双边协议承认或自主承认其他成员所采取的谨慎措施,这意味着该成员可给予其他成员的金融服务提供者优先待遇。在自主承认情况下,一成员也应给予其他成员机会,来证明该成员的谨慎措施同样有效。

此外,该附件中将金融服务分为保险及其相关服务、银行及其他金融服务2大类,16种具体形式,并作了比较详细的描述。

参加方普遍认为,如果"乌拉圭回合"的谈判能够延续到1995年6月底,就有可能达成更广泛的金融服务承诺。为使有关谈判得以延续,参加方达成了《关于金融服务的第二附件》。该附件规定,在达成更广泛的金融服务承诺前,各成员仍可将一些与最惠国待遇原则不相符的措施列入最惠国待遇例外清单,并且还可自由改变已列入减让表的金融服务承诺。

《关于金融服务的附件》长期有效,《关于金融服务的第二附件》具有过渡性质。

五、《关于电信服务的附件》和《关于基础电信谈判的附件》

《关于电信服务的附件》重点在于确定使用公共电信网络和服务的权利。该附件要求,成员方应保证允许所有的服务提供者在根据减让表中的有关承诺提供服务时,以合理的、非歧视的条件接入和使用公共基础电信网络。根据该附件,上述权利适用于电话、电报、电传和数据传输等公共电信服务,但不适用于广播和电视节目的传输服务。成员方应公布有关接入、使用公共网络和服务的条件。

该附件允许发展中成员为加强其电信能力,对电信网络及服务的接入和使用采取一些限制措施,但这些限制措施应在减让表中详细列明;该附件还鼓励和支持发展中成员之间在电信网络方面开展技术合作。

在"乌拉圭回合"中,许多成员承诺允许外国服务提供者提供增值电信服务,即利用电信网络提供的增值服务,如电子邮件、在线数据处理服务等,但他们没有就基础电信(指可传输电话信息和开展其他电信业务的网络和服务)作出承诺。为使开放基础电信的谈判在"乌拉圭回合"后得以进行,成员方达成了《关于基础电信谈判的附件》。该附件允许成员方在有关基础电信的谈判结束前,提出其在基础电信领域的最惠国待遇例外。

《关于电信服务的附件》也是长期有效的,《关于基础电信谈判的附件》则具有过渡性质。

六、《关于海运服务谈判的附件》

与《关于基础电信谈判的附件》相似,《关于海运服务谈判的附件》是一个暂时性的简短附件,目的是使海运服务谈判在"乌拉圭回合"结束后得以继续进行。

第六节 《基础电信协议》和《金融服务协议》

"乌拉圭回合"结束时,参加方同意在服务贸易领域继续就自然人流动、海运服务、基础电信、金融服务四个问题进行谈判,以期在这四个部门实现更高水平的市场开放。为此,1993 年 12 月 15 日,贸易谈判委员会通过了《关于自然人流动问题谈判的决定》、《关于海运服务谈判的决定》、《关于基础电信谈判的决定》、《关于金融服务谈判的决定》四个决定草案。世贸组织成立后,成员方继续就这四个问题进行了谈判。

有关自然人流动的谈判于 1995 年结束,参加方达成了《〈服务贸易总协定〉第三议定书》,但这一谈判取得的成果有限,各方改进承诺的幅度不大。该议定书于 1995 年 7 月 21 日在服务贸易理事会上获得通过,1996 年 1 月 30 日生效。各成员方关于自然人流动的具体承诺附在《〈服务贸易总协定〉第三议定书》之后。

有关海运服务的谈判于 1996 年 6 月中止,未能如期达成多边协议。1996 年 6 月 28 日,服务贸易理事会通过的《关于海运服务的决定》规定,海运服务谈判将在新一轮服务贸易谈判开始时恢复。2000 年 1 月,作为"乌拉圭回合"既定议程的服务贸易谈判如期启动,将海运服务谈判纳入了此轮服务贸易谈判的范畴。

有关基础电信和金融领域的谈判取得了巨大成功,达成了《基础电信协议》和《金融服务协议》。

一、《基础电信协议》

(一)谈判情况

"乌拉圭回合"结束时,谈判各方希望进行基础电信服务谈判,以反映电信技术的快速发展,以及电信管理体制的变革,从而实现更高水平的电信市场开放。

1994 年 5 月,基础电信谈判组开始谈判。成员方自愿参加基础电信谈判组,最初有 33 个参加方,到 1996 年 4 月底,谈判组的正式参加方达到 53 个,另有 24 个观察员。

根据《关于基础电信谈判的决定》,谈判应于 1996 年 4 月 30 日结束。当时,共有 48 个参加方正式提交了减让表。但有些参加方认为,这一结果不足以使谈判成功结束。

1996 年 4 月,世贸组织总干事鲁杰罗出面斡旋,建议先维持已有的谈判成果,1997 年初再给各参加方 1 个月的时间,重新审议各自在电信市场准入和最惠国待遇问题上的立场,并对各自的减让表进行修改。

参加方在 1996 年 4 月 30 日的服务贸易理事会上,成立了基础电信组,取代原来的基础电信谈判组,负责后续谈判,并采纳了总干事的建议,确定 1997 年 2 月 15 日为新的谈判结束期限。

基础电信组修改了关于参加会议的规则,使所有成员方都拥有发言权,申请加入世贸组织的参加方以观察员身份与会。1996 年 7 月,谈判重新恢复。此后,基础电信组每月召开一次会议,各方也分别就市场准入承诺进行了双边谈判。到 1997 年 1 月,各方已经为结束谈判做好准备,谈判最终取得了成功。

1997 年 4 月 15 日,《〈服务贸易总协定〉第四议定书》在服务贸易理事会获得通过。在 1997 年剩余的时间里,各方履行国内批准程序,为接受议定书和履行所作的承诺做准备。该议定书于 1998 年 2 月 5 日起正式生效。

(二)《基础电信协议》的主要内容

《〈服务贸易总协定〉第四议定书》及其附件,构成了《基础电信协议》。该议定书只规定了生效时间等程序性问题,其附件包括基础电信服务具体减让表和《服务贸易总协定》第 2 条例外清单两个部分,是《基础电信协议》的主要内容。参加方在各自的减让表和例外清单中,就移动话音和数据服务、国内和国际的话音服务、传真服务、分组交换数据传输业务、电路交换数据传输业务等,承诺了不同程度的市场开放。

二、《金融服务协议》

(一)谈判情况

"乌拉圭回合"谈判后期,各参加方虽在金融服务部门已作出一些市场准入和国民待遇承诺,但该部门整体开放水平仍然不高,以双边互惠为基础的最惠国待遇例外仍然广泛存在。因此,在"乌拉圭回合"结束时,各参加方决定延长该部门的谈判。

谈判在《服务贸易总协定》生效后 6 个月内继续进行,至 1995 年 6 月底结束。在此期限之前,成员方可以改进、修改或撤回其就金融服务作出的部分或全部承诺,也可以援引新的最惠国待遇例外。

1995 年 7 月 28 日,金融服务谈判结束,29 个成员方中,有的改进了金融服务领域的具体承诺,有的取消或减少了金融服务领域的最惠国待遇例外。这些改进后的承诺作为《〈服务贸易总协定〉第二议定书》的附件。由于该议定书的参加方和承诺水平都很有限,特别是美国作为最主要的谈判方之一,没有对其承诺作出改进,而是采取了以双边互惠为基础的广泛的最惠国待遇例外,因此,《〈服务贸易总协定〉第二议定书》被认为是"临时性"的协议。各参加方决定再继续进行两年的谈判,直到 1997 年。

1997 年 11 月 14 日,服务贸易理事会首先通过了《〈服务贸易总协定〉第五议定书》。谈判参加方于 1997 年 12 月 12 日最后期限前,就修改后的金融服务承诺达成了协议。70 个成员方的 56 份减让表和 16 份最惠国待遇例外清单,成为该议定书的附件。在 1999 年 1 月 29 日前,参加方可决定是否批准接受该议定书。在此期限前,有 52 个参加方接受了该议定书。《〈服务贸易总协定〉第五议定书》于 1999 年 3 月 1 日正式生效。

(二)《金融服务协议》的主要内容

《〈服务贸易总协定〉第五议定书》及其附件,构成了《金融服务协议》。该议定书只规定了生效时间等程序性问题,其附件包括金融服务减让表和最惠国待遇例外清单两个部分,是《金融服务协议》的主要内容。参加方在各自的减让表和例外清单中,就银行、保险、证券及有关的辅助服务,承诺了不同程度的市场开放。

■ 本章小结

1. 早在"东京回合"期间,美国就积极推动服务贸易谈判。1994 年 4 月 15 日,《乌拉圭回合多边贸易谈判最后文件》在摩洛哥的马拉喀什签署,《服务贸易总协定》是这轮回合中一项重要的谈判成果,服务贸易由此被正式纳入了多边贸易体制的管辖范围。

2.《服务贸易总协定》界定了服务贸易的范围,包括跨境交付、境外消费、商业存在和自然人流动四个方面;协定将服务部门分为 12 个部门,即商务服务,通信服务,建筑和相关工程服务,分销服务,教育服务,环境服务,金融服务,健康服务,旅游服务,娱乐、文化和体育服务,运输服务,其他服务。

3.《服务贸易总协定》确定的一般义务和纪律包括:最惠国待遇、透明度原则、国内法规的纪律、垄断和专营者及限制性商业惯例的纪律、例外的规定以及保障措施和补贴纪律。

4.《服务贸易总协定》减让表规则用于处理服务贸易的市场准入和国民待遇问题。与一般义务和纪律不同,减让表规则仅适用于成员方在减让表中作出的具体承诺。其他规定包括机构条款和最后条款。

5.《服务贸易总协定》的附件有:《关于第2条例外的附件》、《关于本协定中提供服务的自然人流动的附件》、《关于空运服务的附件》、《关于金融服务的附件》、《关于金融服务的第二附件》、《关于电信服务的附件》、《关于基础电信谈判的附件》、《关于海运服务谈判的附件》。这些附件是《服务贸易总协定》的组成部分,对服务贸易规则和服务贸易谈判有着重要影响。

6."乌拉圭回合"结束时,参加方同意在服务贸易领域继续就自然人流动、海运服务、基础电信、金融服务四个问题进行谈判,有关基础电信和金融领域的谈判取得了巨大成功,达成了《基础电信协议》和《金融服务协议》。《基础电信协议》规定了生效时间等程序性问题,其附件包括基础电信服务具体减让表和《服务贸易总协定》第2条例外清单两个部分。《金融服务协议》规定了生效时间等程序性问题,其附件包括金融服务减让表和最惠国待遇例外清单两个部分。

重要概念

服务贸易总协定(General Agreement on Trade in Services,GATS)

服务贸易(Trade in services)

基础电信服务(Basic telecommunication services)

增值电信服务(Value-added telecommunication services)

跨境交付(Cross border supply)

境外消费(Consumption abroad)

商业存在(Commercial presence)

自然人流动(Movement of natural persons)

水平承诺(Horizontal commitments)

具体承诺(Specific commitments)

 同步测练与解析

1.《服务贸易总协定》界定的服务范围包括几个?

解析:包括跨境交付、境外消费、商业存在、自然人流动。

2.《服务贸易总协定》把服务贸易分为多少部门?

解析:《服务贸易总协定》将服务分为 12 个部门,即商务服务,通信服务,建筑和相关工程服务,分销服务,教育服务,环境服务,金融服务,健康服务,旅游服务,娱乐、文化和体育服务,运输服务,其他服务。这 12 个部门又进一步细分为 160 多个分部门。

3. 在服务贸易中的国民待遇与货物贸易相比,有何特点?

解析:《服务贸易总协定》规定,成员方在实施影响服务提供的各种措施时,对满足减让表所列条件和要求的其他成员的服务或服务提供者,应给予其不低于本国服务或服务提供者的待遇。《服务贸易总协定》的国民待遇只适用于成员方已经作出承诺的服务部门。

4.《服务贸易总协定》列出的影响市场准入的限制措施有哪些?

解析:《服务贸易总协定》列举了 6 种影响市场准入的限制措施。具体包括:限制服务提供者的数量,限制服务交易或资产总值,限制服务网点总数或服务产出总量,限制特定服务部门或服务提供者可以雇用的人数,限制或要求通过特定类型的法律实体提供服务,限制外国资本参与的比例或外国资本的投资总额。

5. 服务贸易领域达成的两个具体协议是什么?

解析:《基础电信协议》、《金融服务协议》。

第十二章

HAPTER TWELVE

《与贸易有关的知识产权协定》

学 习 目 标

　　通过本章的学习，了解《与贸易有关的知识产权协定》的产生背景，掌握《与贸易有关的知识产权协定》的主要内容，掌握知识产权的保护措施。

重 点 难 点 提 示

- ◉《与贸易有关的知识产权协定》的产生背景
- ◉《与贸易有关的知识产权协定》对原有相关的国际公约的发展
- ◉《与贸易有关的知识产权协定》知识产权范围与协定构成
- ◉《与贸易有关的知识产权协定》有关知识产权的效力、范围及使用标准
- ◉《与贸易有关的知识产权协定》知识产权的获得、维持及有关程序
- ◉《与贸易有关的知识产权协定》知识产权执法的一般义务
- ◉《与贸易有关的知识产权协定》知识产权的保护措施

第一节 产生背景

《与贸易有关的知识产权协定》的产生,有其深刻的历史背景。"乌拉圭回合"将与贸易有关的知识产权列入多边谈判的议题,这被认为是对多边贸易体制的重大发展。

一、知识产权及其国际保护

对知识产权进行国际保护,是知识和技术交流日趋国际化的客观需要。随着科技的高速发展,智力成果的国际市场逐步扩大,统一知识产权保护的法律,成为国际社会的普遍要求。

1883 年制定的《保护工业产权巴黎公约》,是知识产权国际保护的开端。1967 年《成立世界知识产权组织公约》在瑞典斯德哥尔摩签订。世界知识产权组织于 1970 年 4 月成立,1974 年成为联合国的一个专门机构,主管工业产权、著作权及商标注册的国际合作。一些地区性的知识产权保护条约或组织也相继缔结或建立。知识产权的国际保护空前加强。

现行的知识产权国际公约主要有:《保护工业产权巴黎公约》(通称《巴黎公约》),《商标国际注册马德里协定》(通称《马德里协定》),《专利合作条约》,《保护植物新品种国际公约》,《保护文学艺术作品伯尔尼公约》(通称《伯尔尼公约》),《保护表演者、录音制品制作者与广播组织公约》(通称《罗马公约》),《集成电路知识产权条约》等。

随着国际贸易的不断发展,通过转让技术、专利和商标的使用权及版权许可,含有知识产权的产品在国际贸易中所占比重越来越大。这些产品主要是新药品、新科技产品;计算机软件、电影、音乐、书籍;知名品牌商品;植物新品种等。

但是,由于各国对知识产权的保护水平不一致,法律规定不相协调,假冒商标、盗版书籍和盗版电影等侵犯知识产权的现象时有发生,阻碍了国际贸易发展。在这种情况下,加强与贸易有关的知识产权保护,成为进一步发展国际贸易的迫切需要。

二、《与贸易有关的知识产权协定》的产生

在"乌拉圭回合"之前,已经有一些知识产权国际公约,但这些公约所规定义务的实施完全依赖国内法,缺乏有效的国际监督机制。很多有关的出口商认为,没有专门保护商业秘密的国际条约;《巴黎公约》没有规定专利的最低保护期限;已有公约对假冒商品的处理不够有力;对计算机软件和录音制品应当加强国际保护。他们还要求,建立一个有效的争端解决机制来处理与贸易有关的知识产权问题。

《1947 年关税与贸易总协定》也涉及了知识产权问题,有关国民待遇、最惠国待遇、透明

251

度等条款,都可以适用于对知识产权的保护,但直接涉及知识产权的条款和内容很有限。该协定中仅仅提到,缔约方应互相合作,保护一缔约方领土内受其立法保护的、独特的产品地区或地理名称;保护知识产权的措施不得造成任意或不合理的歧视,不得构成对国际贸易的变相限制等。

关于假冒商品贸易问题在"东京回合"已开始谈判,美国曾就此提出过一个守则草案,但未能达成协议。1982年11月,关税与贸易总协定首次将假冒商品贸易的议题列入了议程,确定在关税与贸易总协定框架下对假冒商品贸易采取联合行动是否合适;如果这种联合行动合适,应采取何种行动。1985年,关税与贸易总协定总理事会设立的专家组得出结论:假冒商品贸易越来越严重,应当采取多边行动。但对关税与贸易总协定是否为解决这一问题的适当场所,各方分歧很大,形成了发达国家和发展中国家之间意见截然相反的两种立场。

以美国、瑞士等为代表的发达国家主张,应将知识产权列入多边谈判的议题。美国甚至提出,如果不将知识产权作为新议题,将拒绝参加关税与贸易总协定第八轮谈判。发达国家还主张,应制订保护所有知识产权的标准,并且必须纳入争端解决机制。

以印度、巴西、埃及、阿根廷和南斯拉夫为代表的发展中国家认为,保护知识产权是世界知识产权组织的任务,应当区别制止假冒商品贸易与广泛的知识产权保护。他们担心,引入跨领域的报复机制会构成对合法贸易的障碍;强化知识产权保护会助长跨国公司的垄断,特别是形成对药品和食品价格的控制,对公众福利产生不利影响。

直到1986年"乌拉圭回合"开始时,各国也没有就是否将知识产权纳入多边谈判议题达成一致意见。

1991年,关贸总协定总干事提出了"乌拉圭回合"最后文本草案的框架,其中《与贸易(包括假冒商品贸易在内)有关的知识产权协定》基本获得通过。由于该协定毫无疑问地包括假冒商品贸易,因此该协定最后的标题中没有出现"假冒商品贸易"这一名称。

《与贸易有关的知识产权协定》是建立在发达国家知识产权保护水平基础上的。相对于发展中国家的经济发展水平而言,该协定所规定的知识产权保护标准和要求是相当苛刻的。接受《与贸易有关的知识产权协定》,是发展中国家在"乌拉圭回合"中所作出的主要让步之一。发展中国家接受《与贸易有关的知识产权协定》的主要原因是:

第一,"乌拉圭回合"一揽子协议中,包括了发展中国家所希望得到的一些好处,如《纺织品与服装协议》强化的争端解决机制等,因而接受《与贸易有关的知识产权协定》实际上是一种交换。

第二,许多发展中国家从20世纪80年代开始大量引进外资,需要对知识产权加强保护。

第三,发达国家同意给发展中国家一些过渡期,以实施《与贸易有关的知识产权协定》。

第四,发展中国家还担心,没有《与贸易有关的知识产权协定》,美国国会将不会批准一揽子协议。

三、《与贸易有关的知识产权协定》的特点

同原有的知识产权国际公约相比,《与贸易有关的知识产权协定》全面规定了知识产权的保护标准,对知识产权保护执法和救济提出了要求,并且为知识产权国际争端的解决提供了途径。该协定对原有的知识产权国际公约还有一些突破。例如,扩大了专利保护领域,主要包括对药品和化工产品的保护,将发明专利的保护期统一为20年等。

《与贸易有关的知识产权协定》关注的主要是知识产权对贸易的影响。科学发现权、与民间文学有关的权利、实用技术专有权、创作者的精神权利等,被认为是与贸易无关的知识产权,因而没有包括在《与贸易有关的知识产权协定》范围内。

《与贸易有关的知识产权协定》在世贸组织各种协定中有其独特之处。该协定规定,所有成员都应达到知识产权保护的最低标准,如专利保护期为20年;而货物贸易多边协定和《服务贸易总协定》则没有要求各国政策完全统一,如不同成员对相同产品可以有不同的关税,对相同的服务领域可以有不同的开放水平。《与贸易有关的知识产权协定》要求各成员积极采取行动保护知识产权,这与货物贸易多边协定和《服务贸易总协定》只对成员的政策进行约束也是不相同的。

第二节 主 要 内 容

一、知识产权范围与协定构成

《与贸易有关的知识产权协定》所指的知识产权,包括版权及邻接权、商标权、地理标识权、工业品外观设计权、专利权、集成电路布图设计权、未披露信息专有权。

《与贸易有关的知识产权协定》共有7个部分73条。这7个部分是:总则和基本原则,关于知识产权的效力、范围及使用标准,知识产权执法,知识产权的获得、维持及有关当事人之间的程序,争端的防止与解决,过渡性安排,机构安排和最后条款。

二、基本原则

世贸组织成员方应实施《与贸易有关的知识产权协定》的规定,并可在各自的法律制度和实践中确定实施该协定的适当方法,只要不违反该协定的规定,成员方还可以在其法律中实施比该协定要求更广泛的保护,但这不是一种义务。

世贸组织成员方实施《与贸易有关的知识产权协定》的规定,不得有损于成员方依照《巴黎公约》、《伯尔尼公约》、《罗马公约》及《集成电路知识产权条约》等已经承担的义务。

《与贸易有关的知识产权协定》还规定,成员方应遵守以下基本原则。

1. 国民待遇原则

在知识产权保护上,一世贸组织成员对其他成员的国民提供的待遇,不得低于提供给本国国民的待遇,但《巴黎公约》、《伯尔尼公约》、《罗马公约》及《集成电路知识产权条约》另有规定的可以例外。给予表演者、录音制品制作者和传播媒体的国民待遇,仅适用于《与贸易有关的知识产权协定》所规定的权利。某些司法和行政程序,也可以成为国民待遇的例外。

2. 最惠国待遇原则

在知识产权保护上,一世贸组织成员提供给第三方国民的优惠、优待、特权或豁免,均应立即、无条件地给予其他成员的国民。把最惠国待遇原则引入知识产权的国际保护,是世贸组织的创造,但这个原则也有很多例外,具体表现在。

(1)来自有关司法协助或法律实施的国际协定的优惠等,但这种优惠并非专门针对知识产权保护,而是一般性的优惠。

(2)来自《伯尔尼公约》和《罗马公约》的互惠性保护。

(3)《与贸易有关的知识产权协定》未规定的表演者、录音制品制作者和传播媒体的权利。

(4)《与贸易有关的知识产权协定》生效前已有的优惠等。

最惠国待遇原则和国民待遇原则还有一个总的例外,即这两个原则不适用于世界知识产权组织主持下订立的、有关取得或维持知识产权的多边协定中所规定的程序。

3. 其他原则

实施知识产权保护,应有助于促进技术革新、转让与传播,促进技术知识生产者与使用者互利,增进社会、经济福利和保持权利与义务的平衡。

世贸组织成员可在制定或修订国内法律、法规时,采取必要措施,保护公众健康与营养,维护社会经济与技术发展等重要领域的公共利益;成员可采取适当措施,防止知识产权权利持有人滥用知识产权,或对贸易和国际技术转让进行不合理的限制。

三、有关知识产权的效力、范围及使用标准

(一)版权及邻接权

版权是指作者对其创作的文字、艺术和科学作品依法享有的专有权利,包括署名、发表、出版、获得报酬等权利。

邻接权是指与作品传播有关的权利,即表演者、录音制品制作者和传媒许可或禁止对其作品复制的权利。一些世贸组织成员也称有关权利为邻接权。例如,未经表演者许可,不得对其表演进行录音、传播和复制;录音制作者对其录音制品的复制和商业出租享有专有权;

传媒有权禁止未经许可对其传播内容进行录制、翻录和转播。

版权及有关权利保护的范围是：

1.《伯尔尼公约》所指的"文学艺术"，包括文学、科学和艺术领域内的一切作品（不论其表现形式或方式），如书籍、演讲、戏剧、舞蹈、配词、电影、图画、摄影作品、地图等。

2. 计算机程序与数据的汇编。

3. 表演者、录音制品制作者和传媒。

版权的保护期不得少于 50 年；表演者和录音制品制作者的权利应至少保护 50 年；传媒的权利应至少保护 20 年。

（二）商标

商标是一企业的商品或服务，与其他企业的商品或服务区分开的标记或标记组合。这些标记包括人名、字母、数字、图案、颜色的组合。

注册商标所有人享有专有权，以防止任何第三方在贸易活动中未经许可使用与注册商标相同或近似的标记，来标示相同或类似的商品或服务。

驰名商标应受到特别的保护，即使不同的商品或服务，也不得使用他人已注册的驰名商标。一成员在确定一个商标是不是驰名商标时，应考虑相关公众对该商标的了解程度，包括该商标在该成员领土内因促销而获得的知名度。

商标的首次注册及各次续展注册的保护期，均不得少于 7 年。商标的续展注册次数没有限制。如以没有使用商标为由撤销商标注册，其条件必须是该商标连续 3 年未使用。

（三）地理标识

地理标识用于标示出某商品来源于某成员领土内，或来源于该成员领土内的某地区或某地点，显示该商品的特定质量、信誉或其他特征主要与该地理来源相关联。

各成员应对地理标识提供保护，包括对含有虚假地理标识的商标拒绝注册或宣布注册无效，防止公众对商品的真正来源产生误解或出现不公平竞争。

《与贸易有关的知识产权协定》对葡萄酒和烈酒地理标识提供了更为严格的保护。该协定规定，成员方应采取措施，防止将葡萄酒和烈酒的专用地理标识，用于来源于其他地方的葡萄酒和烈酒。

（四）工业品外观设计

工业品外观设计是指，对产品的形状、图案、色彩或者其结合所作出的富有美感并适于工业上应用的新设计。

受保护的工业品外观设计的所有人有权制止未经许可的第三方，出于商业目的制造、销售或进口带有受保护设计的仿制品。工业品外观设计的保护期应不少于 10 年。

由于纺织品设计具有周期短、数量大、易复制的特点,因而得到了特别重视。《与贸易有关的知识产权协定》规定,对纺织品设计保护设置的条件,特别是费用、审查和公布方面的条件,不得影响这些设计获得保护。

（五）专利

一切技术领域中的任何发明,不论是产品发明还是方法发明,只要其具有新颖性、创造性并适合于工业应用,均可获得专利。

如果某些产品发明或方法发明的商业性开发,会对公共秩序或公共道德产生不利影响,包括对人类、动、植物的生命健康或环境造成严重损害,则成员方可以不授予专利。另外,对人类或动物的诊断、治疗和外科手术方法,微生物以外的动、植物,以及不包括非生物、微生物在内的动、植物的人工繁育方法,也可不授予专利权。但植物新品种应受到专利或其他制度的保护。

专利所有人享有专有权。对于产品,专利所有人应有权制止未经许可的第三方制造、使用、销售,或为上述目的而进口该产品;对于方法,专利所有人应有权制止未经许可的第三方使用该方法的行为,以及使用、销售或为上述目的进口依该方法直接获得的产品。

各成员的法律可以规定,在特殊情况下,允许未经专利持有人授权即可使用（包括政府使用或授权他人使用）某项专利,即强制许可或非自愿许可。但这种使用须有严格的条件和限制,如授权使用应一事一议;只有在此前合理时间内,以合理商业条件要求授权而未成功,才可申请强制许可;授权应给予适当的报酬等。

专利保护期应不少于 20 年。

（六）集成电路布图设计（拓扑图）

集成电路是指以半导体材料为基片,将两个以上元件（至少有一个是有源元件）的部分或全部互连集成在基片之中或者之上,以执行某种电子功能的中间产品或最终产品。

布图设计是指集成电路中的两个以上元件（至少有一个是有源元件）的部分或全部互连的三维配置,或者为集成电路的制造而准备的上述三维配置。

成员方应禁止未经权利持有人许可的下列行为:为商业目的进口、销售或以其他方式发行受保护的布图设计;为商业目的进口、销售或以其他方式发行含有受保护的布图设计的集成电路;为商业目的进口、销售或以其他方式发行含有上述集成电路的物品。

集成电路布图设计保护期应不少于 10 年。

（七）未披露信息的保护

未披露信息具有以下三个特征:一是属于秘密,通常不为从事该信息领域工作的人所普遍了解或容易获得;二是具有商业价值;三是为保密已采取合理措施。

合法拥有该信息的人,有权防止他人未经许可而以违背诚实商业行为的方式,披露、获得或使用该信息。

为获得药品或农药的营销许可而向政府提交的机密数据,也应受到保护,以防止不公平的商业应用。

（八）对许可合同中限制竞争行为的控制

国际技术许可合同中的限制竞争行为,可能对贸易具有消极影响,并可能阻碍技术的转让与传播。例如,独占性返授,即技术转让方要求受让方将其改进技术的使用权只授予转让方,而不得转让给第三方;又如,禁止对有关知识产权的有效性提出异议或强迫性的一揽子许可,即技术的转让方强迫受让方同时接受几项专利技术或非专利技术。成员方可采取适当措施防止或控制这些行为。有关成员还可就正在进行的限制竞争行为和诉讼进行磋商,并在控制这些行为方面进行有效合作。

四、知识产权的获得、维持及有关程序

（1）各成员可以提出获得或维持《与贸易有关的知识产权协定》中一项知识产权的要求条件之一是,履行符合该协定规定的合理程序和手续。

（2）各成员应保证,有关知识产权如符合获得权利的实质性条件,应在合理期限内授予或注册,以避免无端地缩短保护期限。

（3）《巴黎公约》中关于商标注册的规定,也适用于服务标记。

（4）获得或维持知识产权的有关程序,以及成员法律中行政撤销和当事人之间有关异议、撤销与注销等程序,应遵循《与贸易有关的知识产权协定》中"知识产权执法"所规定的一般原则。

（5）通常情况下,根据上述任何程序作出的行政终局裁决,应受司法或准司法机构的审议。但在异议或行政撤销不成立的情况下,只要行使这种程序的理由可依照无效诉讼的程序处理,成员方则无义务提供机会对这种行政裁决进行复议。

五、争端的防止与解决

各成员所实施的、同《与贸易有关的知识产权协定》内容相关的法律、法规,以及普遍适用的司法终审判决和行政终局裁决,均应以该成员文字公布。有关法律、法规应通知与贸易有关的知识产权理事会,以便协助该理事会检查该协定的执行情况。

根据《世界知识产权组织与世贸组织协议》,成员就立法向一个组织作出的通知,也被视为向另一个组织作出了通知,不必重复履行通知的义务。

世贸组织成员方解决《与贸易有关的知识产权协定》实施所产生的争端,应适用世贸组

织争端解决机制。

六、过渡性安排

世贸组织各成员应在《建立世贸组织协定》生效 1 年内适用《与贸易有关的知识产权协定》的规定。其中,发展中国家成员有权将实施日期再推迟 4 年,最不发达成员的实施日期可再推迟 10`年。

发达国家成员应向发展中国家成员、最不发达成员提供技术与资金支持,协助他们制定有关知识产权保护、执法及防止知识产权滥用的法律、法规,建立、健全与此有关的国内官方及代理机构,以及人员培训。

七、机构安排和最后条款

世贸组织成立与贸易有关的知识产权理事会,监督《与贸易有关的知识产权协定》的实施,尤其是监督全体成员履行该协定的义务,并为成员协商与贸易有关的知识产权问题提供机会。

《与贸易有关的知识产权协定》最后条款,对该协定的审议和修正、保留、安全例外等作出了具体规定。

第三节　知识产权执法

知识产权执法是《与贸易有关的知识产权协定》的主要内容之一,比较详细地规定了各成员应向知识产权权利人提供的法律程序和救济措施,而且对这些程序和措施在实施中的有效程度也提出了要求,以使知识产权权利人能够有效地行使权利。

一、知识产权执法的一般义务

《与贸易有关的知识产权协定》对各成员的有关执法制度提出了原则性要求。

(1)各成员应保证国内法中含有《与贸易有关的知识产权协定》规定的执法程序,以便对任何侵犯受该协定保护的知识产权的行为采取有效行动,包括采取及时防止侵权及遏制进一步侵权的救济措施。实施这些程序时,应避免对合法贸易造成障碍,并防止有关程序的滥用。

(2)知识产权执法的程序应公平、公正。这些程序不应过于烦琐或费用高昂,也不应限定不合理的时限或导致无端的迟延。

(3)对案件的裁决,最好采取书面形式,并陈述理由,且在合理的时间内告知诉讼当事

方。裁决只有在听取各方对证据的意见后方可作出。

（4）诉讼当事方应有机会要求司法机构对行政机构的决定进行审议，并在遵守法律中有关案件司法管辖权规定的前提下，要求至少对初步司法决定的法律方面进行审议。但是，对刑事案件中的无罪判决，成员方没有义务提供审议机会。

（5）《与贸易有关的知识产权协定》并不要求各成员建立一套不同于一般执法体系的知识产权执法体系，也不影响各成员执行其国内法的能力。在知识产权执法与一般执法的资源配置方面，该协定未设定任何义务。

二、民事程序及相关措施

1. 公平和公正的程序

各成员应向权利持有人提供相关的民事司法程序，以保障其可以有效实施《与贸易有关的知识产权协定》所保护的任何知识产权。被告有权及时获得详细的书面通知，包括起诉依据。应当允许当事方由独立的法律辩护人代表出庭，且关于当事方本人出庭的强制性程序不应过于烦琐。该程序的所有当事方有权陈述其权利要求，并出示所有相关证据。在不违反成员方现行宪法要求的前提下，该程序应规定一种识别和保护机密信息的办法。

2. 证据

（1）如果一当事方已出示合理获得的、足以支持其权利要求的证据，并指明了对方控制的、与证明权利请求相关的其他证据，司法机构在保证机密信息受到保护的条件下，有权命令对方出示该证据。

（2）在合理期限内，如果诉讼一方没有正当理由而自行拒绝提供或不提供必要的信息，或者明显阻碍与执法行动有关的程序，成员方可授权其司法机构根据自己收到的信息（包括由于未得到必要信息而受到不利影响的当事方提出的申诉或指控），作出初步或终局裁决，但应当向当事方提供就指控或证据进行陈述的机会。

3. 禁令

司法机构有权责令一当事方停止侵权，特别是有权在清关后立即阻止那些涉及知识产权侵权行为的进口商品，进入其管辖内的商业渠道。但下述情况除外，即进口商订购这些商品是在其知道或理应知道从事该交易会构成侵权之前。

4. 损害

（1）对明知或应知自己从事侵权活动的侵权人，司法机构有权责令其向权利持有人支付足够的损害赔偿。

（2）司法机构还有权责令侵权人向权利持有人支付有关费用，包括相应的律师费用。在适当情况下，即使侵权人不是明知或应知自己从事的活动构成侵权，各成员也可授权司法机构责令其退还利润或支付法定赔偿金，或者两者并举。

5. 其他救济

为有效地遏制知识产权侵权,成员方司法机构有权在不给予任何补偿的情况下,下令将被发现侵权的货物清除出商业渠道,以避免对权利持有人造成任何损害;或者在不违背成员方现行宪法的情况下,下令将被发现侵权的货物销毁。司法机构还有权在不给予任何补偿的情况下,把主要用于制造侵权产品的材料和工具清除出商业渠道,以便将发生进一步侵权的风险减少到最低限度。

在考虑权利持有人的请求(将被发现侵权的货物清除出商业渠道或销毁)时,司法机构应权衡侵权的严重程度、给予的救济及第三方利益的均衡性。对于假冒商标货物,不能简单除去非法商标后就允许其进入商业渠道,但例外情况除外。

6. 获得信息的权利

世贸组织各成员可规定,司法机构有权责令知识产权侵权人将有关参与生产、分销侵权产品或服务的第三方的身份,以及他们的分销渠道告知权利持有人,除非这些信息与侵权关系不大。

7. 对被告的赔偿

(1) 如应一当事方请求采取了相应措施,但该当事方滥用有关执法程序,司法机构有权责令该当事方向受到错误禁止或限制的另一当事方,就因这种滥用而遭受的损害提供足够的赔偿。司法机构还有权责令该当事方向被告支付包括相应的律师费在内的费用。

(2) 对于依据保护或实施知识产权的法律所进行的管理,只有在管理中采取或拟采取的行动是出于善意的情况下,各成员才可免除公共部门及其官员因采取适当救济措施应承担的责任。

三、行政程序及相关措施

如果根据案情执行行政程序的结果是责令进行任何民事救济,则此类程序在实质上应与民事程序的有关原则相一致。

四、对边境措施的特别要求

1. 海关暂停放行

世贸组织各成员应按有关规定制定相关程序,允许权利持有人在有正当理由怀疑假冒商标或盗版货物有可能进口时,向行政或司法主管机构提出书面申请,要求海关暂停放行这些货物进入自由流通。只要符合《与贸易有关的知识产权协定》要求,各成员可允许针对涉及其他知识产权侵权行为的货物提出这种申请。各成员也可制定关于海关暂停放行从其境内出口的侵权货物的相应程序。

2. 申请

任何援用上述程序的权利持有人,在提出书面申请时,应按要求提供充分的证据以使主管机构相信,根据进口方的法律,可以初步断定权利人的知识产权受到了侵犯,并提供有关货物的详细说明,以便海关容易辨认。主管机构应在合理期限内告知申请人,是否已受理其申请,以及在主管机构已作出决定的情况下海关何时采取行动。

3. 保证金或相当的担保

(1) 主管机构有权要求申请人提供足以保护被告和主管机构,以及防止滥用程序的保证金或相当的担保,这种保证金或相当的担保不应妨碍诉诸这些程序。

(2) 根据非司法机构或其他独立机关的裁定,海关对涉及工业设计、专利、集成电路布图设计或未披露信息的货物暂停放行其进入自由流通。但在正式授权部门未给予临时救济的情况下,如果货物暂停放行的期限已到,且已满足有关进口的所有其他条件,则货物的所有人、进口商或收货人在对任何侵权交纳一笔足以保护权利持有人的保证金后,有权要求予以放行。保证金的支付不得妨碍权利持有人的任何其他救济,若权利持有人未能在合理期限内行使诉讼权,则该保证金应予发还。

4. 暂停放行的通知

海关应及时通知进口商和申请人,有关货物已暂停放行。

5. 暂停放行的时限

在申请人被通知暂停放行货物后的 10 个工作日期限内,如果海关未被告知除被告以外的其他当事方已就裁定案件提出诉讼,或者海关未被告知正式授权部门已采取临时措施延长货物暂停放行期,则该货物应予放行,但必须满足有关进口或出口的其他所有条件。在适当情况下,这一期限可以再延长 10 个工作日。若已经就裁定的案件提起诉讼,则应该在被告提出请求的情况下进行复议,包括由被告行使陈述权,以便在合理期限内决定这些措施是否应予以修正、撤销或确认。

6. 对进口商和货物所有人的补偿

对因被错误扣押,或因扣押超过期限而遭受的损失,有关主管机构有权责令申请人向遭受损失的进口商、收货人和货物所有人支付适当的补偿。

7. 检验和获得信息的权利

在不妨碍保护机密信息的情况下,世贸组织各成员应授权主管机构向权利持有人提供充分的机会,使之可请海关对扣押货物进行检验,以证实权利持有人申请的正确性。主管机构还有权给进口商提供相应的机会对该货物进行检验。各成员可授权主管机构在对一案情已作出肯定裁决的情况下,向权利人通报发货人、进口商和收货人的姓名、地址及所涉及的货物数量。

8. 职权内行动

世贸组织各成员如果要求主管机构主动采取行动,(并根据其获得的初步证据)对有关正

在侵犯知识产权的货物暂停放行,则主管机构可在任何时候向权利持有人索取任何有助于行使这些权力的信息。主管机构还应立即告知进口商和权利持有人该货物暂停放行。如果进口商向主管机构就暂停放行提出上诉,有关暂停放行应符合暂停放行期限的有关规定;在采取或拟采取的行动是出于善意的情况下,各成员可免除公共部门和其官员因采取适当救济措施应承担的责任。

9. 救济

在不妨碍权利持有人享有的其他行为权利,并在被告有权要求司法机构进行复议的情况下,根据上述民事程序中其他救济所规定的原则,主管机构有权责令销毁或处理侵权货物。对假冒商标货物,除非有例外规定,主管机构不得允许侵权货物在未作改变的状态下,再出口或对其适用不同的海关程序。

10. 微量进口

对旅客个人行李中夹带的,或小件托运中的少量非商业性货物,世贸组织各成员可不适用上述规定。

五、刑事程序及相关措施

世贸组织各成员应规定刑事程序和处罚。这些程序和处罚至少适用于具有商业规模的故意假冒商标或版权案件。可使用的救济措施应包括足以起威慑作用的监禁或罚金,或两者并举,处罚程度应与对同等严重犯罪的处罚相一致;在适当情况下,可使用的救济措施还应包括剥夺、没收,以及销毁侵权货物和主要用于侵权活动的任何材料与工具。各成员可规定适用于其他知识产权侵权行为的刑事程序和处罚,尤其是针对故意并具有商业规模的侵权案件。

六、临时措施

1. 司法机构有权责令采取迅速和有效的临时措施,以阻止任何侵犯知识产权的行为发生,尤其是阻止有关货物进入其管辖下的商业渠道,包括刚刚清关不久的进口货物。司法机构还有权责令保护与被指控侵权相关的证据。

2. 司法机构有权在适当的时候采取不作预先通知的临时措施,尤其当任何延迟很可能对权利持有人造成难以弥补的损害时,或存在证据正被毁灭的明显风险时。

3. 司法机构有权要求申请人提供任何可以合理获得的证据,以使司法机构足以肯定该申请人是权利持有人。在该申请人的权利正受到侵犯,或这种侵权即将发生的情况下,司法机构有权责令申请人提供足以保护被告,以及防止滥用程序的保证金或相当的担保。

4. 如果已经采取了未作预先通知的临时措施,司法机构应在执行该措施后立即通知受影响的各方。在被告提出请求的情况下,司法机构应对这些措施进行审议,决定这些措施是否应予以修正、撤销或确认。

5. 执行临时措施的主管机构在辨认相关的货物时,可要求申请人提供其他必要信息。

6. 司法机构在其确定的合理期限内,仍未能开始审理有关案件,在被告提出请求的情况下,应撤销或以其他方式终止依相关规定采取的临时措施。如果司法机构未确定时限,采取的临时措施则不超过 20 个工作日或 31 个日历日,以时间长者为准。

7. 如果临时措施被撤销,或临时措施由于申请人的任何作为或不作为而失效,或随后发现不存在知识产权侵权或侵权的威胁,则在被告提出请求的情况下,司法机构有权责令申请人向被告适当补偿因此遭受的任何损失。

8. 如果根据行政程序采取临时措施,有关程序应符合上述原则。

本章小结

1.《与贸易有关的知识产权协定》的产生,有其深刻的历史背景。随着科技的高速发展,智力成果的国际市场逐步扩大,统一知识产权保护的法律,成为国际社会的普遍要求。"乌拉圭回合"将"与贸易有关的知识产权"列入多边谈判的议题,被认为是对多边贸易体制的重大发展。

2.《与贸易有关的知识产权协定》所指的知识产权,包括版权及邻接权、商标权、地理标识权、工业品外观设计权、专利权、集成电路布图设计权、未披露信息专有权。协定共有 7 个部分 73 条。这 7 个部分是:总则和基本原则,关于知识产权的效力、范围及使用标准,知识产权执法,知识产权的获得、维持及有关当事人之间的程序,争端的防止与解决,过渡性安排,机构安排和最后条款。

3.《与贸易有关的知识产权协定》比较详细地规定了各成员应向知识产权权利人提供的法律程序和救济措施,对程序和措施在实施中的有效程度提出了要求,使知识产权权利人能够有效地行使权利。主要内容包括知识产权执法的一般义务、民事程序及相关措施、行政程序及相关措施、对边境措施的特别要求、刑事程序及相关措施和临时措施。

重要概念

知识产权(Intellectual Property Rights,IPRs)

与贸易有关的知识产权(Trade-related Intellectual Property Rights,TRIPs)

版权及邻接权(Copyright and Neighbouring rights)

商标(Trademarks)

地理标识(Geographical indications)

工业设计(Industrial designs)

专利(Patents)

集成电路布图设计（Layout-designs of integrated circuits）

限制性商业惯例（Restrictive business practices）

未公开信息（Undisclosed information）

知识产权执法（Enforcement of intellectual property rights）

世界知识产权组织（World Intellectual Property Organization，WIPO）

案例分析

印度是作为发展中国家加入世贸组织的，因此依据 TRIPs 协定第 6 部分第 65 条"过渡性安排"第 2 款的规定，从总体上有权自 2001 年 1 月 1 日始实施 TRIPs 协定。在此基础上，第 65 条第 4 款规定："如果一个发展中国家成员按照本协定有义务将产品专利保护扩大到依第 2 款规定适用协议时，其境内尚未给予保护的技术领域，则该成员可再推迟 5 年对此类技术领域适用本协定第 2 部分第 5 节关于产品专利的规定。"也就是说，对于到 2001 年 1 月 1 日发展中国家成员国内法仍未提供专利保护的技术领域，TRIPs 协定的有关规定可延至 2005 年 1 月 1 日实施。

此案争议所涉及的药品及农用化学品（Pharmaceutical and Agricultural Chemical Prod-ucts）在印度即属于这样的技术领域。印度 1970 年专利法第 15 条规定只允许授予有关食品、药品的方法专利，而不授予产品专利。相反，前面提到的 TRIPs 协定第 2 部分第 5 节第 27 条第 1 款规定："一切技术领域中的任何发明，无论是产品发明还是方法发明，……都应有可能获得专利。"当然，由于享受 TRIPs 协定对发展中国家的前述特别安排，印度的这一立场得在 2005 年 1 月 1 日前维持不变。

然而，TRIPs 协定给予的优惠不是无条件的，发展中国家成员必须在相关领域以其他方式改善对知识产权提供的保护。协定第 70 条第 8 款（a）规定："如截至《建立世贸组织协定》生效之日，一成员仍未按照其在第 27 条下的义务对药品和农用化学品进行专利保护的，则尽管有第 6 部分的规定，该成员应自《建立世贸组织协定》生效之日起提供据以提出此类发明的专利申请的途径（Means）。"第 9 款接着要求授予此类"专利申请的客体"以"专有销售权"。

显然，为履行协定第 70 条第 8、9 款规定的义务，印度必须对其国内法作出相应调整。而非常不巧，其时印度国会正在休会。于是在《建立世贸组织协定》生效前夕，也就是 1994 年 12 月 31 日，印度总统依据该国宪法第 123 条授予其的权限，发布了 1994 年专利（修正）条例［the Patents（Amendment）Ordinance 1994］，并将此通知了世贸组织下设的 TRIPs 理事会。该条例在原专利法中加入了保护药品及农用化学品的专章规定，明确了此类产品可向专利机关提出专利申请，规定了之后专利机关的审查程序，并建立了一套制度授予这些产品"专有销售权"。

不过根据印度宪法，总统上述行为的效力于国会复会后的 6 个星期到期，因此，随着次年印度国会的复会,此条例到1995年3月26日失效。印度政府为能继续实施该条例于1995年3月向国会提交了该修正案,并获下院通过;然而由于随后上院委员会未能在5月10日国会解散前提出报告,对专利法的上述修正也因此而搁浅。此外,对于条例的有效期及其失效的事实,印度并未对外公布,这其中也包括TRIPs理事会。

1996年7月2日,美国根据世贸组织《争端解决规则和程序谅解书》(以下简称为"DSU")第4条和TRIPs协定第64条,要求与印度进行磋商,声称后者未给予药品及农用化学品应有的保护,违反了其依据TRIPs协定第70条所承担的义务。1996年7月27日双方举行了磋商但未达成一致,11月7日美国提请世贸组织争端解决机构(以下简称为"DSB")成立专家组审查其提交事宜,11月20日DSB批准成立专家组。1997年2月5日,由Thomas Cottier(任组长)、Douglas Chester和Yangyong Phuangrach组成的专家组成立。

专家组于1997年4月15日和5月13日分别举行了两次会议,在第一次会议上美国代表又提出请求,指责印度的行为构成了对TRIPs协定第63条有关透明度规定的违反,并对其应如何采取措施履行第70条的义务提出了建议,要求专家组审议。1997年6月27日,专家组完成临时报告(Interim Report)并分发各方,纠纷双方此后均未提出再召开会议,但印度要求专家组重新审查报告中的部分内容。

归纳起来,美国向专家组提出的诉请主要包括:1. 印度未能履行TRIPs协定第70条第8款规定的义务,在过渡期内建立一套机制以保护药品和农用化学品的新颖性(Novelty);2. 按照协定的要求,任何向这一机制下设置的固定"邮箱系统"(Mailbox system)提交申请的人都应能顺利完成申请并获得准确的申请日;3. 或者,印度在上述专利申请制度的建立上,违反了TRIPs协定第63条关于透明度(Transparency)的规定;4. 印度未能在1995年1月1日《建立世贸组织协定》生效之日起建立授予专有销售权的制度,不符合TRIPs协定第70条第9款规定的义务;5. 依据上述第4项所提及的制度,未经权利所有人同意,其竞争者不得在市场上销售相关产品,美国提请专家组建议印度采取措施,以符合TRIPs协定的要求。

印度方面则答辩称:1. 印度已经依据TRIPs协定第70条第8款的规定,提供了一套符合要求的专利申请途径;2. 在第70条第9款所涉及的专有销售权实际出现之前,印度没有义务事先建立授予该权利的有关制度;3. 美国在诉请2、4项中的所指都并非是对印度既有措施是否符合TRIPs协定的讨论,而是指向印度为履行义务将采取的方式,因此美国据此主张的救济不符合DSU第19条的要求。对于美国稍后提出的关于透明度及履行义务措施的问题,印度予以两方面的反驳;4. 该两项事宜未包括在已确定的专家组职责范围之内,依DSU第6条第2款,相关诉请应予驳回;5. 根据TRIPs协定第65条第2款,截至2000年1月1日以前,协定第63条不适用于印度;而且无论如何,有关专利申请的途径是规定在印度1970年专利法基础之上的,而这部法律早已公布。

资料来源:郭雳:《WTO争端解决的个案剖析与启示——以美国、印度药品及农用化学品专利保护纠纷为例》,载《法学评论》,2002年。

请讨论：

1. TRIPs 协定第 70 条第 8 款、第 70 条第 9 款、第 63 条的规定及其适用。

解析：第 70 条，对现有客体的保护，其第 8 款规定："如果截止到《建立 WTO 的协议》生效之日，一成员仍未按照第 27 条的义务对医药品和农业化学产品提供专利保护，则该成员应……"。其第 9 款规定："如果一产品根据第 8 款（a）项在一成员是专利申请的内容，则尽管有第六部分的规定，该成员应授予专有销售权，期限为在该成员获得销售许可之后 5 年或直至一项产品专利在该成员被授予或被拒绝时，以短者为准，只要《建立 WTO 的协议》生效之后，一专利申请已在另一成员提出并且已经获得产品的专利以及在该另一成员已经获得销售许可。"第 63 条，透明度。

2. 从此案事实和最终结论不难看出，印度输在"违反 TRIPs 协定第 70 条第 8、9 款"的实体义务上，其做法有必要反省，更值得其他国家引以为戒，其经验与教训主要有什么？

解析：教训之一：未对立法工作给予足够的重视。教训之二：对履行 TRIPs 协定义务消极对待。教训之三：过分执着于自己的逻辑和行为方式。从此案专家组的结论，特别是推理来看，其所体现出的一个核心思想就是：对政府的高度不信任。无论是对立法确认的强调，还是对司法审查的考虑，无不从反面反映出 WTO 机制对各成员方及其行政举措所持的怀疑态度。事实上，从削减关税、取消贸易保护措施开始，GATT 矛头指向的就是各国的政府及其行政做法，其后的反非关税壁垒、反补贴、提高政策透明度等，一脉相承。如今印度想仅凭实施或承诺实施行政手段来履行协定义务，恐怕很难取信于 WTO 及其下属的争端解决机构。此外，笔者以为，专家组的这种倾向明显带有英美法系的烙印，尤其是受到美国传统的、根深蒂固的"怀疑政府"思想的影响，对此我们不能不引起重视。由于受历史等多方面原因的影响，我国社会中政府的职能过多、过重，同样大量存在着对行政措施的不适当运用，加入 WTO 后，从实践到心态上进行调整，应当说也刻不容缓。

同步测练与解析

1. 何谓知识产权？

解析：知识产权是指公民或法人对其在科学、技术、文化、艺术等领域的发明、成果和作品依法享有的专有权，也就是人们对自己通过脑力活动创造出来的智力成果所依法享有的权利。

2.《与贸易有关的知识产权协定》关注的问题是什么？

解析：《与贸易有关的知识产权协定》关注的主要是知识产权对贸易的影响。科学发现权、与民间文学有关的权利、实用技术专有权、创作者的精神权利等被认为是与贸易无关的知识产权,没有包括在《与贸易有关的知识产权协定》范围内。

3. 何谓版权?

解析:版权是指作者对其创作的文字、艺术和科学作品依法享有的专有权利,包括署名、发表、出版、获得报酬等权利。

4. 何谓商标?

解析:商标是一企业的商品或服务,与其他企业的商品或服务区分开的标记或标记组合。这些标记包括人名、字母、数字、图案、颜色的组合。

5. 何谓地理标识?

解析:地理标识用于标示出某商品来源于某成员领土内,或来源于该成员领土内的某地区或某地点,显示该商品的特定质量、信誉或其他特征主要与该地理来源相关联。

6. 何谓工业品外观设计?

解析:工业品外观设计是指,对产品的形状、图案、色彩或者其结合所作出的富有美感并适于工业上应用的新设计。

7. 何谓专利? 强制许可的条件是什么?

解析:一切技术领域中的任何发明,不论是产品发明还是方法发明,只要其具有新颖性、创造性并适合于工业应用,均可获得专利。强制许可使用须有严格的条件和限制,如授权使用应一事一议;只有在此前合理时间内,以合理商业条件要求授权而未成功,才可申请强制许可;授权应给予适当的报酬等。

8. 何谓未披露信息?

解析:未披露信息具有以下三个特征:一是属于秘密,通常不为从事该信息领域工作的人所普遍了解或容易获得;二是具有商业价值;三是为保密已采取合理措施。

9.《与贸易有关的知识产权协定》对各成员的执法制度提出了哪些要求?

解析:《与贸易有关的知识产权协定》对各成员的有关执法制度提出了原则性要求。

(1) 各成员应保证国内法中含有《与贸易有关的知识产权协定》规定的执法程序,以便对任何侵犯受该协定保护的知识产权的行为采取有效行动,包括采取及时防止侵权及遏制进一步侵权的救济措施。实施这些程序时,应避免对合法贸易造成障碍,并防止有关程序的

滥用。

（2）知识产权执法的程序应公平、公正。这些程序不应过于烦琐或费用高昂，也不应限定不合理的时限或导致无端的迟延。

（3）对案件的裁决，最好采取书面形式，并陈述理由，且在合理的时间内告知诉讼当事方。裁决只有在听取各方对证据的意见后方可作出。

（4）诉讼当事方应有机会要求司法机构对行政机构的决定进行审议，并在遵守法律中有关案件司法管辖权规定的前提下，要求至少对初步司法决定的法律方面进行审议。但是，对刑事案件中的无罪判决，成员方没有义务提供审议机会。

（5）《与贸易有关的知识产权协定》并不要求各成员建立一套不同于一般执法体系的知识产权执法体系，也不影响各成员执行其国内法的能力。在知识产权执法与一般执法的资源配置方面，该协定未设定任何义务。

C 第十三章

HAPTER THIRTEEN

诸边和展边贸易协议

学 习 目 标

通过本章学习,了解《政府采购协议》产生的背景,掌握该协议的适用范围、有关政府采购的基本原则和规则、成员间争端的解决以及政府采购委员会的职能等内容。了解《民用航空器贸易协议》产生背景,掌握该协议的适用范围、有关民用航空器贸易的规则以及机构设置和争端解决等内容。掌握《信息技术协议》的主要内容。

重 点 难 点 提 示

- ◉ 政府采购的含义与协议宗旨
- ◉《政府采购协议》有关政府采购的基本原则和规定
- ◉《民用航空器贸易协议》的宗旨
- ◉《民用航空器贸易协议》有关民用航空器贸易的规则
- ◉《信息技术协议》的主要内容

第一节 《政府采购协议》

一、政府采购的含义与协议宗旨

政府采购是指,政府为政府机关自用或为公共目的而选择购买货物或服务的活动,其所购买的货物或服务不用于商业转售,也不用于供商业销售的生产。《政府采购协议》的宗旨是,通过消除针对外国货物、服务和供应商的歧视,增强透明度,将国际竞争引入传统上属于国内公共财政管理的政府采购领域,以实现国际贸易更大程度的自由化和世界贸易的扩大。

二、《政府采购协议》产生的背景

《1947年关税与贸易总协定》创立之初将政府采购排除在外。缔约方在政府采购领域没有义务对外国货物实行最惠国待遇。《1947年关税与贸易总协定》中有关国民待遇的规定,不适用于政府采购。这一规定,实际上允许缔约方在进行政府采购时可以优先购买本国货物。

20世纪50年代以后,随着国家公共服务职能的加强,许多国家的政府及其控制的机构成为重要的产品和服务采购人,政府采购占据的货物和服务市场份额不断增加。为消除政府采购政策可能引起的贸易壁垒,促进政府采购市场的对外开放和扩大国际贸易,需要一个有约束力的政府间公共采购协议。

20世纪70年代,欧洲共同体首先颁布了《关于协调公共工程服务合同、公共供货合同的授予规则和程序》的指令。欧洲共同体的这个重要步骤,促使关税与贸易总协定在"东京回合"中正式将政府采购纳入了谈判议题。"东京回合"达成的《政府采购守则》于1981年生效,仅适用于签署方。

《政府采购守则》将关税与贸易总协定的非歧视、透明度、公平竞争等基本原则引入了政府采购领域,但该守则所规定的贸易自由化程度是有限的。第一,它只适用于货物的采购,没有包括服务(包括工程服务)的采购,而后者在政府采购中占有越来越重要的份额。第二,它只约束中央政府采购实体,排除了地方政府和公用事业单位等重要的公共采购实体。为此,签署《政府采购守则》的12个缔约方在"乌拉圭回合"期间,通过谈判对该守则作了修订和补充,达成了《政府采购协议》。该协议于1996年1月1日起生效。

截至2005年年底,《政府采购协议》的签署方有:美国、加拿大、欧洲共同体及其成员国(英国、爱尔兰、法国、德国、意大利、奥地利、荷兰、比利时、卢森堡、葡萄牙、西班牙、希腊、丹麦、芬兰、瑞典)、荷属阿鲁巴、列支敦士登、瑞士、冰岛、挪威、以色列、日本、韩国、新加坡、中国香港。

三、主要内容

《政府采购协议》由 24 个条款和 4 个附录组成,主要包括适用范围,有关政府采购的基本原则和规则,成员间争端的解决,政府采购委员会的职能等内容。

(一)适用范围

1. 采购实体

《政府采购协议》只适用于签署方在各自承诺的清单中列出的政府采购实体。这些清单作为附件,是《政府采购协议》附录一的内容。清单中所列的采购实体包括三类,分别是中央政府采购实体,地方政府采购实体,其他采购实体(如供水、供电等公用设施单位)。只有列入清单的采购实体才受《政府采购协议》约束。

有关清单的具体内容,是成员方根据本国政府采购市场开放需要通过谈判确定的,所以清单范围并不相同。例如,美国的清单,包括所有的联邦政府机构,37 个州政府机构,11 个政府管理的实体;欧洲共同体的清单,包括其成员国的中央政府机构,次一级政府机构,以及电力、港口、机场等公用设施机构;日本的清单,包括所有的中央政府机构,47 个都道府县和 12 个城市政府机构,以及 84 个特殊法人。

2. 采购对象和采购合同

《政府采购协议》规定的采购对象是货物和服务(包括工程服务与非工程服务)。除了该协议规定的例外,政府进行的所有货物采购都应纳入约束范围。服务采购的具体范围,由签署方在清单中列明。

《政府采购协议》规定的采购合同,包括购买、租赁、租购、有期权的购买和无期权的购买等方式。

3. 采购限额

当政府采购的金额达到《政府采购协议》规定的最低限额,或达到成员方经谈判达成的最低限额时,有关采购活动才受该协议约束。

中央政府采购实体购买货物和非工程服务的最低限额是 13 万特别提款权,中央政府采购实体购买工程服务的最低限额是 15 万特别提款权。地方政府采购实体和其他采购实体的最低限额,由各签署方根据自身的情况分别作出承诺。例如,美国承诺,地方政府采购货物和非工程服务的最低限额是 35.5 万特别提款权,采购工程服务的最低限额是 500 万特别提款权;政府所属机构采购货物和非工程服务的最低限额是 25 万特别提款权,采购工程服务的最低限额是 500 万特别提款权。日本承诺,地方政府采购货物和非工程服务的最低限额是 20 万特别提款权,采购工程服务的最低限额是 1 500 万特别提款权。

由于最低限额是适用《政府采购协议》的条件之一,签署方可能通过合同估价降低采购金额,从而不受该协议的约束。为避免出现这种现象,《政府采购协议》规定了进行合同估价

的基本规则,要求不得为规避该协议的规定而分割任何采购项目。

(二)有关政府采购的基本原则和规定

1. 非歧视原则

签署方进行政府采购时,不应在外国的产品、服务和供应商之间实施差别待遇;给予外国产品、服务和供应商的待遇,也不应低于国内产品、服务和供应商所享受的待遇。

签署方应当保证,既不能基于国别属性和所有权构成,也不能基于产品和服务的生产、供应国别,对在当地设立的不同供应商实行差别待遇。

2. 透明度原则

《政府采购协议》要求签署方建立公开、透明的政府采购程序,公布《政府采购协议》所要求的有关法律、法规、程序和做法。

《政府采购协议》要求,签署方的采购实体应在已向世贸组织通知的刊物上发布有关政府采购的信息,包括招标的规章和程序,采购通知(以世贸组织的一种官方语言公布预定采购的通知概要)。除非在有限招标的情形下,采购实体都应在上述刊物上公布投标邀请书。采购实体还应公布实际采购情况,包括统计数字。

此外,签署方每年应向世贸组织通知列入清单的采购实体的采购统计数据,以及中央政府采购实体未达到"最低限额"的采购统计数据。

3. 公平竞争原则

对清单中列明的采购实体进行的达到或超过最低限额的政府采购,采购实体应为供应商提供公平竞争的机会,即实行招标。《政府采购协议》还对可能限制竞争的技术规格、供应商资格和原产地规则等做法作了规范。

(1)招标方式和招标程序。《政府采购协议》将招标分为公开招标、选择性招标和限制性招标三种。公开招标和选择性招标应是优先采用的采购方式。

公开招标是指所有有兴趣的供应商均可参加投标。

选择性招标是指由采购实体邀请的供应商参加投标,这实质上是对潜在供应商的预先选择。采购实体应拥有符合资格的供应商名单,该名单至少每年公布一次,并说明其有效性和条件。

限制性招标又称单一招标,是指采购实体在无人回应招标,情况紧急而又无法通过公开招标或选择性招标进行采购,或需要原供应商增加供应等条件下,与供应商进行个别联系。

对于招标程序,《政府采购协议》要求,采购实体应以透明和非歧视的方式进行招标,特别是保证实施国民待遇原则。该协议还对投标邀请,招标文件,投标期限,交货期限,投标书的提交、接受、开启和合同的授予等,都作了详细的规定。对于未中标的供应商,采购实体应该向其解释未中标的原因。

(2)有关可能限制竞争做法的规定。技术规格、供应商资格和原产地规则可用于限制竞争,因此,《政府采购协议》对其分别进行了规范。

第一,技术规格的制定、采用或实施,不得对国际贸易造成不必要的障碍。

《政府采购协议》规定,采购实体不得在招标文件中提及某一特定的商标或商号、专利、设计或型号、原产地、生产商或供应商,除非没有准确或易懂的方法描述采购的技术规格要求。采购实体不得以妨碍竞争的方式,在制定具体采购规格时,寻求或接受与该采购活动有商业利益的公司的建议。

第二,采购实体在审查供应商的资格时,不得在其他签署方的供应商之间,或者在本国供应商与其他签署方的供应商之间构成歧视。

第三,一个签署方对于因为政府采购而从其他签署方进口的货物或服务实行的原产地规则,应该与正常贸易下进口的货物或服务所实行的原产地规则一致。

4. 异议程序

《政府采购协议》规定,签署方应提供一套非歧视、透明和及时、有效的程序,以便供应商对采购过程中违反该协议的情形提出申诉。签署方有义务在 3 年内保留与采购过程相关的文件。供应商应在知道或理应知道该申诉依据时起的规定时限内(不得少于 10 天),开始异议程序。

异议程序是防止歧视性政府采购做法的重要制度。异议案件应由法院或者与采购结果没有利害关系的公正独立的机构进行审理。为了维护商业和其他有关方面的利益,异议程序一般应及时结束。

（三）争端解决

签署方之间争端的解决,原则上适用世贸组织《关于争端解决规则与程序的谅解》,但《政府采购协议》对于争端解决另有一些具体规定。

争端解决机构设立的专家组,应包括政府采购领域的专业人士;专家组应该尽量在不迟于其职责范围确定后 4 个月,向争端解决机构提交最后报告,如需推延提交时间,则应不迟于 7 个月;对于争端解决机构就《政府采购协议》下的争端作出的决定或采取的行动,只有签署方才可以参与;在《政府采购协议》下产生的任何争端,不应造成世贸组织其他协定(协议)下签署方所作的减让或其他义务的中止。

（四）政府采购委员会的职能

世贸组织设立由签署方代表组成的政府采购委员会。该委员会在必要时召开会议,但每年不得少于一次。该委员会的职能是,为各签署方提供机会,就执行《政府采购协议》的任何事项进行磋商,并履行签署方指定的其他职责。

政府采购委员会可以设立工作组或其他附属机构,以执行委员会赋予的职能。

第二节 《民用航空器贸易协议》

一、《民用航空器贸易协议》的宗旨

《民用航空器贸易协议》的宗旨是,通过消除贸易壁垒,加强补贴纪律,全面开放民用航空器(军用航空器除外)及其零部件的进口市场,实现全球范围内民用航空器贸易的最大限度自由化,促进航空工业技术的持续发展。

二、《民用航空器贸易协议》产生的背景

第二次世界大战以后,世界民用飞机制造业发展迅猛,美国和欧洲共同体的主要飞机制造大国垄断着世界民用飞机市场,加拿大、一些北欧国家及巴西等国的飞机制造业也具有一定的优势。由于民用飞机制造业资本投入大、技术含量高,因而各国政府一般给予大量的生产补贴。在民用飞机的采购过程中,各国存在关税壁垒、技术标准以及政府行政干预等限制进口的措施。在相当长的一段时期,该领域的贸易规则一直游离于关税与贸易总协定的有效约束之外。

在"东京回合"中,美国和欧洲共同体的主要飞机制造国发起了关于民用航空器问题的谈判,其目的是将飞机进口关税削减为零,规范各国对飞机制造业给予的补贴和其他支持措施。经过谈判,达成了《民用航空器贸易协议》,并于1980年1月1日正式生效。该协议由关税与贸易总协定缔约方选择加入。

《民用航空器贸易协议》的签署方,包括了关税与贸易总协定缔约方中民用航空器的主要生产国。但由于种种原因,加拿大、巴西等国当时没有参加该协议。

"乌拉圭回合"中,《民用航空器贸易协议》签署方曾试图对该协议的内容进行补充,扩大成员范围,由于意见分歧,最终未能取得共识。

世贸组织成立后,《民用航空器贸易协议》如何与世贸组织法律框架相衔接,遇到了一些问题。比如,如何适用世贸组织的争端解决机制。1999年4月,民用航空器委员会主席提出了一份《民用航空器贸易协议》议定书草案",旨在澄清该协议在世贸组织中的法律地位,但至今该协议签署方仍未能就此达成一致。

此外,民用航空器委员会的讨论还曾涉及更新1996年协调税制的税号,将"飞行器地面维护设备的模拟器"纳入《民用航空器贸易协议》附件等问题,但该协议签署方也未能达成一致意见。

目前,民用航空器委员会审议的主要问题有:美国"面向21世纪航空投资改革法案",欧洲共同体"航空器引擎噪音控制规定",比利时"航空工业支持计划及大型飞行器的验证制

度"等。

截至 2005 年年底,《民用航空器贸易协议》的签署方有 30 个,分别为:保加利亚、加拿大、欧洲共同体及其成员国(奥地利、比利时、丹麦、法国、德国、希腊、爱尔兰、意大利、卢森堡、荷兰、葡萄牙、西班牙、瑞典、英国)、爱沙尼亚、拉脱维亚、马耳他、瑞士、埃及、日本、中国澳门、挪威、罗马尼亚、美国、格鲁吉亚、立陶宛、中国、中国台北。

三、主要内容

《民用航空器贸易协议》由 9 个条款和 1 个附件组成。主要内容包括适用范围,有关民用航空器贸易的规则,机构设置和争端解决等。

(一) 适用范围

《民用航空器贸易协议》的适用范围,主要有以下四类产品:

1. 所有民用航空器;
2. 所有民用航空器发动机及其零部件;
3. 民用航空器的所有其他零件、部件及组件;
4. 所有地面飞行模拟机及其零件和部件。

在民用航空器的制造、修理、维护、改造、改型或改装中,上述产品无论是用做原装件还是替换件,都属于该协议的适用范围。

(二) 有关民用航空器贸易的规则

1. 关税减让

《民用航空器贸易协议》规定,各签署方在 1980 年 1 月 1 日前或该协议生效之日前,取消对该协议附件所列产品进口征收的关税,以及与进口有关的其他费用;取消对民用航空器修理所征收的关税和其他费用。上述关税和费用减让一并列入签署方的货物贸易关税减让表。

按照多边最惠国待遇原则,这些关税减让优惠将适用于所有世贸组织成员。

2. 技术性贸易壁垒

《民用航空器贸易协议》规定,各签署方关于民用航空器认证要求,以及关于操作和维修程序的规格,应执行《技术性贸易壁垒协议》。

3. 规范政府在民用航空器贸易方面的行为

《民用航空器贸易协议》规定,购买者只能根据价格、质量和交货条件购买民用航空器,并有权根据商业和技术因素选择供应商。各签署方不得要求航空公司、航空器制造商或从事民用航空器购买的其他实体,购买特定来源的民用航空器,也不得为此对他们施加不合理的压力,以免对供应商造成歧视。

《民用航空器贸易协议》还规定,各签署方不得以数量限制或进出口许可程序限制民用航空器的进出口。

4. 政府支持、出口信贷和航空器营销方面的规则

《民用航空器贸易协议》规定,《补贴与反补贴措施协议》适用于民用航空器贸易,成员方在实施不可诉讼补贴时,应避免对民用航空器贸易产生不利影响。

《民用航空器贸易协议》还规定了民用航空器的定价规则。在定价时,应考虑所有成本的回收,包括非经常性项目成本,由军队研究和开发但随后用于民用航空器生产的有关航空器、部件和系统的成本(这部分成本应是可确定且按比例分摊),平均生产成本,以及财务成本。

5. 确保民用航空器贸易政策的统一性

《民用航空器贸易协议》规定,各签署方不得直接或间接要求或鼓励各级政府、非政府机构和其他机构采取与该协议不一致的措施。签署方应保证,在该协议对其生效之日,其法律、法规和行政程序符合该协议的规定。在透明度方面,签署方应将与该协议有关的法律、法规及其变化情况通知民用航空器贸易委员会。

四、机构设置和争端解决

根据《民用航空器贸易协议》规定,成立了民用航空器贸易委员会。该委员会由所有签署方代表组成,每年至少召开一次会议,为签署方就该协议的实施问题举行磋商提供机会。该委员会应每年审议《民用航空器贸易协议》的执行情况,并向世贸组织总理事会报告审议结果。

《民用航空器贸易协议》规定,如签署方认为其在该协议下的贸易利益受到另一签署方的影响,应首先通过双边磋商寻求双方可以接受的解决办法。如磋商未果,可请求民用航空器贸易委员会审议,该委员会应在 30 天内召开会议,尽快审议并作出裁决或建议。

在解决《民用航空器贸易协议》所涉及的争端时,各签署方和民用航空器贸易委员会应适用世贸组织的争端解决程序,但在细节上可作必要的修改。

第三节 《信息技术协议》

一、《信息技术协议》的宗旨

《信息技术协议》的宗旨是,通过削减信息技术产品关税,实现全球范围内信息技术产品贸易的最大自由化,促进信息技术产业不断发展。

二、《信息技术协议》产生的背景

信息技术革命对世界经济贸易产生重大而深刻的影响,推动了经济全球化的不断深入。随着信息技术的迅猛发展,信息技术产品贸易额不断增加。最大限度地扩大全球范围内信息技术产品市场并降低成本,变得越来越迫切和重要。1996 年初,美国率先提出了到 20 世纪末实现信息技术产品贸易自由化的设想。

1996 年 7 月,美国在新西兰召开的亚太经济合作组织贸易部长会议上,正式提出了关于谈判信息技术协议的建议,争取亚太经济合作组织成员的支持。这次会议结束时发表的主席声明,对美国提出的建议表示有兴趣和原则支持。

1996 年 9 月,美国、欧洲共同体、日本、加拿大在美国西雅图召开四方贸易部长会议,经过激烈的讨价还价,会议同意在四方内部立即开始进行有关信息技术协议的谈判,争取在同年 12 月的世贸组织首届部长级会议召开前完成谈判。

1996 年 10 月,美国、欧洲共同体、日本、加拿大四方的专家在日内瓦就有关信息技术协议最重要的内容,即产品范围进行谈判。四方不断召集主要发展中国家和地区参加非正式会议,但只是通报四方谈判情况。

1996 年 12 月,世贸组织首届部长级会议在新加坡举行。会前,美国、欧洲共同体、日本、加拿大四方已就有关信息技术协议的主要产品达成一致意见。部长级会议期间又举行了多次会议,最终达成了《关于信息技术产品贸易的部长宣言》,共有 29 个国家参加。该宣言由正文和附件(关税减让模式及关于产品范围的两个附表)组成。

《关于信息技术产品贸易的部长宣言》规定,该宣言如期生效应满足的条件是,在 1997 年 4 月 1 日之前,必须有占全球信息技术产品贸易总量约 90%的参加方通知接受该宣言。

1997 年 3 月 26 日,参加《关于信息技术产品贸易的部长宣言》的 40 个国家的信息技术产品贸易,已占全球该产品贸易总量的 92.5%,该宣言如期生效。该宣言以及各参加方提交的信息技术产品关税减让表,构成《信息技术协议》。

《信息技术协议》是世贸组织成立后达成的一个重要协议,任何世贸组织成员及申请加入世贸组织的国家或单独关税区均可参加该协议,但需要提交关税减让表、产品清单等文件,并获得《信息技术协议》已有成员的审议通过。截至 2005 年年底,《信息技术协议》共有 63 个签署方。

三、主要内容

《信息技术协议》的核心内容是,2000 年 1 月 1 日前取消信息技术产品的关税及其他税费,一些发展中国家可以将其减税实施期延至 2005 年 1 月 1 日。

（一）约束并分阶段取消关税

《信息技术协议》规定，参加方在 1997 年 7 月 1 日前约束信息技术产品的关税，并在 1997—2000 年分四个阶段均等削减关税至零，每一阶段削减现行关税的 25％。

第一阶段，在 1997 年 7 月 1 日前，各参加方将信息技术产品的关税削减 25％；第二阶段，在 1998 年 1 月 1 日前，关税进一步削减 25％；第三阶段，在 1999 年 1 月 1 日前，关税再削减 25％；第四阶段，在 2000 年 1 月 1 日前，削减余下的 25％，至此完全取消信息技术产品的关税。

信息技术产品的关税削减是在最惠国待遇基础上实施的，即所有世贸组织成员，无论是否参加《信息技术协议》，均可享受这一优惠待遇。

（二）取消其他税费

《信息技术协议》规定，参加方对《1994 年关税与贸易总协定》第 2 条第 1 款 b 项所规定的其他税费，应于 1997 年 7 月 1 日前取消。参加方减让表可包含例外，但多数减让表中没有提出例外。

（三）产品范围

《信息技术协议》涉及的产品非常广泛，约占《商品名称及编码协调制度》中的近 300 个税号。由于很多产品是新产品，在该制度中没有相应的编码，因此《信息技术协议》将产品范围分为两类，即附表 A 和附表 B。附表 A 为《商品名称及编码协调制度》中有明确编码的产品清单，各参加方使用统一的 6 位编码，各国可根据子目，再适当细分为 8 位编码；附表 B 为无法按《商品名称及编码协调制度》分类的产品清单，只对具体产品进行了描述，各参加方根据产品描述确定这些产品各自的编码。

附表 A 和附表 B 所列的信息技术产品，主要集中在《商品名称及编码协调制度》第 84、85 和 90 章，个别产品在第 38、68 和 70 章。主要有以下几大类：

计算机：计算机系统、笔记本电脑、中央处理器、键盘、打印机、显示器、扫描仪、硬盘驱动器、电源等零部件。

电信设备：电话机、可视电话、传真机、电话交换机、调制解调器、送受话器、应答机、广播电视传输接收设备、寻呼机等。

半导体：各种型号和容量的芯片及晶片。

半导体生产设备：包括多种生产半导体的设备和测试仪器，如蒸气析出装置、旋转式甩干机、刻蚀机、激光切割机、锯床及切片机、离心机、注射机、烘箱及加热炉、离子注入机、显微镜、检测仪器，以及上述产品的零部件和附件。

软件：以磁盘、磁带或只读光盘等为介质。

科学仪器：测量和检测仪器、分色仪、分光仪、光学射线设备及电泳设备等。

其他：文字处理机、计算器、现金出纳机、自动提款机、静止式变压器、显示板、电容器、电阻器、印刷电路、电子开关、连接装置、电导体、光缆、复印设备、计算机网络（局域网、广域网设备）、液晶显示屏、绘图仪、多媒体开发工具等。

（四）发展中国家可延长减税实施期

《关于信息技术产品贸易的部长宣言》规定，发展中国家可以延长关税减让实施期，最长可到 2005 年 1 月 1 日。但这种例外不是针对产品的例外，所有信息技术产品的关税届时都须降至零。关税减让实施期超过 2000 年的产品，每年的减税幅度根据实施期长度等分得出。比如，某种产品的关税减让从 1997 年延长至 2002 年，则先将此种产品的关税约束在现有水平（非基础税率水平）上，分 6 次（2000 年 1 月 1 日前 4 次，2000 年 1 月 1 日至 2002 年 1 月 1 日共 2 次）均等削减至零，每次削减现有关税的 1/6。

对信息技术产品的关税减让，由于各个国家的发展情况不同，因此，他们选择的产品在数量和部门范围上也不相同，但基本出发点是一致的，即通过更长的实施期，为各自目前一些相对落后的产业部门提供较为充裕的发展时间。

本章小结

1. 政府采购是指政府为政府机关自用或为公共目的而选择购买货物或服务的活动，其所购买的货物或服务不用于商业转售，也不用于供商业销售的生产。《政府采购协议》的宗旨是，通过消除针对外国货物、服务和供应商的歧视，增强透明度，将国际竞争引入传统上属于国内公共财政管理的政府采购领域，实现国际贸易更大程度的自由化和世界贸易的扩大。协议由 24 个条款和 4 个附录组成。主要包括适用范围，有关政府采购的基本原则和规则，成员间争端的解决，政府采购委员会的职能等内容。

2. 《民用航空器贸易协议》的宗旨是，通过消除贸易壁垒，加强补贴纪律，全面开放民用航空器（军用航空器除外）及其零部件的进口市场，实现全球范围内民用航空器贸易的最大限度自由化，促进航空工业技术的持续发展。协议由 9 个条款和 1 个附件组成，主要内容包括适用范围，有关民用航空器贸易的规则，机构设置和争端解决等。

3. 《信息技术协议》的宗旨是，通过削减信息技术产品关税，在全球范围内实现信息技术产品贸易的最大自由化，促进信息技术产业不断发展。协议的核心内容是，2000 年 1 月 1 日前取消信息技术产品的关税及其他税费，一些发展中国家可以将其减税实施期延至 2005 年 1 月 1 日。

重要概念

政府采购（Government procurement）

信息技术协议(Information Technology Agreement,ITA)
有限招标(Limited tendering)
公开招标(Open tendering)
民用航空器贸易(Trade in civil aircraft)

案例分析

2003 年 4 月 24 日,世贸组织通过中国成为《信息技术协议》(ITA)的第 58 个参加方。根据加入 ITA 协议时的承诺,我国部分信息技术产品从 2005 年 1 月 1 日起全部实行零关税。信息技术产品相应关税的取消,将吸引更多的国外企业来华投资,增加进口,进而扩大出口,但在一定程度上也会对本国产业发展带来压力。

最近有消息称,日、美等国家正在酝酿将一些原先没有纳入该协议的消费电子产品,比如平板电视纳入 ITA 中,以扩大其零关税产品的范围,此举将对中国消费类电子产品造成冲击,尤其将影响中国高端电视业的发展。

其实,早在 ITA 协议达成之后,一些国家就开始提议将 ITA 适用范围扩展,其中最积极的要算日本。日本提议将数码相机纳入 ITA 协议中,但响应者寥寥,直到 2003 年,在 ITA 加拿大论坛上,美国和加拿大也提议将消费电子产品纳入到 ITA 协议中,而罗马尼亚则表示愿意将以前未有的新产品纳入到该协议中,ITA 协议的扩展开始受到成员的普遍关注。根据 WTO 的惯例,业内将这种扩展协议称之为 ITAⅡ。

尽管目前 ITA 协议中并没有将家电产品包括在内,也没有将生产彩色电视机的彩管涵盖在内,但这种保护时间不会太长久。此外,一些新兴高科技产品也有可能成为谈判内容,以扩大零关税产品范围。

资料来源:《美日谋划扩大零关税产品》,载《经济参考报》,2005 年 2 月 25 日。

请讨论:

1. 加入 ITA 协议对我国电子信息产业的影响?

解析:我国电信设备制造业早已在改革开放过程中向外资开放。我国加入 WTO 后,对电子信息制造业的冲击不是很大。而迅速扩大的国内市场和更加开放的国际市场(在加入 WTO 后,我国电子信息产品在 ITA 参加方均可享受免除关税待遇),将为我国提供更多的市场机遇。例如,目前国内自主开发的程控交换机市场占有率已经超过 50%,连同合资厂商机型,市场占有率超过 92%。由于市场趋于饱和,竞争日益激烈,交换机价格持续走低。而加入 WTO 之后,既能降低程控交换机零件进口成本,又可以为国内程控交换机企业提供更为有利的出口市场(在 ITA 参加方的市场免除进口关税及附加税费),将为程控交换机生产企业的发展提供更多机会。其他的信息产品如个人计算机、电话机等产品,也存在类似的情况和机遇。

2.ITA 协议的扩展趋势？

解析：日、美作为信息技术产品生产大国，一直希望自己的优势产品能尽可能地进入 ITA 协议产品目录，以便赢得更多市场机会。据了解，自 1997 年 ITA 协议达成之后，以日本为首的一些国家就开始提议将 ITA 适用范围扩展，形成新的产品目录，也就是业内人士惯称的 ITAⅡ。2003 年在 ITA 加拿大论坛上，美国和加拿大也提议将消费电子产品纳入到 ITA 协议中，ITA 协议的扩展开始受到世界贸易组织成员的普遍关注。虽然还无法确认哪些产品会添加到 ITAⅡ中，但目前各种相关会议释放出的信息是，一些新兴家电产品特别是平板电视将是添加的热门项目。

3.ITA 协议的扩展对中国消费类电子产品的影响和对策？

解析：日、美谋划扩大零关税产品计划的行为，很有可能使国内的相关产业链受到较大冲击。如果家电产品涵盖到 ITA 中，对中国彩电产业的影响将是巨大的，特别是对高端平板彩电的影响。我国平板电视产业刚刚起步，多数企业采取从国外购买显示屏组装，依靠低价占领市场的策略。如果平板电视的关税下降为零，成本相应下降的洋货势必冲击国内产品的成本优势。可想而知，发展中国家刚刚启动的工业化势必受到严重的打击，世界的穷国和富国之间的贫富差距将有增无减。而经济在全球化、自由化近年来所导致的贫富差距、南北差别不断扩大的趋势，说明单纯的关税降低并不能使发展中国家和穷人受益。

同步测练与解析

1. 何谓政府采购？

解析：政府采购是指，政府为政府机关自用或为公共目的而选择购买货物或服务的活动，其所购买的货物或服务不用于商业转售，也不用于供商业销售的生产。

2.《政府采购协议》中受到协议约束的金额是多少？

解析：中央政府采购实体购买货物和非工程服务的最低限额是 13 万特别提款权，中央政府采购实体购买工程服务的最低限额是 15 万特别提款权。地方政府采购实体和其他采购实体的最低限额，由各签署方根据自身的情况分别作出承诺。

3.《民用航空器贸易协议》的目的是什么？

解析：《民用航空器贸易协议》的宗旨是，通过消除贸易壁垒，加强补贴纪律，全面开放民用航空器（军用航空器除外）及其零部件的进口市场，实现全球范围内民用航空器贸易的最大限度自由化，促进航空工业技术的持续发展。

4.《信息技术协议》产生的背景是什么?

解析:信息技术革命对世界经济贸易产生重大而深刻的影响,推动了经济全球化的不断深入。随着信息技术的迅猛发展,信息技术产品贸易额不断增加。最大限度地扩大全球范围内信息技术产品市场并降低成本,变得越来越迫切和重要。1996 年初,美国率先提出了到 20 世纪末实现信息技术产品贸易自由化的设想。

5. 非世贸组织成员可以参加《信息技术协议》吗?

解析:《信息技术协议》是世界贸易组织成立后达成的一个重要协议,任何世界贸易组织成员及申请加入世界贸易组织的国家或单独关税区均可参加该协议。截至 2000 年 12 月 31 日,《信息技术协议》共有 55 个签署方。

C 第十四章

世界贸易组织业绩、多哈回合与作用

学习目标

通过本章学习,了解世贸组织成立以来的六届部长级会议与成果;掌握多哈发展回合启动原因;掌握多哈发展回合的目标与特点;掌握世贸组织建立后的作用;了解世贸组织面临的挑战。

重点难点提示

- 六届部长级会议与成果
- 多哈发展回合启动原因
- 多哈发展回合的目标与特点
- 世界贸易组织建立后的作用
- 世界贸易组织面临的挑战

第一节　六届部长级会议与成果

一、第一届部长级会议：新加坡会议

（一）新加坡会议概况

1996年12月9日至13日,世贸组织在新加坡召开部长会议,这是世贸组织自1995年1月1日成立以来的首届部长级会议。有120个世贸组织成员和申请加入世贸组织的国家或单独关税区的贸易、外交、财政和农业部长出席了会议。会议期间,举行了全体会议和各种多边、诸边和双边会谈。会谈的主要议题是世贸组织成立后两年的工作及乌拉圭回合协定与协议的实施情况。会议通过了《新加坡部长宣言》等文件,并成立了贸易与投资工作组和贸易与竞争政策工作组,为世贸组织进一步规范贸易中的投资问题和竞争政策做准备。

（二）《新加坡部长宣言》主要内容

《新加坡部长宣言》包括序言和正文两部分。序言部分指出,新加坡会议的目的旨在加强世贸组织作为一个谈判场所、基于规则推动贸易自由化的体制和对贸易政策的多边评估机制的地位。会议特别对以下问题表示关注:对世贸组织协定和决定项下的承诺实施情况的评估;对正在进行的谈判和工作计划的评估;调查世界贸易的发展情况;应对发展中的世界经济的挑战。正文部分对与贸易有关的20个问题发表了看法。这些问题包括:贸易与经济增长、经济一体化的机遇与挑战、核心劳工标准、最不发达国家和部分发展中国家可能被边缘化问题、世贸组织的角色、区域协定、加入问题、争端解决、实施问题、通知和国内立法问题、发展中国家问题、最不发达国家问题、纺织品和服装、贸易与环境、服务贸易谈判、信息技术协议和医药品、工作计划和既定议程、投资和竞争政策、政府采购的透明度和贸易便利等。

（三）新加坡会议后达成的协议

新加坡会议后,世贸组织继续组织有关各方在悬而未决的领域进行谈判,并取得了一定成就,其中最突出的莫过于达成了《金融服务协议》和《信息技术协议》(内容见第十一章和第十三章)。

二、第二届部长级会议：日内瓦会议

（一）日内瓦会议概况

1998年5月18日至20日,世贸组织在日内瓦召开第二届部长会议暨多边贸易体制50

周年纪念会。共有130个国家和地区的部长级官员出席了会议。会议期间,各国代表盛赞多边贸易体制50年来所取得的成就及对世界经济发展所做出的贡献。针对1997年发生的亚洲金融危机,各国代表也各抒己见,从不同角度阐述了看法。会议强调继续推进贸易自由化的决心。最后,会议通过了《日内瓦部长宣言》,并就电子商务问题通过了《全球电子商务宣言》。

(二)《日内瓦部长宣言》简介

《日内瓦部长宣言》共分十一部分。第一部分指出会议是在一个特别的时候,也就是多边贸易体制诞生50周年召开的,并高度评价了多边贸易体制半个世纪来对世界经济增长、就业与稳定所做的贡献。第二部分重申基于多边规则的贸易体制的至关重要性,欢迎新加坡会议以来达成的《信息技术产品协议》和《金融服务协议》,强调将继续推进货物与服务贸易的逐步自由化。第三部分对部分世贸组织成员由于金融动荡而面临的困难表示关注,强调保持所有的市场开放应成为解决困难的任何可靠方案的关键性要素,会议拒绝任何形式的保护主义措施,但也同意要考虑不同成员的经济发展水平。第四部分承认促进公众理解多边贸易体制的好处的重要性,表示要加强世贸组织运作的透明度。第五部分承诺尽可能广泛地扩大多边贸易体制的受益面,欢迎贸易与发展委员会审议多边贸易协定和相关决定中关于给予发展中国家特别是最不发达国家特殊待遇的条款实施情况,同意有效实施这些条款的必要性。第六部分对最不发达国家和某些微型经济体边缘化现象表示忧虑,呼吁采取措施帮助这些国家。第七部分欢迎新加坡会议后加入的新成员:刚果、民主刚果、蒙古、尼日尔和巴拿马。对31个申请方在加入谈判中的进展也表示了欢迎。第八部分指出,切实履行世贸组织协定和部长决定,对维持多边贸易体制的可信性是至关重要的,也是进一步扩展全球贸易、扩大就业和提高世界各个组成部分的生活水平所必不可少的。第九部分忆及《建立世贸组织协定》的目的是要给世贸组织成员提供进行双边和多边谈判及进一步谈判的场所,为了保证既有协定的切实履行及为第三届部长会议做准备,责成总理事会就有关问题提交建议。第十部分要求总理事会向第三届部长会议提交就上述工作计划的进一步组织和管理的建议,以便这些工作计划能顺利开始并迅速结束。第十一部分要求所有工作计划应旨在保持所有世贸组织成员利益的平衡。

(三)《全球电子商务宣言》简介

随着电子商务的发展,它在国际贸易中的地位和影响日益上升。电子商务发展的迅猛势头,使得世贸组织成员对其表示了极大关注,并就电子商务在国际贸易中的地位及将其纳入多边贸易体制达成了原则性一致。

《宣言》认识到全球电子商务的发展为贸易提供了新的机会,指示总理事会确定一个详细的工作计划,以全面审查与全球电子商务有关的贸易问题。该工作计划应囊括世贸组织

的有关机构,考虑发展中国家的财政、经济和发展需要,并承认此工作也可由其他国际机构承担。总理事会应就工作计划的进展形成一个报告,并在第三届部长会议上就应采取的行动提出建议。在不损害工作计划的成果和世贸组织成员在世贸组织协定项下的权利与义务的前提下,宣布世贸组织成员将继续他们目前对电子数据传输免征关税的做法。在向第三届部长会议作报告时,总理事会将根据工作计划的进展审查本宣言,审查的范围将以协商一致方式决定。

三、第三届部长级会议:西雅图会议

(一)西雅图会议概况

西雅图会议的召开正值世纪之交,这使其具有特别的历史意义,在全球范围内受到广泛关注。1999 年 11 月 30 日至 12 月 3 日,世贸组织在美国西雅图召开第三届部长级会议。共有 135 个成员参加这次会议。会议的议题主要有三个:一是现有协议的实施问题;二是既定议程问题;三是在新一轮谈判中加入新议题的问题。由于美国和来自全球各地的抗议者的阻挠,更由于发达国家与发展中国家的巨大分歧,西雅图会议最后以无果而告终。

(二)西雅图会议的主要分歧

西雅图会议失败的直接原因是世贸组织成员之间的分歧。这些分歧主要体现在以下几个方面。

1. 新一轮谈判的举行

欧盟、美国和日本都主张,西雅图会议的首要目标是成功发动"千禧回合"谈判。大多数发展中国家对新一轮谈判持消极态度。印度、巴西等发展中国家认为,发达国家得到贸易自由化的好处远远大于发展中国家,如果进一步扩大自由化,只能使穷国愈穷,富国愈富。最不发达国家则担心被排除在多边贸易体制之外。

2. 新一轮谈判的范围

美国主张严格限制谈判范围,其提出的谈判范围主要是美国具有优势的农业和服务业领域。欧盟和日本都主张全面谈判,不应仅限于既定议程。它们提出的谈判议题包括工业品市场准入、农业与渔业、技术性贸易壁垒、贸易与投资、贸易与环境、贸易与竞争、服务贸易、知识产权、电子商务等广泛领域。发展中国家对乌拉圭回合协议的实施表示失望,认为其中关于给予发展中国家特殊待遇的条款未得到落实,因此新一轮谈判的主要议题是实施乌拉圭回合协议,而非各种与贸易无关的问题。

3. 谈判方式和谈判时间

各成员共提出 3 种谈判方式:一揽子方式、部门谈判方式及构组谈判方式。

一揽子谈判方式是指乌拉圭回合方式,即参加谈判各方必须全部接受达成的条款。其

优点是谈判各方可以从整体角度权衡利弊,缺点是只有全部谈判方接受,谈判方可结束,容易使谈判旷日持久。欧盟、日本支持此方式。部分发展中国家如巴西、印度也支持此方式。

部门谈判方式是指按部门一项一项进行谈判,达成协议后即可按部门自由化,而不必等到全部议题谈成后才开始自由化。美国支持此种谈判方式。

加拿大则支持构组谈判方式,即在一定时间内汇集相关议题组成谈判组进行谈判。

在谈判时间上,美国反对像乌拉圭回合一样持续很长时间,主张新一轮谈判不应超过3年。欧盟、日本虽然主张一揽子谈判,也认为谈判不宜拖得过长。发展中国家则主张不能操之过急,应切实解决存在的问题,而不是匆忙实行自由化。

4. 新一轮谈判的命名

欧盟主张新一轮谈判应命名为"千年回合";美国主张命名为"克林顿回合";世贸组织总干事穆尔提出,应命名为"发展回合";大多数国家认为应按惯例命名为"西雅图回合"。

(三)西雅图会议失败的原因

西雅图会议失败的原因是多种多样的:其直接原因是世贸组织成员之间的分歧,尤其是发达国家与发展中国家的分歧;其间接原因是各种非政府组织和利益集团的反对,以及美国在会议的组织和安排上的不善;但其深层次的原因则是发达国家与发展中国家在经济全球化过程中的利益分配不公,危及多边贸易体制的信誉。

四、第四届部长级会议:多哈会议

2001 年 11 月 9 日至 14 日,世贸组织第四届部长级会议在卡塔尔首都多哈召开,共 142 个世贸组织成员参加了会议。会议的主要议题有二:一是接受中国和中国台北加入世贸组织;二是启动新一轮多边贸易谈判。11 月 10 日,会议以协商一致的方式通过了中国加入世贸组织的决定,正式接纳中国为其第 143 位成员。11 月 11 日,会议通过了中国台北以"台湾、澎湖、金门、马祖单独关税区"的名义加入世贸组织的决定,接受台湾为其第 144 位成员。11 月 14 日,会议通过了《多哈部长宣言》,一致同意开始新一轮多边贸易谈判,并规定应在 2005 年 1 月 1 日之前结束所有谈判。新一轮多边贸易谈判被命名为"多哈发展回合",以强调对发展问题的重视。会议还通过了《关于与贸易有关的知识产权协定与公共卫生的宣言》和《关于与实施有关的问题和关注的决定》。

五、第五届部长级会议:坎昆会议

2003 年 9 月 10 日至 14 日,世贸组织第五届部长级会议在墨西哥旅游胜地坎昆举行。146 个成员参加了会议,会议仅持续了 5 天,但这是在"多哈发展议程"正处于关键时刻举行的一次重要会议,因而备受瞩目。联合国秘书长安南曾在 2003 年 7 月 30 日特别指出:"坎

昆会议将决定穷国是否有真正机会通过贸易消除贫困,即这次会议是否能真正成为'发展回合'。"世界银行发布的《2004年全球经济展望》报告也指出:坎昆会议上取得的进展将有助于增强投资者的信心,为推动形成一个有利于促进贸易的更重要的WTO协议造势,并最终提高世界各国的收入水平,实现大幅度减少全球贫困人口的目标。针对发展中国家关心的问题达成的协议,将使1.44亿人在2015年之前脱贫,而贸易自由化将给全球经济带来8000亿美元的共同利益。事实证明这又是一次不欢而散、无具体成果而终的会议,会议再次在场内场外争争吵吵中度过,WTO多边贸易体制再次遭受了一次重大挫折。

然而,任何一次失败的背后实际上都意味着一次漫长的积蓄和酝酿,同时也意味着未来的一次新的期待和轮回。同样如此,坎昆会议历程也决非仅仅是在坎昆的短短5天的时间,实际上,自2001年11月多哈会议之后,有关坎昆会议的筹备就已经开始,WTO贸易谈判委员会已经召开了十次会议,谈判的主要议题包括农业、服务贸易、非农产品市场准入、与贸易有关的知识产权(TRIPs)、贸易规则、争端解决、贸易与发展及贸易与环境8项。由于多哈回合的展开是在美国西雅图发动"千年回合"失败后匆忙决定的,这使得多哈回合有仓促上阵的意味,也注定了坎昆中期评审会议的一波三折。同时,也提醒了我们本来就不应该、也无需对坎昆会议寄予太大的期望。事实上,在坎昆整个5天的会议中,发达成员之间以及发达成员与发展中成员之间的两大矛盾的互不相让,再加之反全球化呼声的日益高涨,终究注定"坎昆会议"是又一次流血和流产的会议。当然,瞻前顾后,坎昆会议的整个进程中,我们看到诸多的难点的同时,还是有不少的亮点在闪烁。

（一）《坎昆部长宣言》草案艰难出台

2003年8月24日,《坎昆部长宣言》草案在经过"难产"之后终于在日内瓦公布。草案包括21个相对简短的段落,综合了成员在农业、非农产品市场准入等领域取消补贴、削减关税的不同立场。文本开篇谈到"部长们需要再一次确认多哈宣言和决议",注意到"在开展多哈会议达成的行动计划方面所取得的进步,再次要求自己完全履行这个计划,并且重申在预定的2005年1月1日多哈会谈中成功结束谈判的决心"。然而,"决心"按时结束谈判只是在表达一种意愿,通读草案正文很难发现实质性内容。因此,草案对每个议题的结论在正文中并没有明确,也并没有提出具体的行动建议,该草案成为众矢之的。但无论怎样,宣言的出台还是有一定的积极意义的。它既是对2002年以来历次谈判的小结,又是坎昆会议上各成员部长达成决议的基础。虽然多哈谈判在所有领域都没有突出进展,但草案的出炉给了人们预测会议的机会。它表明谈判仍在进行,并为特定议题的讨论确定了方向。

（二）"知识产权和公共健康问题"率先达成协议

2003年8月30日,WTO成员打破了知识产权和公共健康议题上的僵局,就知识产权和公共健康问题达成协议,同意修改 WTO 有关法律规则,使符合条件的成员在强制许可下可进口本成员无能力生产的药品。它们已经允许发展中成员在遭遇重大疾病危机和公共财政赤字时,可以低价进口其不含专利转让费的相关医药产品,也可以在特定前提下,进行发达国家医药类产品的仿制,以用于疾病广泛发生的人道主义医疗援助。这是 WTO 一个历史性的决议。允许一些成员充分利用 WTO 知识产权规则应对成员内疾病,证明了 WTO 可以同时处理人道主义和贸易有关问题。WTO 成员能够在这个尤其困难和复杂的问题上相互妥协也证明了各成员的诚意。同时,此决议对坎昆部长级会议也是一个很好的推动。

(三)穷国首次对富国说"不"

坎昆会议最后以不欢而散而告终,但在本次会议上出现的最大特点就是"穷国"首次联合向"富国"抗争,广大发展中成员首次联合起来对发达成员说"不",某种意义上也是国际贸易格局的一种变化,更标志着发展中成员在 WTO 中的地位进一步提升。实际上,自坎昆会议伊始,WTO 成员中的部分"穷国"便组成了"联合战线",一致要求美国、欧盟和其他发达成员在经济贸易政策上做出更多"慷慨的让步",改变过去主要由发达成员制定贸易规则的不正常现象,力争会议取得"共赢"的结果,以有利于发展中成员和发达成员的共同发展。在坎昆会议的准备阶段,包括中国、巴西和印度等国在内的 20 个发展中成员由于立场相近而逐渐形成了被外界称为"20 国集团"的非正式机制。在坎昆会议开幕前夕,"20 国集团"因埃及的加入而更名为"21 国集团"。

六、第六届部长级会议:香港会议

2005 年 12 月 13 日至 18 日,世贸组织第六届部长级会议在中国香港会议展览中心举行。包括世贸组织 149 个正式成员和一些国际组织官员在内的 5 800 多名官方代表,以及 2 100 多名非政府组织代表出席会议。12 月 15 日,世贸组织通过接纳汤加为该组织第 150 个成员,并成为继斐济、巴布亚新几内亚、所罗门群岛后的第 4 个太平洋岛屿地区 WTO 成员。

2005 年 12 月 17 日,世贸组织公布了经修改后的《香港部长宣言草案》,草案表明,经过几天的谈判,各成员在向最不发达国家的产品提供免关税和免配额市场准入以及取消棉花出口补贴方面的谈判取得较大进展,并最终在削减农业补贴等关键议题上达成一致。WTO 各成员代表同意在 2013 年之前逐步取消农业补贴,同时取消棉花出口补贴;免除最不发达国家 97% 货品的进口关税。草案还建议在 2006 年 4 月底之前全面执行多哈回合谈判的全面协议。

进展体现在:发达成员和发展中成员同意,向最不发达国家的产品提供免关税和免配额的市场准入;发达国家将于 2006 年取消对棉花的出口补贴,扭曲贸易的支持棉花生产的国内补贴的削减将比各成员将要达成一致的一般公式要求得更快和更具雄心;在削减农产品

出口补贴方面,各成员将确定具体的模式来确保发达国家 2010 年取消出口补贴。

尽管各成员达成了上述初步协议,但在事关多哈回合成败的削减农业补贴、降低非农产品关税和开放服务业等关键领域,谈判仍未取得突破性进展。从几天的谈判情况来看,最大障碍仍是美国和欧盟在农业贸易问题上的僵持局面。美国提出,发达国家今后 5 年内将农产品关税降低 55%～90%,第二阶段将关税降到零。欧盟贸易委员彼得·曼德尔森则坚持认为,欧盟已经做出了将农产品进口关税平均削减 46% 的承诺,除非发展中国家做出开放工业品和服务市场的承诺,否则,欧盟不会做出更大的让步。

在此次香港部长级会议上,中国所取得的进展是非常具体的,也是非常严格的,就《香港部长宣言》最后达成的准确的文本,有四条和中国密切相关,它们对中国都是有现实意义和具体价值的。

第一,宣言第五十八段有一个规定:由于新成员在加入 WTO 的谈判中做出了广泛的承诺,新成员的特殊情况将在谈判中予以考虑。这意味着在今后的谈判中,要对包括中国在内的新成员所享受的特殊和差别待遇做出具体规定,以减轻这些新成员在新一轮市场开放中的压力。

第二,宣言第七段规定,发展中国家可以自主指定一定数量的农产品作为特殊产品并有权使用特殊保障机制。这样,中国的一些弱势农产品就可以得到一定程度的保护,免予减让或少做减让。也就是说,中国不管是作为新成员还是发展中成员,在农产品方面可以获得特殊产品和特殊保障机制的保护,享有免减和少减的特殊和差别待遇。中国一直要求的特殊和差别待遇在宣言中已经得到明确、具体的体现。

第三,在农业方面,宣言第五段规定,没有综合支持总量的发展中成员的微量允许可以免予削减。薄熙来说,中国现在所用的微量允许实际上微不足道,也就 3 亿美元;美国实际用的是 70 亿美元,欧盟还要大得多。在这种情况下,由于中国加入 WTO 的时候对 AMS 的承诺是零,这就意味着中国在多哈回合谈判中不需要对农业的国内支援再进行削减。

第四,宣言第十四、十五段规定,非农产品减税公式采用多个系数的瑞士公式,而且发展中成员的灵活性条款是谈判模式的有机组成部分,这既有利于促进世界范围内工业制成品的市场开放,也有助于发展中成员对一些敏感产业给予适当的保护。

第二节　多哈发展回合多边贸易谈判

一、多哈发展回合启动原因

多哈发展回合能够启动,源于以下原因。第一,世界经济发展缓慢,贸易保护主义增强,需要举行新的多边贸易谈判,加强贸易自由化的共识,进一步推动贸易自由化,增强抑制贸易保护主义的能力。第二,新兴贸易事物的挑战。世贸组织建立以来,世界经济贸易中出现了许多新事物,如电子商务的兴起、环境条件的恶化,贸易环节的便利程度,成员境内的竞争政策,贸易与投资关系的协调,贸易与技术转让之间的关系等,它们对世界贸易的发展影响加大,需要通过多边贸易谈判,确立新的规则,否则,将影响世贸组织作用的发挥。第三,纠正世贸组织原有协定与协议实施上的失衡,由于发展不平衡和竞争力的强弱差距等原因,世贸组织成员在实施原有的贸易协定与协议中出现了不平衡,有的协议执行的较好,有的较差。如发达成员对自己自由化的承诺,如纺织品与服装协议上的义务的履行,一再拖延。众多规定仍然扭曲着农产品贸易的自由化,如出口补贴、国内支持、关税高峰。在食品进口方面出现了新壁垒。发展中成员在世贸组织中的权利未能充分享受,一部分发展中国家出现了边缘化的趋势。这些都影响了世贸组织作用的发挥。第四,修复世贸组织的形象。自1999 年世贸组织第三届部长级会议无果而终以来,世贸组织的形象受到很大伤害,甚至成为反经济全球化的口实。第五,世贸组织本身为新回合谈判做了大量有效的工作,世贸组织第二任总干事穆尔进行了艰苦卓绝的游说工作。第六,从世界贸易大局出发,在着眼于共同利益的基础上,成员方尤其是发达成员与发展中成员相互作出让步。发达国家认识到,西雅图新回合发动失败的主要原因是其在谈判议题上的不妥协立场。发展中成员也感到需要一定的妥协,才能发起新的多边贸易谈判,解决贸易与经济发展中遇到的问题。在多哈回合谈判议题上,既考虑到发达成员方的要求,更照顾到发展中成员的利益。

二、多哈发展回合的目标与特点

(一)目标

2001 年 11 月,世贸组织第四届部长会议在卡塔尔多哈通过《部长宣言》,决定从 2002 年起,到 2005 年年底以前举行多哈发展回合的多边贸易谈判。多哈发展回合谈判的目标主要有:抑制全球经济发展减缓下出现的贸易保护主义,加大贸易在促进经济发展和解除贫困方面的作用,处理最不发达国家出现的边缘化问题,理顺与区域贸易协定之间的关系,把多边贸易体制的目标与可持续发展有机地结合起来,改善世贸组织外部形象,实现《建立世贸组织协定》的原则和目标。

(二)谈判议题的特点

在《部长宣言》中,列出了多哈回合谈判的议题。归纳起来,这些议题具有如下的特点。

1. 议题的涉及面十分广泛

《部长宣言》列出的谈判议题有 19 个,即:与实施有关的问题和关注,农业,服务,非农产品市场准入,与贸易有关的知识产权,贸易与投资的关系,贸易与竞争政策的相互作用,政府采购透明度,贸易便利化,世贸组织规则,《争端解决谅解》,贸易与环境,电子商务,小型经济

体,贸易、债务和财政,贸易与技术转让,技术合作和能力建设,最不发达国家,特殊和差别待遇等。有些议题所涉及的具体议题有很多,如与实施有关的问题和关注的议题,就包括了10多个具体内容,即:关贸总协定1994第18条,《农产品协议》,《实施卫生与植物卫生措施协议》,《纺织品与服装协议》,《技术性贸易壁垒协议》,《与贸易有关的投资措施协议》,《反倾销协议》,《海关估价协议》,《原产地规则协议》,《补贴与反补贴协议》,《与贸易有关的知识产权协定》等。

2. 新议题多

多哈回合多边贸易谈判的议题充分考虑到世贸组织建立以来世界经贸中出现的新事物,做到与时俱进,把关系世界经贸发展的重要问题作为新议题。诸如:贸易与环境,贸易便利化,贸易与竞争政策,贸易与技术转让,贸易与债务、金融,技术与能力建设等。新议题的数目与范围远远超出乌拉圭回合谈判确定的3个新议题,它表明世界范围的贸易自由化向纵深发展。一方面,它使贸易自由化从关税、非关税、服务市场准入转入贸易发挥作用的相关问题和环境上;另一方面,这些新议题的达成与接受将使世贸组织成员境内的经贸法规更多地受到影响,使世贸组织成员境内市场与世界市场进一步接轨,加速融入经济全球化的进程。

3. 发展中成员和最不发达成员的贸易发展和利益受到空前关注

首先,在《部长宣言》前言中,公然声明"大多数世贸组织成员属于发展中国家,我们寻求将它们的利益和需要放在本宣言所通过的工作计划的中心位置""我们致力于处理最不发达国家在国际贸易中被边缘化的问题,提高它们在多边贸易体制中的有效参与。"其次,在《部长宣言》中,涉及发展中成员和最不发达国家内容几乎占了一半。再次,在19个议题中,有13个议题中涉及对发展中成员和最不发达国家的谈判,其中6个议题是专门针对发展中成员和最不发达国家。这些内容为发展中成员和最不发达国家通过多哈回合取得更多的差别待遇和落实这些待遇提供了良好的条件。

4. 平衡了发达成员方与发展中成员方的要求

多哈回合19个议题使发达成员与发展中成员的要求得到较好的平衡。在新议题中,既包含了发达成员关心的新议题,如贸易与环境问题,贸易与竞争政策等;同时也接纳了发展中成员关注的新议题,如贸易与技术转让,贸易、债务与财政、技术合作与能力建设等。

(三) 多哈发展回合谈判前景

多哈发展回合将在激烈的交锋中进行,不会一帆风顺,但终会达成协议,取得较多的成果,谈判结束时间虽然比原定结束谈判时间拖后,但谈判仍将在正面因素和负面因素的交织中继续进行。

1. 推动谈判顺利举行的正面因素

第一,世界经济自2003年已经走出低谷,开始好转,世贸组织成员面临的贸易保护主义的压力减轻,将为谈判奠定较好的基础。

第二,世贸组织成员珍惜和重视这次谈判的举行,都作了充分和认真的谈判准备,迄今为止,唱赞歌的多,唱哀歌的少。

第三,世贸组织机构对多哈回合谈判准备工作充分,按《部长宣言》工作计划有序地进行。根据《部长宣言》工作计划,世贸组织设立了受总理事会负责监督的"贸易谈判委员会",下设8个谈判小组,负责谈判工作。这些小组分别是:农业谈判小组,服务贸易谈判小组,非农产品市场准入谈判小组,贸易规则谈判小组,知识产权谈判小组,争端解决谈判小组,贸易与环境谈判小组,贸易与发展谈判小组。各小组对谈判的时间表、谈判内容均作了明确的规定,并进行了活动。

第四,新任总干事的干练务实。2002年9月1日上任的世贸组织前任总干事素帕猜和继任总干事拉米都曾明确表态,要与世贸组织成员一起继续努力进行多哈回合的谈判,尽量完成谈判的各目标,以使世贸组织在世界经济事物中扮演更为重要的角色。

第五,中国加入世贸组织后,以积极、认真、务实的姿态参与多哈回合谈判,为谈判成功地进行注入活力,有力地推动了谈判走向成功。

2. 影响多哈回合顺利进行的负面因素

第一,2000年下半年世界经济开始衰退,占世界经济总量70%的美、日、欧三大经济体同时下滑,特别是"9·11"事件后,恐怖斗争形势复杂多变,世界经济复苏的不确定因素增多,国际贸易保护主义日益加剧,一些保护贸易的措施超出了世贸组织管辖的范围。

第二,多哈回合谈判议题的选定,充满了妥协、折中和矛盾。在谈判方式上,美国主张谈判议题应集中,而欧盟和日本倾向议题多元化。在具体议题上,成员也各有侧重。在农业议题上,美国主张制定取消农产品补贴的谈判时间表,而欧盟和日本主张进一步降低属于绿箱范围的农业保护。在服务议题上,欧盟的立场比美国积极。在反倾销、反补贴等议题上,美国坚决反对谈判触及已有的反倾销、反补贴的调查范围和纪律,而日本和欧盟则主张谈判应强化和规范与反倾销相关的程序与纪律。在议题谈判的次序上,发展中成员主张先讨论乌拉圭回合协定与协议的执行问题,然后再讨论协定与协议的完善问题,然后再讨论其他议题,对此次序,发达成员持有异议。这些矛盾和焦点如不能妥善地加以协调和解决,直接关系到谈判的进程。

第三,谈判约定时间短于以往多边贸易谈判的时间。按《部长宣言》规定,多哈回合谈判于2002年1月31日开始,2005年1月1日前结束,前后约3年。短于"1947年关贸总协定"所主持的后几次多边贸易谈判时间。第6轮多边贸易谈判(肯尼迪回合)从1964年5月到1967年6月;第7轮多边贸易谈判(东京回合)从1973年9月到1979年4月;第8轮多边贸易谈判(乌拉圭回合)从1986年9月到1993年12月。乌拉圭回合谈判原定的谈判时间为1986年到1990年,因各种矛盾,使谈判约定结束时间拖到1993年12月,而列入的新议题只有3个。

第三节　世贸组织建立后的作用

一、积极作用

（一）世贸组织成为当今世界多边贸易体制的组织和法律基础

世贸组织建立以后,发展并不顺利,举行的四届部长级会议成果时多时少,有的甚至无果而终。但它在世界贸易和国际经济中已经发挥了巨大的作用。世贸组织继承和发展了"1947年关贸总协定"的基本原则,成为当今世界多边贸易体制的组织和法律基础,到2005年年底,世贸组织已拥有成员150个,成员贸易额已占世界贸易额的90%以上,此外,还有20多个国家正在申请加入世贸组织。中国加入世贸组织以后,给它注入新的活力。因此,世贸组织对世界贸易和世界经济的影响是其他国际组织无法取代的。

世贸组织使多边贸易体制的作用得到加强,促进国际分工的深化,世界市场的统一,市场经济的普及,知识经济的扩大,经济的传递作用加大等。

（二）世贸组织有利于世界市场竞争的规范化

世贸组织为世界市场竞争和合作提供了一个"开放、公平和无扭曲竞争"的规则,为不同体制、不同国家的企业竞争提供了一个平台。经济全球化发展的一个必然要求是世界各国经济体制和制度的认同,从而为经济的全球化提供适宜的制度环境。在国家消亡以前,由于制度的差异和竞争力的演变,世界各国之间贸易摩擦和矛盾将会不断发生,使企业的全球化扩展受到阻碍。而世贸组织的规则是各成员方协商的结果,因此,在共同的规则下进行贸易活动,可以减少摩擦,缓解矛盾。世贸组织的争端解决机制在一定程度上避免了许多"贸易战",减少了贸易战给各方带来的损失。世贸组织建立后,受理了将近300起的贸易争端,有近2/3的争端得到解决,缓解了世界经济不景气下贸易保护主义的压力。例如,欧美之间的香蕉贸易纠纷,以及金枪鱼事件,都通过世贸组织争端解决机制得到调解,避免了贸易战的发生。

（三）有利于资源在世界范围内的合理配置,从而提高全球的福利水平

贸易的自由化,投资的自由化,有利于世界各国比较优势的发挥,推动企业在世界范围内组织生产,寻求最低的生产成本,从而提高资源和生产要素的使用效率,带来经济发展和收入水平的提高。根据世贸组织估算,乌拉圭回合贸易协定与协议的实施,将使世贸组织成员收入净增加1 090亿美元到5 110亿美元。此外,市场规模的扩大给消费者提供了更大的选择范围,可以让消费者享受到更多更好的产品和服务;同时关税水平和产品成本的降低,

使消费者生活开支减少,增进了消费者的福利。

（四）促进政府改革

世贸组织规则约束了政府的不当行为,促进政府成为高效、廉政和负责任的政府,使有形的手与"无形的手"有机结合起来,决策更为科学,以促进经济的发展和国民生活水平的提高。

二、世贸组织面临的挑战

（一）贸易大国在世贸组织中的强势地位

在世贸组织 150 个成员中,发达国家有 28 个,其余为发展中国家和经济转型国家。但发达国家在世界贸易中的比重高达 65%,而发展中国家仅占 30%。在发达国家中,美国、欧盟、日本和加拿大又占了绝大比重,其中美国在货物贸易和服务贸易中的比重均在 10% 以上,这种情况决定发达国家在世贸组织中的决策中起着制衡作用,在谈判中居于强势地位,享受权利和履行义务能力高于发展中国家。从本国利益出发,一些发达国家以实用主义态度对待世贸组织,使得世贸组织协定与协议的制定并不真正"平等",使得世贸组织的协定与协议的履行出现不平衡。

（二）一些不利因素影响着发展中国家充分享受权利

根据世贸组织规则,发展中国家在享受世贸组织普遍规则的基础上,还获得了一些特殊待遇。但一些因素影响着发展中国家充分享受这些权利。第一,随着关税逐步下降,普遍优惠制对发展中国家发展对外贸易,扩大出口的作用在减小。第二,因财力不足,发展中国家不能积极参与世贸组织的各种活动,使得发展中国家的参与权受到削弱。至今,有 39 个发展中国家成员在世贸组织没有他们的代表处。第三,一些发展中国家,特别是最不发达国家,出现了边缘化。其主要原因是:在供应方面出现障碍,制约经济结构的改造;严重依赖初级产品的出口;由于政治不稳定等原因难以吸引外资;1991 年以后,发达国家给予的官方援助在不断减少;外债加重。上述情况导致最不发达国家,如非洲国家,根本无法从世贸组织推动的贸易自由化中受益,或参与世贸组织的活动。

（三）地区经济一体化对世贸组织的双重影响

区域经济一体化是指某一地理区域内或区域之间,某些国家和政治实体为实现彼此之间在货物、服务和要素的自由流动,实现经济发展中各种要素的合理配置,促进相互经济发展,而达成的取消有关关税和非关税壁垒,进而协调产业、财政和货币政策,并相应建立起超国家的组织机构的过程。其表现形式是各种形式的经济贸易集团的建立。

按经贸集团一体化的程度,可以分为:自由贸易区,关税同盟,共同市场,经济联盟和政治联盟。20世纪90年代以来,区域经济一体化出现了以下特点。首先,区域经济一体化发展迅速,根据世贸组织资料,截至2005年2月,累计向GATT/WTO通报的区域贸易协定已达312个。在GATT时期通报的145个区域贸易协定目前仅有38个仍然生效。自1995年WTO成立以来,与GATT时期年均通报3个的速度相比,向WTO通报的新区域贸易协定以年均11个的速度增加,十年来新通报增加的区域贸易协定共计有196个,其中仍然生效的有132个。其次,构成基础发生突破变化。20世纪90年代以前,区域经济一体化主要由国土相接、经济发展水平相近、社会制度相同的国家组成。20世纪90年代以来,区域经济一体化突破了上述范围,构成的基础发生了很大变化。

第一,突破国土相邻的界限,出现了跨州和跨洋的区域合作组织,如以色列与美国建立了"以色列与美国自由贸易区",亚太经合组织的成员遍布亚洲、北美洲、南美洲和大洋洲。

第二,突破经济发展水平相近国家组成经贸集团的局限,经济发展水平差距较大的国家可以成立区域经济一体化组织,如发达国家美国、加拿大与发展中国家墨西哥组成"北美自由贸易区"。

第三,打破社会制度的隔绝,社会制度不同的国家可以共同组成经贸集团。在亚洲,东盟搁置社会制度和意识形态的差异,接纳越南和柬埔寨等国家。

第四,从封闭和排他性转向对外开放式,区域经济一体化组织的排他性色彩有所淡化,开始追求"开放的地区主义"。

第五,区域经济一体化促进了集团内经济贸易的增长,促进集团内部国际分工的深化,促进了经济贸易集团内部的贸易自由化,增强和提高了在世界贸易中的谈判力量。

地区经贸集团对多边贸易体制构成了双重影响。

第一,积极作用。地区经济一体化各种安排的范围已超出了货物贸易自由化,向投资、服务方面延伸,自由化的途径拓宽,朝着协调各国管理规定,采用最低管制标准,并互相承认各国的标准和惯例的方向发展,这些趋势将加强地区经济一体化中的"开放地区主义",有助于加强经贸集团的市场开放。此外,世贸组织对地区经济一体化安排的监督也在加强,可以防止经贸集团出现的不利影响。

第二,不利影响。经贸集团本身的内聚力会出现排他性。比如,在关税同盟下,成员在关税统一过程中,决策结构会更多地而非更少地偏向保护或者干预。如欧盟的贸易政策制定具有餐馆账单问题的特点。如果一批人去餐馆就餐,并分摊饭费,每个人都会想点他们各自吃饭时不会去点的价格更高的菜肴,因为在某种程度上都会期待他人会负担部分费用,这在欧盟贸易政策决定中也是同样的。保护的代价由欧盟所有的消费者承担,与各个国家的国内生产总值成正比。生产商得到的好处与每个国家在欧盟中有关产品的生产份额成正比。如果欧盟内部大国能够使欧盟委员会在某一具体领域内提出保护主义的政策建议,所有的欧盟成员都将有一种愿望想使他们的一些产品也得到保护,势必加重贸易保护的普遍压力,对世贸组织的作用构成了严重的挑战。

(四)世贸组织中存在的矛盾的协调与解决

世贸组织取代"1947 年关贸总协定",成为当今世界多边贸易体制的法律和组织基础,是世界经贸发展的产物。同时,在世贸组织中存在和孕育着各种矛盾,诸如:发达国家和发展中国家的矛盾;世贸组织成员享受权利与履行义务的矛盾;世贸组织原则与例外的矛盾;旧贸易协定与协议与新贸易协定与协议的平衡执行的矛盾;合意决策与投票决策方式使用的矛盾;贸易自由化与允许合理保护的矛盾;比较优势变化与已有规则约束和规则滞后的矛盾;政府组织与非政府组织之间的矛盾;世贸组织共同规则与各国本身利益的矛盾;违规与报复之间的矛盾等。这些矛盾协调处理合理,将使世贸组织的内聚力和影响力加强,如处理不当和长期拖而不决,将加大世贸组织成员的离心力,影响世贸组织的形象和作用。

本章小结

1. 世贸组织建立后,举行了六届部长级会议。在第四届部长级会议上接纳中国加入世贸组织,并成功地发动了多哈回合多边贸易谈判。2005 年 12 月 17 日,世贸组织公布了经修改后的《"香港部长宣言"草案》,各成员在向最不发达国家的产品提供免关税和免配额市场准入以及取消棉花出口补贴方面的谈判取得较大进展,并最终在削减农业补贴等关键议题上达成一致。

2. 2001 年 11 月,世贸组织第四届部长会议在卡塔尔多哈通过《部长宣言》,决定从 2002 年起,到 2005 年年底以前举行多哈发展回合的多边贸易谈判。多哈发展回合在激烈的交锋中进行,谈判结束时间虽然比原定结束谈判时间拖后,但谈判仍将在正面因素和负面因素的交织中继续进行。

3. 世贸组织建立以后,发展并不顺利,举行的六届部长级会议成果时多时少,有的甚至无果而终,但它在世界贸易和国际经济中已经发挥了巨大的作用。世贸组织使多边贸易体制的作用得到加强,促进国际分工的深化,世界市场的统一,市场经济的普及,知识经济的扩大,经济的传递作用加大等。

重要概念

多哈发展议程(Doha Development Agenda,DDA)

新加坡部长宣言(Singapore Ministerial Declaration)

日内瓦部长宣言(Geneva Ministerial Declaration)

多哈部长宣言(Doha Ministerial Declaration)

坎昆部长宣言(Cancun Ministerial Declaration)
香港部长宣言(Hong Kong Ministerial Declaration)
全球电子商务宣言(Declaration on Global Electronic Commerce)

案例分析

2005年1月,WTO前任总干事皮特·萨瑟兰(Peter Sutherland)在《国际金融报》撰文指出:"WTO成立10年来,已经取得了很多骄人成绩。它是第一个为新的全球经济而设计的多边机构,虽然存在过公众的批评和怀疑,但它工作出色。世贸组织的争端处理机制也一向令人赞赏,中国的成功入世就是其中一项巨大成就。此外,WTO还为解决最贫穷国家的特殊贸易问题投入了巨大的精力和努力。从很多角度来看,世界已经因为WTO的存在而变得更加美好。然而,与此同时,WTO多哈回合谈判已经暴露出WTO在履行长期职责过程中面临的一些难题。到目前为止,多哈贸易谈判在谈判启动、履行最后期限、在敏感议题中取得实质性进展等方面,都遭受了严重挫折。"最近,面临困境的WTO在其成立10周年之际发布了名为《WTO的未来》的报告。报告称,在WTO体制之外达成的双边贸易协定的泛滥,违背了"立会之本"的多边合作理想。彼得·萨瑟兰是撰写这一报告的"智囊委员会"带头人。1月18日,他发表于《金融时报》的文章表示:"由于目前全球贸易关系有向政治利益推动型贸易关系转变的倾向,因此,作为WTO成员的最大益处已经面临遭到削弱的危险。"就像联合国在政治方面起的作用是有限的,如果将WTO比作经济联合国的话,它实际上起的作用比真正的联合国在世界政治领域起的作用还小。

资料来源:摘编自WTO秘书处:*The Future of the WTO,Addressing the institutional challenge in the new millennium*,2005。

请讨论:

1.WTO成立10年来的成绩有哪些?

解析:自WTO成立之日,WTO一直在努力"扮演"着世界贸易"守护神"的角色,为推动世界各国贸易政策的自由化,维护世界贸易和经济的正常发展作出了重要贡献,取得了众多成就。第一,公平贸易的宗旨得到确立和延伸。第二,作用得以发挥和加强。第三,成功实施了乌拉圭回合达成的协定与协议,大大推进了世界贸易自由化。第四,政策审议机制发挥作用,实现了对各成员贸易政策监督的经常化和制度化。第五,争端解决机制受到信任,避免了贸易争端中的单边主义和以强凌弱的现象。

2.WTO成立10年来面临的挑战有哪些?

解析:作为一种新的全球贸易体制安排,尽管与GATT相比,WTO体制已经完善了很多,但仍然存在一些挑战:第一,成员在实施多边贸易协议上出现不平衡。第二,WTO管辖范围过于拓宽,导致其不堪重负。第三,WTO自身运作机制缺陷注定其运行效率低下。第四,WTO体制性失衡导致发展中成员"边缘化"倾向。WTO发展到今天,在利益集团的较量中,实力与利益成为决定性的因素。第五,区域主义盛行对多边贸易体制形成威胁。此外,WTO的发展还面临其他一些外部因素的制约,例如,以WTO多边贸易体制为代表的自由贸易理念遭遇到"反全球化运动"前所未有的挑战。

3. WTO多哈回合谈判陷入困境的根本原因是什么?

解析:从表面上来看,农业问题和"新加坡议题"是导致多哈回合谈判进展缓慢的直接原因,但仔细审视多哈回合谈判进程的来龙去脉,不难发现,多哈回合谈判进展缓慢的背后其实隐藏着更为深刻的根源。其实,在某种程度上来说,即使没有"农业问题"或者"新加坡议题"的存在,只要这些深层次问题存在,多哈回合谈判也不会一帆风顺,依然会步履艰难。第一,WTO的自身运作机制的缺陷,注定了其运行效率低下。第二,多哈回合先天不足,缺少从根本上解决南北问题的政治和制度基础。第三,WTO体制性失衡的矛盾,两大阵营力量悬殊差异,直接制约了谈判进程。第四,WTO主要成员特别是美国缺乏谈判的兴奋点,缺乏足够的利益驱动力。第五,WTO对于区域经济一体化组织的过分宽容,导致多哈回合谈判进展缓慢。

4. 如何进一步改进WTO的决策和谈判机制?

解析:多边贸易体制的制度合法性不仅取决于程序和责任等投入因素,也取决于其决策结果等产出因素。WTO产出的是贸易自由化,如果缺乏透明度和成员参与度,其合法性就会大打折扣。多边贸易体制存在"合法性缺口",需要对决策机制进行改革,提高发展中成员特别是最不发达成员(LDCs)的决策参与程度以弥补"合法性缺口"。因此,对决策和谈判机制的改进关键在于,寻求既不影响现有成员权利和义务、也不对谈判过程产生负面影响的方法,提高多边贸易体制的透明度和参与度。第一,提高发展中成员的参与度——小组谈判代表模式。第二,提高WTO的工作效率,进行机构改革。选择之一:成立"WTO执行委员会"(executive board);选择之二:成立"WTO咨询委员会"(consultative board)。

同步测练与解析

1. 世贸组织建立后,共举行了几次部长级会议?

解析:六次。

2. 多哈部长级会议的主要业绩是什么?

解析:2001年11月9日至14日,世贸组织第四届部长级会议在卡塔尔首都多哈召开,

共 142 个世贸组织成员参加了会议。会议的主要议题有二:一是接受中国和中国台北加入世贸组织。二是启动新一轮多边贸易谈判。11 月 10 日,会议以协商一致的方式通过了中国加入世贸组织的决定,正式接纳中国为其第 143 位成员。11 月 11 日,会议通过了中国台北以"台湾、澎湖、金门、马祖单独关税区"的名义加入世贸组织的决定,接受中国台北为其第 144 位成员。11 月 14 日,会议通过了《多哈部长宣言》,一致同意开始新一轮多边贸易谈判,并规定应在 2005 年 1 月 1 日之前结束所有谈判。新一轮多边贸易谈判被命名为"多哈发展回合",以强调对发展问题的重视。会议还通过了《关于与贸易有关的知识产权协定与公共卫生的宣言》和《关于与实施有关的问题和关注的决定》。

3. 为何要发动多哈回合多边贸易谈判?

解析:多哈发展回合能够启动,源于以下原因。第一,世界经济发展缓慢,贸易保护主义增强,需要举行新的多边贸易谈判,加强贸易自由化的共识,进一步推动贸易自由化,增强抑制贸易保护主义的能力。第二,新兴贸易事物的挑战。第三,纠正世界贸易组织原有协定与协议实施上的失衡,由于发展不平衡和竞争力的强弱差距等原因,世贸组织成员在实施原有的贸易协定与协议中出现了不平衡,有的协议执行的较好,有的较差。第四,修复世界贸易组织的形象。第五,世界贸易组织本身为新回合谈判做了大量有效的工作,世贸组织第二任总干事穆尔进行了艰苦卓绝的游说工作。第六,从世界贸易大局出发,在着眼于共同利益的基础上,成员方尤其是发达成员与发展中成员相互作出让步。

4. 多哈发展回合谈判的主要议题有哪些?

解析:议题的涉及面十分广泛,《部长宣言》列出的谈判议题有 19 个,即:与实施有关的问题和关注,农业,服务,非农产品市场准入,与贸易有关的知识产权,贸易与投资的关系,贸易与竞争政策的相互作用,政府采购透明度,贸易便利化,世贸组织规则,《争端解决谅解》,贸易与环境,电子商务,小经济体,贸易、债务和财政,贸易与技术转让,技术合作和能力建设,最不发达国家,特殊和差别待遇等。有些议题所涉及的具体议题有很多,如与实施有关的问题和关注的议题,就包括了 10 多个具体内容,即:关贸总协定 1994 第 18 条,农产品协议,卫生与检疫措施协议,纺织品与服装协议,贸易技术壁垒协议,与贸易有关的投资措施协议,反倾销协议,海关估价协议,原产地规则协议,补贴与反补贴协议,与贸易有关的知识产权协定等。

5. 世贸组织建立后主要的作用是什么?

解析:世贸组织成为当今世界多边贸易体制的组织和法律基础;世贸组织有利于世界市场竞争的规范化;有利于资源在世界范围内的合理配置,从而提高全球的福利水平,促进政府改革。

C 第十五章

HAPTER FIFTEEN

中国与世界贸易组织

学 习 目 标

通过本章学习,了解中国加入世贸组织历程;掌握中国加入世贸组织法律文件的构成与产生基础;掌握中国加入世贸组织后的权利与义务;掌握加入世贸组织对中国经济的机遇与挑战。

重 点 难 点 提 示

- 中国加入世界贸易组织的法律文件的构成
- 中国加入世界贸易组织的法律文件的产生基础
- 中国加入世界贸易组织后的权利与义务
- 加入世贸组织对中国经济的机遇与挑战

第一节　中国加入世贸组织历程

中国是"1947 年关贸总协定"的 23 个缔约国之一。1949 年中华人民共和国成立后未能取得联合国席位,中国的社会主义计划经济体制也与关贸总协定的基本原则不符,所以关贸总协定的中国席位仍由国民党政府占据。1950 年,中国台湾国民党政府退出了关贸总协定。此后,关贸总协定的中国席位一直空着。

1986 年 7 月,改革开放取得一定成就之后,中国开始了恢复关贸总协定缔约国地位(简称"复关")的申请。关贸总协定中国工作组于 1987 年 3 月成立,并且于当年 10 月召开第一次会议。从 1987 年到 1995 年世贸组织建立,关贸总协定中国工作组一共举行过 20 次会议,但终因与关贸总协定成员国(主要是美国和欧盟)的双边谈判未能完成而没有恢复在关贸总协定中的席位,也没有成为世贸组织的创始成员国。

1995 年世贸组织成立以后,关贸总协定中国工作组相应变成了世贸组织中国工作组,陆续召开了 18 次会议。中国分别在 1999 年 11 月 15 日和 2000 年 3 月 19 日与美国和欧盟签署了关于中国加入世贸组织的双边协议。世贸组织中国工作组在 2001 年 9 月 17 日批准了所有法律文件。11 月 9 日至 13 日于卡塔尔首都多哈举行的世贸组织第四届部长级会议就中国加入世贸组织进行表决,获得通过。11 月 11 日,对外贸易经济合作部部长石广生代表中国政府在中国加入议定书上正式签字,并向世贸组织秘书处递交了由国家主席江泽民签署的中国加入世贸组织批准书。2001 年 12 月 11 日,中国正式成为世贸组织第 143 个成员。综观历史,中国的"复关"与"入世"是关贸总协定/世贸组织的所有多边谈判中最漫长和最艰苦的一次谈判过程,这个谈判大致可分四个阶段。

第一阶段:从 20 世纪 80 年代初到 1986 年 7 月,主要是酝酿和准备"复关"事宜。

1971 年中国恢复在联合国的合法席位后,相继参加了与关贸总协定并称世界经济"三大支柱"的国际货币基金组织和世界银行,但由于当时的计划经济体制与关贸总协定的基本原则相抵触,没有申请恢复关贸总协定缔约国地位。改革开放后,随着中国对外经济贸易活动日益增多,对外经贸在国民经济中的作用不断增强,迫切需要一个稳定的国际环境。国内经济体制改革也不断向市场化发展,中国初步具备了加入多边贸易体制的条件。1982 年 11 月,中国政府获得关贸总协定观察员身份,并首次派代表团列席关贸总协定第 36 届缔约国大会。1982 年 12 月 31 日,国务院批准中国申请参加关贸总协定的报告。

1986 年 7 月 11 日,中国政府正式照会关贸总协定总干事,要求恢复中国的关贸总协定缔约国地位。1986 年 9 月 15 日至 20 日,中国政府代表列席了关贸总协定部缔约方全体会议,并全面参与当年关贸总协定发动的乌拉圭回合谈判。

第二阶段：从 1987 年 2 月到 1992 年 10 月，主要是审议中国经贸体制。

1987 年 3 月 4 日，关贸总协定理事会设立了关于恢复中国缔约方地位的中国工作组，邀请所有缔约方就中国外贸体制提出质询。申请"复关"的谈判，首先必须接受关贸总协定对中国经贸体制的审查，由缔约方判断中国的经贸体制是符合市场经济的基本要求。在当时情况下，中国要回答的核心问题就是中国究竟是实行市场经济，还是实行计划经济。虽然中国经济体制改革始终是朝着市场化方向发展的，但在理论上和市场经济的概念上在国内还有比较大的争议，政府改革的目标仍然是建立"社会主义有计划的商品经济"体制。

1992 年 9 月，中国正式确立了建立"社会主义市场经济"体制的总体目标，从而使第二阶段的谈判迈出了关键性的步伐。1992 年 10 月召开的关贸总协定第 11 次中国工作组会议，正式结束了对中国经贸体制长达 6 年的审议。

第三阶段：从 1992 年 10 月到 2001 年 9 月，"复关"/"入世"议定书内容的实质性谈判，即双边市场准入谈判。

1994 年 4 月 12 日至 15 日，关贸总协定部长级会议在摩洛哥的马拉喀什举行，乌拉圭回合谈判结束，与会各方签署《乌拉圭回合谈判结果最后文件》和《建立世贸组织协定》。中国代表团参会并签署《最后文件》。鉴于世贸组织将取代关贸总协定而成为多边贸易体制的法律和组织基础，并负责乌拉圭回合一揽子协议的实施，中国希望尽快结束谈判，成为世贸组织的创始成员国。但到 1994 年年底，"复关"谈判仍因各边立场差距太大而未能达成协议，中国成为世贸组织创始国的愿望没有实现。

1995 年 11 月，中国政府照会世贸组织总干事鲁杰罗，把中国"复关"工作组更名为中国"入世"工作组，中国恢复关贸总协定缔约国地位的谈判转为加入世贸组织谈判，中方根据要求，与世贸组织的 37 个成员继续进行拉锯式的双边谈判。1997 年 5 月，中国与匈牙利最先达成协议；1999 年 11 月 15 日，中国完成了最艰难的也是最重要的中美"入世"谈判；2001 年 5 月 19 日，中欧谈判几经周折也正式达成双边协议；2001 年 9 月 13 日，中国与最后一个谈判对手墨西哥达成协议，从而完成了"入世"的双边谈判。

第四阶段：从 2001 年 9 月到 2001 年 11 月，中国"入世"法律文件的起草、审议和批准。

在双边谈判后期，多边谈判开始。与双边谈判的复杂与艰难相比，多边谈判较为容易和顺利，主要议题是中国"入世"的法律文件（包括议定书和工作组报告书）起草问题。2001 年 9 月 17 日，世贸组织中国工作组第 18 次会议通过中国加入世贸组织法律文件，中国加入世贸组织多边谈判结束。在此之后，中国加入世贸组织工作组按照程序把加入议定书（后附所有双边协议汇总成的货物贸易减让表和服务贸易具体承诺减让表）和工作组报告书交给世贸组织总理事会。2001 年 11 月 10 日，世贸组织第四届部长级会议一致通过中国加入世贸组织的决议。中国的立法机构——全国人大常委会批准了这些报告和议定书，并由中国政府代表将批准书交存了世贸组织总干事。2001 年 12 月 11 日，中国正式成为世贸组织第

143 个成员国。

毫无疑问,中国"复关"和"入世"谈判是多边贸易谈判史上最为漫长的。从 1986 年 7 月 11 日中国正式向世贸组织前身——"1947 年关贸总协定"递交"复关"申请到中国最终加入世贸组织,历时 15 年,谈判过程充满了艰巨性、复杂性、特殊性和敏感性。其中最重要的环节是中美谈判和中欧谈判,中美谈判进行了 25 轮,中欧谈判进行了 15 轮,在整个谈判过程中,中国代表团换了四任团长,美国和欧盟分别换了五位和四位首席谈判代表。中美谈判的主要特点是范围广、内容多、难度大。美国因为经济实力强大,要求开放的市场多是中国保护程度较高的(如服务业)或比较敏感的(如农业)领域,同时谈判又受到各种政治因素的干扰,美国一些利益集团还想利用中国加入世贸组织提出高于世贸组织本身的要求,因此,谈判非常艰苦。但是,因为中国加入世贸组织符合中美双方的最终利益,中美高层多次在谈判的关键时刻坦诚交换意见,经过艰苦谈判,双方最终于 1999 年 11 月 15 日签署了双边协议,中美谈判协议的达成,为中国加入世贸组织谈判的最终成功铺平了道路。

第二节　中国加入世贸组织的法律文件

一、中国加入世贸组织法律文件的构成

中国加入世贸组织的法律文件包括:《马拉喀什建立世贸组织协定》、《中华人民共和国加入的决定》、《中华人民共和国加入议定书》及其附件、《中国加入工作组报告书》。中国加入世贸组织的法律文件的主体是《马拉喀什建立世界贸易组织协定》,议定书和工作组报告书。

议定书是确定作为申请加入方中国的权利与义务关系的法律文件,工作组报告书则是对整个加入谈判情况的记录和说明(也包括部分承诺)。工作组报告书在结构上与议定书有一定的差异,但作为谈判过程的记录和对议定书有关条款的进一步细化和说明,与议定书具有内在的统一性,具有与议定书同等的法律效力。此外,作为世贸组织成员,中国的权利与义务不仅包括在议定书和工作组报告书当中,也全面体现在世贸组织现行的各项协定与协议中。

二、议定书和报告书产生的基础

(一)谈判依据的基础文件

《中国对外贸易制度备忘录》和中国工作组成员和中国主管机关作出的答疑和其他文件。

（二）谈判中双方坚持的立场

中方：中国"复关"和加入世贸组织符合社会主义市场经济目标及对外开放的国策。中国加入世贸组织将促进其经济增长，并加强与世贸组织成员的经贸关系。

谈判对方：中国加入世贸组织将有助于多边贸易体制的加强，增加世贸组织的普遍性，为中国和其他世贸组织成员带来共同利益，保证世界经济的稳步发展。

（三）谈判中双方坚持的原则

中方：中国仍然是发展中国家，有权根据《建立世贸组织协定》享受给予发展中国家的所有差别和更优惠待遇。

谈判对方：由于中国经济的巨大规模、快速增长和过渡性质，在确定中国援用发展中国家可使用的过渡期和《建立世贸组织协定》中的其他特殊规定的需要方面，应采取务实的方式，应认真考虑和具体处理每个协定和中国的情况。

三、议定书和报告书的构成

（一）《中华人民共和国加入议定书》的构成

《中华人民共和国加入议定书》本身由序言、三个部分18个条款构成。第一部分为总则，包括18个条款。第1条总体情况，第2条贸易制度的实施，第3条非歧视，第4条特殊贸易安排，第5条贸易权，第6条国营贸易，第7条非关税措施，第8条进出口许可程序，第9条价格控制，第10条补贴，第11条对进出口产品征收的税费，第12条 农业，第13条技术性贸易壁垒，第14条卫生与植物卫生措施，第15条确定补贴和倾销时的价格可比性，第16条特定产品过渡性保障机制，第17条世贸组织成员的保留，第18条过渡性审议机制。第二部分减让表。第三部分最后条款。此外，还有9个附件。分别是：附件1A：中国在过渡性审议机制中提供的信息；附件1B：总理事会依照《中国加入议定书》第18条第2款处理的问题；附件2 A1：国营贸易产品（进口）；附件2 A2：国营贸易产品（出口）；附件2B：指定经营产品；附件3：非关税措施取消时间表；附件4：实行价格控制的产品和服务；附件5A：根据《补贴与反补贴措施协定》第25条作出的通知；附件5B：需要逐步取消的补贴；附件6：实行出口税的产品；附件7：世贸组织成员的保留；附件8：第152号减让表——中华人民共和国；附件9：服务贸易具体承诺减让表。

（二）《中国加入工作组报告书》的构成

《中国加入工作组报告书》由导言、经济政策、政策制定和执行的框架、影响货物贸易的政策、与贸易有关的知识产权制度、影响服务贸易的政策，其他问题和结论构成。

第三节　中国加入世贸组织后的权利与义务

一、基本权利

（一）全面参与多边贸易体制

加入世贸组织前,中国作为观察员参与多边贸易体制,所能发挥的作用受到诸多限制,加入世贸组织后,中国将充分享受正式成员的权利,其中包括:全面参与世贸组织各理事会和委员会的所有正式和非正式会议,维护中国的经济利益;全面参与贸易政策审议,对美国、欧盟、日本、加拿大等重要贸易伙伴的贸易政策进行质询和监督,敦促其他世贸组织成员履行多边义务;在其他世贸组织成员对中国采取反倾销、反补贴和保障措施时,可以在多边框架体制下进行双边磋商,增加解决问题的渠道;充分利用世贸组织争端解决机制解决双边贸易争端,避免某些双边贸易机制对中国的不利影响;全面参与新一轮多边贸易谈判,参与制定多边贸易规则,维护中国的经济利益;对于现在或将来与中国有重要贸易关系的申请加入方,将要求与其进行双边谈判,并通过多边谈判解决一些双边贸易中的问题,包括敦促其取消对中国产品实施的不符合世贸组织规则的贸易限制措施、扩大中国出口产品和服务的市场准入机会和创造更为优惠的投资环境等,从而为中国的产品和服务扩大出口创造更多的机会。

（二）享受非歧视待遇

中国加入世贸组织后,将充分享受多边无条件的最惠国待遇和国民待遇,即非歧视待遇。现行双边贸易中受到的一些不公正的待遇将会被取消或逐步取消。其中包括:美国国会通过永久正常贸易关系(PNTR)法案,结束对华正常贸易关系的年度审议;根据《中国加入世贸组织议定书》附件7的规定,欧盟、阿根廷、匈牙利、墨西哥、波兰、斯洛伐克、土耳其等成员对中国出口产品实施的与世贸组织规则不符的数量限制、反倾销措施、保障措施等将在中国加入世贸组织后5年至6年内取消;根据世贸组织《纺织品与服装协议》的规定,发达国家的纺织品配额将在2005年1月1日取消,中国将充分享受世贸组织纺织品一体化的成果;美国、欧盟等在反倾销问题上对中国使用的"非市场经济国家"标准将在规定期限(15年)内取消。

（三）享受发展中国家权利

除一般世贸组织成员所能享受的权利外,中国作为发展中国家还将享受世贸组织各项协定规定的特殊和差别待遇,其中包括:中国经过谈判,获得了对农业提供占农业生产总值

8.5％"黄箱补贴"的权利,补贴的基期采用相关年份,而不是固定年份,使中国今后的农业国内支持有继续增长的空间;在涉及补贴与反补贴措施、保障措施等问题时,享有协定规定的发展中国家待遇,包括在保障措施方面享受 10 年保障措施使用期、在补贴方面享受发展中国家的微量允许标准（在该标准下其他成员不得对我国采取反补贴措施）;在争端解决中,有权要求世贸组织秘书处提供法律援助;在采用技术性贸易壁垒采用国际标准方面,可以根据经济发展水平拥有一定的灵活性等。

（四）获得市场开放和法规修改的过渡期

为了使中国相关产业在加入世贸组织后获得调整和适应的时间和缓冲期,并对有关的法律和法规进行必要的调整,经过谈判,中国在市场开放和遵守规则方面获得了过渡期,例如:在放开贸易权的问题上,享有 3 年的过渡期;关税减让的实施期最长可到 2008 年;逐步取消 400 多项产品的数量限制,最迟可在 2005 年 1 月 1 日取消;服务贸易的市场开放在加入世贸组织后 1 年至 6 年内逐步实施;在纠正一些与国民待遇不相符的措施方面,包括针对进口药品、酒类和化学品等的规定,将保留 1 年的过渡期,以修改相关法规;对于进口香烟实施特殊许可证方面,我国将有 2 年的过渡期修改相关法规,以实行国民待遇。

（五）保留国营贸易体制

世贸组织允许通过谈判保留进口国营贸易。为使中国在加入世贸组织后保留对进口的合法调控手段,中国在谈判中要求对重要商品的进口继续实行国营贸易管理。经过谈判,中国保留了粮食、棉花、植物油、食糖、原油、成品油、化肥和烟草 8 种关系国计民生的大宗产品的进口实行国营贸易管理（由中国政府指定的少数公司专营）;保留了对茶、大米、玉米、大豆、钨及钨制品、煤炭、原油、成品油、丝、棉花等的出口实行国营贸易管理的权利。同时,参照中国目前实际进出口情况,对非国营贸易企业进出口的比例作了规定。

（六）对国内产业提供必要的支持

其中包括:地方预算提供给某些亏损国有企业的补贴;经济特区的优惠政策;经济技术开发区的优惠政策;上海浦东经济特区的优惠政策;外资企业优惠政策;国家政策性银行贷款;用于扶贫的财政补贴;技术革新和研发基金;用于水利和防洪项目的基础设施基金;出口产品的关税和国内税退税;进口税减免;对特殊产业部门提供的低价投入物;对某些林业企业的补贴;高科技企业优惠所得税待遇;对废物利用企业优惠所得税待遇;贫困地区企业优惠所得税待遇;技术转让企业优惠所得税待遇;受灾企业优惠所得税待遇;为失业者提供就业机会的企业优惠所得税待遇等补贴项目。

（七）维持国家定价

保留了对重要产品及服务实行政府定价和政府指导价的权利。其中包括:对烟草、食

盐、药品等产品、民用煤气、自来水、电力、热力、灌溉用水等公用事业以及邮电、旅游景点门票、教育等服务保留政府定价的权利;对粮食、植物油、成品油、化肥、蚕茧、棉花等产品和运输、专业服务、服务代理、银行结算、清算和传输、住宅销售和租用、医疗服务等服务保留政府指导价的权利;在向世贸组织秘书处作出通报后,可增加政府定价和政府指导价的产品和服务。

（八）保留征收出口税的权利

保留对鳗鱼苗、铅、锌、锑、锰铁、铬铁、铜、镍等共 84 个税号的资源性产品征收出口税的权利。

（九）保留对进出口商品进行法定检验的权利

（十）有条件、有步骤地开放服务贸易领域并进行管理和审批

二、基本义务

（一）遵守非歧视原则

中国承诺在进口货物、关税、国内税等方面,给予外国产品的待遇不低于给予国产同类产品的待遇,并对目前仍在实施的与国民待遇原则不符的做法和政策进行必要的修改和调整。

（二）贸易政策统一实施

承诺在整个中国关境内,包括民族自治地方、经济特区、沿海开放城市以及经济技术开发区等统一实施贸易政策。世贸组织成员的个人和企业可以就贸易政策未统一实施的情况提请中国中央政府注意,有关情况将迅速反映给主管机关,如反映的问题属实,主管机关将依据中国法律可获得的补救,对此迅速予以处理,处理情况将书面通知有关当事人。

（三）确保贸易政策透明度

承诺公布所有涉外经贸法律和部门规章,未经公布的不予执行。加入世贸组织后设立"世贸组织咨询点"。在对外经贸法律、法规及其他措施实施前,提供草案,并允许提出意见。咨询点对有关成员咨询的答复应该完整,并代表中国政府的权威观点,对企业和个人也将提供准确、可靠的贸易政策信息。

（四）为当事人提供司法审议的机会

承诺在与中国《行政诉讼法》不冲突的情况下,在有关法律、法规、司法决定和行政决定方面,为当事人提供司法审查的机会。包括最初向行政机关提出上诉的当事人有向司法机

关上诉的选择权。

（五）逐步放开外贸经营权

承诺在加入世贸组织后 3 年内取消外贸经营审批权。在中国的所有企业在登记后都有权经营除国营贸易产品外的所有产品。同时中国还承诺,在加入世贸组织后 3 年内,已享有部分进出口权的外资企业将逐步享有完全的贸易权(注:贸易权仅指货物贸易方面进口和出口的权利,不包括在国内市场的销售权,不同产品的国内市场销售权取决于我国在服务贸易作出的承诺)。

（六）逐步取消非关税措施

中国承诺按照世贸组织的规定,将现在对 400 多项产品实施的非关税措施(配额、许可证、机电产品特定招标)在 2005 年 1 月 1 日之前取消,并承诺今后除非符合世贸组织规定,否则不再增加或实施任何新的非关税措施。

（七）不再实行出口补贴

中国承诺遵照世贸组织《补贴与反补贴措施协议》的规定,取消协议禁止的出口补贴,通知协议允许的其他补贴项目。

（八）实施《与贸易有关的投资措施协议》

中国承诺加入世贸组织后实施《与贸易有关的投资措施协议》,取消贸易和外汇平衡要求、当地含量要求、技术转让要求等与贸易有关的投资措施。根据大多数世贸组织成员的通行做法,承诺在法律、法规和部门规章中不强制规定出口实绩要求和技术转让要求,由投资双方通过谈判议定。

（九）以折中方式处理反倾销、反补贴条款可比价格

在中国加入世贸组织后 15 年内,在采取可比价格时,如中国企业能明确证明该产品是在市场经济条件下生产的,可以该产品的国内价格作为依据,否则,将以替代价格作为可比价格。该规定也适用于反补贴措施。

（十）接受特殊保障条款

中国加入世贸组织后 12 年内,如中国出口产品激增对世贸组织成员国内市场造成市场紊乱,双方应磋商解决,在磋商中,双方一致认为应采取必要行动时,中国应采取补救行动。如磋商未果,该世贸组织成员只能在补救冲击所必需的范围内,对中方撤销减让或限制进口。

（十一）接受过渡性审议

中国加入世贸组织后 8 年内,世贸组织相关委员会将对中国和成员履行世贸组织义务和实施加入世贸组织谈判所作承诺的情况进行年度审议,然后在第 10 年完全终止审议。中方有权就其他成员履行义务的情况向委员会提出质疑,要求世贸组织成员履行承诺。

三、基本承诺

（一）逐步降低关税

中国自 1992 年以来,经过几次大幅度自主降税,2001 年的总体关税水平为 14％,根据加入世贸组织承诺,2002 年已降至 12％,并承诺到 2005 年下降至 10％左右。

（二）逐步开放服务市场

开放服务市场的承诺主要涉及电信、银行、保险、证券、音像、分销等部门,主要承诺如下。

1. 电信

承诺逐步允许外资进入,但在增值和寻呼方面,外方最终股比不超过 50％,不承诺外商拥有管理控制权;在基础电信中的固定电话和移动电话服务方面,外方最终股比不得超过 49％。

2. 银行

承诺在加入 2 年后允许外资银行在已开放的城市内向中国企业提供本币服务,加入 5 年后允许其向所有中国个人提供本币服务。

3. 保险

在寿险方面,承诺允许外资进入,但坚持外资股比不超过 50％,不承诺外资拥有管理控制权;承诺 3 年内逐步放开地域限制。

4. 证券

A 股和 B 股不合并,不开放 A 股市场(不开放资本市场)。

5. 音像

承诺开放录音和音像制品的分销,但不包括出版和制作,电影院的建设不允许外资控股,音像领域只允许根据中国的法律规定设立中外合作企业,同时音像制品的输入和分销必须按中国国内法律、法规进行审查。

6. 电影

承诺加入后每年允许进口 20 部电影。

第四节　加入世贸组织对中国经济的机遇与挑战

一、加入世贸组织符合中国的根本利益和长远利益

（一）加入世贸组织是中国对外开放进入一个新阶段的重要标志

加入世贸组织，扩大中国的市场准入范围，增加贸易机会，改善中国的贸易、投资条件，提高服务业的开放程度。它可以使中国在更大的范围、更广阔的领域、更高的层次上参与国际经济技术合作，增强对外资的吸引力，把国内市场与国外市场更加紧密地连成一体，实现资源优化配置，充分、有效地利用国内外两种资源、两个市场，更好地"引进来"、"走出去"，把中国对外开放提高到一个新的水平。

（二）加入世贸组织是对中国社会主义市场经济体制改革的有力推动

改革开放以来，中国市场取向的经济体制取得了巨大成就，特别是 1992 年，中国确立了建立社会主义市场经济体制的总体目标后，经济体制改革取得了重大进展。中国社会主义市场经济体制已逐步建立，但阻碍社会生产力发展的体制性障碍还没有完全消除。加入世贸组织后，客观上要求按市场经济的一般规律，调整和完善社会主义市场经济的行为规范和法律体系，消除生产方式中不适应时代要求和生产力发展的体制和机制障碍，依法办事，转变政府职能和工作作风，建立和完善全国统一、公平竞争、规范有序的市场体系，为经济发展创造良好的体制环境。

（三）加入世贸组织是促进中国经济持续快速健康发展的加速器

随着经济全球化的发展和中国对外开放的扩大，加入世贸组织，按照国际经贸规则办事，有利于改善中国经济发展的外部环境，拓宽经济发展空间；加入世贸组织，将促进国内结构调整同正在进行的全球性经济结构调整紧密结合，依据中国产业的比较优势和全球产业发展趋势，适应国际市场竞争的要求，加快科技进步和创新，不断推进国民经济结构的优化升级，提高产业和产品的竞争力，尽快实现经济增长方式的根本性转变，推动国民经济在既有较高速度又有较好效益的轨道上运行。

（四）促进海峡两岸经贸关系的进一步发展

在中国加入世贸组织后，台湾作为中国单独关税区也成为世贸组织成员，两岸加入世贸组织后，都应遵循世贸组织的非歧视原则和市场开放原则，这将有利于促进海峡两岸实现"三通"，特别是解决通商问题，促进两岸经贸关系的进一步发展与和平统一大业的实现。

二、加入世贸组织为中国的经济发展提供了新的历史机遇

加入世贸组织将从五个方面促进中国经济的发展。

（一）拓展国际市场

世贸组织通过制定各国参与国际贸易竞争的共同标准，为每个成员开展国际贸易提供了比较公平的竞争环境。世贸组织成员间实行最惠国待遇和国民待遇，增加了竞争的公平性；实行透明度原则，增加了贸易的可预见性；规定了在一定特殊条件下可以实施保障措施，避免成员经济遭受不公平贸易的影响。加入世贸组织后，中国将在国际贸易事物中享有更多的权利，获得更加稳定的国际经贸环境，享受其他国家和地区贸易投资自由化的便利，这对于充分发挥中国的比较优势、拓展国际市场、发展同各国和地区的经贸往来与合作必将起到积极作用。同时，中国加入世贸组织后，可以直接参与国际多边贸易新规则的制定，维护中国的正当权益，分享多边贸易体制发展带来的更多的机会和利益。

（二）改善投资环境

中国政局稳定，市场容量大，生产要素成本低，基础设施日益完善，具有扩大吸引外资的良好条件。加入世贸组织后，随着中国向世贸组织其他成员提供国民待遇，提高贸易政策及法律、法规的透明度，扩大市场准入的范围，逐渐减少对外商投资的限制，外商进入中国市场的门槛将大大降低，外商投资的空间也将扩大。中国投资环境的上述改善，必将促进中国利用外资进入一个新的高潮。

（三）扩大对外投资

加入世贸组织后，中国企业可以利用其他成员开放市场、对世贸组织成员提供非歧视和互惠待遇的便利条件，在更大程度上走向国际市场，参与国际经济竞争。国内有条件的厂商，可以借加入世贸组织之机，走出国门，开展对外直接投资，更好地开拓国外市场。

（四）提高资源配置效率

加入世贸组织为中国经济发展开辟了新的、更大的空间。中国企业可以充分利用中国市场、劳动力、土地、自然资源等方面具有的优势，在更广阔的世界市场上开展合作与竞争，实现资源优化配置，提高国际竞争力。同时，按照世贸组织规则和加入世贸组织的承诺，中国将进一步加快改革，国内地区间的封锁和一些行业的垄断将逐渐打破，生产力要素将得到更加有效、合理地配置，资源优势将得以充分发挥。

（五）促进国有企业改革

加入世贸组织后,客观上有利于推动中国国有企业的改革。中国国有企业长期生活在计划经济环境中,缺乏竞争意识和竞争能力。虽然经过改革开放 20 多年的磨炼,这种现象已有所改观,但多数企业与国外企业相比,还有很大的差距。加入世贸组织后,随着市场加大的开放和跨国公司更多的进入,中国企业将不得不接受国际竞争的冲击和考验,只有通过改善自身素质,积极参与竞争,才能继续生存和发展。加入世贸组织后,企业将会有更多机会吸收国外的先进技术,学习国外企业先进的运作方式、管理经验,通过与外商的合资与合作,加快结构调整和产品升级换代,增强竞争能力。

（六）促进私营企业的发展

改革开放以后,中国的私营企业取得了长足的发展,但是在许多部门,尤其是在许多重要行业,比如金融、外贸、供电、交通运输等行业中,私营企业的发展仍然受到很多限制。中国加入世贸组织后,一些行业将取消不能私营的禁令,与其他企业的待遇日益平等,将为私营企业带来空前的发展机遇。

三、中国加入世贸组织受到的挑战

中国加入世贸组织后,在带来大好发展机遇的同时,也会给中国带来严重的挑战,这些挑战来自以下方面:一些政策法规还不适应世贸组织规则,法治观念不强,存在有法不依、执法不严的现象;政府已有的和惯用的宏观调控手段受到制约;解决"三农"问题面临新的困难;部分工业产业竞争加剧;服务业压力加大;就业问题突出;人才竞争加剧;地区发展可能更加不平衡;世界经济对中国经济的"负传递"渠道加多;世界共同性的疾病和"公害"在中国传播加强等。

▨ 本章小结

1. 中国"复关"和"入世"谈判是多边贸易谈判史上最为漫长的。从 1986 年 7 月 11 日中国正式向世贸组织前身——"1947 年关贸总协定"递交"复关"申请到中国最终加入世贸组织,历时 15 年,谈判过程充满了艰巨性、复杂性、特殊性和敏感性。其中最重要的环节是中美谈判和中欧谈判,中美谈判进行了 25 轮,中欧谈判进行了 15 轮。中美谈判协议的达成,为中国加入世贸组织谈判的最终成功铺平了道路。

2. 中国加入世贸组织的法律文件包括:《马拉喀什建立世贸组织协定》、《中华人民共和国加入的决定》、《中华人民共和国加入议定书》及其附件、《中国加入工作组报告书》。中国加入世贸组织的法律文件的主体是《马拉喀什建立世贸组织协定》,议定书和工作组报告书。

3. 中国加入世贸组织的基本权利有：全面参与多边贸易体制；享受非歧视待遇；享受发展中国家权利；获得市场开放和法规修改的过渡期；保留国营贸易体制；对国内产业提供必要的支持；维持国家定价；保留征收出口税的权利；保留对进出口商品进行法定检验的权利；有条件、有步骤地开放服务贸易领域并进行管理和审批。

4. 中国加入世贸组织的基本义务有：遵守非歧视原则；贸易政策统一实施；确保贸易政策透明度；为当事人提供司法审议的机会；逐步放开外贸经营权；逐步取消非关税措施；不再实行出口补贴；实施《与贸易有关的投资措施协议》；以折中方式处理反倾销、反补贴条款可比价格；接受特殊保障条款；接受过渡性审议。

5. 加入世贸组织符合中国的根本利益和长远利益。加入世贸组织将从 6 个方面促进中国经济的发展：拓展国际市场、改善投资环境、扩大对外投资、提高资源配置效率、促进国有企业改革以及促进私营企业的发展。但是，在带来大好发展机遇的同时，也会给中国带来严重的挑战。

重要概念

加入议定书（Protocol on the Accession of the People's Republic of China）
中国加入工作组报告书（Report of the Working Party on the Accession of China）
关于中华人民共和国加入的决定（Decision：Accession of the People's Republic of China）

案例分析

2001 年 12 月 11 日，中国成为 WTO 第 143 个成员。五年后，中国交出了一张出色的入世"成绩单"。据《解放日报》报道，官方数据显示，中国在关税减让和非关税措施方面的大多数承诺已履行完毕甚至提前完成，服务贸易方面的承诺基本到位。从五年前的新成员到逐渐融入 WTO 大家庭，中国作为 WTO 的正式成员顺利进入后过渡期的第一年。中国以前所未有的速度融入世界经济体系，同时也深刻地影响着世界经济。

加入 WTO 五年来，作为新成员和一个在国际经济中占有越来越重要地位的发展中国家，中国在 WTO 中的角色正引起各方的关注。几乎在加入 WTO 的同时，中国就开始寻求对 WTO 规则制定的话语权，早在 2003 年坎昆部长级会议上，初次亮相的中国就坚持了既要维护中国和发展中国家利益，也要推动谈判取得进展的立场。现在，中国在世贸组织多哈回合谈判中与"20 国集团"的其他发展中成员一起发挥了建设性作用，使"20 国集团"成为本轮农业谈判中举足轻重的中坚力量。

根据《金融时报》2005 年 11 月 3 日报道，在中国入世的第五个年头里，使得我们能够用现实的目光审视我们所处的这个时代——这一后 WTO 时代。加入世贸组织五年之后的今天，必须清醒地认识到这一现实，那就是，如果今后再讨论中国经济的发展问题，仅仅局限于中国国内是不够的,必须要从世界的视角来讨论。作为一个发展中国家,一个农业大国,在加入世贸组织之初,我们的确有不少的担心,担心我们的弱势产业会因为加入这一组织而受到我们承受不了的冲击,五年的时间告诉我们,那些冲击我们完全能够承受得住,当初的担忧大部分没有成为现实。而另一方面,在加入世贸组织之初我们所期待的一个自由竞争、自由交易的世界并没有来到我们面前,现实中所出现的一个又一个难以让人乐观的局面,反倒使我们能够更加理性地看清我们所必须面对的现实。

资料来源:《中国入世承诺大部分已兑现顺利进入后过渡期》,载《人民日报》(海外版),2005年12月12日。

请讨论:

1. 中国加入 WTO 五年来履行了哪些承诺?

解析:加入 WTO 五年以来,随着货物、服务等各个领域加入承诺的逐步落实,中国的对外开放水平整体向前跃进了一大步,与贸易有关的各项法律制度进一步得到健全和规范,极大地促进了社会主义市场经济体制的完善和我国国民经济以及对外贸易的发展。五年来,中国主要在以下几个方面履行了承诺。(1)货物贸易领域;(2)服务贸易领域;(3)知识产权领域;(4)增强贸易政策透明度。

2. 中国如何更好地在 WTO 中发挥建设性的作用?

解析:加入 WTO 是中国积极参与经济全球化的重要体现,将为经济全球化的进一步发展注入新的生机和活力。加入 WTO 后,中国将作为负责任的大国,同 WTO 其他成员一道,在促进成员间的经贸合作、制定多边贸易规则和推动建立国际经济新秩序等方面发挥建设性的作用。

3. 结合中国经济讨论加入 WTO 对我国的影响。

解析:2007年,中国进入世贸组织后过渡期。回首过去,作为"重承诺、负责任、守信用"的 WTO 新成员,总体来看,中国认真履行了入世各项承诺,不断加快国内经济体制改革,创造了更加公平规范的进口市场环境。入世以来,我国进口贸易规模不断增加,根据商务部统计数据,2002年,中国进口达2 952亿美元,比2001年增长21.2%;2003年,进口达4 128亿美元,同比增长39.9%;2004年,进口达5 613.8亿美元,同比增长36.0%,中国首次取代日本成为仅次于美国和德国的世界第三贸易大国。2005年,中国对外贸易延续了2002年以来快速增长的态势,全年进出口总额达14 221.2亿美元,比上年增长23.2%,比"九五"期末的2000年增长了2倍。可见,中国正在向全球显示其强大的生产能力。但是,在过去的五年,无论是履行入世承诺、开放市场,还是应对外来压力、接受规则,中国的对外开放还是处于浅层次上的,尚未真正触摸到入世带来的实质性挑战。根据入世承诺,随着中国某些产业(尤其是服务业)入世"过渡期"的提前结束,中国必然将在更高层次、更大范围、更宽领域走向全方位的对外开放之路,可想而知,在入世"后过渡期"内,中国所面临外来风险的压力会

更大、更多、更重。因此,"未雨绸缪、早做准备"永远是中国面对经济全球化浪潮的首要选择。唯此,我们才能真正实现"入世长期利大于弊"的理想,否则,离开自身的努力,无论是在短期,还是在长期,入世都有可能是"弊大于利",甚至即使没有入世,中国经济也有可能因为内在因素的制约而"作茧自缚"。

4. 如何正确理解加入 WTO 以来中国经济贸易领域出现的新问题?比如贸易摩擦增多等。

解析:作为正在崛起的贸易大国,中国正面临着国际经济摩擦的高发期,日益成为世界上最易受反倾销、反补贴和保障措施攻击的对象,经济摩擦的频繁发生,摩擦数量的迅速增加已经成为我国对外开放中面临的重大问题。因此,一方面,应辩证、理性地看待经济摩擦,运用 WTO 规则并积极依法有理、有利、有节和有力地应对,以争取贸易争端中的主动地位,获得更平等的待遇。另一方面,更要逐步学会并熟练地把握 WTO 规则,在深入推进我国全面开放的市场化趋向改革的进程中,以科学和符合国际规范的手段来维护自身的经贸权益。其根本的出发点就是在思想上正视,在战略上重视,在战术上藐视,做到"冷静观察,沉着应对,稳住阵脚,为我所用",在充分把握和理解 WTO 规则的基础上,弱化经济摩擦对我国经济所带来的种种消极影响。

 **同步测练与解析**

1. 中国何时成为世贸组织成员?

解析:2001 年 12 月 11 日,中国正式成为世贸组织第 143 个成员。

2. 中国加入世贸组织的法律文件是什么?

解析:中国加入世贸组织的法律文件包括:《马拉喀什建立世界贸易组织协定》、《中华人民共和国加入的决定》、《中华人民共和国加入议定书》及其附件、《中国加入工作组报告书》。

3. 中国加入世贸组织时作了何种基本承诺?

解析:基本承诺:(一)逐步降低关税,中国自 1992 年以来,经过几次大幅度自主降税,2001 年的总体关税水平为 14%。根据加入世贸组织承诺,2002 年将降至 12%,并承诺到 2005 年下降至 10%左右。(二)逐步开放服务市场,开放服务市场的承诺主要涉及电信、银行、保险、证券、音像、分销等部门。

4. 中国加入世贸组织后享受什么样的权利?应尽什么义务?

解析:基本权利:(1)全面参与多边贸易体制;(2)享受非歧视待遇;(3)享受发展中国家权利;(4)获得市场开放和法规修改的过渡期;(5)保留国营贸易体制;(6)对国内产业提供必要的支持;(7)维持国家定价;(8)保留征收出口税的权利;(9)保留对进出口商品进行法定检验的权利;(10)有条件、有步骤地开放服务贸易领域并进行管理和审批。

基本义务:(1)遵守非歧视原则;(2)贸易政策统一实施;(3)确保贸易政策透明度;(4)为当事人提供司法审议的机会;(5)逐步放开外贸经营权;(6)逐步取消非关税措施;(7)不再实行出口补贴;(8)实施《与贸易有关的投资措施协议》;(9)以折中方式处理反倾销、反补贴条款可比价格;(10)接受特殊保障条款;(11)接受过渡性审议。

5. 加入世贸组织给中国经济带来的机遇有哪些?

解析:加入世贸组织符合中国的根本利益和长远利益;加入世贸组织是中国对外开放进入一个新阶段的重要标志;加入世贸组织是对中国社会主义市场经济体制改革的有力推动;加入世贸组织是促进中国经济持续快速健康发展的加速器;加入世贸组织促进海峡两岸经贸关系的进一步发展。加入世贸组织为中国的经济发展提供了新的历史机遇:即拓展国际市场、改善投资环境、扩大对外投资、提高资源配置效率、促进国有企业改革、促进私营企业的发展。

综合测试与解析

综合测试与解析（一）

一、单项选择题（每题 1.5 分）

1. 世贸组织确立的经济体制是（　　）。

 A. 自由贸易体制   B. 市场经济体制   C. 公平竞争机制

2. 世界贸易组织追求的目标之一是（　　）。

 A. 贸易自由化   B. 自由贸易   C. 全球经济一体化

3. 《建立世界贸易组织协定》由其本身案文（　　）和 4 个附件构成。

 A. 16 条   B. 15 条   C. 14 条

4. 世界贸易组织成立于（　　）。

 A. 1995 年 1 月   B. 1994 年 1 月   C. 1993 年 12 月

5. 世贸组织的常设机构是（　　）。

 A. 总理事会   B. 专门贸易理事会   C. 秘书处及总干事

6. 世界贸易组织是一个（　　）。

 A. 临时生效的多边贸易协定

 B. 国际法人

 C. 法律地位较低的国际组织

7. 世界贸易组织解决争端的机制是（　　）。

 A. 部长级会议

 B. 世界贸易组织争端解决机制

 C. 工作组

8. 《与贸易有关的知识产权协定》关注的问题是（　　）。

 A. 科学发现权

 B. 知识产权对贸易的影响

 C. 与民间文学有关的权利

 D. 实用技术专有权、创作者的精神权利等

9. 世界贸易组织允许自由贸易与( )并存。

    A. 超保护贸易   B. 正当保护贸易   C. 非关税保护贸易

10. 世界贸易组织对美国、欧盟、加拿大和日本 4 个贸易实体进行每( )一次的贸易政策审议。

    A. 四年   B. 三年   C. 两年

二、多项选择题(每题 3 分)

1. 世贸组织确立与发展的基础有( )。

    A. 保护贸易理论   B. 市场经济体制   C. 经济全球化

    D. 可持续发展   E. 国际贸易利益的协调

2. 在世贸组织中发达国家成员处于主导地位的原因有( )。

    A. 成员数目多

    B. 经贸实力强大

    C. 发达市场经济国家一直是世界分工和贸易中心

    D. 有巨大影响的经贸集团是以发达国家为主组成的

    E. 发达市场经济国家的货币,如美元和欧元均是主要国际货币

3. 世界贸易组织的宗旨有( )。

    A. 提高生活水平,保证充分就业

    B. 扩大货物、服务的生产和贸易

    C. 坚持走可持续发展之路

    D. 保证发达国家贸易和经济的发展

    E. 建立更加完善的多边贸易体制

4. 世界贸易组织的主要职能是( )。

    A. 实施和管理协议

    B. 提供双边贸易谈判场所

    C. 解决成员方之间的贸易争端

    D. 审议各成员的贸易政策

    E. 与有关机构的合作

5. 《纺织品与服装协议》中非法转口包括( )。

    A. 加工   B. 转运   C. 改道   D. 谎报原产地

6. 与《1947 年关贸总协定》相比,世界贸易组织的法律地位有( )。

    A. 世界贸易组织具有国际法人资格

    B. 世界贸易组织每个成员方向世界贸易组织提供其履行职责时所必需的特权与豁免权

    C. 世界贸易组织官员和各成员方的代表在其独立执行与世界贸易组织相关的职能

时,享有每个成员提供的必要的特权与豁免权

　　D. 世界贸易组织可以缔结总部协议

7. 世界贸易组织与之合作的组织有（　　）。

　　A. 联合国贸易与发展会议

　　B. 世界银行（World Bank,WB）

　　C. 国际货币基金组织（International Monetary Fund,IMF）

　　D. 非政府组织（Non-Governmental Organization,NGO）

　　E. 世界卫生组织

8. 世贸组织成员来自（　　）。

　　A. 原始成员　　　　B. 主权国家　　　　C. 加入成员　　　　D. 联合国成员

9. 世贸组织成员可以互不适用的条件有（　　）。

　　A. 在成为世贸组织成员时,双方均可作出互不适用的决定

　　B. 原关贸总协定缔约方转变成世贸组织原始成员已采取的互不适用不可以沿用

　　C. 对新加入成员,在部长级会议批准前已通知部长级会议的前提下,可以使用

　　D. 诸边贸易协议参加方的互不适用,按该协议的规定执行

10. 关于世界贸易组织决策办法为（　　）。

　　A. "协商一致"的原则　　　　　　B. 发达国家成员决定

　　C. 投票表决　　　　　　　　　　D. 发展中国家成员决定

11. 世界贸易组织审议机制的贸易目的是（　　）。

　　A. 促使成员方提高贸易政策和措施的透明度

　　B. 促使成员方履行所做的一切承诺

　　C. 促使成员方更好地遵守世界贸易组织规则

　　D. 有助于多边贸易体制平稳的运行

　　E. 促进非世界贸易组织成员加入世界贸易组织

12. 世界贸易组织成员报复的种类分为（　　）。

　　A. 平行报复　　B. 跨领域报复　　C. 跨行业报复　　D. 跨协议报复

13. 多边关税减让谈判的基础有（　　）。

　　A. 商品基础　　B. 价格基础　　C. 税率基础　　D. 公平基础

14. 下列属于世界贸易组织货物多边贸易协定的是（　　）。

　　A. 1994 年关税及贸易总协定　　　　B. 农业协议

　　C. 纺织品与服装协议　　　　　　　D. 与贸易有关的知识产权协定

　　E. 基础电信协议

15. 在世贸组织中,发展中国家成员的特点为（　　）。

　　A. 成员数目占绝大比重

B. 整体经济发展比较落后

C. 货物和服务贸易在世界货物和服务所占比重接近 1/2

D. 在世贸组织参与权,决策权谈判能力上处于弱势地位

三、简答题(前 6 题每题 5 分,第 7 题 10 分)

1. 为何要发动多哈回合多边贸易谈判?

2. 加入世贸组织给中国经济带来的机遇有哪些?

3. 世贸组织新成员如何加入?

4.《与贸易有关的知识产权协定》为各成员的有关执法制度提出了哪些要求?

5. 世界贸易组织如何进行政策审议?

6. 以世贸组织为基础的多边贸易体制有何特点?

7. 世贸组织在国际贸易利益协调中起了何种作用?

【参考答案】

一、单项选择题

1. B;2. A;3. A;4. A;5. C;6. B;7. B;8. B;9. B;10. C。

二、多项选择题

1. BCDE;2. BCDE;3. ABCE;4. ACDE;5. BCD;6. ABCD;7. ABCD;8. AC;9. ACD;10. AC;11. ABCD;12. ABD;13. AC;14. ABC;15. ABD。

三、简答题

1. 为何要发动多哈回合多边贸易谈判?

答:多哈发展回合能够启动,源于以下原因:第一,世界经济发展缓慢,贸易保护主义增强,需要举行新的多边贸易谈判,加强贸易自由化的共识,进一步推动贸易自由化,增强抑制贸易保护主义的能力。第二,新兴贸易事务的挑战。第三,纠正世界贸易组织原有协定与协议实施上的失衡,由于发展不平衡和竞争力的强弱差距等原因,世贸组织成员在实施原有的贸易协定与协议中出现了不平衡,有的协议执行的较好,有的较差。第四,修复世界贸易组织的形象。第五,世界贸易组织本身为新回合谈判做了大量有效的工作,世贸组织第二任总干事穆尔进行了艰苦卓绝的游说工作。第六,从世界贸易大局出发,在着眼于共同利益的基础上,成员方尤其是发达成员与发展中成员相互作出让步。

2. 加入世贸组织给中国经济带来的机遇有哪些?

答:加入世贸组织符合中国的根本利益和长远利益:加入世贸组织是中国对外开放进入一个新阶段的重要标志;加入世贸组织是对中国社会主义市场经济体制改革的有力推动;

加入世贸组织是促进中国经济持续快速健康发展的加速器;促进海峡两岸经贸关系的进一步发展。

加入世贸组织为中国的经济发展提供了新的历史机遇:拓展国际市场、改善投资环境、

扩大对外投资、提高资源配置效率、促进国有企业改革、促进私营企业的发展。

3. 世贸组织新成员如何加入?

答:加入世界贸易组织的程序:

第一阶段:提出申请与受理。

第二阶段:对外贸易制度的审议和双边市场准入谈判。

第三阶段:多边谈判和起草加入文件。

第四阶段:表决和生效。

影响加入过程的因素:第一,经济体制因素。第二,经济发展阶段与经济发展水平。第三,申请者谈判成员的谈判水平。

4.《与贸易有关的知识产权协定》对各成员的有关执法制度提出了哪些要求?

答:《与贸易有关的知识产权协定》对各成员的有关执法制度提出了原则性要求:

(1)各成员应保证国内法中含有《与贸易有关的知识产权协定》规定的执法程序,以便对任何侵犯受该协定保护的知识产权的行为采取有效行动,包括采取及时防止侵权及遏制进一步侵权的救济措施。实施这些程序时,应避免对合法贸易造成障碍,并防止有关程序的滥用。

(2)知识产权执法的程序应公平、公正。这些程序不应过于烦琐或费用高昂,也不应限定不合理的时限或导致无端的迟延。

(3)对案件的裁决,最好采取书面形式,并陈述理由,且在合理的时间内告知诉讼当事方。裁决只有在听取各方对证据的意见后方可作出。

(4)诉讼当事方应有机会要求司法机构对行政机构的决定进行审议,并在遵守法律中有关案件司法管辖权规定的前提下,要求至少对初步司法决定的法律方面进行审议。但是,对刑事案件中的无罪判决,成员方没有义务提供审议机会。

(5)《与贸易有关的知识产权协定》并不要求各成员建立一套不同于一般执法体系的知识产权执法体系,也不影响各成员执行其国内法的能力。在知识产权执法与一般执法的资源配置方面,该协定未设定任何义务。

5. 世界贸易组织如何进行政策审议?

答:贸易政策审议职责由世界贸易组织总理事会承担。

贸易政策审议对象主要是世界贸易组织各成员的全部贸易政策和措施,审议范围从货物贸易扩大到服务贸易和知识产权领域。贸易政策审议机制还要求对世界贸易环境的发展变化情况进行年度评议。

贸易政策审议机构的审议有别于世界贸易组织各专门机构的审议。世界贸易组织专门机构,如纺织品监督机构、补贴与反补贴措施委员会等,只负责审议成员执行特定协议的情况,包括在成员提交通知的基础上,对通知涉及的具体贸易政策和措施进行审议。

成员方接受贸易政策审议机构审议的频率,取决于该成员对多边贸易体制的影响程度。

确定这种影响程度的主要依据,是成员在世界贸易中所占的份额。成员方占世界贸易的份额越大,接受审议的次数就越多。对目前在世界贸易额中排名前4位的成员——欧洲联盟、美国、日本和加拿大每两年审议一次,对排在其后的16个成员每4年审议一次,对余下的成员每6年审议一次,对最不发达成员的审议可以间隔更长。

6. 以世贸组织为基础的多边贸易体制有何特点?

答:多边贸易体制是"为各国相互处理贸易关系时必须遵守的一系列国际规则的集合。"

(1) 以世贸组织为基础的多边贸易体制更为完整;

(2) 以世贸组织为基础的多边贸易体制具有更强的可行性;

(3) 以世贸组织为基础的多边贸易体制更能持久;

(4) 影响力大于原多边贸易体制。

7. 世贸组织在国际贸易利益协调中起了何种作用?

答:世贸组织在国际贸易利益协调中起着重要作用,其作用表现在以下方面:

(1) 世贸组织成员国国内与世贸组织贸易协定与协议经贸法规要适应世贸组织的规范。《建立世贸组织协定》指明:各成员方对建立世贸组织的协定的任何规定不可有保留,并须保证其国内有关的立法和政策措施与《世贸组织协定》及其附件的义务相一致。

(2) 世贸组织负责实施管理的贸易协定与协议从"1947年关贸总协定"的货物领域扩及到投资、服务和知识产权领域,使国际贸易利益协调面扩展到整个世界经贸领域。

(3) 提高基本原则的统一性。最惠国待遇(MFN)是保证无歧视的基本原则,它是无条件的。

(4) 世贸组织体系中的权利、义务规范趋于"量化",更加便于衡量判断,也便于监督检查。

(5) 对世贸组织中发达国家与发展中国家的贸易利益加强协调。

(6) 世贸组织重视与其他国际组织和非政府组织的合作与联系,为世贸组织本身贸易利益协调创造良好的外部环境。

(7) 通过监督、约束机制的加强,促进世界贸易组织成员在享受权利的同时,履行承诺的义务。

综合测试与解析(二)

一、单项选择题(每题 1.5 分)

1.《1947 年关贸总协定》条款开始实施的时间为(　　)。
　　A. 1947 年 11 月　　　　　　B. 1948 年 1 月　　　　　　C. 1947 年 10 月

2. 乌拉圭回合谈判后,发达国家成员关税下降为(　　)。
　　A. 6.3%　　　　　　　　　　B. 3.8%　　　　　　　　　　C. 6.8%

3. 经济全球化对世贸组织的建立起(　　)。
　　A. 经济全球化完全有利于世贸组织的发展
　　B. 经济全球化是世贸组织得以成立的唯一动力
　　C. 推动世贸组织建立的动力来源于经济全球化,世贸组织反过来,促进和发展经济全球化

4. 中国成为世贸组织的第(　　)个成员。
　　A. 144　　　　　　　　　　　B. 143　　　　　　　　　　　C. 142

5. 世界贸易组织部长级会议,至少每(　　)举行一次。
　　A. 四年　　　　　　　　　　B. 三年　　　　　　　　　　C. 两年

6. 下列不属于"乌拉圭回合"谈判议题的是(　　)。
　　A. 农产品　　　　　　　　　　B. 与贸易有关的知识产权　　C. 贸易与竞争政策

7. 世界贸易组织的最顶级决策机构是(　　)。
　　A. 部长级会议　　　　　　　　B. 总理事会　　　　　　　　C. 专家组

8. 从 2002 年 9 月到 2005 年 8 月任世界贸易组织总干事的是泰国的(　　)。
　　A. 皮特·萨瑟兰　　　　　　　B. 迈克·穆尔　　　　　　　C. 素帕猜·巴尼巴滴

9. 对于申请加入世界贸易组织的国家或单独关税区,世界贸易组织部长级会议对加入
议定书、工作组报告书进行表决,须经(　　)的多数成员同意方可通过。
　　A. 1/2　　　　　　　　　　　B. 3/4　　　　　　　　　　　C. 2/3

10. 世界贸易组织在进行决策时,主要遵循的原则是(　　)。
　　A. 协商一致　　　　　　　　B. 投票表决　　　　　　　　C. 以发达国家的意志为主

二、多项选择题(每题 3 分)

1. 制定、采用和实施技术性措施,世贸组织成员方还应遵守的具体规则为(　　)。
　　A. 必要性规则　　　　　　B. 贸易影响最小规则　　　　C. 协调规则
　　D. 特殊和差别待遇规则　　E. 互惠规则

2. 世界贸易组织的组织机构有(　　)。
　　A. 部长级会议　　　　　　　　　　B. 总理事会

C. 董事会　　　　　　　　　　D. 争端解决机构和贸易政策审议机构

E. 秘书处及总干事

3. 乌拉圭回合举行的背景是(　　)。

A. 为了遏制贸易保护主义

B. 避免全面的贸易战发生

C. 力争建立一个更加开放、持久的多边贸易体制

D. 发展中国家的倡导

4. 《农业协议》规定的"绿箱"措施是指(　　)。

A. 由政府提供的,其费用不转嫁给消费者

B. 政府对农产品的直接价格干预和补贴

C. 这些措施对农产品贸易和农业生产不会产生或仅有微小的扭曲影响,成员方无须
承担约束和削减义务

D. 对生产者不具有价格支持作用的政府服务计划

E. 按固定面积和产量给予的补贴

5. 世贸组织的基本原则有(　　)。

A. 非歧视原则　　　　　　　　B. 贸易自由化原则

C. 允许保护原则　　　　　　　D. 加快贸易发展原则

E. 公平竞争原则,鼓励发展和经济改革原则

F. 例外与免责原则,透明度原则

6. 非歧视原则是由(　　)待遇条款构成的。

A. 最惠国待遇条款　　　　　　B. 市场准入条款

C. 国民待遇条款　　　　　　　D. 例外条款

7. 世贸组织规则的特点是(　　)。

A. 转化性　　　B. 结构性　　　C. 结合性　　　D. 协调性　　　E. 延伸性

8. 海关估价最基本的方法是(　　)。

A. 以出口货物的成交价格确定完税价格

B. 以进口货物的成交价格确定完税价格

C. 以类似货物的成交价格确定完税价格

D. 以倒扣价格方法确定完税价格

E. 以计算价格方法确定完税价格

F. 以"回顾"方法确定完税价格

9. 《装运前检验协议》对出口方规定的义务为(　　)。

A. 出口方应保证其有关装运前检验的法律、法规以非歧视的方式实施

B. 出口方应及时公布有关装运前检验的法律、法规

C. 如进口方提出请求,出口方应根据双方议定的条件,向其提供有关技术援助

D. 进口后随意检验

10.《与贸易有关的投资措施协议》列出应取消的投资限制措施包括(   )。

    A. 两种违反国民待遇的投资措施

    B. 三种违反普遍取消数量限制的投资措施

    C. 各成员的具体义务

    D. 例外条款

    E. 发达成员待遇

11.《补贴与反补贴措施协议》将专向性补贴分为(   )。

    A. 禁止性补贴   B. 可诉补贴   C. 不可诉补贴   D. 任意补贴

12. 进行反倾销调查的程序有(   )。

    A. 申请人申请   B. 进口方主管机构审查立案

    C. 反倾销调查   D. 行政复审和司法审议

    E. 与出口国商议

13. 实施保障措施的要件是(   )。

    A. 某项产品的进口激增

    B. 进口激增是由于可预见的情况和成员方履行世界贸易组织义务的结果

    C. 进口激增对国内生产同类产品或直接竞争产品的产业造成了严重损害或严重损害威胁

    D. 同类产品恶性竞争导致产业受到严重损害

14.《服务贸易总协定》界定的服务范围包括(   )。

    A. 跨境交付   B. 境外消费

    C. 商业存在   D. 自然人流动

    E. 资本流动

15.《民用航空器贸易协议》的目的是(   )。

    A. 消除贸易壁垒,加强补贴纪律

    B. 全面开放民用航空器及其零部件的进口市场

    C. 实现全球范围内民用航空器贸易的最大限度自由化

    D. 全面开放军用航空器及其零部件的进口市场

    E. 促进航空工业技术的持续发展

三、简答题(前 6 题每题 5 分,第 7 题 10 分)

1.《农业协议》谈判的背景是什么?

2. 多边关税减让谈判包括哪些内容?

3.《1947 年关贸总协定》与世贸组织有何不同?

4.《农业协议》规定的国内农业支持的三项措施的含义是什么?

5. 对非市场经济国家如何确定倾销可比价格?

6. 在服务贸易中的国民待遇与货物贸易相比,有何特点?

7. 如发现非法转口纺织品,如何处理?

【参考答案】

一、单项选择题

1. B;2. B;3. C;4. B;5. C;6. C;7. A;8. C;9. C;10. A。

二、多项选择题

1. ABCD;2. ABDE;3. ABC;4. ACD;5. ABEF;6. AC;7. ACDE;8. BCDEF;9. ABC;10. AB;11. ABC;12. ABCD;13. AC;14. ABCD;15. ABCE。

三、简答题

1.《农业协议》谈判的背景是什么?

答:农产品贸易作为一个特殊的领域,一直游离于关税与贸易总协定规则的有效约束之外,农业保护深深地植根于发达国家的农业政策之中,以至于在"1947 年关贸总协定""肯尼迪回合"以后的多边贸易谈判中,尽管试图将农产品贸易问题纳入关税与贸易总协定的管理框架,但都未能如愿以偿。由于不能对农业保护主义进行有效的约束,发达国家利用 1947年关税与贸易总协定的体制缺陷,一方面极力推行农业支持和进口限制政策,造成农产品生产过量和结构严重失衡;另一方面又为缓解库存压力,处理剩余产品,通过巨额出口补贴向国际市场大量销售农产品。这些做法导致国际农产品贸易冲突在 20 世纪 80 年代初不断升级,严重扭曲了国际农产品市场。1986 年"乌拉圭回合"启动时,农产品贸易问题被列为该轮谈判的中心议题之一。

2. 多边关税减让谈判包括哪些内容?

答:关税减让谈判必须有两个基础,一是商品基础,二是税率基础。关税减让谈判的原则:互惠互利是关税谈判的指导思想,应考虑对方的需要,对谈判情况予以保密,按照最惠国待遇原则实施关税减让谈判权的确定:产品主要供应利益方;产品实质供应利益方;最初谈判权方。

关税减让谈判的类型:多边关税谈判;加入世界贸易组织时的关税谈判;产品对产品谈判;公式减让谈判;部门减让谈判。

3.《1947 年关贸总协定》与世贸组织有何不同?

答:世界贸易组织和关税与贸易总协定的区别有以下几点。

(1)机构性质。关税与贸易总协定以"临时适用"的多边贸易协议形式存在,不具有法人地位;世界贸易组织是一个具有法人地位的国际组织。

(2)管辖范围。关税与贸易总协定只处理货物贸易问题;世界贸易组织不仅要处理货物贸易

问题,还要处理服务贸易和与贸易有关的知识产权问题,其协调与监督的范围远大于关税与贸易总协定。世界贸易组织和国际货币基金组织、世界银行,成为维护世界经济运行的三大支柱。

（3）争端解决。关税与贸易总协定的争端解决机制,遵循协商一致的原则,对争端解决没有规定时间表;世界贸易组织的争端解决机制,采用反向协商一致的原则,裁决具有自动执行的效力,同时明确了争端解决和裁决实施的时间表。因此,世界贸易组织争端裁决的实施更容易得到保证,争端解决机制的效率更高。

4.《农业协议》规定的国内农业支持的三项措施的含义是什么？

答:这三项措施分别是"绿箱"、"黄箱"、"蓝箱"措施。

《农业协议》规定的"绿箱"措施是指,由政府提供的,其费用不转嫁给消费者,且对生产者不具有价格支持作用的政府服务计划。这些措施对农产品贸易和农业生产不会产生或仅有微小的扭曲影响,成员方无须承担约束和削减义务。

《农业协议》规定的"黄箱"措施是指,政府对农产品的直接价格干预和补贴,包括对种子、肥料、灌溉等农业投入品的补贴,对农产品营销贷款的补贴等。这些措施对农产品贸易产生扭曲,成员方必须承担约束和削减补贴义务。

通常用综合支持量来衡量"黄箱"补贴的大小。综合支持量是指,为支持农产品生产者而提供给某种农产品,或为支持广大农业生产者而提供给非特定产品的年度支持水平,一般用货币单位表示。

《农业协议》规定的"蓝箱"措施是指,按固定面积和产量给予的补贴（如休耕补贴,控制牲畜量）,按基期生产水平的 85% 或 85% 以下给予的补贴,按固定牲畜头数给予的补贴。

5. 对非市场经济国家如何确定倾销可比价格？

答:在实践中,《反倾销协议》的规定往往被一些进口方利用,成为使用特殊方法判断来自"非市场经济国家"产品正常价值的借口。如,选择产品成本大大高于出口国的第三国作为替代国进行价格比较,这常导致歧视性的反倾销政策。

6. 在服务贸易中的国民待遇与货物贸易相比,有何特点？

答:《服务贸易总协定》规定,成员方在实施影响服务提供的各项措施时,对满足减让表所列条件和要求的其他成员的服务或服务提供者,应给予其不低于本国服务或服务提供者的待遇。《服务贸易总协定》的国民待遇只适用于成员方已经作出承诺的服务部门。

7. 如发现非法转口纺织品,如何处理？

答:非法转口又称"舞弊",是指通过转运、改道、谎报原产地或原产国、伪造文件来规避协议的规定和逃脱配额管理的做法。如有足够的证据说明进口产品属非法转口,进口方在与涉及非法转口的出口方以及其他有关参与方进行磋商之后,可以采取适当行动,包括拒绝清关,如产品已经入境,则可以扣除有关出口方相应数量的配额。

《纺织品与服装协议》还规定,所有世贸组织成员应在符合本国法律和程序的情况下,制定必要的法规和行政措施来处理并打击非法转口行为。

综合测试与解析(三)

一、单项选择题(每题 1.5 分)

1. 世贸组织确立的理论基础是( )。

A. 自由贸易理论　　　　　B. 比较优势理论　　　　　C. 有节制的自由贸易理论

2. 最惠国待遇体现了世界贸易组织基本原则中的( )。

A. 公平竞争原则　　　　　B. 正当保护原则　　　　　C. 非歧视原则

3. 世界贸易组织的最高行政长官是( )。

A. 部长会议主席　　　　　B. 总干事　　　　　　　　C. 专家组组长

4. 世界贸易组织鼓励其成员运用( )进行正当保护。

A. 关税措施　　　　　　　B. 非关税措施　　　　　　C. 行政措施

5. "授权条款"指的是( )。

A. 为维护公共道德所必须采取的措施

B. 为维护公共秩序所必须采取的措施

C. 发达国家给予发展中国家的"普惠制"等特殊和差别待遇

6. 《政府采购协议》属于世界贸易组织的( )。

A. 多边贸易规则　　　　　B. 诸边贸易规则　　　　　C. 展边贸易规则

7. 根据《纺织品与服装协议》,成员方应在( )取消所有的剩余产品的配额限制,届时该协议自行终止。

A. 2005 年 1 月 1 日　　　B. 2006 年 1 月 1 日　　　C. 2008 年 1 月 1 日

8. 《农业协议》定义的农产品范围以( )为基础。

A. 《商品名称及编码协调制度》

B. 《海关合作理事会税则目录》

C. 《联合国国际贸易标准分类》

9. 《补贴与反补贴措施协议》将出口补贴列为( )。

A. 禁止性补贴　　　　　　B. 可诉补贴　　　　　　　C. 不可诉补贴

10. 中国加入 WTO 的主要谈判原则是( )。

A. 发展中国家地位　　　　　B. 公平竞争

C. 和平共处　　　　　　　　D. 平等互利

二、多项选择题(每题 3 分)

1. 关于规范进口许可程序一般规则有( )。

A. 及时公布必要的信息　　　　　B. 简化申请和展期手续

C. 可因小错而拒绝批准 　　　　　D. 不得在外汇供应上实行歧视

E. 不允许安全例外和保密例外

2. 《与贸易有关的投资措施协议》列出应取消的投资限制措施包括（　　）。

A. 两种违反国民待遇的投资措施

B. 三种违反普遍取消数量限制的投资措施

C. 各成员的具体义务

D. 例外条款

E. 发达成员待遇

3. 倾销是指（　　）。

A. 一项产品的出口价格，低于其在正常贸易中出口国供其国内消费的同类产品的可比价格

B. 倾销是一种以低于进口国同类产品价格的不公平贸易行为

C. 以低于出口国正常价值的价格进入另一国市场

D. 以高于出口国正常价值的价格出口产品的行为

4. 在服务贸易中的国民待遇与货物贸易相比，特点为（　　）。

A. 《服务贸易总协定》规定，成员方在实施影响服务提供的各种措施时，对满足减让表所列条件和要求的其他成员的服务或服务提供者，应给予其不低于本国服务或服务提供者的待遇

B. 《服务贸易总协定》的国民待遇只适用于成员方已经作出承诺的服务部门

C. 国民待遇程度高于货物贸易

5. 知识产权是指（　　）。

A. 指公民或法人对其在科学、技术、文化、艺术等领域的发明、成果和作品依法享有专有权

B. 是人们对自己通过脑力活动创造出来的智力成果所依法享有的权利

C. 人们的构想与理想

D. 科学家的智慧

6. 《信息技术协议》包括的产品主要有（　　）。

A. 计算机　　　　B. 电信设备　　　　C. 机床

D. 软件　　　　E. 半导体

7. 多哈部长级会议的主要业绩是（　　）。

A. 接受中国加入世贸组织　　　　B. 接受中国台北加入世贸组织

C. 启动新一轮多边贸易谈判　　　　D. 接受中国香港加入世贸组织

E. 通过了《关于与贸易有关的知识产权协定与公共卫生的宣言》和《关于与实施有关的问题和关注的决定》

8. 世贸组织建立后主要的积极作用是（　　　）。

　　A. 世贸组织成为当今世界多边贸易体制的组织和法律基础

　　B. 世贸组织能够完全保障世界市场竞争的规范化

　　C. 有利于资源在世界范围内的合理配置，从而提高全球的解决福利水平

　　D. 促进政府改革

9. 中国加入世贸组织作出的基本承诺包括（　　　）。

　　A. 逐步降低关税　　　　　　　　　　B. 逐步开放服务市场

　　C. 取消所有的非关税措施

10. 政府采购是指（　　　）。

　　A. 政府为政府机关自用或为公共目的而选择购买货物或服务的活动

　　B. 其所购买的货物或服务不用于商业转售

　　C. 可以有限度地用于供商业销售的生产

　　D. 也不用于供商业销售的生产

11. 未披露信息具有的特征是（　　　）。

　　A. 属于秘密　　　　　　　　　　　　B. 具有商业价值

　　C. 为保密已采取合理措施　　　　　　D. 具有垄断性、排他性

12. 确定原产地的标准有（　　　）。

　　A. 税号改变　　　B. 增值百分比　　　C. 出口国当地成分　　　D. 加工工序

13. 世贸组织负责实施管理的贸易协定主体构成包括（　　　）。

　　A. 正文　　　B. 附件　　　C. 协定序言　　　D. 协定组成部分　　　E. 条款

14. 世贸组织规则按规则涉及领域划分有（　　　）。

　　A. 货物贸易领域规则　　　　　　　　B. 服务贸易领域规则

　　C. 与贸易有关的知识产权领域规则　　D. 框架规则

15. 世贸组织考虑可持续发展的原因是（　　　）。

　　A. 可持续发展之目的有利于最合理地利用世界资源

　　B. 有利于实现国际贸易利益协调

　　C. 保护和维护环境

　　D. 贸易自由化的要求

三、简答题（前 6 题每题 5 分，第 7 题 10 分）

1.《信息技术协议》产生的背景是什么？

2.《1947 年关贸总协定》前七次回合谈判取得什么成果？

3. 与《1947 年关贸总协定》相比，世界贸易组织的法律地位有哪些特点？

4.《服务贸易总协定》列出的影响市场准入的限制措施有哪些？

5. 中国加入世贸组织的法律文件是什么？

6. 加入世贸组织给中国经济带来的机遇有哪些?

7. 多哈发展回合谈判的主要议题有哪些?

【参考答案】

一、单项选择题

1. C;2. C;3. B;4. A;5. C;6. B;7. A;8. A;9. A;10. A。

二、多项选择题

1. ABD;2. AB;3. AC;4. AB;5. AB;6. ABDE;7. ABCE;8. ACD;9. AB;10. ABD;11. ABC;12. ABD;13. CDE;14. ABC;15. AC。

三、简答题

1.《信息技术协议》产生的背景是什么?

答:信息技术革命对世界经济贸易产生重大而深刻的影响,推动了经济全球化的不断深入。随着信息技术的迅猛发展,信息技术产品贸易额不断增加。最大限度地扩大全球范围内信息技术产品市场并降低成本,变得越来越迫切和重要。1996年年初,美国率先提出了到20世纪末实现信息技术产品贸易自由化的设想。

2.《1947年关贸总协定》前七次回合谈判取得什么成果?

答:1947年4月至10月,关税与贸易总协定第一轮多边贸易谈判在瑞士日内瓦举行。下调关税的承诺是第一轮多边贸易谈判的主要成果。

1949年4月至10月,关税与贸易总协定第二轮多边贸易谈判在法国安纳西举行。这轮谈判总计达成147项关税减让协议,关税水平平均降低35%。

1950年9月至1951年4月,关税与贸易总协定第三轮多边贸易谈判在英国托奎举行。这轮谈判共达成150项关税减让协议,关税水平平均降低26%。

1956年1月至5月,关税与贸易总协定第四轮多边贸易谈判在瑞士日内瓦举行,所达成的关税减让只涉及25亿美元的贸易额。

1960年9月至1962年7月,关税与贸易总协定第五轮多边贸易谈判在日内瓦举行,共有45个参加方。这轮谈判使关税水平平均降低20%。

1964年5月至1967年6月,关税与贸易总协定第六轮多边贸易谈判在日内瓦举行,共有54个缔约方参加。这轮谈判又称"肯尼迪回合"。这轮谈判使关税水平平均降低35%。这轮谈判首次涉及非关税壁垒。

1973年9月至1979年4月,关税与贸易总协定第七轮多边贸易谈判在日内瓦举行。主要成果有:第一,开始实行按既定公式削减关税,关税越高减让幅度越大;第二,产生了只对签字方生效的一系列非关税措施协议;第三,通过了对发展中缔约方的授权条款,允许发达缔约方给予发展中缔约方普遍优惠制待遇。

3. 与《1947 年关贸总协定》相比,世界贸易组织的法律地位有哪些特点?

答:世界贸易组织的法律地位可归纳为以下几点:

(1) 世界贸易组织具有法人资格,其成员应当赋予世界贸易组织在行使职能时必要的法定能力。

(2) 世界贸易组织每个成员方向世界贸易组织提供其履行职责时所必需的特权与豁免权。

(3) 世界贸易组织官员和各成员方的代表在其独立执行与世界贸易组织相关的职能时,也享有每个成员提供的必要的特权与豁免权。

(4) 每个成员方给予世界贸易组织官员、成员方代表的特权与豁免权,等同于联合国大会于 1947 年 11 月 21 日通过的特殊机构的特权与豁免公约所规定的特权与豁免权。

(5) 世界贸易组织可以缔结总部协议,与其他国际组织进行较密切的协商和合作。

4.《服务贸易总协定》列出的影响市场准入的限制措施有哪些?

答:《服务贸易总协定》列举了 6 种影响市场准入的限制措施。具体包括:限制服务提供者的数量,限制服务交易或资产总值,限制服务网点总数或服务产出总量,限制特定服务部门或服务提供者可以雇用的人数,限制或要求通过特定类型的法律实体提供服务,限制外国资本参与的比例或外国资本的投资总额。

5. 中国加入世贸组织的法律文件是什么?

答:中国加入世贸组织的法律文件包括:《马拉喀什建立世界贸易组织协定》、《中华人民共和国加入的决定》、《中华人民共和国加入议定书》及其附件、《中国加入工作组报告书》。

6. 加入世贸组织给中国经济带来的机遇有哪些?

答:加入世贸组织符合中国的根本利益和长远利益。加入世贸组织是中国对外开放进入一个新阶段的重要标志;加入世贸组织是对中国社会主义市场经济体制改革的有力推动;加入世贸组织是促进中国经济持续快速健康发展的加速器;加入世贸组织还可以促进海峡两岸经贸关系的进一步发展。总之加入世贸组织为中国的经济发展提供了新的历史机遇,拓展了国际市场、改善了投资环境、扩大了对外投资、提高了资源配置效率、促进了国有企业改革、促进了私营企业的发展。

7. 多哈发展回合谈判的主要议题有哪些?

答:议题的涉及面十分广泛。《部长宣言》列出的谈判议题有:与实施有关的问题和关注,农业,服务,非农产品市场准入,与贸易有关的知识产权,贸易与投资的关系,贸易与竞争政策的相互作用,政府采购透明度,贸易便利化,世贸组织规则,争端解决谅解,贸易与环境,电子商务,小型经济体,贸易、债务和财政,贸易与技术转让,技术合作和能力建设,最不发达国家,特殊和差别待遇等。有些议题所涉及的具体议题有很多,如与实施有关的问题和关注的议题,就包括了 10 多个具体内容。如 GATT1994 第 18 条,农产品协议,卫生与检疫措施协议,纺织品与服装协议,贸易技术壁垒协议,与贸易有关的投资措施协议,反倾销协议,海关估价协议,原产地规则协议,补贴与反补贴协议,与贸易有关的知识产权协定等。

附　　录

附录一　马拉喀什建立世界贸易组织协定

本协定各参加方，

认识到在处理他们在贸易和经济领域的关系时，应以提高生活水平、保证充分就业、保证实际收入和有效需求的大幅稳定增长以及扩大货物和服务的生产和贸易为目的，同时应依照可持续发展的目标，考虑对世界资源的最佳利用，寻求既保护和维护环境，又以与他们各自在不同经济发展水平的需要和关注相一致的方式，加强为此采取的措施，

进一步认识到需要作出积极努力，以保证发展中国家，特别是其中的最不发达国家，在国际贸易增长中获得与其经济发展需要相当的份额，

期望通过达成互惠互利安排，实质性削减关税和其他贸易壁垒，消除国际贸易关系中的歧视待遇，从而为实现这些目标作出贡献，

因此，决定建立一个完整的、更可行的和持久的多边贸易体制，以包含《关税与贸易总协定》、以往贸易自由化努力的结果以及乌拉圭回合多边贸易谈判的全部结果，

决心维护多边贸易体制的基本原则，并促进该体制目标的实现，

协议如下：

第 1 条　WTO 的建立

特此建立世界贸易组织（下称" WTO"）。

第 2 条　WTO 的范围

1. WTO 在与本协定附件所含协议和相关法律文件有关的事项方面，为处理其成员间的贸易关系提供共同的组织机构。

2. 附件 1、附件 2 和附件 3 所列协议及相关法律文件（下称"多边贸易协议"）为本协定的组成部分，对所有成员具有约束力。

3. 附件 4 所列协议及相关法律文件（下称"诸边贸易协议"），对于接受的成员，也属本协议的一部分，并对这些成员具有约束力。诸边贸易协议对于未接受的成员既不产生权利也

不产生义务。

4. 附件 1A 所列《1994 年关税与贸易总协定》(下称"GATT1994")在法律上不同于 1947 年 10 月 30 日的《关税与贸易总协定》,后者附在《联合国贸易与就业会议筹备委员会第二次会议结束时通过的最后文件》之后,以后又历经更正、修正或修改(下称"GATT1947")。

第 3 条　WTO 的职能

1. WTO 应便利本协定和多边贸易协议的实施、管理和运用,并促进其目标的实现,还应为诸边贸易协议提供实施、管理和运用的体制。

2. WTO 在根据本协定附件所列协议处理的事项方面,应为其成员间就多边贸易关系进行的谈判提供场所。WTO 还可按部长级会议可能作出的决定,为其成员间就他们多边贸易关系的进一步谈判提供场所,并提供实施此类谈判结果的体制。

3. WTO 应管理本协定附件 2 所列《关于争端解决规则与程序的谅解》(下称"争端解决谅解"或"DSU")。

4. WTO 应管理本协定附件 3 规定的《贸易政策审议机制》(下称"TPRM")。

5. 为实现全球经济决策的更大一致性,WTO 应酌情与国际货币基金组织和国际复兴开发银行及其附属机构进行合作。

第 4 条　WTO 的结构

1. 设立由所有成员的代表组成的部长级会议,应至少每 2 年召开一次会议。部长级会议应履行 WTO 的职能,并为此采取必要的行动。如一成员提出请求,部长级会议有权依照本协定和有关多边贸易协议中关于决策的具体要求,对任何多边贸易协议项下的所有事项作出决定。

2. 设立由所有成员的代表组成的总理事会,酌情召开会议。在部长级会议休会期间,其职能应由总理事会行使。总理事会还应行使本协定指定的职能。总理事会应制定自己的议事规则,并批准第 7 款规定的各委员会的议事规则。

3. 总理事会应酌情召开会议,履行《争端解决谅解》规定的争端解决机构的职责。争端解决机构可有自己的主席,并制定其认为履行这些职责所必需的议事规则。

4. 总理事会应酌情召开会议,履行 TPRM 中规定的贸易政策审议机构的职责。贸易政策审议机构可有自己的主席,并应制定其认为履行这些职责所必需的议事规则。

5. 设立货物贸易理事会、服务贸易理事会和与贸易有关的知识产权理事会(下称"TRIPs 理事会"),各理事会应根据总理事会的总体指导运作。货物贸易理事会应监督附件 1A 所列多边贸易协议的实施情况。服务贸易理事会应监督《服务贸易总协定》(下称"GATS")的实施情况。TRIPs 理事会应监督《与贸易有关的知识产权协定》(下称《TRIPs 协定》)的实施情况。各理事会应履行各自协定和总理事会指定的职能。他们应自行制定

各自的议事规则,但需经总理事会批准。各理事会的成员资格应对所有成员的代表开放。各理事会应在必要时召开会议,以行使其职能。

6. 货物贸易理事会、服务贸易理事会和 TRIPs 理事会应按要求设立附属机构。各附属机构应自行制定各自的议事规则,但需经各自的理事会批准。

7. 部长级会议应设立贸易与发展委员会、国际收支限制委员会和预算、财务与行政委员会,各委员会应行使本协定和多边贸易协议指定的职能,以及总理事会指定的任何附加职能。部长级会议还可设立具有其认为适当的职能的其他委员会。作为其职能的一部分,贸易与发展委员会应定期审议多边贸易协议中有利于最不发达国家成员的特殊规定,并向总理事会报告以采取适当行动。各委员会的成员资格应对所有成员的代表开放。

8. 诸边贸易协议项下规定的机构履行这些协议指定的职责,并在 WTO 的组织机构内运作。各机构应定期向总理事会报告其活动。

第 5 条　与其他组织的关系

1. 总理事会应就与职责上同 WTO 有关的政府间组织进行有效合作作出适当安排。

2. 总理事会可就与涉及 WTO 有关事项的非政府组织进行磋商和合作作出适当安排。

第 6 条　秘　书　处

1. 设立由总干事领导的 WTO 秘书处(下称"秘书处")。

2. 部长级会议应任命总干事,并通过列出总干事的权力、职责、服务条件和任期的条例。

3. 总干事应任命秘书处职员,并依照部长级会议通过的条例,确定他们的职责和服务条件。

4. 总干事和秘书处职员的职责纯属国际性质。在履行其职责时,总干事和秘书处职员不得寻求或接受 WTO 之外任何政府或任何其他权力机关的指示。他们应避免任何可能对其国际官员身份产生不利影响的行动。WTO 成员应尊重总干事和秘书处职员职责的国际性质,不得寻求在他们履行职责时对其施加影响。

第 7 条　预算和会费

1. 总干事应向预算、财务与行政委员会提交 WTO 的年度概算和决算。预算、财务与行政委员会应审议总干事提交的年度概算和决算,并就此向总理事会提出建议。年度概算应经总理事会批准。

2. 预算、财务与行政委员会应向总理事会提出有关财务条例的建议,该条例应包括列出下列内容的规定:

(a)根据 WTO 费用确定的各成员会费分摊比例。

(b)对拖欠会费成员所采取的措施。财务条例应尽可能依据 GATT1947 的条例和做法。

3.总理事会应以 WTO 半数以上成员的 2/3 多数通过财务条例和年度概算。

4.每一成员应依照总理事会通过的财务条例,迅速向 WTO 交纳其在 WTO 费用中分摊的份额。

第 8 条　WTO 的地位

1.WTO 具有法律人格,WTO 每一成员均应给予 WTO 履行其职能所必需的法定资格。

2.WTO 每一成员均应给予 WTO 履行其职能所必需的特权和豁免。

3.WTO 每一成员应同样给予 WTO 官员和各成员代表独立履行与 WTO 有关的职能所必需的特权和豁免。

4.WTO 一成员给予 WTO、其官员及其成员的代表的特权和豁免应与 1947 年 11 月 21 日联合国大会批准的《专门机构特权及豁免公约》所规定的特权和豁免相似。

5.WTO 可订立一总部协议。

第 9 条　决　　策

1.WTO 应继续实行 GATT1947 所遵循的经协商一致作出决定的做法。[1] 除非另有规定,否则如无法经协商一致作出决定,则争论中的事项应通过投票决定。在部长级会议和总理事会会议上,WTO 每一成员拥有一票。如欧洲共同体行使投票权,则其拥有的票数应与属 WTO 成员的欧洲共同体成员国的数目[2]相等。部长级会议和总理事会的决定应以所投票数的简单多数作出,除非本协定或有关多边贸易协议另有规定。[3]

2.部长级会议和总理事会拥有通过对本协定和多边贸易协议所作解释的专有权力。对附件 1 中一多边贸易协议的解释,部长级会议和总理事会应根据监督该协定实施情况的理事会的建议行使其权力。通过一项解释的决定应由成员的 3/4 多数作出。本款不得以损害第 10 条中有关修正规定的方式使用。

3.在特殊情况下,部长级会议可决定豁免本协定或任何多边贸易协议要求一成员承担的义务,但是任何此类决定应由成员的 3/4[4] 多数作出,除非本款另有规定。

---

① 如在做决定时,出席会议的成员均未正式反对拟议的决定,则有关机构应被视为经协商一致对提交其审议的事项作出了决定。

② 欧洲共同体及其成员国的票数绝不能超过欧洲共同体成员国的数目。

③ 对于作为争端解决机构召集的总理事会的决定,仅仅依照《争端解决谅解》第 2 条第 4 款的规定做出。

④ 对于受过渡期或分阶段执行期限约束的任何义务,如提出豁免请求的成员在有关期限结束时未履行该义务,则关于豁免的决定只能经协商一致做出。

(a)有关本协定的豁免请求,应根据经协商一致作出决定的做法,提交部长级会议审议。部长级会议应确定一不超过90天的期限审议该请求,如在此期限内未能协商一致,则任何给予豁免的决定应由成员的3/4多数作出。①

(b)有关附件1A、附件1B或附件1C所列多边贸易协议及其附件的豁免请求,应首先分别提交货物贸易理事会、服务贸易理事会或TRIPs理事会,在不超过90天的期限内审议。在该期限结束时,有关理事会应向部长级会议提交一份报告。

4. 部长级会议给予豁免的决定应陈述可证明该决定合理的特殊情况、适用于实施豁免的条款和条件以及豁免终止的日期。所给予的期限超过1年的任何豁免应在给予后不迟于1年的时间内由部长级会议审议,并在此后每年审议一次,直至豁免终止。每次审议时,部长级会议应审查证明豁免合理的特殊情况是否仍然存在及豁免所附条款和条件是否得到满足。部长级会议根据年度审议情况,可延长、修改或终止该项豁免。

5. 一诸边贸易协议项下作出的决定,包括有关解释和豁免的任何决定,应按该协议的规定执行。

第10条 修 正

1. WTO任何成员均可提出修正本协定或附件1所列多边贸易协议条款的提案,提案应提交部长级会议。第4条第5款所列各理事会也可向部长级会议提交提案,以修正其监督实施情况的附件1所列相应多边贸易协议的条款。除非部长级会议决定一更长的期限,否则当提案正式提交部长级会议后90天内,部长级会议应经协商一致作出任何有关将拟议的修正提交各成员供接受的决定。除非第2款、第5款或第6款的规定适用,否则该决定应列明是否适用第3款或第4款的规定。如协商一致,部长级会议应立刻将拟议的修正提交各成员供接受。如在确定期限内,在部长级会议的一次会议上未能协商一致,则部长级会议应以成员的2/3多数决定是否将拟议的修正提交各成员供接受。除第2款、第5款和第6款的规定外,第3款的规定适用于拟议的修正,除非部长级会议以成员的3/4多数决定应适用第4款的规定。

2. 对本条的规定和下列各条款的修正应经所有成员接受方可生效:

本协定第9条;

GATT1994第1条和第2条;

GATS第2条第1款;

《TRIPs协定》第4条。

3. 对本协定条款的修正或对附件1A和附件1C所列多边贸易协议条款的修正,除第2

---

① 对于受过渡期或分阶段执行期限约束的任何义务,如提出豁免请求的成员在有关期限结束时未履行该义务,则关于豁免的决定只能经协商一致做出。

款和第 6 款所列条款外,如其具有改变各成员权利和义务的性质,则经成员的 2/3 多数接受后,应对接受修正的成员生效,并在此后对接受修正的每一其他成员自其接受时起生效。部长级会议可以成员的 3/4 多数决定根据本款生效的任何修正是否属如下性质:在部长级会议对每种情况指定的期限内未接受修正的任何成员有权退出 WTO,或经部长级会议同意,仍为成员。

4. 对本协定条款的修正,或对附件 1A 和附件 1C 所列多边贸易协议条款的修正,除第 2 款和第 6 款所列条款外,如其具有不改变各成员权利和义务的性质,则经成员的 2/3 多数接受后,应对所有成员生效。

5. 除以上第 2 款的规定外,对 GATS 第一部分、第二部分和第三部分及相应附件的修正,经成员的 2/3 多数接受后,应对接受修正的成员生效,并在此后对接受修正的每一其他成员自其接受时起生效。部长级会议可以成员的 3/4 多数决定根据前述规定生效的任何修正是否属零下性质:在部长级会议对每种情况指定的期限内未接受修正的任何成员有权退出 WTO,或经部长级会议同意,仍为成员。对 GATS 第四部分、第五部分和第六部分及相应附件的修正,经成员的 2/3 多数接受后,应对所有成员生效。

6. 尽管有本条其他规定,但是满足《TRIPs 协定》第 71 条第 2 款要求的对该协定的修正,可由部长级会议通过,而无需进一步的正式接受程序。

7. 任何接受对本协定或附件 1 所列多边贸易协议修正的成员,应在部长级会议指定的接受期限内,将接受书交存 WTO 总干事。

8. WTO 任何成员均可提出修正附件 2 和附件 3 所列多边贸易协议条款的提案,此类提案应提交部长级会议。批准对附件 2 所列多边贸易协议修正的决定应经协商一致作出,这些修正经部长级会议批准后,应对所有成员生效。批准对附件 3 所列多边贸易协议修正的决定,经部长级会议批准后,应对所有成员生效。

9. 应属一贸易协定参加方的成员请求,部长级会议可决定将该贸易协定加入附件 4,但此种决定只能经协商一致作出。应属一诸边贸易协议参加方的成员请求,部长级会议可决定将该协定从附件 4 中删除。

10. 对一诸边贸易协议的修正应按该协定的规定执行。

第 11 条　创始成员资格

1. 本协定生效之日的 GATT1947 缔约方和欧洲共同体,如接受本协定和多边贸易协议,并将减让和承诺表附在 GATT1994 之后,将具体承诺减让表附在 GATS 之后,则应成为 WTO 创始成员。

2. 联合国承认的最不发达国家只需承担与其各自发展、财政和贸易需要或其管理和机构能力相符的承诺和减让。

第 12 条　加　　入

1. 任何国家或在处理其对外贸易关系及本协定和多边贸易协议规定的其他事项方面拥有完全自主权的单独关税区,可按它与 WTO 议定的条件加入本协定。此加入适用于本协定及所附多边贸易协议。

2. 有关加入的决定应由部长级会议作出。部长级会议应以 WTO 成员的 2/3 多数批准关于加入条件的协议。

3. 一诸边贸易协议的加入应按该协定的规定执行。

第 13 条　多边贸易协议在特定成员间的不适用

1. 任何成员,如在自己成为成员时或在另一成员成为成员时,不同意在彼此之间适用本协定及附件 1 和附件 2 所列多边贸易协议,则这些协定在该两成员之间不适用。

2. 对于原属 GATT1947 缔约方的 WTO 创始成员,只有在这些缔约方以往已经援引 GATT1947 第 35 条,且在本协定对其生效时,该条款仍然在他们之间有效的前提下,第 1 款的规定方可在他们之间援引。

3. 对于根据第 12 条加入 WTO 的成员,只有在不同意对另一成员适用的一成员在部长级会议批准关于加入条件的协议之前,已按此通知部长级会议的前提下,第 1 款的规定方可在该两成员之间适用。

4. 在任何成员请求下,部长级会议可审议本条在特殊情况下的运用情况,并提出适当建议。

5. 诸边贸易协议参加方之间的不适用应按该协定的规定执行。

第 14 条　接受、生效和交存

1. 本协定应开放供依照本协定第 11 条有资格成为 WTO 创始成员的 GATT 1947 缔约方和欧洲共同体以签字或其他方式接受,此接受应适用于本协定及其所附多边贸易协议。本协定及其所附多边贸易协议应在部长们依照《乌拉圭回合多边贸易谈判结果最后文件》第 3 段所确定的日期生效,并在此日期起两年内开放供接受,除非部长们另有决定。本协定生效之后的接受应在此接受之日后的第 30 天生效。

2. 在本协定生效之后接受本协定的成员,应执行自本协定生效开始的期限内应执行的多边贸易协议中的减让和义务,如同该成员在本协定生效之日即接受本协定。

3. 在本协定生效之前,本协定和多边贸易协议的文本应交存 GATT1947 缔约方全体的总干事。总干事应及时向已接受本协定的每一国政府和欧洲共同体提供一份本协定和多边贸易协议经核证无误的副本和每一份关于接受的通知。在本协定生效时,本协定和多边贸易协议及任何修正应交存 WTO 总干事。

4. 一诸边贸易协议的接受和生效应按该协定的规定执行。此类协定应交存 GATT1947 缔约方全体的总干事。在本协定生效时,此类协定应交存 WTO 总干事。

第 15 条 退 出

1. 任何成员均可退出本协定。此退出适用于本协定和多边贸易协议,并在 WTO 总干事收到书面退出通知之日起 6 个月期满后生效。

2. 一诸边贸易协议的退出应按该协定的规定执行。

第 16 条 杂 项 条 款

1. 除本协定或多边贸易协议项下另有规定外,WTO 应以 GATT1947 缔约方全体和在 GATT1947 范围内设立的机构所遵循的决定、程序和惯例为指导。

2. 在可行的情况下,GATT1947 的秘书处应成为 WTO 秘书处,GATT1947 缔约方全体的总干事在部长级会议依照本协定第 6 条第 2 款任命总干事之前,应担任 WTO 总干事。

3. 在本协定的条款与任何多边贸易协议的条款产生抵触时,应以本协定的条款为准。

4. 每一成员应保证其法律、法规和行政程序与所附各协定对其规定的义务相一致。

5. 不得对本协定的任何条款提出保留。对多边贸易协议任何条款的保留应仅以这些协定规定的程度为限。对一诸边贸易协议条款的保留应按该协定的规定执行。

6. 本协定应依照《联合国宪章》第 102 条的规定予以登记。

1994 年 4 月 15 日订于马拉喀什,正本一份用英文、法文和西班牙文写成,三种文本具有同等效力。

解释性说明

本协定和多边贸易协议中使用的"国家"一词应理解为包括任何 WTO 单独关税区成员。

对于 WTO 单独关税区成员,如本协定和多边贸易协议中的措辞被冠以"国家(的)"一词,则此措辞应理解为与该单独关税区有关,除非另有规定。

① 如在作出决定时,出席会议的成员均未正式反对拟议的决定,则有关机构应被视为经协商一致对提交其审议的事项作出了决定。

② 欧洲共同体及其成员国的票数绝不能超过欧洲共同体成员国的数目。

③ 对于作为争端解决机构召集的总理事会的决定,应仅依照《争端解决谅解》第 2 条第 4 款的规定作出。

④ 对于受过渡期或分阶段执行期限约束的任何义务,如提出豁免请求的成员在有关期限结束时未履行该义务,则关于豁免的决定只能经协商一致作出。

附 件 清 单

附件 1

附件 1A　货物贸易多边协议

1994 年关税与贸易总协定

农业协议

实施卫生与植物卫生措施协议

纺织品与服装协议

技术性贸易壁垒协议

与贸易有关的投资措施协议

关于实施 1994 年关税与贸易总协定第 6 条的协议

关于实施 1994 年关税与贸易总协定第 7 条的协议

装运前检验协议

原产地规则协议

进口许可程序协议

补贴与反补贴措施协议

保障措施协议

附件 1B　服务贸易总协定及附件

附件 1C　与贸易有关的知识产权协定

附件 2

关于争端解决规则与程序的谅解

附件 3

贸易政策审议机制

附件 4

诸边贸易协议①

民用航空器贸易协议

政府采购协议

国际奶制品协议

国际牛肉协议

---

① 《国际奶制品协议》和《国际牛肉协议》于 1997 年年底终止。

附录二 中华人民共和国加入议定书

序 言

世界贸易组织("WTO"),按照 WTO 部长级会议根据《马拉喀什建立世界贸易组织协定》("《WTO 协定》")第 12 条所作出的批准,与中华人民共和国("中国"),

忆及中国是《1947 年关税与贸易总协定》的创始缔约方,

注意到中国是《乌拉圭回合多边贸易谈判结果最后文件》的签署方,

注意到载于 WT/ACC/CHN/49 号文件的《中国加入工作组报告书》("工作组报告书"),

考虑到关于中国 WTO 成员资格的谈判结果,

协议如下:

第一部分 总 则

第 1 条 总 体 情 况

1. 自加入时起,中国根据《WTO 协定》第 12 条加入该协定,并由此成为 WTO 成员。

2. 中国所加入的《WTO 协定》应为经在加入之日前已生效的法律文件所更正、修正或修改的《WTO 协定》。本议定书,包括工作组报告书第 342 段所指的承诺,应成为《WTO 协定》的组成部分。

3. 除本议定书另有规定外,中国应履行《WTO 协定》所附各多边贸易协定中的、应在自该协定生效之日起开始的一段时间内履行的义务,如同中国在该协定生效之日已接受该协定。

4. 中国可维持与《服务贸易总协定》("GATS")第 2 条第 1 款规定不一致的措施,只要此措施已记录在本议定书所附《第 2 条豁免清单》中,并符合 GATS《关于第 2 条豁免的附件》中的条件。

第 2 条 贸易制度的实施

(A) 统一实施

1.《WTO 协定》和本议定书的规定应适用于中国的全部关税领土,包括边境贸易地区、

民族自治地方、经济特区、沿海开放城市、经济技术开发区以及其他在关税、国内税和法规方面已建立特殊制度的地区(统称为"特殊经济区")。

2. 中国应以统一、公正和合理的方式适用和实施中央政府有关或影响货物贸易、服务贸易、与贸易有关的知识产权("TRIPs")或外汇管制的所有法律、法规及其他措施,以及地方各级政府发布或适用的地方性法规、规章及其他措施(统称为"法律、法规及其他措施")。

3. 中国地方各级政府的地方性法规、规章及其他措施应符合在《WTO协定》和本议定书中所承担的义务。

4. 中国应建立一种机制,使个人和企业可据以提请国家主管机关注意贸易制度未统一适用的情况。

(B) 特殊经济区

1. 中国应将所有与其特殊经济区有关的法律、法规及其他措施通知WTO,列明这些地区的名称,并指明界定这些地区的地理界线。中国应迅速,且无论如何应在60天内,将特殊经济区的任何增加或改变通知WTO,包括与此有关的法律、法规及其他措施。

2. 对于自特殊经济区输入中国关税领土其他部分的产品,包括物理结合的部件,中国应适用通常适用于输入中国关税领土其他部分的进口产品的所有影响进口产品的税费和措施,包括进口限制及海关税费。

3. 除本议定书另有规定外,在对此类特殊经济区内的企业提供优惠安排时,WTO关于非歧视和国民待遇的规定应得到全面遵守。

(C) 透明度

1. 中国承诺只执行已公布的、且其他WTO成员、个人和企业可容易获得的有关或影响货物贸易、服务贸易、TRIPs或外汇管制的法律、法规及其他措施。此外,在所有有关或影响货物贸易、服务贸易、TRIPs或外汇管制的法律、法规及其他措施实施或执行前,应请求,中国应使WTO成员可获得此类措施。在紧急情况下,应使法律、法规及其他措施最迟在实施或执行之时可获得。

2. 中国应设立或指定一官方刊物,用于公布所有有关或影响货物贸易、服务贸易、TRIPs或外汇管制的法律、法规及其他措施,并且在其法律、法规或其他措施在该刊物上公布之后,应在此类措施实施之前提供一段可向有关主管机关提出意见的合理时间,但涉及国家安全的法律、法规及其他措施、确定外汇汇率或货币政策的特定措施以及一旦公布则会妨碍法律实施的其他措施除外。中国应定期出版该刊物,并使个人和企业可容易获得该刊物各期。

3. 中国应设立或指定一咨询点,应任何个人、企业或WTO成员的请求,在咨询点可获得根据本议定书第2条(C)节第1款要求予以公布的措施有关的所有信息。对此类提供信息请求的答复一般应在收到请求后30天内作出。在例外情况下,可在收到请求后45天内

作出答复。延迟的通知及其原因应以书面形式向有关当事人提供。向 WTO 成员作出的答复应全面,并应代表中国政府的权威观点。应向个人和企业提供准确和可靠的信息。

(D) 司法审查

1. 中国应设立或指定并维持审查庭、联络点和程序,以便迅速审查所有与《1994 年关税与贸易总协定》("GATT1994")第 10 条第 1 款、GATS 第 6 条和《TRIPs 协定》相关规定所指的法律、法规、普遍适用的司法决定和行政决定的实施有关的所有行政行为,此类审查庭应是公正的,并独立于被授权进行行政执行的机关,且不应对审查事项的结果有任何实质利害关系。

2. 审查程序应包括给予受须经审查的任何行政行为影响的个人或企业进行上诉的机会,且不因上诉而受到处罚。如初始上诉权需向行政机关提出,则在所有情况下应有选择向司法机关对决定提出上诉的机会。关于上诉的决定应通知上诉人,作出该决定的理由应以书面形式提供。上诉人还应被告知可进一步上诉的任何权利。

第 3 条 非 歧 视

除本议定书另有规定外,在下列方面给予外国个人、企业和外商投资企业的待遇不得低于给予其他个人和企业的待遇:

(a)生产所需投入物、货物和服务的采购,及其货物据以在国内市场或供出口而生产、营销或销售的条件;及

(b)国家和地方各级主管机关以及公有或国有企业在包括运输、能源、基础电信、其他生产设施和要素等领域所供应的货物和服务的价格和可用性。

第 4 条 特殊贸易安排

自加入时起,中国应取消与第三国和单独关税区之间的、与《WTO 协定》不符的所有特殊贸易安排,包括易货贸易安排,或使其符合《WTO 协定》。

第 5 条 贸 易 权

1. 在不损害中国以与符合《WTO 协定》的方式管理贸易的权利的情况下,中国应逐步放宽贸易权的获得及其范围,以便在加入后 3 年内,使所有在中国的企业均有权在中国的全部关税领土内从事所有货物的贸易,但附件 2A 所列依照本议定书继续实行国营贸易的货物除外。此种贸易权应为进口或出口货物的权利。对于所有此类货物,均应根据 GATT 1994第 3 条,特别是其中第 4 款的规定,在国内销售、许诺销售、购买、运输、分销或使用方面,包括直接接触最终用户方面,给予国民待遇。对于附件 2B 所列货物,中国应根据该附件中所列时间表逐步取消在给予贸易权方面的限制。中国应在过渡期内完成执行这些规定所必需的立法程序。

2. 除本议定书另有规定外,对于所有外国个人和企业,包括未在中国投资或注册的外国个人和企业,在贸易权方面应给予其不低于给予在中国的企业的待遇。

第 6 条　国营贸易

1. 中国应保证国营贸易企业的进口购买程序完全透明,并符合《WTO 协定》,且应避免采取任何措施对国营贸易企业购买或销售货物的数量、价值或原产国施加影响或指导,但依照《WTO 协定》进行的除外。

2. 作为根据 GATT1994 和《关于解释 1994 年关税与贸易总协定第 17 条的谅解》所作通知的一部分,中国还应提供有关其国营贸易企业出口货物定价机制的全部信息。

第 7 条　非关税措施

1. 中国应执行附件 3 包含的非关税措施取消时间表。在附件 3 中所列期限内,对该附件中所列措施所提供的保护在规模、范围或期限方面不得增加或扩大,且不得实施任何新的措施,除非符合《WTO 协定》的规定。

2. 在实施 GATT1994 第 3 条、第 11 条和《农业协定》的规定时,中国应取消且不得采取、重新采取或实施不能根据《WTO 协定》的规定证明为合理的非关税措施。对于在加入之日以后实施的、与本议定书或《WTO 协定》相一致的非关税措施,无论附件 3 是否提及,中国均应严格遵守《WTO 协定》的规定,包括 GATT1994 及其第 13 条以及《进口许可程序协定》的规定,包括通知要求,对此类措施进行分配或管理。

3. 自加入时起,中国应遵守《TRIMs 协定》,但不援用《TRIMs 协定》第 5 条的规定。中国应取消并停止执行通过法律、法规或其他措施实施的贸易平衡要求和外汇平衡要求、当地含量要求和出口实绩要求。此外,中国将不执行设置此类要求的合同条款。在不损害本议定书有关规定的情况下,中国应保证国家和地方各级主管机关对进口许可证、配额、关税配额的分配或对进口、进口权或投资权的任何其他批准方式,不以下列内容为条件:此类产品是否存在与之竞争的国内供应者;任何类型的实绩要求,例如当地含量、补偿、技术转让、出口实绩或在中国进行研究与开发等。

4. 进出口禁止和限制以及影响进出口的许可程序要求只能由国家主管机关或由国家主管机关授权的地方各级主管机关实行和执行。不得实施或执行不属国家主管机关或由国家主管机关授权的地方各级主管机关实行的措施。

第 8 条　进出口许可程序

1. 在实施《WTO 协定》和《进口许可程序协定》的规定时,中国应采取以下措施,以便遵守这些协定:

(a) 中国应定期在本议定书第 2 条(C)节第 2 款所指的官方刊物中公布下列内容:

　　——按产品排列的所有负责授权或批准进出口的组织的清单,包括由国家主管机关授权的组织,无论是通过发放许可证还是其他批准;

　　——获得此类进出口许可证或其他批准的程序和标准,以及决定是否发放进出口许可证或其他批准的条件;

　　——按照《进口许可程序协定》,按税号排列的实行招标要求管理的全部产品清单;包括关于实行此类招标要求管理产品的信息及任何变更;

　　——限制或禁止进出口的所有货物和技术的清单;这些货物也应通知进口许可程序委员会;

　　——限制或禁止进出口的货物和技术清单的任何变更。

　　用一种或多种 WTO 正式语言提交的这些文件的副本应在每次公布后 75 天内送交WTO,供散发 WTO 成员并提交进口许可程序委员会。

　　(b)中国应将加入后仍然有效的所有许可程序和配额要求通知 WTO,这些要求应按协调制度税号分别排列,并附与此种限制有关的数量(如有数量),以及保留此种限制的理由或预定的终止日期。

　　(c)中国应向进口许可程序委员会提交其关于进口许可程序的通知。中国应每年向进口许可程序委员会报告其自动进口许可程序的情况,说明产生这些要求的情况,并证明继续实行的需要。该报告还应提供《进口许可程序协定》第 3 条中所列信息。

　　(d)中国发放的进口许可证的有效期至少应为 6 个月,除非例外情况使此点无法做到。在此类情况下,中国应将要求缩短许可证有效期的例外情况迅速通知进口许可程序委员会。

　　2. 除本议定书另有规定外,对于外国个人、企业和外商投资企业在进出口许可证和配额分配方面,应给予不低于给予其他个人和企业的待遇。

第 9 条　价 格 控 制

　　1. 在遵守以下第 2 款的前提下,中国应允许每一部门交易的货物和服务的价格由市场力量决定,且应取消对此类货物和服务的多重定价做法。

　　2. 在符合《WTO 协定》,特别是 GATT1994 第 3 条和《农业协定》附件 2 第 3、4 款的情况下,可对附件 4 所列货物和服务实行价格控制。除非在特殊情况下,并须通知 WTO,否则不得对附件 4 所列货物或服务以外的货物或服务实行价格控制,且中国应尽最大努力减少和取消这些控制。

　　3. 中国应在官方刊物上公布实行国家定价的货物和服务的清单及其变更情况。

第 10 条　补　　贴

　　1. 中国应通知 WTO 在其领土内给予或维持的、属《补贴与反补贴措施协定》("《SCM协定》")第 1 条含义内的、按具体产品划分的任何补贴,包括《SCM 协定》第 3 条界定的补

贴。所提供的信息应尽可能具体,并遵循《SCM 协定》第 25 条所提及的关于补贴问卷的要求。

2. 就实施《SCM 协定》第 1 条第 2 款和第 2 条而言,对国有企业提供的补贴将被视为专向性补贴,特别是在国有企业是此类补贴的主要接受者或国有企业接受此类补贴的数量异常之大的情况下。

3. 中国应自加入时起取消属《SCM 协定》第 3 条范围内的所有补贴。

第 11 条　对进出口产品征收的税费

1. 中国应保证国家主管机关或地方各级主管机关实施或管理的海关规章或费用符合 GATT 1994。

2. 中国应保证国家主管机关或地方各级主管机关实施或管理的国内税费,包括增值税,符合 GATT 1994。

3. 中国应取消适用于出口产品的全部税费,除非本议定书附件 6 中有明确规定或按照 GATT 1994 第 8 条的规定适用。

4. 在进行边境税的调整方面,对于外国个人、企业和外商投资企业,自加入时起应被给予不低于给予其他个人和企业的待遇。

第 12 条　农　　业

1. 中国应实施中国货物贸易承诺和减让表中包含的规定,以及本议定书具体规定的《农业协定》的条款。在这方面,中国不得对农产品维持或采取任何出口补贴。

2. 中国应在过渡性审议机制中,就农业领域的国营贸易企业(无论是国家还是地方)与在农业领域按国营贸易企业经营的其他企业之间或在上述任何企业之间进行的财政和其他转移作出通知。

第 13 条　技术性贸易壁垒

1. 中国应在官方刊物上公布作为技术法规、标准或合格评定程序依据的所有正式的或非正式的标准。

2. 中国应自加入时起,使所有技术法规、标准和合格评定程序符合《TBT 协定》。

3. 中国对进口产品实施合格评定程序的目的应仅为确定其是否符合与本议定书和《WTO 协定》规定相一致的技术法规和标准。只有在合同各方授权的情况下,合格评定机构方可对进口产品是否符合该合同的商业条款进行合格评定。中国应保证此种针对产品是否符合合同商业条款的检验不影响此类产品通关或进口许可证的发放。

4.(a)自加入时起,中国应保证对进口产品和本国产品适用相同的技术法规、标准和合格评定程序。为保证从现行体制的顺利过渡,中国应保证自加入时起,所有认证、安全许可和质量许可机构和部门获得既对进口产品又对本国产品进行此类活动的授权;加入1年后,所有合格评定机构和部门获得既对进口产品又对本国产品进行合格评定的授权。对机构或部门的选择应由申请人决定。对于进口产品和本国产品,所有机构和部门应颁发相同的标志,收取相同的费用。他们还应提供相同的处理时间和申诉程序。进口产品不得实行一种以上的合格评定程序。中国应公布并使其他WTO成员、个人和企业可获得有关其各合格评定机构和部门相应职责的全部信息。

(b)不迟于加入后18个月,中国应仅依据工作范围和产品种类,指定其各合格评定机构的相应职责,而不考虑产品的原产地。指定给中国各合格评定机构的相应职责将在加入后12个月通知TBT委员会。

第14条 卫生与植物卫生措施

中国应在加入后30天内,向WTO通知其所有有关卫生与植物卫生措施的法律、法规及其他措施,包括产品范围及相关国际标准、指南和建议。

第15条 确定补贴和倾销时的价格可比性

GATT1994第6条、《关于实施1994年关税与贸易总协定第6条的协定》("《反倾销协定》")以及《SCM协定》应适用于涉及原产于中国的进口产品进入一WTO成员的程序,并应符合下列规定:

(a)在根据GATT1994第6条和《反倾销协定》确定价格可比性时,该WTO进口成员应依据下列规则,使用接受调查产业的中国价格或成本,或者使用不依据与中国国内价格或成本进行严格比较的方法:

(i)如受调查的生产者能够明确证明,生产该同类产品的产业在制造、生产和销售该产品方面具备市场经济条件,则该WTO进口成员在确定价格可比性时,应使用受调查产业的中国价格或成本;

(ii)如受调查的生产者不能明确证明生产该同类产品的产业在制造、生产和销售该产品方面具备市场经济条件,则该WTO进口成员可使用不依据与中国国内价格或成本进行严格比较的方法。

(b)在根据《SCM协定》第二、三及五部分规定进行的程序中,在处理第14条(a)项、(b)项、(c)项和(d)项所述补贴时,应适用《SCM协定》的有关规定;但是,如此种适用遇有特殊困难,则该WTO进口成员可使用考虑到中国国内现有情况和条件并非总能用作适当基准这一可能性的确定和衡量补贴利益的方法。在适用此类方法时,只要可行,该WTO进口成员在考虑使用中国以外的情况和条件之前,应对此类现有情况和条件进行调整。

(c)该WTO进口成员应向反倾销措施委员会通知依照(a)项使用的方法,并应向补贴与反补贴措施委员会通知依照(b)项使用的方法。

(d) 一旦中国根据该 WTO 进口成员的国内法证实其是一个市场经济体,则(a)项的规定即应终止,但截至加入之日,该 WTO 进口成员的国内法中须包含有关市场经济的标准。无论如何,(a)项(ii)目的规定应在加入之日后 15 年终止。此外,如中国根据该 WTO 进口成员的国内法证实一特定产业或部门具备市场经济条件,则(a)项中的非市场经济条款不得再对该产业或部门适用。

第 16 条　特定产品过渡性保障机制

1. 如原产于中国的产品在进口至任何 WTO 成员领土时,其增长的数量或所依据的条件对生产同类产品或直接竞争产品的国内生产者造成或威胁造成市场扰乱,则受此影响的 WTO 成员可请求与中国进行磋商,以期寻求双方满意的解决办法,包括受影响的成员是否应根据《保障措施协定》采取措施。任何此种请求应立即通知保障措施委员会。

2. 如在这些双边磋商过程中,双方同意原产于中国的进口产品是造成此种情况的原因并有必要采取行动,则中国应采取行动以防止或补救此种市场扰乱。任何此类行动应立即通知保障措施委员会。

3. 如磋商未能使中国与有关 WTO 成员在收到磋商请求后 60 天内达成协议,则受影响的 WTO 成员有权在防止或补救此种市场扰乱所必需的限度内,对此类产品撤销减让或限制进口。任何此类行动应立即通知保障措施委员会。

4. 市场扰乱应在下列情况下存在:一项产品的进口快速增长,无论是绝对增长还是相对增长,从而构成对生产同类产品或直接竞争产品的国内产业造成实质损害或实质损害威胁的一个重要原因。在认定是否存在市场扰乱时,受影响的 WTO 成员应考虑客观因素,包括进口量、进口产品对同类产品或直接竞争产品价格的影响以及此类进口产品对生产同类产品或直接竞争产品的国内产业的影响。

5. 在根据第 3 款采取措施之前,采取此项行动的 WTO 成员应向所有利害关系方提供合理的公告,并应向进口商、出口商及其他利害关系方提供充分机会,供其就拟议措施的适当性及是否符合公众利益提出意见和证据。该 WTO 成员应提供关于采取措施的决定的书面通知,包括采取该措施的理由及其范围和期限。

6. 一 WTO 成员只能在防止和补救市场扰乱所必需的时限内根据本条采取措施。如一措施是由于进口水平的相对增长而采取的,而且如该项措施持续有效的期限超过 2 年,则中国有权针对实施该措施的 WTO 成员的贸易暂停实施 GATT1994 项下实质相当的减让或义务。但是,如一措施是由于进口的绝对增长而采取的,而且如该措施持续有效的期限超过 3 年,则中国有权针对实施该措施的 WTO 成员的贸易暂停实施 GATT1994 项下实质相当的减让或义务。中国采取的任何此种行动应立即通知保障措施委员会。

7. 在迟延会造成难以补救的损害的紧急情况下,受影响的 WTO 成员可根据一项有关进口产品已经造成或威胁造成市场扰乱的初步认定,采取临时保障措施。在此种情况下,应在采取措施后立即向保障措施委员会作出有关所采取措施的通知,并提出进行双边磋商的请求。临时措施的期限不得超过 200 天,在此期间,应符合第 1 款、第 2 款和第 5 款的有关要求。任何临时措施的期限均应计入第 6 款下规定的期限。

8. 如一 WTO 成员认为根据第 2 款、第 3 款或第 7 款采取的行动造成或威胁造成进入其市场的重大贸易转移,则该成员可请求与中国和/或有关 WTO 成员进行磋商。此类磋商应在向保障措施委员会作出通知后 30 天内举行。如此类磋商未能在作出通知后 60 天内使中国与一个或多个有关 WTO 成员达成协议,则请求进行磋商的 WTO 成员在防止或补救此类贸易转移所必需的限度内,有权针对该产品撤销减让或限制自中国的进口。此种行动应立即通知保障措施委员会。

9. 本条的适用应在加入之日后 12 年终止。

第 17 条　WTO 成员的保留

WTO 成员以与《WTO 协定》不一致的方式针对自中国进口的产品维持的所有禁止、数量限制和其他措施列在附件 7 中。所有此类禁止、数量限制和其他措施应依照该附件所列共同议定的条件和时间表逐步取消或加以处理。

第 18 条　过渡性审议机制

1. 所获授权涵盖中国在《WTO 协定》或本议定书项下承诺的 WTO 下属机构[①],应在加入后 1 年内,并依照以下第 4 款,在符合其授权的情况下,审议中国实施《WTO 协定》和本议定书相关规定的情况。中国应在审议前向每一下属机构提供相关信息,包括附件 1A 所列信息。中国也可在具有相关授权的下属机构中提出与第 17 条下任何保留或其他 WTO 成员在本议定书中所作任何其他具体承诺有关的问题。每一下属机构应迅速向根据《WTO 协定》第 4 条第 5 款设立的有关理事会报告审议结果(如适用),有关理事会应随后迅速向总理事会报告。

2. 总理事会应在加入后 1 年内,依照以下第 4 款,审议中国实施《WTO 协定》和本议定书条款的情况。总理事会应依照附件 1B 所列框架,并按照根据第 1 款进行的任何审议的结果,进行此项审议。中国也可提出与第 17 条下任何保留或其他 WTO 成员在本议定书中所作任何其他具体承诺有关的问题。总理事会可在这些方面向中国或其他成员提出建议。

3. 根据本条审议问题不得损害包括中国在内的任何 WTO 成员在《WTO 协定》或任何诸边贸易协定项下的权利和义务,并不得排除或构成要求磋商或援用《WTO 协定》或本议定书中其他规定的先决条件。

---

① 货物贸易理事会、与贸易有关的知识产权理事会、服务贸易理事会、国际收支限制委员会、市场准入委员会(包括《信息技术协定》)、农业委员会、卫生与植物卫生措施委员会、技术性贸易壁垒委员会、补贴与反补贴措施委员会、反倾销措施委员会、海关估价委员会、原产地规则委员会、进口许可程序委员会、与贸易有关的投资措施委员会、保障措施委员会和金融服务委员会。

4. 第 1 款和第 2 款规定的审议将在加入后 8 年内每年进行。此后,将在第 10 年或总理事会决定的较早日期进行最终审议。

第二部分 减 让 表

1. 本议定书所附减让表应成为与中国有关的、GATT 1994 所附减让和承诺表及 GATS 所附具体承诺表。减让表中所列减让和承诺的实施期应按有关减让表相关部分列明的时间执行。

2. 就 GATT1994 第 2 条第 6 款(a)项所指的该协定日期而言,本议定书所附减让和承诺表的适用日期应为加入之日。

第三部分 最 后 条 款

1. 本议定书应开放供中国在 2002 年 1 月 1 日前以签字或其他方式接受。

2. 本议定书应在接受之日后第 30 天生效。

3. 本议定书应交存 WTO 总干事。总干事应根据本议定书第三部分第 1 款的规定,迅速向每一 WTO 成员和中国提供一份本议定书经核证无误的副本和中国接受本议定书通知的副本。

4. 本议定书应依照《联合国宪章》第 102 条的规定予以登记。

2001 年 11 月 10 日订于多哈,正本一份用英文、法文和西班牙文写成,三种文本具有同等效力,除非所附减让表中规定该减让表只以以上文字中的一种或多种为准。

附录三 世贸组织成员一览

(截至 2007 年 3 月)

序号	中文名称(简称)	英文名称(简称)	加入时间
1	阿尔巴尼亚	Albania	2000 年 9 月 8 日
2	安哥拉	Angola	1996 年 11 月 23 日
3	安提瓜和巴布达	Antigua and Barbuda	1995 年 1 月 1 日
4	阿根廷	Argentina	1995 年 1 月 1 日
5	亚美尼亚	Armenia	2003 年 2 月 5 日
6	澳大利亚	Australia	1995 年 1 月 1 日
7	奥地利	Austria	1995 年 1 月 1 日
8	巴林	Bahrain	1995 年 1 月 1 日
9	孟加拉国	Bangladesh	1995 年 1 月 1 日
10	巴巴多斯	Barbados	1995 年 1 月 1 日
11	比利时	Belgium	1995 年 1 月 1 日
12	伯利兹	Belize	1995 年 1 月 1 日
13	贝宁	Benin	1996 年 2 月 22 日
14	玻利维亚	Bolivia	1995 年 9 月 12 日
15	博茨瓦纳	Botswana	1995 年 5 月 31 日
16	巴西	Bratil	1995 年 1 月 1 日
17	文莱	Brunei Darussalam	1995 年 1 月 1 日
18	保加利亚	Bulgaria	1996 年 12 月 1 日
19	布基纳法索	Burkina Faso	1995 年 6 月 3 日
20	布隆迪	Burundi	1995 年 7 月 23 日
21	柬埔寨	Cambodia	2004 年 10 月 13 日
22	喀麦隆	Cameroon	1995 年 12 月 13 日
23	加拿大	Canada	1995 年 1 月 1 日
24	中非	Central African Republic	1995 年 5 月 31 日
25	乍得	Chad	1996 年 10 月 19 日
26	智利	Chile	1995 年 1 月 1 日
27	中国	China	2001 年 12 月 11 日
28	中国台北	Chinese Taipei	2002 年 1 月 1 日
29	哥伦比亚	Colombia	1995 年 4 月 30 日
30	刚果(布)	Congo	1997 年 3 月 27 日
31	哥斯达黎加	Costa Rica	1995 年 1 月 1 日
32	科特迪瓦	Côte d'Ivoire	1995 年 1 月 1 日

续表

序号	中文名称(简称)	英文名称(简称)	加入时间
33	克罗地亚	Croatia	2000 年 11 月 30 日
34	古巴	Cuba	1995 年 4 月 20 日
35	塞浦路斯	Cyprus	1995 年 7 月 30 日
36	捷克	Czech Republic	1995 年 1 月 1 日
37	刚果(金)	Democratic Republic of the Congo	1997 年 1 月 1 日
38	丹麦	Denmark	1995 年 1 月 1 日
39	吉布提	Djibouti	1995 年 5 月 31 日
40	多米尼克	Dominca	1995 年 1 月 1 日
41	多米尼加	Dominican Republic	1995 年 3 月 9 日
42	厄瓜多尔	Ecuador	1996 年 1 月 21 日
43	埃及	Egypt	1995 年 6 月 30 日
44	萨尔瓦多	El Salvador	1995 年 5 月 7 日
45	爱沙尼亚	Estonia	1999 年 11 月 13 日
46	欧洲共同体	European Community	1995 年 1 月 1 日
47	斐济	Fiji	1996 年 1 月 14 日
48	芬兰	Finland	1995 年 1 月 1 日
49	马其顿	Former Yugoslav Republic of Macedonia	2003 年 4 月 4 日
50	法国	France	1995 年 1 月 1 日
51	加蓬	Gabon	1995 年 1 月 1 日
52	冈比亚	Gambia	1996 年 10 月 23 日
53	格鲁吉亚	Georgia	2000 年 6 月 14 日
54	德国	Germany	1995 年 1 月 1 日
55	加纳	Ghana	1995 年 1 月 1 日
56	希腊	Greece	1995 年 1 月 1 日
57	格林纳达	Grenada	1996 年 2 月 22 日
58	危地马拉	Guatemala	1995 年 7 月 21 日
59	几内亚	Guinea	1995 年 10 月 25 日
60	几内亚比绍	Guinea-bissau	1995 年 5 月 31 日
61	圭亚那	Guyana	1995 年 1 月 1 日
62	海地	Haiti	1996 年 1 月 30 日
63	洪都拉斯	Honduras	1995 年 1 月 1 日
64	中国香港	Hong Kong, China	1995 年 1 月 1 日
65	匈牙利	Hungary	1995 年 1 月 1 日
66	冰岛	Iceland	1995 年 1 月 1 日
67	印度	India	1995 年 1 月 1 日

续表

序号	中文名称(简称)	英文名称(简称)	加入时间
68	印度尼西亚	Indonesia	1995 年 1 月 1 日
69	爱尔兰	Ireland	1995 年 1 月 1 日
70	以色列	Israel	1995 年 4 月 21 日
71	意大利	Italy	1995 年 1 月 1 日
72	牙买加	Jamaica	1995 年 3 月 9 日
73	日本	Japan	1995 年 1 月 1 日
74	约旦	Jordan	2000 年 4 月 11 日
75	肯尼亚	Kenya	1995 年 1 月 1 日
76	韩国	Korea, Republic of	1995 年 1 月 1 日
77	科威特	Kuwait	1995 年 1 月 1 日
78	吉尔吉斯斯坦	The Kyrgyz Republic	1998 年 12 月 20 日
79	拉脱维亚	Latvia	1999 年 2 月 10 日
80	莱索托	Lesotho	1995 年 5 月 31 日
81	列支敦士登	Liechtenstein	1995 年 9 月 1 日
82	立陶宛	Liechtenstein	2001 年 5 月 31 日
83	卢森堡	Luxembourg	1995 年 1 月 1 日
84	中国澳门	Macau, China	1995 年 1 月 1 日
85	马达加斯加	Madagascar	1995 年 11 月 17 日
86	马拉维	Malawi	1995 年 5 月 31 日
87	马来西亚	Malaysia	1995 年 1 月 1 日
88	马尔代夫	Maldives	1995 年 5 月 31 日
89	马里	Mali	1995 年 5 月 31 日
90	马耳他	Malta	1995 年 1 月 1 日
91	毛里塔尼亚	Mauritania	1995 年 5 月 31 日
92	毛里求斯	Mauritius	1995 年 1 月 1 日
93	墨西哥	Mexico	1995 年 1 月 1 日
94	摩尔多瓦	Moldova	2001 年 7 月 26 日
95	蒙古	Mongolia	1997 年 1 月 29 日
96	摩洛哥	Morocco	1995 年 1 月 1 日
97	莫桑比克	Mozambique	1995 年 8 月 26 日
98	缅甸	Myanmar	1995 年 1 月 1 日
99	纳米比亚	Namibia	1995 年 1 月 1 日
100	尼泊尔	Nepal	2004 年 4 月 23 日
101	荷兰	Netherlands	1995 年 1 月 1 日
102	新西兰	New Zealand	1995 年 1 月 1 日
103	尼加拉瓜	Nicaragua	1995 年 9 月 3 日
104	尼日尔	Niger	1996 年 12 月 13 日

序号	中文名称(简称)	英文名称(简称)	加入时间
105	尼日利亚	Nigeria	1995 年 1 月 1 日
106	挪威	Norway	1995 年 1 月 1 日
107	阿曼	Oman	2000 年 11 月 9 日
108	巴基斯坦	Pakistan	1995 年 1 月 1 日
109	巴拿马	Panama	1997 年 9 月 6 日
110	巴布亚新几内亚	Papua New Guinea	1996 年 6 月 9 日
111	巴拉圭	Paraguay	1995 年 1 月 1 日
112	秘鲁	Peru	1995 年 1 月 1 日
113	菲律宾	Philippines	1995 年 1 月 1 日
114	波兰	Poland	1995 年 7 月 1 日
115	葡萄牙	Portugal	1995 年 1 月 1 日
116	卡塔尔	Qatar	1996 年 1 月 13 日
117	罗马尼亚	Romania	1995 年 1 月 1 日
118	卢旺达	Rwanda	1996 年 5 月 22 日
119	圣基茨和尼维斯	Saint Kitts and Nevis	1996 年 2 月 21 日
120	圣卢西亚	Saint Lucia	1995 年 1 月 1 日
121	圣文森特和格林纳丁斯	Saint Vincent and the Grenadines	1995 年 1 月 1 日
122	沙特	Saudi Arabia	2005 年 12 月 11 日
123	塞内加尔	Senegal	1995 年 1 月 1 日
124	塞拉利昂	Sierra Leon	1995 年 7 月 23 日
125	新加坡	Singapore	1995 年 1 月 1 日
126	斯洛伐克	Slovakia Republic	1995 年 1 月 1 日
127	斯洛文尼亚	Slovenia	1995 年 7 月 30 日
128	所罗门群岛	Solomon Islands	1996 年 7 月 26 日
129	南非	Soth Africa	1995 年 1 月 1 日
130	西班牙	Spain	1995 年 1 月 1 日
131	斯里兰卡	Sri Lanka	1995 年 1 月 1 日
132	苏里南	Suriname	1995 年 1 月 1 日
133	斯威士兰	Swaziland	1995 年 1 月 1 日
134	瑞典	Sweden	1995 年 1 月 1 日
135	瑞士	Switzerland	1995 年 7 月 1 日
136	坦桑尼亚	Tanzania	1995 年 1 月 1 日
137	泰国	Thailand	1995 年 1 月 1 日
138	多哥	Togo	1995 年 5 月 31 日
139	特立尼达和多巴哥	Trinidad and Tobago	1995 年 3 月 1 日
140	突尼斯	Tunisia	1995 年 3 月 29 日

续表

序号	中文名称(简称)	英文名称(简称)	加入时间
141	土耳其	Turkey	1995 年 3 月 26 日
142	乌干达	Uganda	1995 年 1 月 1 日
143	阿联酋	United Arab Emirates	1996 年 4 月 10 日
144	英国	United Kingdom	1995 年 1 月 1 日
145	美国	United States	1995 年 1 月 1 日
146	乌拉圭	Uruguay	1995 年 1 月 1 日
147	委内瑞拉	Venezuela	1995 年 1 月 1 日
148	越南	Viet Nam	2007 年 1 月 11 日
149	赞比亚	Zambia	1995 年 1 月 1 日
150	津巴布韦	Zimbabwe	1995 年 3 月 5 日

附录四　WTO 观察员一览

（截至 2007 年 3 月）

序号	中文名称	英文名称
1	阿富汗	Afghanistan
2	阿尔及利亚	Algeria
3	安道尔	Andorra
4	阿塞拜疆	Azerbaijan
5	巴哈马	Bahamas
6	白俄罗斯	Belarus
7	不丹	Bhutan
8	波斯尼亚和黑塞哥维那	Bosnia and Herzegovina
9	佛得角	Cape Verde
10	赤道几内亚	Equatorial Guinea
11	埃塞俄比亚	Ethiopia
12	梵蒂冈	Holy See（Vatican）
13	伊朗	Iran
14	伊拉克	Iraq
15	哈萨克斯坦	Kazakhstan
16	老挝	Lao People's Democratic Republic
17	黎巴嫩	Lebanon
18	利比亚	Libya
19	黑山	Montenegro
20	俄罗斯联邦	Russian Federation
21	萨摩亚	Samoa
22	圣多美和普林西比	Sao Tone and Principe
23	塞尔维亚	Serbia
24	塞舌尔	Seychelles
25	苏丹	Sudan
26	塔吉克斯坦	Tajikistan
27	汤加	Tonga
28	乌克兰	Ukraine
29	乌兹别克斯坦	Uzbekistan
30	瓦努阿图	Vanuatu
31	也门	Yemen

附录五　世贸组织有关术语中英文对照

A	
Accession	加入（世界贸易组织）
Acceptable risk level	可接受的风险水平
Actionable subsidy	可诉补贴
Ad valorem tariff	从价税
Aggregate measurement of support（AMS）	（农业国内支持）综合支持量
Agreement on Textiles and Clothing（ATC）	《纺织品与服装协议》
Air transport services	空运服务
Amber box measures	（农业国内支持）"黄箱"措施
Annex	附件
Annual bound commitment	（农业国内支持）年度约束水平
Anti-circumvention	反规避
Anti-competitive practices	反竞争行为
Anti-dumping duty	反倾销税
Audiovisual services	视听服务
Automatic licensing	自动许可
Appendix	附录
Appeal	（争端解决）上诉
Appellate body	（争端解决）上诉机构
Appropriate level of sanitary or phytosanitary protection	适当的动植物卫生保护水平
Acquisition of intellectual property rights	知识产权的获得
Arbitration	仲裁
Areas of low pest or disease prevalence	病虫害低度流行区
Assessment of risk	风险评估
Association of Southeast Asian Nations（ASEAN）	东南亚国家联盟（东盟）
Australia-New Zealand Closer Economic Relations（ANCER）	《澳大利亚新西兰紧密经济关系协定》
B	
Berne Convention	《伯尔尼公约》
Base tariff level	基础税率

Basic Instruments and Selected Documents (BISD)	《基本文件和资料选编》
Basic telecommunication services	基础电信服务
Best information available	(反倾销)可获得的最佳信息
Blue box measures	(农业国内支持)"蓝箱"措施
Balance-of-payments(BOP) provisions	国际收支条款
Built-in agenda	(世界贸易组织)既定议程
Business services	商务服务
Bound level	约束水平
C	
Cairns Group	凯因斯集团
Causal link	因果联系
Ceiling bindings	(关税)上限约束
Central Product Classification(CPC)	《(联合国)中心产品分类》
Challenge procedures	(政府采购)质疑程序
Clean report of findings	检验结果清洁报告书
Codex Alimentarius Commission(CAC)	食品法典委员会
Common Agriculture Policy(CAP)	(欧洲共同体)共同农业政策
Communication services	通信服务
Conciliation	调解
Confidential information	机密信息
Conformity assessment procedures	合格评定程序
Circumvention	规避
Combined tariff	复合税
Commercial presence	(服务贸易)商业存在
Committee on Trade and Development(CTD)	贸易与发展委员会
Committee on Trade and Environment(CTE)	贸易与环境委员会
Compensation	补偿
Competition policy	竞争政策
Complaining party	(争端解决)申诉方
Computed value	计算价格
Consensus	协商一致
Constructed value	(反倾销)结构价格
Consultation	磋商
Consumption abroad	(服务贸易)境外消费
Copyright	版权
Council for Trade in Goods(CTG)	货物贸易理事会
Counterfeit trademark goods	冒牌货

Counter-notification	反向通知
Countervailing duty	反补贴税
Contraction parties	关税与贸易总协定缔约方
Cross border supply	(服务贸易)跨境交付
Cross retaliation	交叉报复
Currency retention scheme	货币留成制度
Current market access(CMA)	现行市场准入
Current total AMS	(农业国内支持)现行综合支持总量
Customs value	海关完税价值
Customs valuation	海关估价
Customs union	关税同盟
D	
de minimis	微量
Developed member	发达成员
Developing member	发展中成员
Direct payment	(农业国内支持)直接支付
Distribution services	分销服务
Domestic industry	国内产业
Domestic production	国内生产
Domestic sales requirement	国内销售要求
Domestic subsidy	国内补贴
Domestic support	(农业)国内支持
Dispute Settlement Body(DSB)	争端解决机构
Understanding on Rules and Procedures Governing the Settlement of Disputes(DSU)	《关于争端解决规则与程序的谅解》
Due restraint	(对农产品反补贴)适当克制
Dumping	倾销
Dumping margin	倾销幅度
E	
Economies in transition	转型经济体
Enabling clause	授权条款
Enforcement of intellectual property rights	知识产权执法
Equivalence	(检验检疫标准)等效性
European Communities(EC)	欧洲共同体
European Free Trade Association(EFTA)	欧洲自由贸易联盟
Electronic commerce	电子商务
Enquiry point	咨询点

European Union(EU)	欧洲联盟(欧盟)
Exhaustion of intellectual property rights	知识产权权利用尽
Existing subject matter	(知识产权)现有客体
ex officio	依职权
Export credit	出口信贷
Export credit guarantee	出口信贷担保
Export performance	出口实绩
Export subsidy	出口补贴
F	
Fall-back method	(海关估价)"回顾"方法
Findings	争端解决调查结果
First-come first served	先来先得
Food and Agriculture Organization of the United Nations(FAO)	联合国粮农组织
Food security	粮食安全
Foreign direct investment(FDI)	外国直接投资
Foreign exchange balancing requirement	外汇平衡要求
Free-rider	搭便车者(指根据最惠国待遇享受其他成员贸易减让而不进行相应减让的成员)
Free trade area	自由贸易区
G	
GATT 1947	《1947年关税与贸易总协定》
GATT 1994	《1994年关税与贸易总协定》
General Agreement on Trade in Services (GATS)	《服务贸易总协定》
General Agreement on Tariffs and Trade (GATT)	《关税与贸易总协定》
General Council	总理事会
General exceptions	一般例外
Geographical indications	(知识产权)地理标识
Genetically Modified Organisms(GMO)	转基因生物
Good offices	斡旋
Government procurement	政府采购
Green box measures	(农业国内支持)"绿箱"措施
Grey area measures	灰色区域措施
Generalized System of Preferences	普遍优惠制(普惠制)

H

Harmonized Commodity Description and Coding System(HS)	《商品名称及编码协调制度》（简称"协调制度"）
Havana Charter	《哈瓦那宪章》
Horizontal commitments	（服务贸易）水平承诺

I

Identical product	相同产品
Illustrative list	例示清单
Import deposits	进口押金
Import licensing	进口许可
Import substitution	进口替代
Import surcharge	进口附加税
Import variable duties	进口差价税
Industrial designs	工业设计
Infant industry	幼稚产业
Information Technology Agreement(ITA)	《信息技术协议》
Injunctions	禁令
Initial negotiating rights(INRs)	最初谈判权（初谈权）
Integration process	一体化进程
Intellectual property rights(IPRs)	知识产权
International Labor Organization(ILO)	国际劳工组织
International Monetary Fund(IMF)	国际货币基金组织
International Office of Epizootics(OIE)	国际兽疫组织
International Organization for Standardization(ISO)	国际标准化组织
International Plant Protection Convention	《国际植物保护公约》
International Textile and Clothing Bureau (ITCB)	国际纺织品与服装局
International Trade Organization(ITO)	国际贸易组织
International Trade Centre(ITC)	国际贸易中心

J

Judicial review	司法审议
Juridical person	（服务贸易）法人

L

Layout-designs(Topographies) of integrated circuits	集成电路外观设计（拓扑图）
Least-developed countries(LDCs)	最不发达国家
License fee	（知识产权）许可费

Like product	同类产品
Limited tendering	(政府采购)有限招标
Local content requirement	当地含量要求
Local equity requirement	当地股份要求
M	
Mad-cow disease	疯牛病
Maintenance of intellectual property rights	知识产权的维护
Maritime transport services	海运服务
Market access	市场准入
Market boards	市场营销机构
Market price support	市场价格支持
Marrakesh Agreement Establishing the World Trade Organization	《马拉喀什建立世界贸易组织协定》
Marrakesh Protocol	《马拉喀什议定书》
Material injury	实质损害
Mediation	调停
Minimum market access(MMA)	最低市场准入
Minimum values	(海关估价)最低限价
Most-favoured-nation treatment(MFN)	最惠国待遇
MFN exemptions	(服务贸易)最惠国待遇例外
Ministerial conference	部长级会议
Modalities	模式
Modulation of quota clause	(保障措施)配额调整条款
Movement of natural persons	自然人流动
Multi-Fiber Arrangement(MFA)	《多种纤维协定》
Multilateral trade negotiations(MTNs)	多边贸易谈判
Multifunctionality	(农业)多功能性
Mutual recognition agreement	相互承认协议
N	
National treatment	国民待遇
Natural person	自然人
Negative standard	(原产地)否定标准
Neighbouring rights	(版权)邻接权
New issues	(世界贸易组织)新议题
Non-actionable subsidy	不可诉补贴
Non-automatic licensing	非自动许可
Non-discrimination	非歧视
Non-violation complaints	非违规之诉

North American Free Trade Agreement(NAFTA)	《北美自由贸易协定》
Notification obligation	通知义务
Non-tariff measures(NTMs)	非关税措施
Non-trade concern	非贸易关切
Nullification or impairment	(利益)丧失或减损
O	
Offer	(谈判)出价
Open tendering	(政府采购)公开招标
Orderly marketing arrangements(OMA)	有序销售安排
Organization for Economic Cooperation and Development(OECD)	经济合作与发展组织(经合组织)
Original member	(世界贸易组织)创始成员
P	
Panel	争端解决专家组
Paris Convention	《巴黎公约》
Patents	专利
Peace clause	关于农产品反补贴的和平条款
Pest or disease-free area	病虫害非疫区
Pirated copyright goods	盗版货
Plurilateral agreement	诸边协议
Positive standard	(原产地)肯定标准
Presence of natural person	自然人存在
Preshipment Inspection(PSI)	装运前检验
Price verification	(装运前检验)价格核实
Price undertaking	(反倾销)价格承诺
Principal supplying interest	主要供应利益
Product mandating requirement	产品授权要求
Product—to-product method	产品对产品(谈判)方法
Production subsidy	生产补贴
Professional services	专业服务
Prohibited subsidy	被禁止的补贴
Protocol accession	加入议定书
Provisional application	临时适用
Prudential measures	审慎措施
Q	
Quads	四方集团(指美国、欧盟、日本和加拿大)
Quantitative restrictions	数量限制
Quantity trigger level	(农业特殊保障措施)数量触发水平

R

Reciprocity	对等
Recommendations	(争端解决)建议
Reference years	参照年
Regional trade agreements	区域贸易协议
Request	(谈判)要价
Responding Party	(争端解决)应诉方
Restrictive business practices	限制性商业惯例
Risk analysis	风险分析
Risk assessment	风险评估
Roll-back	逐步回退
Rome Convention	《罗马公约》
Round	(多边贸易谈判)回合
Royalty	(知识产权)使用费
Rules of origin	原产地规则

S

Safeguards	保障措施
Sanitary and phytosanitary(SPs)measures	卫生与植物卫生措施
Schedule of commitments	(服务贸易)承诺表
Schedule of concessions	(货物贸易)减让表
sectoral negotiations	部门谈判
Security exceptions	安全例外
Selective tendering	(政府采购)选择性招标
Separate customs territory	单独关税区
Serious injury	严重损害
Serious prejudice	严重侵害
Simple average tariff	简单平均关税
Similar product	类似产品
Special and differential(S&D)treatment provisions	特殊与差别待遇条款
Special Drawing Rights(SDRs)	(国际货币基金组织)特别提款权
Special safeguard(SSG)measures	(农产品)特殊保障措施
Specific commitments	(服务贸易)具体承诺
Specific tariff	从量税
Specificity	(补贴)专向性
Standardizing bodies	标准化机构
Standards	标准
Standstill	维持现状

续表

State trading enterprises(STEs)	国营贸易企业
Subsidy	补贴
Substantial supplying interest	实质供应利益
Substantial transformation	(产品)实质改变
Suspend concessions	暂停减让
T	
Tariffs	关税
Tariff bindings	关税约束
Tariff classification	税则归类
Tariff concessions	关税减让
Tariff equivalent	关税等值
Tariff escalation	关税升级
Tariff headings	税目
Tariffication	关税化
Tariff line	税号
Tariff peaks	关税高峰
Tariff rate quotas/Tariff quotas(TRQ)	关税配额
Technical assistance	技术援助
Technical barriers to trade(TBT)	技术性贸易壁垒
Technical regulations	技术法规
Telecommunication services	电信服务
Terns of reference(TOR)	(争端解决专家组)职责范围
Textile Monitoring Body(TMB)	(世界贸易组织)纺织品监督机构
Textile Surveillance Body(TSB)	(关税与贸易总协定)纺织品监督机构
Tokyo Round Codes	东京回合守则
Total AMS	(农业国内支持)综合支持总量
Trade-balancing requirement	贸易平衡要求
Trade facilitation	贸易便利化
Trade in civil aircraft	民用航空器贸易
Trade in goods	货物贸易
Trade in services	服务贸易
Trademarks	商标
Trade Policy Review Body(TPRB)	贸易政策审议机构
Trade Policy Review Mechanism(TPRM)	贸易政策审议机制
Trade-related intellectual property rights (TRIPs)	与贸易有关的知识产权
Trade-related investment measures (TRIMs)	与贸易有关的投资措施
Trade remedies	贸易救济(措施)

Trade-weighted average tariff	贸易加权平均关税
Transaction Value	成交价格
Transition economies	转型经济体
Transitional safeguard measures	(纺织品)过渡性保障措施
Transparency	透明度
Transport services	运输服务
Trigger price	(农产品特殊保障措施)触发价格
U	
Undisclosed information	(知识产权)未公开信息
United Nations Conference on Trade and Development (UNCTAD)	联合国贸易与发展会议
Uruguay Round	乌拉圭回合
V	
Variable duties	差价税
Value-added telecommunication services	增值电信服务
Voluntary export restraints(VERs)	自愿出口限制
W	
Waiver	(义务)豁免
Washington Treaty	《华盛顿条约》
Withdraw concessions	撤回减让
World Customs Organization(WCO)	世界海关组织
World Intellectual Property Organization (WIPO)	世界知识产权组织
World Trade Organization(WTO)	世界贸易组织
WTO Members	世界贸易组织全体成员
WTO Secretariat	世界贸易组织秘书处

参 考 文 献

1. 石广生:《中国加入世界贸易组织知识读本(一)》,北京,人民出版社,2001。
2. 石广生:《中国加入世界贸易组织知识读本(二)》,北京,人民出版社,2002。
3. 石广生:《中国加入世界贸易组织知识读本(三)》,北京,人民出版社,2002。
4. 世界贸易组织秘书处:《贸易走向未来(中译本)》,北京,法律出版社,1999。
5. 世界贸易组织秘书处:《乌拉圭回合协议导读(中译本)》,北京,法律出版社,2000。
6. 伯纳德·霍克曼等:《世界贸易体制的政治经济学(中译本)》,北京,法律出版社,1999。
7. 联合国贸易与发展会议:《经济议程和未来的贸易谈判》,纽约和日内瓦,2000。
8. 薛荣久:《世贸组织与中国大经贸发展》,北京,对外经贸大学出版社,1997。
9. 薛荣久:《中国加入WTO纵论》,北京,对外经贸大学出版社,2001。
10. 孙振宇:《WTO多哈回合谈判中期回顾》,北京,人民出版社,2005。
11. 王新奎:《世界贸易组织十周年回顾和前瞻》,北京,人民出版社,2005。
12. 刘光溪:《多哈会议与WTO首轮谈判》,上海,上海人民出版社,2002。
13. 余敏友等:《WTO争端解决机制概论》,上海,上海人民出版社,2001。
14. Supachai Panitchpakdi, Mark L. clifford: China and the WTO: Changing China, Changing World Trade, published by John Wiley & Sons(Asia)Pte ltd.
15. World Trade Organization: Annual Report 2001,2002,2003,2004,2005.
16. International Trade Center Commonwealth Secretariat, BUSINESS GUIDE TO THE URUGUAY ROUND.
17. John H. Jackson, The World Organization, 1999.
18. John H. Jackson, The World Trade system, 1997.
19. Jagdish Bhagwati, Free Trade Today, 2002.